U0943157

扬雄研究丛书

扬雄研究史料汇编

上

沈相辉 编

巴蜀书社

图书在版编目（CIP）数据

扬雄研究史料汇编 / 沈相辉编. —成都：巴蜀书社，2022.1
ISBN 978-7-5531-1663-1

Ⅰ. ①扬… Ⅱ. ①沈… Ⅲ. ①扬雄（前 53—18）—人物研究—研究资料—汇编 Ⅳ. ①B234.995

中国版本图书馆 CIP 数据核字（2022）第 009148 号

YANGXIONG YANJIU SHILIAO HUIBIAN
扬 雄 研 究 史 料 汇 编 沈相辉 编

责任编辑 陈 礼
封面设计 有品堂_刘俊
出 版 巴蜀书社
成都市锦江区三色路 238 号新华之星 A 座 36 层
邮编：610023
总编室电话：(028)86361843
网 址 www.bsbook.com
发 行 巴蜀书社
发行科电话：(028)86361856
经 销 新华书店
照 排 四川胜翔数码印务设计有限公司
印 刷 成都蜀通印务有限责任公司
电话：(028) 64715762
版 次 2022 年 4 月第 1 版
印 次 2022 年 4 月第 1 次印刷
成品尺寸 152mm×215mm
印 张 82.25
字 数 1600 千
书 号 ISBN 978-7-5531-1663-1
定 价 320.00 元（全三册）

目 录

前　言

扬雄，字子云，生于汉宣帝甘露元年（前53），卒于新莽天凤五年(18)，享年七十一岁。扬雄在文学、经学等方面的成就，使他在学术史上熠熠生辉；但他在政治上的瑕疵，又使得他备受后人的诟病。毫不夸张地说，从西汉乃至整个中国文化史来看，扬雄无疑是颇受争议的历史人物之一。

一方面，扬雄在文学、经学、史学、语言学等方面所取得的巨大成就，得到了后世无数学者的推崇。王国维在《宋元戏曲史·序》中说："凡一代有一代之文学：楚之骚，汉之赋，六朝之骈语，唐之诗，宋之词，元之曲，皆所谓一代之文学，而后世莫能继焉者也。"论唐诗，有"诗仙"李白与"诗圣"杜甫；若论汉赋，可将司马相如视为"赋仙"，而扬雄则为"赋圣"。扬雄与司马相如并称"马扬"，又加班固、张衡而被后世称为"汉赋四大家"。其《蜀都赋》《甘泉赋》《长杨赋》《羽猎赋》《河东赋》《逐贫赋》《酒赋》《解嘲》《解难》等作品，成为汉代文学的经典之作，为后世所珍视和效仿。在经学方面，扬雄"以为经莫大于《易》，故作《太玄》；传莫大于《论语》，作《法言》"。其尊圣拟经之举，得到许多儒者的推崇。如桓谭称扬雄不仅是"西道孔子"，亦是"东道孔子"（见《新论》）；陆绩"考之古今"，认为扬雄"宜曰圣人"（《述玄》）；韩愈则称扬雄为"圣人之徒"（《读荀子》），并将其列入道统（《原道》）；司马光则认为扬雄远超孟、荀，遥承孔子之道（《说玄》）。

在史学方面，扬雄曾续撰《史记》，其书今虽不传，但从《法言》中仍可看出其许多历史观点。后来班彪作《史记后传》、班固作《汉书》，就深受扬雄影响。如班固批评司马迁"是非颇谬于圣人，论大道则先黄老而后六经"等语，即肇端于《法言》（参见王叔珉《班固论司马迁是非颇谬于圣人辩》）。《蜀王本纪》今有辑本，若实属扬雄所作，则从中亦可窥见其史学观点之一斑。在语言学方面，扬雄有《训纂》《方言》诸作。汤炳正先生称《方言》"为中国音韵学、语言学之鼻祖"（《扬子云年谱·序论》），华学诚先生则称扬雄是"一位富有创新精神的语言学家"（《扬雄方言校释汇证·前言》）。《方言》《训纂》之外，扬雄诸赋作，亦往往成为语言学家的语料宝库。故扬雄对于语言学之贡献，可谓甚巨。此外，扬雄在天文历法、地理学等方面也都有较为深入的研究，兹不赘述。通常而言，以上诸方面，古今学者若能居其一端，便足以留名史册。而扬雄纵横驰骋，兼此数端，且都取得了巨大的成就，实属罕见。

但在另一方面，扬雄文辞艰深，晚年又有仕莽美新之举，故常为后世许多学者所批评乃至唾弃贬斥。据《汉书·扬雄传》的记载，扬雄因怕受刘棻的牵连，曾从天禄阁上跳下，遂遭投阁之讥。京师为之语曰："惟寂寞，自投阁；爰清静，作符命。"可见扬雄生时，便已颇受非议。但总体来说，自汉至唐，对于扬雄的评价仍以肯定为主。至宋初，柳开、石介、孙复等仍以贤人视之。但此后欧阳修虽承认扬雄"能文"，却认为其"方勉焉以模言语"（《答吴充秀才书》），乃"道不足"之体现；苏轼继承其说，并称扬雄为"曲士"，讥讽其"好为艰深之词，以文浅易之说"（《与谢民师推官书》）。至程朱起，遂于学术之外，猛批扬雄之学术与人品。程子说"（扬雄）黾勉于莽、贤之间，畏死而不敢去，是安得为大丈夫哉"（《程氏遗书》第四），故其认为扬雄"去就不足观"（《二程子钞释》卷四）。朱熹则认为扬雄作品"只是将前人腔子"，又说"扬雄最无用，真是一腐儒"（《朱子语类》卷一百三十七）。及其作《通鉴纲目》，特书"莽大夫扬雄死"（《纲目》卷八），遂使后世"贬扬"成为主流。陈栎云："扬雄学不识性，仕于新莽。朱子书曰'莽大夫扬雄死'，其人其学可知。"（《定宇集》卷七）此足见后世因人而毁书，与朱子贬笔有着莫大之关系。此风一开，遂使后世凡为扬雄辩护者，多蒙不智乃至不忠之名；凡深贬扬雄者，即被誉为有识。如《四库提要》于尊扬者必贬，于贬扬者多褒。前者如《河东集提要》批柳开“尊崇扬雄太过，至比之圣人，持论殊谬”，《南阳集提要》批赵湘“《扬子三辨》一篇，推重扬雄颇为过当”；后者如《潏水集提要》谓李复“谓扬雄不知道”乃“确然中理”，《栟榈集提要》则因邓肃视扬雄为“叛臣”，而誉邓“立身有本末”。对待扬雄之态度，竟成衡量人品之标准，后人讳言扬雄，良有以也。

概言之，历代对于扬雄的评价，或因书而尊其人，或因人而毁其书，褒贬无定，抑扬随声，莫衷一是。观点既异，争端必起。胡直《书郫县志后》谓王莽篡位时扬雄已卒，故扬雄未尝仕莽；又谷永亦字子云，作《剧秦美新》者乃谷永而非扬雄。骆问礼、焦竑等皆赞同之，而黄克缵作《驳胡正甫为扬子云辩诬文》，力驳其非。至清人黄承吉，著《文说》十一篇，总三十余万言，条分缕析，力斥扬雄之害道。凡此之类，虽是学问之事，亦杂意气之争。若不能遍观，很容易蔽于一端而流于偏执。

扬雄在中国文化史上之地位如此重要，历史上对其评价又如此迥异，故有关其史料亦往往表现出多而杂的特点。就时间而言，自汉迄今，历时两千余载；就内容言，文学、经学、史学、语言学等皆有涉及；就篇幅而言，或长篇累牍至万言以上，或只言片语仅十来字。众所周知，扬雄的著述，向来以艰深晦涩著称，故而整理前人的相关研究成果，对于读懂扬雄应会有所裨益。此外，将历代的讨论汇于一编，也有助于我们了解不同时代人们眼中的扬雄，使今日在评价扬雄时，尽可能做到客观公正。最后，扬雄的接受史，实际上也是中国思想史的一部分。因为历史上有关扬雄的争论，实际反映了不同时代思想观念的转变，故而梳理这些论争，对于思想史的研究，或许也有一定的价值。

曾与扬雄并称的司马相如，晚于扬雄的韩愈、白居易等，后人都为他们编辑了相关的研究资料汇编，而扬雄却未曾得到这样的待遇。本书的编纂，希望能够弥补这一遗憾。

二〇一九年三月一日作于燕园

凡　例

1. 本书系编者往昔读书时所集，故体例未尽一致。今略为条理，名曰“汇编”。间或于相关史料之前后，附以读书心得，以为按语。是耶非耶，望祈博雅指正。

2. 是书旨在搜集民国之前学人论及扬雄及其作品之相关史料（书末亦斟酌收录部分卒于民国时期之学人的相关论述），为扬学研究者及一般读者提供一较为全面之资料汇编。搜集范围涵盖经、史、子、集四部，涉及学者七百余人。然本书于扬学专著，如历代《太玄》《法言》《方言》《扬雄集》等书之注本，则仅选录序言、跋文等史料，余则从省。

3. 明人胡应麟尝谓“宋世书千卷，不能当唐世百；唐世书千卷，不能当六朝十；六朝书千卷，不能当三代一”（《少室山房笔丛》卷四），以文献保存之难易言，亦可作此说。大抵唐前文献流传至今者少而精，其后则多而繁。故本书于唐前文献，虽吉光片羽，亦多辑录之；唐后文献，遇有重复，一般仅录其较早或较完整者。

4. 相关史料主要按作者生年先后进行编排；生年不可考而卒年可考者，则依卒年编排，卒年不可考而创作时间可考者，则据创作时间编排；三者皆不可考而作者中举时间可考，则据中举时间编排。以上皆不可考者则酌情处理，并略以按语形式说明缘由。

5. 相关历史人物之简介，若正史有传，则据正史节录其偏于学术

者；若正史无传，则据方志等文献录之。实无可考者，则付阙疑。

6. 部分学者相关著述虽已亡佚，然据史传、墓志铭等记载可知其在扬雄学史上有一席之地者，仍独列条目，而将相关史料录入其名下。若此之类，纯属权宜，非谓所录史料文字乃其所作也。

7. 易代之际，作者朝代归属往往模糊。如明末清初之遗老，虽卒于清，而其自称为明人。又有人虽归属新朝，而其文则作于前朝者。有鉴于此，本编综合考虑时代、人数、篇幅等进行分卷，而不独以朝代兴亡之绝对时间强作划分。卷首特制《历史纪年简表》一份，以便读者随时查检。

8. 扬雄之姓，或作“扬”，或作“杨”，古今争论颇多，莫衷一是。部分史料，虽一篇之中，或不同版本之内，亦“扬”“杨”并见。本编除讨论其姓氏之史料外，余皆统一作“扬”。

9. 相关史料无题名者，视内容为其拟题，以“*”号区别之。凡篇幅较短而难以拟题者，如语录、短札、评点等，则直录文字而已。

10. 凡避讳字，皆直接改正，不复出注说明。所辑史料，遇有明显讹、脱、衍、倒者，辑录时略为校正。已有整理本之史料，若整理本标点或文字确有讹误者，亦视情况予以改正。

11. 本编所录正史文字，皆据中华书局点校本“二十四史”，故史料后仅注明书名、卷数及页码，其余信息从略。

12. 本编使用频率较高的丛书版本信息如下：景印文渊阁《四库全书》，台湾商务印书馆，本编简称“《四库》”；《续修四库全书》，上海古籍出版社，本编简称“《续修》”；《四库全书存目丛书》，齐鲁书社，本编简称“《存目》”：《四库禁毁书丛刊》，北京出版社，本编简称“《禁毁》”；《四库未收书辑刊》，北京出版社，本编简称“《未收》”；《清代诗文集汇编》，上海古籍出版社 2010 年版，本编简称“《汇编》”。相关史料之后，仅注明书名、卷数、所在丛书册数及页码，其余从略。

历史纪年简表

朝代	具体时间
西汉（前206—8）	高祖（前206—前195）；惠帝（前195—前187）；高后（前187—前180）；文帝（前180—前157）；景帝（前157—前141）；武帝（前141—前87）；昭帝（前87—前74）；宣帝（前74—前49）；元帝（前49—前33）；成帝（前33—前7）；哀帝（前7—前1）；平帝（前1—6）；孺子婴（6—8）；
莽新（9—24）	始建国（9—13）；天凤（14—19）；地皇（20—24）
东汉（25—220）	光武（25—57）；明帝（57—75）；章帝（75—88）；和帝（88—105）；殇帝（105—106）；安帝（106—125）；前少帝（125—125）；顺帝（125—144）；冲帝（144—145）；质帝（145—146）；桓帝（146—167）；灵帝（167—189）；后少帝（189—189）；献帝（189—220）
三国（220—280）	魏：文帝（220—226）；明帝（226—239）；齐王（239—254）；高贵乡公（254—260）；元帝（260—265）
	蜀：昭烈帝（221—223）；后主（223—263）
	吴：大帝（222—252）；会稽王（252—258）；景帝（258—264）；末帝（264—280）
西晋（265—316）	武帝（265—290）；惠帝（290—306）；怀帝（306—313）；愍帝（313—316）

续表

朝代	具体时间
东晋 (317—420)	元帝（317—322）；明帝（322—325）；成帝（325—342）；康帝（342—344）；穆帝（344—361）；哀帝（361—365）；废帝（365—370）；简文帝（371—372）；孝武帝（372—396）；安帝（396—418）；恭帝（418—420）
南北朝 (420—589)	南朝：宋（420—479）；齐（479—502）；梁（502—557）；陈（557—589）
	北朝：北魏（386—534）；东魏（534—550）；西魏（535—557）；北齐（550—577）；北周（557—581）
隋 (589—619)	文帝（589—604）；炀帝（604—617）；恭帝（617—618）；越王（618—619）
唐 (618—907)	高祖（618—626）；太宗（626—649）；高宗（649—683）；中宗（683—684）；睿宗（684—684）；武则天（684—704）；中宗（705—709）；少帝（710—710）；睿宗（710—712）；玄宗（712—755）；肃宗（756—762）；代宗（762—779）；德宗（779—805）；顺宗（805）；宪宗（805—820）；穆宗（820—824）；敬宗（824—826）；文宗（826—840）；武宗（840—846）；宣宗（846—859）；懿宗（859—873）；僖宗（873—888）；昭宗（888—904）；哀帝（904—907）
五代十国 (907—979)	五代：后梁（907—923）；后唐（923—936）；后晋（936—947）；后汉（947—950）；后周（951—960）
	十国：吴国（902—937）；南唐（937—975）；吴越（907—978）；楚（927—951）；闽（909—945）；南汉（917—971）；前蜀（907—925）；后蜀（934—965）；荆南（924—963）；北汉（951—979）
北宋 (960—1127)	太祖（960—975）；太宗（976—997）；真宗（997—1022）；仁宗（1022—1063）；英宗（1063—1067）；神宗（1067—1085）；哲宗（1085—1100）；徽宗（1100—1125）；钦宗（1125—1126）
南宋 (1127—1279)	高宗（1127—1162）；孝宗（1162—1189）；光宗（1189—1194）；宁宗（1194—1224）；理宗（1224—1264）；度宗（1264—1274）；恭帝（1274—1279）

续表

朝代	具体时间
元 (1279—1368)	世祖（1279—1294）；成宗（1294—1307）；武宗（1307—1311）；仁宗（1311—1320）；英宗（1320—1323）；泰定帝（1323—1328）；天顺帝、文宗（1328）；明宗（1329）；文宗（1329—1331）；宁宗（1332）；惠宗（1333—1368）
明 (1368—1644)	太祖（1368—1398）；惠帝（1398—1402）；成祖（1402—1424）；仁宗（1424—1425）；宣宗（1425—1435）；英宗（1435—1449）；代宗（1449—1456）；英宗（1457—1464）；宪宗（1464—1487）；孝宗（1487—1505）；武宗（1505—1521）；世宗（1521—1566）；穆宗（1566—1572）；神宗（1572—1620）；光宗（1620）；熹宗（1620—1627）；思宗（1627—1644）
清 (1644—1912)	世祖（1644—1661）；圣祖（1661—1722）；世宗（1722—1735）；高宗（1735—1795）；仁宗（1796—1820）；宣宗（1820—1850）；文宗（1850—1861）；穆宗（1861—1874）；德宗（1874—1908）；宣统（1908—1912）

卷一

文 翁（前187- 前110）

文翁传

文翁，庐江舒人也。少好学，通《春秋》，以郡县吏察举。景帝末，为蜀郡守，仁爱好教化。见蜀地辟陋有蛮夷风，文翁欲诱进之，乃选郡县小吏开敏有材者张叔等十余人亲自饬厉，遣诣京师，受业博士，或学律令。减省少府用度，买刀布蜀物，赍计吏以遗博士。数岁，蜀生皆成就还归，文翁以为右职，用次察举，官有至郡守刺史者。

又修起学官于成都市中，招下县子弟以为学官弟子，为除更繇，高者以补郡县吏，次为孝弟力田。常选学官僮子，使在便坐受事。每出行县，益从学官诸生明经饬行者与俱，使传教令，出入闺阁。县邑吏民见而荣之，数年，争欲为学官弟子，富人至出钱以求之。繇是大化，蜀地学于京师者比齐鲁焉。至武帝时，乃令天下郡国皆立学校官，自文翁为之始云。

文翁终于蜀，吏民为立祠堂，岁时祭祀不绝。至今巴蜀好文雅，文翁之化也。（《汉书》卷八十九《循吏传》，第3625—3627页）

［按］文翁化蜀，厥后人才辈出，故以文翁为首，以见扬雄成长之文化环境。

地理志（节录）

巴、蜀、广汉本南夷，秦并以为郡，土地肥美，有江水沃野，山林竹木疏食果实之饶。南贾滇、僰僮，西近邛、莋马旄牛。民食稻鱼，亡凶年忧，俗不愁苦，而轻易淫泆，柔弱褊厄。景、武间，文翁为蜀守，教民读书法令，未能笃信道德，反以好文刺讥，贵慕权势。及司马相如游宦京师诸侯，以文辞显于世，乡党慕循其迹。后有王褒、严遵、扬雄之徒，文章冠天下。繇文翁倡其教，相如为之师，故孔子曰："有教亡

类。”（《汉书》卷二十八下，第1645页）

［按］蜀地物产丰饶，扬雄《蜀都赋》言之甚详，可与《地理志》同观互参。

李　强（?）

扬子云知人*

其后谷口有郑子真，蜀有严君平，皆修身自保，非其服弗服，非其食弗食。成帝时，元舅大将军王凤以礼聘子真，子真遂不诎而终。君平卜筮于成都市，以为“卜筮者贱业，而可以惠众人。有邪恶非正之问，则依蓍龟为言利害。与人子言依于孝，与人弟言依于顺，与人臣言依于忠，各因势导之以善，从吾言者，已过半矣”。裁日阅数人，得百钱足自养，则闭肆下帘而授《老子》。博览亡不通，依老子、严周之指著书十余万言。扬雄少时从游学，以而仕京师显名，数为朝廷在位贤者称君平德。杜陵李强素善雄，久之为益州牧，喜谓雄曰：“吾真得严君平矣。”雄曰：“君备礼以待之，彼人可见而不可得诎也。”强心以为不然。及至蜀，致礼与相见，卒不敢言以为从事，乃叹曰：“扬子云诚知人!”（《汉书》卷七十二《王贡两龚鲍传》，第3056—3057页）

［按］李强事迹，典籍罕载。然扬雄于成帝永始年间始至京师，李强与扬雄相善，应在扬雄至京之后，即在成帝永始之后。又据《汉书·百官公卿表》：“监御史，秦官，掌监郡。汉省，丞相遣史分刺州，不常置。武帝元封五年初置部刺史，掌奉诏条察州，秩六百石，员十三人。成帝绥和元年更名牧，秩二千石。哀帝建平二年复为刺史，元寿二年复为牧。”《汉书》言李强为益州牧，则时间应在成帝绥和元年至哀帝建平二年之间，以及元寿二年之

---

* 按，篇名为编者所加，下加*者，皆仿此。

后。元寿二年时，扬雄已五十三岁，则其师严君平年龄更在此上。且哀帝时，因丁、傅、董贤用事，扬雄闭门草《玄》，杜绝人事。故相比之下，此事更可能发生在成帝绥和元年至哀帝建平二年之间。

王　褒（前90- 前51）

《汉书》卷六十四《王褒传》："王褒字子渊，蜀人也。宣帝时修武帝故事，讲论六艺群书，博尽奇异之好，征能为楚辞九江被公，召见诵读，益召高材刘向、张子侨、华龙、柳褒等待诏金马门。神爵、五凤之间，天下殷富，数有嘉应。上颇作歌诗，欲兴协律之事，丞相魏相奏言知音善鼓雅琴者渤海赵定、梁国龚德，皆召见待诏。于是益州刺史王襄欲宣风化于众庶，闻王褒有俊材，请与相见，使褒作《中和》《乐职》《宣布》诗，选好事者令依鹿鸣之声习而歌之。

其阴则冠以九嵏，陪以甘泉，乃有灵宫起乎其中。秦、汉之所极观，渊、云之所颂叹，于是乎存焉。（班固《两都赋》，《后汉书》卷四十，第1338页）

王褒字子泉，作《甘泉颂》，扬子云作《甘泉赋》，故云"泉、云颂叹"。（《后汉书》卷四十《班固传》李贤注，第1339页）

谷　永（？- 前9）

谷永传

谷永字子云，长安人也。父吉，为卫司马，使送郅支单于侍子，为郅支所杀，语在《陈汤传》。永少为长安小史，后博学经书。建昭中，御史大夫繁延寿闻其有茂材，除补属，举为太常丞，数上疏言得失。

……

是时，上初即位，谦让委政元舅大将军王凤，议者多归咎焉。永知凤方见柄用，阴欲自托。

……

永于经书，泛为疏达，与杜钦、杜邺略等，不能洽浃如刘向父子及扬雄也。其于天官、《京氏易》最密，故善言灾异，前后所上四十余事，略相反复，专攻上身与后宫而已。党于王氏，上亦知之，不甚亲信也。（《汉书》卷八十五《谷永传》，第3443—3473页）

[按] 后世有学者认为《剧秦美新》乃谷子云所作，而非扬子云。故此处节录《谷永传》，以引起重视。

是时王氏方盛，宾客满门，五侯兄弟争名，其客各有所厚，不得左右，唯护尽入其门，咸得其欢心。结士大夫，无所不倾，其交长者，尤见亲而敬，众以是服。为人短小精辩，论议常依名节，听之者皆竦。与谷永俱为五侯上客，长安号曰“谷子云笔札，楼君卿唇舌”，言其见信用也。（《汉书》卷九十二《楼护传》，第3707页）

刘　歆（前50- 23）

《汉书·楚元王传》：“歆字子骏，少以通诗书能属文召见成帝，待诏宦者署，为黄门郎。河平中，受诏与父向领校秘书，讲六艺传记，诸子、诗赋、数术、方技，无所不究。”

覆酱瓿*

雄以病免，复召为大夫。家素贫，耆酒，人希至其门。时有好事者载酒肴从游学，而巨鹿侯芭常从雄居，受其《太玄》《法言》焉。刘歆亦尝观之，谓雄曰："空自苦！今学者有禄利，然尚不能明《易》，又如《玄》何？吾恐后人用覆酱瓿也。"雄笑而不应。（《汉书》卷八十七《扬雄传》，第3585页）

[按]"覆酱瓿"一语，后世多以为乃刘歆讥讽子云之语，唯程千帆《史通笺记》云："酱瓿之言，亦代伤知音之难遇耳。"可谓有识。

与扬雄书

歆叩头，昨受诏，宓五官郎中田仪，与官婢陈征、骆驿等私逋盗刷越巾事。即其夕竟，归府。诏问三代周秦轩车使者、逌人使者，以岁八月巡路，求代语、僮谣、歌戏，欲颇得其最目。因从事郝隆求之有日，篇中但有其目，无见文者。

歆先君数为孝成皇帝言：当使诸儒共集训诂，《尔雅》所及，《五经》所诂，不合《尔雅》者，诂鞠为病，及诸经氏之属，皆无证验。博士至以穷世之博学者，偶有所见，非徒无主而生是也。会成帝未以为意，先君又不能独集，至于歆身，修轨不暇，何遑更创。属闻子云独采集先代绝言，异国殊语，以为十五卷，其所解略多矣，而不知其目。非子云澹雅之才，沉郁之思，不能经年锐精，以成此书，良为勤矣。

歆虽不遘过庭，亦克识先君雅训，三代之书，蕴藏于家，直不计耳。今闻此，甚为子云嘉之已。今圣朝留心典诰，发精于殊语，欲以验考四方之事，不劳戎马高车之使，坐知徭俗。适子云攘意之秋也，不以是时发仓廪以振赡，殊无为明，语将何独挈之宝。上以忠信明于上，下以置恩于罢朽，所谓知蓄积、善布施也。盖萧何造律，张仓推历，皆成之于帷幕，贡之于王门，功列于汉室，名流乎无穷。诚以隆秋之时，收藏不殆。饥春之岁，散之不疑，故至于此也。今谨使密人奉手书，愿颇与其最目。得使入箓，令圣朝留明明之典，歆叩头叩头。（《輶轩使者绝代语释别国方言》十三，《武英殿聚珍版丛书》本）

[按]书中言"先君"，则此时刘向已卒。据《刘向传》："（向）居列大

夫官前后三十余年，年七十二卒。卒后十三岁而王氏代汉。”故知刘向卒于哀帝建平元年。据《汉书·艺文志》：“会向卒，哀帝复使向子侍中奉车都尉歆卒父业。”《刘歆传》亦载：“哀帝初即位，大司马王莽举歆宗室有材行，为侍中太中大夫，迁骑都尉、奉车光禄大夫，贵幸。复领五经，卒父前业。歆乃集六艺群书，种别为《七略》。”刘歆求《方言》乃为入录，则求书之事似当发生于哀帝建平元年之后。然刘歆于奏上《七略》之后，又在王莽时期继续进行了校书活动，详参邓骏捷《王莽时期刘歆校书活动考论》（载《中国典籍与文化》2011 年第 3 期）。李解民认为刘歆书信中所说“入篆”，并非入《七略》，而是入刘歆于王莽时期校书新编的目录（参李解民《刘氏校书考略》，载《揖芬集——张政烺先生九十华诞文集》，社会科学文献出版社，2002 年）。若如此说，则刘、扬书信往来，应在王莽时期。汤炳正先生将二人书信往来之事系于天凤五年（见《扬子云年谱》），正是。

附： 扬雄答刘歆书

雄叩头，赐命谨至，又告以田仪事，事穷竟白，案显出，甚厚，甚厚。田仪与雄同乡里，幼稚为邻，长艾相更，视觊动精采，似不为非者，故举至之，雄之任也。不意淫迹污暴于官朝，令举者怀赧而低眉，任者含声而冤舌。知人之德，尧犹病诸，雄何惭焉。叩头，叩头。

又敕以《殊言》十五卷，君何由知之？谨归诚底里，不敢违信。雄少不师章句，亦于《五经》之训所不解。尝闻先代輶轩之使，奏籍之书，皆藏于周秦之室。及其破也，遗弃无见之者。独蜀人有严君平，临邛林间翁孺者，深好训诂，犹见輶轩之使所奏言。翁孺与雄外家牵连之亲，又君平过误，有以私遇，少而与雄也。君平财有千言耳，翁孺梗概之法略有。翁孺往数岁死，妇蜀郡掌氏子，无子而去。而雄始能草文，先作《县邸铭》《玉佴颂》《阶闼铭》及《成都城四隅铭》。蜀人有杨庄者为郎，诵之于成帝。成帝好之，以为似相如。雄遂以此得外见。此数者，皆都水君尝见也，故不复奏。

雄为郎之岁，自奏少不得学，而心好沉博绝丽之文，愿不受三岁之

奉，且休脱直事之繇，得肆心广意，以自克就。有诏：可不夺奉，令尚书赐笔墨钱六万，得观书于石室。如是后一岁，作《绣补》《灵节》《龙骨》之铭诗三章，成帝好之，遂得尽意。故天下上计孝廉，及内郡卫卒会者，雄常把三寸弱翰，赍油素四尺，以问其异语。归即以铅摘次之于椠，二十七岁于今矣。而语言或交错相反，方覆论思详悉，集之燕其疑。

张伯松不好雄赋颂之文，然亦有以奇之。常为雄道，言其父及其先君憙典训，属雄以此篇目，颇示其成者。伯松曰："是悬诸日月不刊之书也。"又言恐雄为《太玄经》，由鼠坻之与牛场也。如其用，则实五稼，饱邦民；否则为抵粪，弃之于道矣。而雄服之。伯松与雄独何德慧，而君与雄独何谮隙，而当匿乎哉？其不劳戎马高车，令人君坐帏幕之中，知绝遐异俗之语，典流于昆嗣，言列于汉籍，诚雄心所绝极，至精之所想遘也。夫圣朝远照之明，使君求此，如君之意，诚雄散之之会也。死之日，则今之荣也。不敢有贰，不敢有爱。少而不以行立于乡里，长而不以功显于县官，著训于帝籍，但言词博览，翰墨为事，诚欲崇而就之，不可以遗，不可以怠。即君必欲胁之以威，陵之以武，欲令入之于此，此又未定，未可以见。今君又终之，则缢死以从命也。而可且宽假延期，必不敢有爱。雄之所为，得使君辅贡于明朝，则雄无恨，何敢有匿。唯执事图之，长监于规，绣之就死以为小。雄敢行之，谨因还使，雄叩头叩头。（《辅轩使者绝代语释别国方言》十三）

［按］洪迈等认为此书乃伪作，详见本编洪迈条。又黄侃《文心雕龙札记》云："子云所以不与歆书者，以其书未成，且又无副本，子骏索之甚急，不得不以死自誓也。古人自视其学问如此，不似今人苟自衔价也。"

西京杂记（节录）

扬雄读书，有人语之曰："无为自苦，《玄》故难传。"忽然不见。雄著《太玄经》，梦吐凤凰集《玄》之上，顷而灭。

或问扬雄为赋，雄曰："读千首赋乃能为之。"（以上《西京杂记》卷二，《四部丛刊》景明嘉靖本）

［按］关于《西京杂记》的作者，历代学者争讼不已，先后有刘歆、葛洪、吴均、萧贲等多种说法。"刘歆说"见于葛洪《西京杂记序》，葛洪说刘歆曾编有《汉书》一百卷，与班固《汉书》不同者仅有两万多字。葛洪将这两万多字抄录为两卷，取名为《西京杂记》。黄伯思（《东观余论》卷下《跋〈西京杂记〉后》）、卢文弨（《新雕〈西京杂记〉缘起》，《抱经堂文集》卷七）、姚振宗（《隋书经籍志考证》）等皆从此说，认为此书为刘歆所记、葛洪所辑。四库馆臣虽对刘歆说提出过质疑，但仍兼题刘歆撰、葛洪辑，以存其旧。余嘉锡认为所谓刘歆《汉书》成立的可能性不大，故而所谓刘歆撰《西京杂记》之说，"盖依托古人以自取重耳"（见《四库提要辩证》）。"葛洪说"起于唐初张柬之，见晁载之《续谈助·洞冥记跋》引张柬之语，其后刘知几《史通·杂述》，《旧唐书·经籍志》《新唐书·艺文志》《崇文总目》《宋史·艺文志》《郡斋读书志》《直斋书录解题》等俱题葛洪著。但劳干说："此书为南朝人撮录小说旧闻而成，非惟不宜归入刘歆，即以葛洪言，亦不出于其手也。"（劳干：《论西京杂记之作者及成书时代》，《中央研究院历史语言研究所集刊》第 33 卷 1 期，第 19 页）其后洪业又提出不同意见，认为"葛洪卸不掉妄造《西京杂记》的责任"，因为"他是真葛洪而装作一个伪刘歆"（洪业：《再说西京杂记》，《中央研究院历史语言研究所集刊》第 34 卷 2 期，第 401 页）。"吴均说"见于晁公武《郡斋读书志》，其云"江左人或以为吴均依托为之"，《四库全书简明目录》袭之。"萧贲说"由劳干提出，因《南史·齐武诸子传》中载萧贲曾撰有《西京杂记》六十卷，故劳氏怀疑《南史》之"六十"本作"六"，萧贲所撰即今六卷本之《西京杂记》。按，《南史》中的这条材料，王应麟（《困学纪闻》卷十二）、梁玉绳（《瞥记》卷五）、余嘉锡（《四库提要辩证》）等皆曾注意，但认为萧贲所撰别是一书。劳氏并没有充足的证据证明其推测，所以又留有余地地说："不宜定指为萧贲，仅可以认为此书或系萧贲原作，或系南北朝间另一作者所为耳。"（《论西京杂记之作者及成书时代》，第 24 页）美国学者倪豪士根据《汉书》《玉台新咏》等书，认为昭君故事中的画工作祟故事要到齐梁时才流行，故将刘歆、葛洪作为《西京杂记》的作者的可能性排除，从而判定作者是萧贲。见

其《再论〈西京杂记〉的作者》（*Journal of American Oriental Society*，1989，3）。除以上四说之外，也有一些学者认为《西京杂记》是集体编纂的产物。如宁稼雨就认为《西京杂记》先后经过刘歆、葛洪、萧贲三人的参与，最后在葛洪手中成书（宁稼雨：《中国志人小说史》，辽宁人民出版社，1980年，第32页）。日本学者小南一郎则说："《西京杂记》与葛洪集团的诸作品一样，应认为是与葛氏道的后裔有关联并是在南北朝时期于江南编纂的。"（小南一郎著，孙昌武译：《中国的神化传说与古小说》，中华书局，2006年，第181页）诸家之说都有一定的证据作为支撑，但又都存在难以解释的反面证据，故而究竟谁才是《西京杂记》的真正作者，学界迄无定论。从古籍成书、流传的规律来看，放弃对单一作者的执著考证，将此书视为非成于一时一人之手的做法可能更合乎实际。

扬子云好事，常怀铅提椠，从诸计吏，访殊方绝域四方之语，以为裨补𬨎轩所载。亦洪意也。（《西京杂记》卷三）

郭威字文伟，茂陵人也。好读书，以谓《尔雅》周公所制，而《尔雅》有张仲孝友。张仲，宣王时人，非周公之制明矣。余尝以问扬子云。子云曰：孔子门徒游夏之俦所记，以解释六艺者也。家君以为《外戚传》称史佚教其子以《尔雅》。《尔雅》，小学也。又《记》言孔子教鲁哀公学《尔雅》。《尔雅》之出远矣。旧传学者皆云周公所记也，张仲孝友之类，后人所足耳。（《西京杂记》卷三）

淮南王安著《鸿烈》二十一篇。鸿，大也；烈，明也。言大明礼教，号为《淮南子》。一曰刘安子自云字中皆挟风霜，扬子云以为一出一入。（《西京杂记》卷三）

司马长卿赋，时人皆称典而丽，虽诗人之作不能加也。扬子云曰："长卿赋不似从人间来，其神化所至邪。"子云学相如为赋而弗逮，故雅服焉。（《西京杂记》卷三）

枚皋文章敏疾，长卿制作淹迟，皆尽一时之誉。而长卿首尾温丽，枚皋时有累句。故知疾行无善迹矣。扬子云曰："军旅之际，戎马之间，飞书驰檄，用枚皋；廊庙之下，朝廷之中，高文典册，用相如。"（《西

京杂记》卷三）

［按］《汉书·枚皋传》："为文疾，受诏辄成，故所赋者多。司马相如善为文而迟，故所作少而善于皋。"

汉朝舆驾祠甘泉汾阴，备千乘万骑，太仆执辔，大将军陪乘，名为大驾。

司马车驾四，中道。

辟恶车驾四，中道。

记道车驾四，中道。

靖室车驾四，中道。

象车，鼓吹十三人，中道。

式道候二人，驾一。左右一人。

长安都尉四人，骑。左右各二人。

长安亭长十人，驾。左右各五人。

长安令车驾三，中道。

京兆掾史三人，驾一。三分。

京兆尹车驾四，中道。

司隶部京兆从事、都部从事、别驾一车。三分。

司隶校尉驾四，中道。

廷尉驾四，中道。

太仆、宗正引从事，驾四。左右。

太常、光禄、卫尉，驾四。三分。

太尉外部都督令史、贼曹属、仓曹属、户曹属、东曹掾、西曹掾，驾一。左右各三。

太尉驾四，中道。

太尉舍人、祭酒，驾一。左右。

司徒列从，如太尉王公，骑。令史、持戟吏亦各八人，鼓吹一部。

中护军骑，中道。左右各三行，戟楯、弓矢、鼓吹各一部。

步兵校尉、长水校尉，驾一。左右。

队百匹。左右。

骑队十。左右各五。

前军将军。左右各二行，戟楯、刀楯、鼓吹各一部，七人。

射声、翊军校尉，驾三。左右二行，戟楯、刀楯、鼓吹各一部，七人。

骁骑将军、游击将军，驾三。左右二行，戟楯、刀楯、鼓吹各一部，七人。

黄门前部鼓吹，左右各一部，十三人，驾四。

前黄麾骑，中道。

自此分为八校。左四，右四。

护驾御史，骑。左右。

御史中丞驾一，中道。

谒者仆射驾四。

武刚车驾四，中道。

九旒车驾四，中道。

云罕车驾四，中道。

皮轩车驾四，中道。

阘戟车驾四，中道。

鸾旗车驾四，中道。

建华车驾四，中道。

虎贲中郎将车驾二，中道。

护驾尚书郎三人，骑。三分。

护驾尚书三，中道。

相风乌车驾四，中道。

自此分为十二校。左右各六。

殿中御史骑。左右。

典兵中郎骑，中道。

高华，中道。

罼罕。左右。

节十六。左八、右八。

御马。三分。

华盖，中道。

自此分为十六校。左八、右八。

刚鼓，中道，金根车。

自此分为二十校，满道。

左卫、右卫将军。

华盖。自此后糜烂不存。(《西京杂记》卷五)

[按] 扬雄《甘泉赋》所写成帝祭甘泉时场景，多能与此相合，如“于是乘舆乃登夫凤皇兮而翳华芝”，华芝应即华盖，可知赋中多实写也。又按，《玉海》卷七十九车服亦据《西京杂记》录此文，题作《汉甘泉卤簿》。

桓 谭(前36- 35)

《后汉书·桓谭传》：“桓谭字君山，沛国相人也。父成帝时为太乐令。谭以父任为郎，因好音律，善鼓琴。博学多通，遍习《五经》，皆诂训大义，不为章句。能文章，尤好古学，数从刘歆、扬雄辨析疑异。性嗜倡乐，简易不修威仪，而憙非毁俗儒，由是多见排抵。”按，桓谭为史上最早推崇扬雄者，后世有关扬雄之事迹，除《汉书》所载外，大多皆出桓子《新论》。观《后汉书·桓谭传》，知其为人、为学，亦颇似子云。如谓其“简易不修威仪，而喜非毁俗儒，由是多见排抵”，即《扬雄传》之“简易佚荡”。本传又言：“当王莽居摄篡弑之际，天下之士，莫不竞褒称德美，作符命以求容媚，谭独自守，默然无言。”《扬雄传赞》中述扬雄事，亦与此同。《后汉书·宋弘传》载：“世祖尝问弘通博之士，弘荐沛国桓谭，才学洽闻，几能及扬雄，刘向父子，于是召谭拜议郎给事中。”可见时人亦以桓谭比扬雄。

贤人有持*

贾谊不左迁失志，则文彩不发；淮南不贵盛富饶，则不能广聘骏士，使著文作书；太史公不典掌书记，则不能条悉古今；扬雄不贫，则不能作《玄》《言》。（《新论·本造篇》，朱谦之辑《新辑本桓谭新论》，中华书局2009年版，第2页）

扬子云问浑天于洛下黄闳*

扬子云好天文，问之于洛下黄闳以浑天之说，闳曰："我少能作其事，但随尺寸法度，殊不晓达其意。后稍稍益愈，到今七十，乃甫适知已，又老且死矣。今我儿子受学作之，亦当复年如我，乃晓知已，又且复死焉。"其言可悲可笑也。（《新论·启寤篇》，第28页）

扬雄与桓谭论盖天*

通人扬子云，因众儒之说天，以天为如盖转，常左旋，日月星辰，随而东西。乃图画形体行度，参以四时历数昏明昼夜，欲为世人立纪律，以垂法后嗣。余难之曰："春秋昼夜欲等平，旦日出于卯，正东方；暮日入于酉，正西方。今以天下之占视之；此乃人之卯酉，非天卯酉。天之卯酉，当北斗极，北斗极天枢，枢天轴也，犹盖有保斗矣。盖虽转而保斗不移，天亦转周匝，斗极常在，知为天之中也。仰视之，又在北，不正在人上，而春秋分时，日出入乃在斗南。如盖转，则北道近，南道远，彼昼夜刻漏之数，何从等平？"子云无以解也。后与子云奏事待报，坐白虎殿廊庑下，以寒故，背日曝背。有顷，日光去背，不复曝焉，因以示子云曰："天即盖转而日西行，其光影当照此廊下而稍东耳，无乃是反应浑天家法焉。"子云立坏其所作，则儒家以为天左转非也。（《新论·启寤篇》，第29—30页）

扬雄作玄书*

扬雄作《玄书》，以为玄者天也，道也，言圣贤制法作事，皆引天道以为本统，而因附续万类、王政、人事、法度。故宓羲氏谓之易，老子谓之道，孔子谓之元，而扬雄谓之玄。《玄经》三篇，以纪天地人之道，立三体，有上中下，如《禹贡》之陈三品。三三而九，因以九九八十一，故为八十一卦。以四为数，数从一至四，重累变易，竟八十一而遍，不可损益，以三十五蓍揲之。《玄经》五千余言，而传十二篇也。(《新论·正经篇》，第40—41页)

扬雄之书必传*

王公子问："扬子云何人耶?"答曰："才智开通，能入圣道，卓绝于众，汉兴以来未有此人也。"国师子骏曰："何以言之?"答曰："通才著书以百数，惟太史公为广大，余皆丛残小论，不能比之，子云所造《法言》《太玄》，经也，《玄经》数百年外，其书必传，顾谭不及见也。世咸尊古卑今，贵所闻，贱所见。见扬子云禄位容貌不能动人，故轻易之。老子其心玄远，而与道合。若遇上好事，必以《太玄》次《五经》也。"(《新论·正经篇》，第41页)

扬雄慕恋死子*

扬子云在长安，素贫约，比岁已甚，亡其两男，哀痛不已，皆归葬于蜀，遂至困乏。子云达圣道，明于死生，宜不下季札，然而慕恋死子，不能以义割恩，自令多费。为中散大夫，病卒，贫无以办丧事，以贫困故葬长安，妻子弃其坟墓，西归于蜀，此罪在轻财，通人之蔽也。(《新论·识通篇》，第44页)

[按] 后谓扬雄无子，据"妻子弃其坟墓"一语，知雄虽亡两男，尚有

子嗣存焉。

附： 扬乌小传*

《刘向别传》曰：扬信字子乌，雄第二子，幼而聪慧。雄算《玄经》不会，子令作九数而得之。雄又拟《易》“羝羊触藩”，弥日不就。子乌曰：“大人何不云‘荷戟入榛’。”（《太平御览》卷三百八十五，《四库》第896册，第509页）

［按］《御览》所引此则材料，与刘向完全无涉。清人王昶疑“刘向别传”或作“扬雄别传”，见《金石萃编》卷十《郑固碑》。

桓谭谓扬子*

谭谓扬子曰：“君之为黄门郎，居殿中，数见舆辇、玉璠、华芝及凤凰、三盖之属，皆玄黄五色，饰以金玉翠羽珠络锦绣茵席者也。”（《新论·离事篇》，第50页）

［按］《汉书·外戚传》描绘赵皇后之昭阳殿云：“皇后既立，后宠少衰，而弟绝幸，为昭仪。居昭阳舍，其中庭彤朱，而殿上髹漆，切皆铜沓（冒）黄金涂，白玉阶，壁带往往为黄金釭，函蓝田璧、明珠、翠羽饰之，自后宫未尝有焉。”疑子云所见，即昭阳殿。

扬子云工于赋*

扬子云工于赋，王君大晓习万剑之名，凡器遥观而知，不须手持熟察。余欲从二子学。子云曰：“能读千赋，则善赋。”君大曰：“能观千剑，则晓剑。”谚曰：“伏习象神，巧者不过习者之门。”（《新论·道赋篇》，第52页）

扬雄作赋梦五藏出地*

余少时见扬子云丽文高论，不自量年少新进，猥欲逮及，尝激一事而作小赋，用精思太剧，而立感动致疾病。子云亦言：成帝时，赵昭仪方大幸，每上甘泉，诏使作赋，一首始成，卒暴倦卧，梦五藏出地，以手收内之，及觉，大少气，病一年。由此言之，尽思虑，伤精神也。（《新论 · 道赋篇》，第 52 页）

扬子云大才而不晓音*

扬子云大才而不晓音，余颇离雅操而更为新弄。子云曰："事浅易喜，深者难识，卿不好雅颂而悦郑声，宜也。"（《新论 · 闵友篇》，第 61 页）

［按］桓谭出身音乐世家，《后汉书》载其"性嗜倡乐"，又曾为王莽掌乐大夫。观其言，盖亦有自负之意。

比扬子云为孔子*

张子侯曰："扬子云，西道孔子也，乃贫如此？"吾应曰："子云亦东道孔子也。昔仲尼岂独是鲁孔子，亦齐、楚圣人也。"（《新论 · 闵友篇》，第 62 页）

扬雄论圣*

谓扬子云曰："如后世复有圣人，徒知其才能之胜己，多不能知其圣与非圣也。"子云曰："诚然。"（《新论 · 闵友篇》，第 62 页）

附： 扬雄与桓谭书

望风景附，声训自结。（严可均《全汉文》，卷五十二，中华书局1958年版，第822页）

附： 扬雄答桓谭书

长卿赋不似从人间来，其神化所至邪。大谛能读千赋则能为之。谚云：“伏习众神，巧者不过习者之门。”（严可均《全汉文》卷五十二，第822页）

［按］言“神化”者，天才也；言“习”者，后天勤学也。

陈　嚣（?）

《太平御览》卷四百一十九人事部六十引《会稽典录》曰：“陈嚣字子公，山阴人也。同县车妪年八十余无子，慕嚣仁义，欲求寄命，嚣以车妪有财产，未敢便许。乃咨于长者，长者佥曰其宜。嚣遂迎妪，朝夕定省，如其所亲。出家财以供肴膳，妪以寿终。嚣殡敛毕，皆勉其奴，令守妪墓财物，付与妪内外宗族，衣国不入殡者以置椁中，制服三月。由是著名，流称上国矣。”

扬雄荐陈嚣*

太中大夫山阴陈嚣，渔则化盗，居则让邻，感侵退藩，遂成义里，摄养车妪，行足厉俗，自扬子云等上书荐之，粲然传世。（《三国志》卷五十七《虞翻传》注引《会稽典录》，第1325页）

虞预《会稽典录》曰：陈嚣，山阴人。宗正刘向、黄门侍郎扬雄荐嚣德义可厉薄俗，孝成皇帝特以公车征嚣，时已年七十，每朝请，上常待以师傅之礼。(《太平御览》卷四百七十四人事部一百一十五，《四库》第897册，第399—400页)

[按] 益州太守李强曾谓扬子云知人，子云荐陈嚣，亦其类也。然据刘歆《与扬雄书》，知扬雄亦曾荐举田仪，而田仪坐罪。子云自言，"知人之德，尧犹病诸"，斯言是也。

梁　竦 (23- 83)

竦字叔敬，少习《孟氏易》，弱冠能教授。后坐兄松事，与弟恭俱徙九真。既徂南土，历江、湖，济沅、湘，感悼子胥、屈原以非辜沉身，乃作《悼骚赋》，系玄石而沉之。(《后汉书》卷三十四，第1170页)

[按] 贾谊有《吊屈原赋》，扬雄有《反离骚》《广骚》《畔牢愁》，《东观汉记》引梁竦《悼骚赋》文，有"惟贾傅其违指兮，何杨生之欺真"之语。

王　充 (27- 97)

《后汉书·王充传》载："王充字仲任，会稽上虞人也，其先自魏郡元城徙焉。充少孤，乡里称孝。后到京师，受业太学，师事扶风班彪。好博览而不守章句。家贫无书，常游洛阳市肆，阅所卖书，一见辄能诵忆，遂博通众流百家之言。后归乡里，屏居教授。仕郡为功曹，以数谏争不合去。充好论说，始若诡异，终有理实。以为俗儒守文，多失其真，乃闭门潜思，绝庆吊之礼，户牖墙壁各置刀笔。著《论衡》八十五

篇，二十余万言，释物类同异，正时俗嫌疑。”

［按］王充与扬雄颇多相似之处，如皆不喜章句，好博览等。

本性篇（节录）

余固以孟轲言人性善者，中人以上者也；孙卿言人性恶者，中人以下者也；扬雄言人性善恶混者，中人也。若反经合道，则可以为教；尽性之理，则未也。（黄晖《论衡校释》卷三，中华书局1990年版，第142—143页）

效力篇（节录）

人有知学，则有力矣。文吏以理事为力，而儒生以学问为力。

或问扬子云曰：“力能扛鸿鼎、揭华旗，知德亦有之乎？”答曰：“百人矣。”夫知德百人者，与彼扛鸿鼎、揭华旗者为料敌也。夫壮士力多者，扛鼎揭旗；儒生力多者，博达疏通。故博达疏通，儒生之力也；举重拔坚，壮士之力也。梓材曰：“强人有王开贤，厥率化民。”此言贤人亦壮强于礼义，故能开贤，其率化民。化民须礼义，礼义须文章。“行有余力，则以学文。”能学文，有力之验也。

……世称力者，常褒乌获，然则董仲舒、扬子云，文之乌获也。（《论衡校释》卷十三，第579—583页）

超奇篇（节录）

扬子云作《太玄经》，造于眇思，极窅冥之深，非庶几之才，不能成也。孔子作《春秋》，二子作两经，所谓卓尔蹈孔子之迹，鸿茂参贰圣之才者也。（《论衡校释》卷十三，第608页）

谴告篇 （节录）

孝武皇帝好仙，司马长卿献《大人赋》，上乃仙仙有凌云之气。孝成皇帝好广宫室，扬子云上《甘泉颂》，妙称神怪，若曰非人力所能为，鬼神力乃可成。皇帝不觉，为之不止。长卿之赋，如言仙无实效；子云之颂，言奢有害，孝武岂有仙仙之气者，孝成岂有不觉之惑哉？然即天之不为他气以谴告人君，反顺人心以非应之，犹二子为赋颂，令两帝惑而不悟也。（《论衡校释》卷十四，第641—642页）

讲瑞篇 （节录）

桓君山谓扬子云曰："如后世复有圣人，徒知其才能之胜己，多不能知其圣与非圣人也。"子云曰："诚然。"夫圣人难知，知能之美若桓、扬者，尚复不能知，世儒怀庸庸之知，赍无异之议，见圣不能知，可保必也。（《论衡校释》卷十六，第723页）

齐世篇 （节录）

画工好画上代之人，秦、汉之士，功行谲奇，不肯图今世之士者，尊古卑今也。贵鹄贱鸡，鹄远而鸡近也。使当今说道深于孔、墨，名不得与之同；立行崇于曾、颜，声不得与之钧。何则？世俗之性，贱所见，贵所闻也。有人于此，立义建节，实核其操，古无以过，为文书者，肯载于篇籍，表以为行事乎？作奇论，造新文，不损于前人，好事者肯舍久远之书，而垂意观读之乎？扬子云作《太玄》，造《法言》，张伯松不肯一观。与之并肩，故贱其言。使子云在伯松前，伯松以为金匮矣。（《论衡校释》卷十八，第810—811页）

佚文篇（节录）

孝武善《子虚》之赋，征司马长卿。孝成玩弄众书之多，善扬子云，出入游猎，子云乘从。使长卿、桓君山、子云作吏，书所不能盈牍，文所不能成句，则武帝何贪？成帝何欲？故曰："玩扬子云之篇，乐于居千石之官；挟桓君山之书，富于积猗顿之财。"

……

文人之笔，劝善惩恶也。谥法所以章善，即以著恶也。加一字之谥，人犹劝惩。闻知之者，莫不自勉。况极笔墨之力，定善恶之实。言行毕载，文以千数。传流于世，成为丹青。故可尊也。扬子云作《法言》，蜀富人赍钱千万，愿载于书。子云不听。夫富无仁义之行，圈中之鹿，栏中之牛也。安得妄载。班叔皮续《太史公书》，载乡里人，以为恶戒。邪人枉道，绳墨所弹，安得避讳。是故子云不为财劝，叔皮不为恩挠。文人之笔，独已公矣。（《论衡校释》卷二十，第864—869页）

定贤篇（节录）

以敏于赋颂，为弘丽之文为贤乎？则夫司马长卿、扬子云是也。文丽而务巨，言眇而趋深，然而不能处定是非，辩然否之实。虽文如锦绣，深如河、汉，民不觉知是非之分，无益于弥为崇实之化。（《论衡校释》卷二十七，第1117页）

书解篇（节录）

著作者为文儒，说经者为世儒。二儒在世，未知何者为优。或曰：文儒不若世儒。世儒说圣人之经，解贤者之传，义理广博，无不实见，故在官常位；位最尊者为博士，门徒聚众，招会千里，身虽死亡，学传于后。文儒为华淫之说，于世无补，故无常官，弟子门徒不见一人，身死之后，莫有绍传。此其所以不如世儒者也。

答曰：不然。夫世儒说圣情，□□□□□[1]，共起并验，俱追圣人。事殊而务同，言异而义钧。何以谓之文儒之说无补于世？世儒业易为，故世人学之多，非事可析第，故官廷设其位。文儒之业，卓绝不循，人寡其书，业虽不讲，门虽无人，书文奇伟，世人亦传。彼虚说，此实篇，折累二者，孰者为贤？案古俊乂著作辞说，自用其业，自明于世。世儒当时虽尊，不遭文儒之书，其迹不传。周公制礼乐，名垂而不灭；孔子作《春秋》，闻传而不绝。周公、孔子，难以论言。汉世文章之徒，陆贾、司马迁、刘子政、扬子云，其材能若奇，其称不由人。世传《诗》家鲁申公、《书》家千乘欧阳、公孙，不遭太史公，世人不闻。夫以业自显，孰与须人乃显？夫能纪百人，孰与廑能显其名？

或曰：著作者，思虑间也，未必材知出异人也。居不幽，思不至。使著作之人，总众事之凡，典国境之职，汲汲忙忙，或暇著作？试使庸人积闲暇之思，亦能成篇八十数。文王日昃不暇食，周公一沐三握发，何暇优游为丽美之文于笔札？孔子作《春秋》，不用于周也；司马长卿不预公卿之事，故能作《子虚之赋》；扬子云存中郎之官，故能成《太玄经》，就《法言》。使孔子得王，《春秋》不作；长卿、子云为相，《赋》《玄》不工籍。

答曰：文王日昃不暇食，此谓演《易》而益卦。周公一沐三握发，为周改法而制。周道不弊，孔子不作，休思虑间也，周法阔疏，不可因也。夫禀天地之文，发于胸臆，岂为间作不暇日哉？感伪起妄，源流气烝。管仲相桓公，致于九合；商鞅相孝公，为秦开帝业，然而二子之书，篇章数十。长卿、子云，二子之伦也。俱感，故才并；才同，故业钧。皆士而各著，不以思虑间也。问事弥多而见弥博，官弥剧而识弥泥。居不幽则思不至，思不至则笔不利。嚚顽之人有幽室之思，虽无忧，不能著一字。盖人材有能，无有不暇。有无材而不能思，无有知而

---

① 凡“□”，即表示原本有脱文，或所据版本漫漶不清，难以辨识。下同，不复赘注。

不能著；有鸿材欲作而无起，无细知以闲而能记。盖奇有无所因，无有不能言；两有无所睹，无不暇造作。（《论衡校释》卷二十八，第1150—1154页）

案书篇（节录）

韩非著书，李斯采以言事；扬子云作《太玄》，侯铺子随而宣之。非、斯同门，云、铺共朝，睹奇见益，不为古今变心易意；实事贪善，不远为术并肩以迹相轻，好奇无已，故奇名无穷。扬子云反《离骚》之经。非能尽反，一篇文往往见非，反而夺之。（《论衡校释》卷二十九，第1174—1175页）

对作篇（节录）

晋之《乘》，而楚之《梼杌》，鲁之《春秋》，人事各不同也。《易》之乾坤，《春秋》之元，扬氏之玄，卜气号不均也。由此言之，唐林之奏，谷永之章，《论衡》《政务》，同一趋也。汉家极笔墨之林，书论之造，汉家尤多。阳成子张作《乐》，扬子云造《玄》，二经发于台下，读于阙掖，卓绝惊耳，不述而作，材疑圣人，而汉朝不讥。（《论衡校释》卷二十九，第1182—1183页）

自纪篇（节录）

充书既成，或稽合于古，不类前人。或曰："谓之饰文偶辞，或径或迂，或屈或舒。谓之论道，实事委璅，文给甘酸，谐于经不验，集于传不合，稽之子长不当，内之子云不入。文不与前相似，安得名佳好，称工巧?"答曰：饰貌以强类者失形，调辞以务似者失情。百夫之子，不同父母，殊类而生，不必相似，各以所禀，自为佳好。文必有与合然后称善，是则代匠斫不伤手，然后称工巧也。文士之务，各有所从，或调辞以巧文，或辩伪以实事。必谋虑有合，文辞相袭，是则五帝不异事，三王不殊业也。美色不同面，皆佳于目；悲音不共声，皆快于耳。酒醴异气，饮之皆醉；百谷殊味，食之皆饱。谓文当与前合，是谓舜眉当复八采，禹目当复重瞳。

……

充仕数不耦，而徒著书自纪。或戏曰："所贵鸿材者，仕宦耦合，身容说纳，事得功立，故为高也。今吾子涉世落魄，仕数黜斥，材未练于事，力未尽于职，故徒幽思属文，著记美言，何补于身？众多欲以何趍乎？"答曰：材鸿莫过孔子。孔子才不容，斥逐，伐树，接浙，见围，削迹，困饿陈、蔡，门徒菜色。今吾材不逮孔子，不偶之厄，未与之等，偏可轻乎？且达者未必知，穷者未必愚。遇者则得，不遇失之。故夫命厚禄善，庸人尊显；命薄禄恶，奇俊落魄。必以偶合称材量德，则夫专城食土者，材贤孔、墨。身贵而名贱，则居洁而行墨，食千钟之禄，无一长之德，乃可戏也。若夫德高而名白，官卑而禄泊，非才能之过，未足以为累也。士愿与宪共庐，不慕与赐同衡；乐与夷俱旅，不贪与跖比迹。高士所贵，不与俗均，故其名称不与世同。身与草木俱朽，声与日月并彰，行与孔子比穷，文与扬雄为双，吾荣之。身通而知困，官大而德细，于彼为荣，于我为累。偶合容说，身尊体佚，百载之后，与物俱殁，名不流于一嗣，文不遗于一札，官虽倾仓，文德不丰，非吾所臧。德汪濊而渊懿，知滂沛而盈溢，笔泷漉而雨集，言潏淈而泉出，富材羡知，贵行尊志，体列于一世，名传于千载，乃吾所谓异也。

充细族孤门。或啁之曰："宗祖无淑懿之基，文墨无篇籍之遗，虽著鸿丽之论，无所禀阶，终不为高。夫气无渐而卒至曰变，物无类而妄生曰异，不常有而忽见曰妖，诡于众而突出曰怪。吾子何祖？其先不载。况未尝履墨涂，出儒门，吐论数千万言，宜为妖变，安得宝斯文而多贤？"答曰：鸟无世凤皇，兽无种麒麟，人无祖圣贤，物无常嘉珍。才高见屈，遭时而然。士贵故孤兴，物贵故独产。文孰常在有以放贤，是则醴泉有故源，而嘉禾有旧根也。屈奇之士见，倜傥之辞生，度不与俗协，庸角不能程。是故罕发之迹，记于牒籍；希出之物，勒于鼎铭。

五帝不一世而起，伊、望不同家而出。千里殊迹，百载异发。士贵雅材而慎兴，不因高据以显达。母骊犊骍，无害牺牲；祖浊裔清，不膀奇人。鲧恶禹圣，叟顽舜神。伯牛寝疾，仲弓洁全。颜路庸固，回杰超伦。孔、墨祖愚，丘、翟圣贤。扬家不通，卓有子云；桓氏稽可，遹出君山。更禀于元，故能著文。（《论衡校释》卷三十，第1200—1207页）

许　慎（30? - 124?）

《后汉书》卷七十九："许慎字叔重，汝南召陵人也。性淳笃，少博学经籍，马融常推敬之，时人为之语曰：'《五经》无双许叔重。'为郡功曹，举孝廉，再迁除洨长。卒于家。初，慎以《五经》传说臧否不同，于是撰为《五经异义》，又作《说文解字》十四篇，皆传于世。"

说文解字序

古者庖羲氏之王天下也，仰则观象于天，俯则观法于地，视鸟兽之文与地之宜，近取诸身，远取诸物；于是始作《易》八卦，以垂宪象。及神农氏，结绳为治，而统其事。庶业其繁，饰伪萌生。黄帝之史官仓颉，见鸟兽蹄迒之迹，知分理之可相别异也，初造书契。百工以乂，万品以察，盖取诸夬。"夬，扬于王庭"，言文者，宣教明化于王者朝廷，"君子所以施禄及下，居德则忌"也。

仓颉之初作书，盖依类象形，故谓之文。其后形声相益，即谓之字。文者，物象之本；字者，言孳乳而浸多也。著于竹帛谓之书。书者，如也。以迄五帝三王之世，改易殊体，封于泰山者七十有二代，靡有同焉。

《周礼》：八岁入小学，保氏教国子，先以六书。一曰指事。指事者，视而可识，察而见意，上、下是也。二曰象形。象形者，画成其物，随体诘诎，日、月是也。三曰形声。形声者，以事为名，取譬相成，江、河是也。四曰会意。会意者，比类合谊，以见指抙，武、信是也。五曰转注。转注者，建类一首，同意相受，考、老是也。六曰假借。假借者，本无其字，依声托事，令、长是也。

及宣王太史籀，著《大篆》十五篇，与古文或异。至孔子书六经，左丘明述《春秋传》，皆以古文，厥意可得而说。其后诸侯力政，不统于王。恶礼乐之害己，而皆去其典籍。分为七国，田畴异亩，车涂异轨，律令异法，衣冠异制，言语异声，文字异形。秦始皇帝初兼天下，丞相李斯乃奏同之，罢其不与秦文合者。斯作《仓颉篇》，中车府令赵高作《爰历篇》，大史令胡毋敬作《博学篇》。皆取史籀《大篆》，或颇省改，所谓小篆也。是时，秦烧灭经书，涤除旧典。大发吏卒，兴戍役。官狱职务繁，初有隶书，以趣约易，而古文由此绝矣。自尔秦书有八体：一曰大篆，二曰小篆，三曰刻符，四曰虫书，五曰摹印，六曰署书，七曰殳书，八曰隶书。

汉兴有草书。《尉律》：学僮十七已上始试。讽籀书九千字，乃得为史。又以八体试之。郡移太史并课。最者，以为尚书史。书或不正，辄举劾之。今虽有《尉律》，不课，小学不修，莫达其说久矣。孝宣皇帝时，召通《仓颉》读者，张敞从受之。凉州刺史杜业，沛人爰礼，讲学大夫秦近，亦能言之。孝平皇帝时，征礼等百余人，令说文字未央廷中，以礼为小学元士。黄门侍郎扬雄，采以作《训纂篇》。凡《仓颉》以下十四篇，凡五千三百四十字，群书所载，略存之矣。及亡新居摄，使大司空甄丰等校文书之部。自以为应制作，颇改定古文。时有六书：一曰古文，孔子壁中书也。二曰奇字，即古文而异者也。三曰篆书，即小篆，秦始皇帝使下杜人程邈所作也。四曰佐书，即秦隶书。五曰缪篆，所以摹印也。六曰鸟虫书，所以书幡信也。壁中书者，鲁恭王坏孔子宅，而得《礼记》《尚书》《春秋》《论语》《孝经》。又北平侯张苍献《春秋左氏传》。郡国亦往往于山川得鼎彝，其铭即前代之古文，皆自相似。虽叵复见远流，其详可得略说也。

而世人大共非訾，以为好奇者也，故诡更正文，乡壁虚造不可知之

书，变乱常行，以耀于世。诸生竞逐说字解经谊，称秦之隶书为仓颉时书，云："父子相传，何得改易！"乃猥曰："马头人为长，人持十为斗，虫者，屈中也。"廷尉说律，至以字断法："苛人受钱，苛之字止句也。"若此者甚众，皆不合孔氏古文，谬于《史籀》。俗儒啬夫，玩其所习，蔽所希闻，不见通学，未尝睹字例之条。怪旧艺而善野言，以其所知为秘妙，究洞圣人之微恉。又见《仓颉篇》中"幼子承诏"，因曰："古帝之所作也，其辞有神仙之术焉。"其迷误不谕，岂不悖哉！

《书》曰："予欲观古人之象。"言必遵修旧文而不穿凿。孔子曰："吾犹及史之阙文，今亡也夫。"盖非其不知而不问。人用己私，是非无正，巧说邪辞，使天下学者疑。

盖文字者，经艺之本，王政之始。前人所以垂后，后人所以识古。故曰："本立而道生。"知天下之至赜而不可乱也。今叙篆文，合以古籀；博采通人，至于小大；信而有征，稽撰其说。将以理群类，解谬误，晓学者，达神恉。分别部居，不相杂厕。万物咸睹，靡不兼载。厥谊不昭，爰明以喻。其称《易》孟氏、《书》孔氏、《诗》毛氏、《礼》周官、《春秋》左氏、《论语》《孝经》，皆古文也。其于所不知，盖阙如也。（许慎撰，段玉裁注：《说文解字注》第十五，上海古籍出版社 1981 年版，第 753—765 页）

［按］许氏述汉代字体演变史，与《汉志·六艺略》小学类有异，王鸣盛以为许说是而《汉志》非。详参本编王鸣盛条。

班　固（32- 92）

《后汉书》卷四十："固字孟坚。年九岁，能属文诵诗赋，及长，遂博贯载籍，九流百家之言，无不穷究。所学无常师，不为章句，举大义而已。"

扬雄传（节录）

扬雄字子云，蜀郡成都人也。其先出自有周伯侨者，以支庶初食采于晋之扬，因氏焉，不知伯侨周何别也。扬在河、汾之间，周衰而扬氏或称侯，号曰扬侯。会晋六卿争权，韩、魏、赵兴而范、中行、知伯弊。当是时，逼扬侯，扬侯逃于楚巫山，因家焉。楚汉之兴也，扬氏遡江上，处巴江州。而扬季官至庐江太守。汉元鼎间避仇复遡江上，处岷山之阳曰郫，有田一廛，有宅一区，世世以农桑为业。自季至雄，五世而传一子，故雄亡它扬于蜀。雄少而好学，不为章句，训诂通而已，博览无所不见。为人简易佚荡，口吃不能剧谈，默而好深湛之思，清静亡为，少耆欲，不汲汲于富贵，不戚戚于贫贱，不修廉隅以徼名当世。家产不过十金，乏无儋石之储，晏如也。自有大度，非圣哲之书不好也；非其意，虽富贵不事也。顾尝好辞赋。

先是时，蜀有司马相如，作赋甚弘丽温雅，雄心壮之，每作赋，常拟之以为式。又怪屈原文过相如，至不容，作《离骚》，自投江而死，悲其文，读之未尝不流涕也。以为君子得时则大行，不得时则龙蛇，遇不遇命也，何必湛身哉！乃作书，往往摭《离骚》文而反之，自岷山投诸江流以吊屈原，名曰《反离骚》；又旁《离骚》作重一篇，名曰《广骚》；又旁《惜诵》以下至《怀沙》一卷，名曰《畔牢愁》。《畔牢愁》《广骚》文多不载，独载《反离骚》。

……孝成帝时，客有荐雄文似相如者，上方郊祠甘泉泰畤、汾阴后土，以求继嗣，召雄待诏承明之庭。正月，从上甘泉，还奏《甘泉赋》以风。……

甘泉本因秦离宫，既奢泰，而武帝复增通天、高光、迎风。宫外近则洪崖、旁皇、储胥、弩陆，远则石关、封峦、枝鹊、露寒、棠梨、师得，游观屈奇瑰玮，非木摩而不雕，墙涂而不画，周宣所考，般庚所迁，夏卑宫室，唐虞棌椽三等之制也。且为其已久矣，非成帝所造，欲谏则非时，欲默则不能已，故遂推而隆之，乃上比于帝室紫宫，若曰此

非人力之所能为，党鬼神可也。又是时赵昭仪方大幸，每上甘泉，常法从，在属车间豹尾中。故雄聊盛言车骑之众，参丽之驾，非所以感动天地，逆厘三神。又言“屏玉女，却虙妃”，以微戒齐肃之事。赋成奏之，天子异焉。

其三月，将祭后土，上乃帅群臣横大河，湊汾阴。既祭，行游介山，回安邑，顾龙门，览盐池，登历观，陟西岳以望八荒，迹殷周之虚，眇然以思唐虞之风。雄以为临川羡鱼不如归而结罔，还，上《河东赋》以劝。……

其十二月羽猎，雄从。以为昔在二帝三王，宫馆台榭沼池苑囿林麓薮泽财足以奉郊庙，御宾客，充庖厨而已，不夺百姓膏腴谷土桑柘之地。女有余布，男有余粟，国家殷富，上下交足，故甘露零其庭，醴泉流其唐，凤皇巢其树，黄龙游其沼，麒麟臻其囿，神爵栖其林。昔者禹任益虞而上下和，草木茂；成汤好田而天下用足；文王囿百里，民以为尚小；齐宣王囿四十里，民以为大：裕民之与夺民也。武帝广开上林，南至宜春、鼎胡、御宿、昆吾，旁南山而西，至长杨、五柞，北绕黄山，濒渭而东，周袤数百里。穿昆明池象滇河，营建章、凤阙、神明、驳娑，渐台、泰液象海水周流方丈、瀛洲、蓬莱。游观侈靡，穷妙极丽。虽颇割其三垂以赡齐民，然至羽猎田车戎马器械储偫禁御所营，尚泰奢丽夸诩，非尧、舜、成汤、文王三驱之意也。又恐后世复修前好，不折中以泉台，故聊因《校猎赋》以风。……

明年，上将大夸胡人以多禽兽，秋，命右扶风发民入南山，西自褒斜，东至弘农，南驱汉中，张罗罔罝罘，捕熊罴豪猪虎豹狖玃狐菟麋鹿，载以槛车，输长杨射熊馆。以罔为周阹，纵禽兽其中，令胡人手搏之，自取其获，上亲临观焉。是时，农民不得收敛。雄从至射熊馆，还，上《长杨赋》，聊因笔墨之成文章，故藉翰林以为主人，子墨为客卿以风。……

哀帝时丁、傅、董贤用事，诸附离之者或起家至二千石。时雄方草《太玄》，有以自守，泊如也。或謿雄以玄尚白，而雄解之，号曰《解嘲》。……

雄以为赋者，将以风也，必推类而言，极丽靡之辞，闳侈巨衍，竞于使人不能加也，既乃归之于正，然览者已过矣。往时武帝好神仙，相如上《大人赋》，欲以风，帝反缥缥有陵云之志。繇是言之，赋劝而不止，明矣。又颇似俳优淳于髡、优孟之徒，非法度所存，贤人君子诗赋之正也，于是辍不复为。而大潭思浑天，参摹而四分之，极于八十一。旁则三摹九据，极之七百二十九赞，亦自然之道也。故观《易》者，见其卦而名之；观《玄》者，数其画而定之。《玄》首四重者，非卦也，数也。其用自天元推一昼一夜阴阳数度律历之纪，九九大运，与天终始。故《玄》三方、九州、二十七部、八十一家、二百四十三表、七百二十九赞，分为三卷，曰一二三，与《泰初历》相应，亦有颛顼之历焉。揲之以三策，关之以休咎，绯之以象类，播之以人事，文之以五行，拟之以道德仁义礼知。无主无名，要合五经，苟非其事，文不虚生。为其泰曼漶而不可知，故有《首》《冲》《错》《测》《摛》《莹》《数》《文》《掜》《图》《告》十一篇，皆以解剥《玄》体，离散其文，章句尚不存焉。《玄》文多，故不著；观之者难知，学之者难成。客有难《玄》大深，众人之不好也，雄解之，号曰《解难》。……

雄见诸子各以其知舛驰，大氐诋訾圣人，即为怪迂，析辩诡辞，以挠世事，虽小辩，终破大道而或众，使溺于所闻而不自知其非也。及太史公记六国，历楚汉，讫麟止，不与圣人同，是非颇谬于经。故人时有问雄者，常用法应之，撰以为十三卷，象《论语》，号曰《法言》。《法言》文多不著，独著其目：

天降生民，倥侗颛蒙，恣于情性，聪明不开，训诸理。撰《学行》第一。

降周迄孔，成于王道，终后诞章乖离，诸子图微。撰《吾子》第二。

事有本真，陈施于亿，动不克咸，本诸身。撰《修身》第三。

芒芒天道，在昔圣考，过则失中，不及则不至，不可奸罔。撰《问道》第四。

神心忽恍，经纬万方，事系诸道德仁谊礼。撰《问神》第五。

明哲煌煌，旁烛亡疆，逊于不虞，以保天命。撰《问明》第六。

假言周于天地，赞于神明，幽弘横广，绝于迩言。撰《寡见》第七。

圣人聪明渊懿，继天测灵，冠于群伦，经诸范。撰《五百》第八。

立政鼓众，动化天下，莫上于中和，中和之发，在于哲民情。撰《先知》第九。

仲尼以来，国君将相卿士名臣参差不齐，壹概诸圣。撰《重黎》第十。

仲尼之后，讫于汉道，德行颜、闵，股肱萧、曹，爰及名将尊卑之条，称述品藻。撰《渊骞》第十一。

君子纯终领闻，蠢迪检押，旁开圣则。撰《君子》第十二。

孝莫大于宁亲，宁亲莫大于宁神，宁神莫大于四表之驩心。撰《孝至》第十三。

赞曰：雄之自序云尔。初，雄年四十余，自蜀来至游京师，大司马车骑将军王音奇其文雅，召以为门下史，荐雄待诏，岁余，奏《羽猎赋》，除为郎，给事黄门，与王莽、刘歆并。哀帝之初，又与董贤同官。当成、哀、平间，莽、贤皆为三公，权倾人主，所荐莫不拔擢，而雄三世不徙官。及莽篡位，谈说之士用符命称功德获封爵者甚众，雄复不侯，以耆老久次转为大夫，恬于势利乃如是。实好古而乐道，其意欲求文章成名于后世，以为经莫大于《易》，故作《太玄》；传莫大于《论语》，作《法言》；史篇莫善于《仓颉》，作《训纂》；箴莫善于《虞箴》，作《州箴》；赋莫深于《离骚》，反而广之；辞莫丽于相如，作四赋：皆斟酌其本，相与放依而驰骋云。用心于内，不求于外，于时人皆曶之；唯刘歆及范逡敬焉，而桓谭以为绝伦。

王莽时，刘歆、甄丰皆为上公，莽既以符命自立，即位之后欲绝其原以神前事，而丰子寻、歆子棻复献之。莽诛丰父子，投棻四裔，辞所连及，便收不请。时雄校书天禄阁上，治狱使者来，欲收雄，雄恐不能自免，乃从阁上自投下，几死。莽闻之曰："雄素不与事，何故在此？"间请问其故，乃刘棻尝从雄学作奇字，雄不知情。有诏勿问。然京师为之语曰："惟寂寞，自投阁；爰清静，作符命。"

雄以病免，复召为大夫。家素贫，耆酒，人希至其门。时有好事者载酒肴从游学，而巨鹿侯芭常从雄居，受其《太玄》《法言》焉。刘歆亦尝观之，谓雄曰："空自苦！今学者有禄利，然尚不能明《易》，又如《玄》何？吾恐后人用覆酱瓿也。"雄笑而不应。年七十一，天凤五年卒，侯芭为起坟，丧之三年。

时大司空王邑、纳言严尤闻雄死，谓桓谭曰："子尝称扬雄书，岂能传于后世乎？"谭曰："必传。顾君与谭不及见也。凡人贱近而贵远，亲见扬子云禄位容貌不能动人，故轻其书。昔老聃著虚无之言两篇，薄仁义，非礼学，然后世好之者尚以为过于《五经》，自汉文景之君及司马迁皆有是言。今扬子之书文义至深，而论不诡于圣人，若使遭遇时君，更阅贤知，为所称善，则必度越诸子矣。"诸儒或讥以为雄非圣人而作经，犹春秋吴楚之君僭号称王，盖诛绝之罪也。自雄之没至今四十余年，其《法言》大行，而《玄》终不显，然篇籍具存。(《汉书》卷八十七，第3513—3585页)

五行志（节录）

哀帝建平二年四月乙亥朔，御史大夫朱博为丞相，少府赵玄为御史大夫，临延登受策，有大声如钟鸣，殿中郎吏陛者皆闻焉。上以问黄门侍郎扬雄、李寻，寻对曰："《洪范》所谓鼓妖者也。师法以为人君不聪，为众所惑，空名得进，则有声无形，不知所从生。其传曰岁月日之中，则正卿受之。今以四月日加辰巳有异，是为中焉。正卿谓执政大臣也。宜退丞相、御史，以应天变。然虽不退，不出期年，其人自蒙其咎。"扬雄亦以为鼓妖，听失之象也。朱博为人强毅多权谋，宜将不宜相，恐有凶恶亟疾之怒。八月，博、玄坐为奸谋，博自杀，玄减死论。《京房易传》曰："令不修本，下不安，金毋故自动，若有音。"(《汉书》卷二十七中之下，第1429页)

艺文志·小学类序（节录）

元始中，征天下通小学者以百数，各令记字于庭中。扬雄取其有用者以作《训纂篇》，顺续《仓颉》，又易《仓颉》中重复之字，凡八十九章。臣复续扬雄作十三章，凡一百二章，无复字，六艺群书所载略备矣。（《汉书》卷三十，第1721页）

艺文志·诗赋略序（节录）

传曰："不歌而诵谓之赋，登高能赋可以为大夫。"言感物造端，材知深美，可与图事，故可以为列大夫也。古者诸侯卿大夫交接邻国，以微言相感，当揖让之时，必称《诗》以谕其志，盖以别贤不肖而观盛衰焉。故孔子曰"不学《诗》，无以言"也。春秋之后，周道浸坏，聘问歌咏不行于列国，学《诗》之士逸在布衣，而贤人失志之赋作矣。大儒孙卿及楚臣屈原离谗忧国，皆作赋以风，咸有恻隐古诗之义。其后宋玉、唐勒，汉兴枚乘、司马相如，下及扬子云，竞为侈丽闳衍之词，没其风谕之义。是以扬子悔之，曰："诗人之赋丽以则，辞人之赋丽以淫。如孔氏之门人用赋也，则贾谊登堂，相如入室矣，如其不用何！"自孝武立乐府而采歌谣，于是有代赵之讴，秦楚之风，皆感于哀乐，缘事而发，亦可以观风俗，知薄厚云。序诗赋为五种。（《汉书》卷三十，第1755—1756页）

[按] 俞纪东认为《诗赋略序》乃班固在《七略》基础上续写而成，其中所引扬雄论赋之语，系班固所增。班固对扬雄之说的采用，使得扬雄赋的命运发生了"根本性的变化"[参俞氏《〈汉志·诗赋略〉"扬雄赋"绎释》，载《复旦学报（社会科学版）》2002年第3期]

楚元王传赞（节录）

赞曰：仲尼称"材难不其然与！"自孔子后，缀文之士众矣，唯孟轲、孙况，董仲舒、司马迁、刘向、扬雄。此数公者，皆博物洽闻，通达古今，其言有补于世。传曰“圣人不出，其间必有命世者焉”，岂近是乎？（《汉书》卷三十六，第1972页）

张冯汲郑传赞

赞曰：张释之之守法，冯唐之论将，汲黯之正直，郑当时之推士，不如是，亦何以成名哉！扬子以为孝文亲诎帝尊以信亚夫之军，曷为不能用颇、牧？彼将有激云尔。（《汉书》卷五十，第2326页）

司马相如传赞

赞曰：司马迁称“《春秋》推见至隐，《易》本隐以之显，《大雅》言王公大人，而德逮黎庶，《小雅》讥小己之得失，其流及上。所言虽殊，其合德一也。相如虽多虚辞滥说，然要其归引之于节俭，此亦《诗》之风谏何异？”扬雄以为靡丽之赋，劝百而风一，犹骋郑卫之声，曲终而奏雅，不已戏乎！（《汉书》卷五十七，第2609页）

司马迁传赞（节录）

自刘向、扬雄博极群书，皆称迁有良史之材，服其善序事理，辨而不华，质而不俚，其文直，其事核，不虚美，不隐恶，故谓之实录。（《汉书》卷六十二，第2738页）

赵充国传（节录）

初，充国以功德与霍光等列，画未央宫。成帝时，西羌尝有警，上思将帅之臣，追美充国，乃召黄门郎扬雄即充国图画而颂之，曰：

明灵惟宣，戎有先零。先零昌狂，侵汉西疆。汉命虎臣，惟后将

军，整我六师，是讨是震。既临其域，谕以威德，有守矜功，谓之弗克。请奋其旅，于罕之羌，天子命我，从之鲜阳。营平守节，娄奏封章，料敌制胜，威谋靡亢。遂克西戎，还师于京，鬼方宾服，罔有不庭。昔周之宣，有方有虎，诗人歌功，乃列于《雅》。在汉中兴，充国作武，赳赳桓桓，亦绍厥后。（《汉书》卷六十九民，第 2994—2995 页）

赵尹韩张两王传赞（节录）

赞曰：自孝武置左冯翊、右扶风、京兆尹，而吏民为之语曰："前有赵、张，后有三王。"然刘向独序赵广汉、尹翁归、韩延寿，冯商传王尊，扬雄亦如之。广汉聪明，下不能欺，延寿厉善，所居移风，然皆讦上不信，以失身堕功。翁归抱公洁己，为近世表。（《汉书》卷七十六，第 3239—3240 页）

游侠传（节录）

先是黄门郎扬雄作《酒箴》以讽谏成帝，其文为酒客难法度士，譬之于物，曰："子犹瓶矣。观瓶之居，居井之眉，处高临深，动常近危。酒醪不入口，臧水满怀，不得左右，牵于纆徽。一旦叀碍，为瓽所轠，身提黄泉，骨肉为泥。自用如此，不如鸱夷。鸱夷滑稽，腹如大壶，尽日盛酒，人复借酤。常为国器，托于属车，出入两宫，经营公家。繇是言之，酒何过乎！"遵大喜之，常谓张竦："吾与尔犹是矣。足下讽诵经书，苦身自约，不敢差跌，而我放意自恣，浮湛俗间，官爵功名，不减于子，而差独乐，顾不优邪！"竦曰："人各有性，长短自裁。子欲为我亦不能，吾而效子亦败矣。虽然，学我者易持，效子者难将，吾常道也。"（《汉书》卷九十二，第 3712—3713 页）

匈奴传（节录）

建平四年，单于上书愿朝五年。时哀帝被疾，或言匈奴从上游来厌人，自黄龙、竟宁时，单于朝中国辄有大故。上由是难之，以问公卿，亦以为虚费府帑，可且勿许。单于使辞去，未发，黄门郎扬雄上书谏曰：

臣闻《六经》之治，贵于未乱；兵家之胜，贵于未战。二者皆微，然而大事之本，不可不察也。今单于上书求朝，国家不许而辞之，臣愚以为汉与匈奴从此隙矣。本北地之狄，五帝所不能臣，三王所不能制，其不可使隙甚明。臣不敢远称，请引秦以来明之：

以秦始皇之强，蒙恬之威，带甲四十余万，然不敢窥西河，乃筑长城以界之。会汉初兴，以高祖之威灵，三十万众困于平城，士或七日不食。时奇谲之士石画之臣甚众，卒其所以脱者，世莫得而言也。又高皇后尝忿匈奴，群臣庭议，樊哙请以十万众横行匈奴中，季布曰："哙可斩也，妄阿顺指！"于是大臣权书遗之，然后匈奴之结解，中国之忧平。及孝文时，匈奴侵暴北边，候骑至雍甘泉，京师大骇，发三将军屯细柳、棘门、霸上以备之，数月乃罢。孝武即位，设马邑之权，欲诱匈奴，使韩安国将三十万众徼于便地，匈奴觉之而去，徒费财劳师，一虏不可得见，况单于之面乎！其后深惟社稷之计，规恢万载之策，乃大兴师数十万，使卫青、霍去病操兵，前后十余年。于是浮西河，绝大幕，破置颜，袭王庭，穷极其地，追奔逐北，封狼居胥山，禅于姑衍，以临翰海，虏名王贵人以百数。自是之后，匈奴震怖，益求和亲，然而未肯称臣也。

且夫前世岂乐倾无量之费，役无罪之人，快心于狼望之北哉？以为不壹劳者不久佚，不暂费者不永宁，是以忍百万之师以摧饿虎之喙，运府库之财填卢山之壑而不悔也。至本始之初，匈奴有桀心，欲掠乌孙，侵公主，乃发五将之师十五万骑猎其南，而长罗侯以乌孙五万骑震其西，皆至质而还。时鲜有所获，徒奋扬威武，明汉兵若雷风耳。虽空行

空反，尚诛两将军。故北狄不服，中国未得高枕安寝也。逮至元康、神爵之间，大化神明，鸿恩溥洽，而匈奴内乱，五单于争立，日逐、呼韩邪携国归化，扶伏称臣，然尚羁縻之，计不颛制。自此之后，欲朝者不距，不欲者不强。何者？外国天性忿鸷，形容魁健，负力怙气，难化以善，易隶以恶，其强难诎，其和难得。故未服之时，劳师远攻，倾国殚货，伏尸流血，破坚拔敌，如彼之难也；既服之后，慰荐抚循，交接赂遗，威仪俯仰，如此之备也。往时尝屠大宛之城，蹈乌桓之垒，探姑缯之壁，籍荡姐之场，艾朝鲜之旃，拔两越之旗，近不过旬月之役，远不离二时之劳，固已犁其庭，扫其闾，郡县而置之，云彻席卷，后无余灾。唯北狄为不然，真中国之坚敌也，三垂比之悬矣，前世重之兹甚，未易可轻也。

今单于归义，怀款诚之心，欲离其庭，陈见于前，此乃上世之遗策，神灵之所想望，国家虽费，不得已者也。奈何距以来厌之辞，疏以无日之期，消往昔之恩，开将来之隙！夫款而隙之，使有恨心，负前言，缘往辞，归怨于汉，因以自绝，终无北面之心，威之不可，谕之不能，焉得不为大忧乎！夫明者视于无形，聪者听于无声，诚先于未然，即蒙恬、樊哙不复施，棘门、细柳不复备，马邑之策安所设，卫、霍之功何得用，五将之威安所震？不然，壹有隙之后，虽智者劳心于内，辩者毂击于外，犹不若未然之时也。且往者图西域，制车师，置城郭都护三十六国，费岁以大万计者，岂为康居、乌孙能逾白龙堆而寇西边哉？乃以制匈奴也。夫百年劳之，一日失之，费十而爱一，臣窃为国不安也。唯陛下少留意于未乱未战，以遏边萌之祸。

书奏，天子寤焉，召还匈奴使者，更报单于书而许之。赐雄帛五十匹，黄金十斤。单于未发，会病，复遣使愿朝明年。故事，单于朝，从名王以下及从者二百余人。单于又上书言："蒙天子神灵，人民盛壮，愿从五百人入朝，以明天子盛德。"上皆许之。（《汉书》卷九十四下，第 3812—3817 页）

元后传（节录）

太后年八十四，建国五年二月癸丑崩。三月乙酉，合葬渭陵。莽诏大夫扬雄作诔曰："太阴之精，沙麓之灵，作合于汉，配元生成。"著其协于元城沙麓。太阴精者，谓梦月也。太后崩后十年，汉兵诛莽。(《汉书》卷九十八，第 4035 页)

叙传（节录）

（班）穉生彪。彪字叔皮，幼与从兄嗣共游学，家有赐书，内足于财，好古之士自远方至，父党扬子云以下莫不造门。……

（班固）永平中为郎，典校秘书，专笃志于博学，以著述为业。或讥以无功，又感东方朔、扬雄自谕以不遭苏、张、范、蔡之时，曾不折之以正道，明君子之所守，故聊复应焉。（《汉书》卷一百，第 4205—4225 页）

答宾戏

永平中为郎，典校秘书。专笃志于儒学，以著述为业。或讥以无功，又感东方朔、扬雄自喻以不遭苏、张、范、蔡之时，曾不折之以正道，明君子之所守，故聊复应焉。其辞曰：

宾戏主人曰："盖闻圣人有壹定之论，列士有不易之分，亦云名而已矣。故太上有立德，其次有立功。夫德不得后身而特盛，功不得背时而独章，是以圣哲之治，栖栖皇皇，孔席不暖，墨突不黔。由此言之，取舍者昔人之上务，著作者前列之余事耳。今吾子幸游帝王之世，躬带冕之服，浮英华，湛道德，矕龙虎之文，旧矣。卒不能摅首尾，奋翼鳞，振拔洿涂，跨腾风云，使见之者景骇，闻之者向震。徒乐枕经籍书，纡体衡门，上无所蒂，下无所根。独摅意乎宇宙之外，锐思于豪芒

之内，潜神默记，恒以年岁。然而器不贾于当己，用不效于一世，虽驰辩如涛波，摛藻如春华，犹无益于殿最。意者，且运朝夕之策，定合会之计，使存有显号，亡有美谥，不亦优乎？”

主人逌尔而咲曰：“若宾之言，斯所谓见势利之华，暗道德之实，守突奥之荧烛，未印天庭而睹白日也。曩者王涂芜秽，周失其御，侯伯方轨，战国横骛，于是七雄虓阚，分裂诸夏，龙战而虎争。游说之徒，风扬电激，并起而救之，其余猋飞景附，煜霅其间者，盖不可胜载。当此之时，搦朽摩钝，铅刀皆能壹断，是故鲁连飞一矢而蹶千金，虞卿以顾眄而捐相印也。夫啾发投曲，感耳之声，合之律度，淫蛙而不可听者，非韶、夏之乐也；因势合变，偶时之会，风移俗易，乖忤而不可通者，非君子之法也。及至从人合之，衡人散之，亡命漂说，羁旅骋辞，商鞅挟三术以钻孝公，李斯奋时务而要始皇，彼皆蹑风云之会，履颠沛之势，据徼乘邪以求一日之富贵，朝为荣华，夕而焦瘁，福不盈眦，祸溢于世，凶人且以自悔，况吉士而是赖乎！且功不可以虚成，名不可以伪立，韩设辩以徼君，吕行诈以贾国。说难既酋，其身乃囚；秦货既贵，厥宗亦隧。是故仲尼抗浮云之志，孟轲养浩然之气，彼岂乐为迂阔哉？道不可以贰也。方今大汉洒扫群秽，夷险芟荒，廓帝纮，恢皇纲，基隆于羲、农，规广于黄、唐；其君天下也，炎之如日，威之如神，函之如海，养之如春。是以六合之内，莫不同原共流，沐浴玄德，禀卬太和，枝附叶著，譬犹草木之殖山林，鸟鱼之毓川泽，得气者蕃滋，失时者苓落，参天地而施化，岂云人事之厚薄哉？今子处皇世而论战国，耀所闻而疑所觌，欲从旄敦而度高乎泰山，怀氿滥而测深乎重渊，亦未至也。”

宾曰：“若夫鞅、斯之伦，衰周之凶人，既闻命矣。敢问上古之士，处身行道，辅世成名，可述于后者，默而已乎？”

主人曰：“何为其然也！昔咎繇谟虞，箕子访周，言通帝王，谋合圣神；殷说梦发于傅岩，周望兆动于渭滨，齐宁激声于康衢，汉良受书于邳沂，皆竢命而神交，匪词言之所信，故能建必然之策，展无穷之勋也。近者陆子优繇，《新语》以兴；董生下帷，发藻儒林；刘向司籍，辩章旧闻；扬雄覃思，《法言》《大玄》：皆及时君之门闱，究先圣之壶奥，婆娑乎术艺之场，休息乎篇籍之囿，以全其质而发其文，用纳乎圣听，列炳于后人，斯非其亚与！若乃夷抗行于首阳，惠降志于辱仕，颜耽乐于箪瓢，孔终篇于西狩，声盈塞于天渊，真吾徒之师表也。且吾闻之：壹阴壹阳，天地之方；乃文乃质，王道之纲；有同有异，圣哲之常。故曰：慎修所志，守尔天符，委命共己，味道之腴，神之听之，名其舍诸！宾又不闻和氏之璧韫于荆石，随侯之珠藏于蜯蛤乎？历世莫视，不知其将含景耀，吐英精，旷千载而流夜光也。应龙潜于潢污，鱼鼋媟之，不睹其能奋灵德，合风云，超忽荒，而躆颢苍也。故夫泥蟠而天飞者，应龙之神也；先贱而后贵者，和、随之珍也；时暗而久章者，君子之真也。若乃牙、旷清耳于管弦，离娄眇目于豪分；逢蒙绝技于弧矢，班输榷巧于斧斤；良乐轶能于相驭，乌获抗力于千钧；和、鹊发精于针石，研、桑心计于无垠。仆亦不任厕技于彼列，故密尔自娱于斯文。"（《汉书》卷一百，第4225—4231页）

［按］《后汉书》卷四十下《班固传》述作《答宾戏》之由云："固自以二世才术，位不过郎，感东方朔、扬雄自论，以不遭苏、张、范、蔡之时，作《宾戏》以自通焉。"

典引（节录）

臣固顿首顿首，伏惟相如《封禅》，靡而不典；扬雄《美新》，典而无实。然皆游扬后世，垂为旧式。（《文选》卷四八，中华书局1977年版，第682页）

［按］《后汉书·班固传》云："固又作《典引》篇，述叙汉德。以为相如《封禅》，靡而不典，扬雄《美新》，典而不实，盖自谓得其致焉。"

离骚序

昔在孝武，博览古文。淮南王安叙《离骚传》，以《国风》好色而不淫，《小雅》怨诽而不乱，若《离骚》者，可谓兼之。蝉蜕浊秽之中，浮游尘埃之外，皭然泥而不滓；推此志，虽与日月争光可也。斯论似过其真。又说：五子以失家巷，谓五子胥也。及至羿、浇、少康、贰姚、有娀佚女，皆各以所识有所增损，然犹未得其正也。故博采经书传记本文以为之解。且君子道穷，命矣。故潜龙不见是而无闷。《关雎》哀周道而不伤。蘧瑗持可怀之智，宁武保如愚之性，咸以全命避害，不受世患。故《大雅》曰：既明且哲，以保其身。斯为贵矣。今若屈原，露才扬己，竞乎危国群小之闲，以离谗贼。然责数怀王，怨恶椒、兰，愁神苦思，强非其人，忿怼不容，沉江而死，亦贬絜狂狷景行之士。多称昆仑、冥婚宓妃虚无之语，皆非法度之政，经义所载。谓之兼《诗》风雅，而与日月争光，过矣！然其文弘博丽雅，为辞赋宗。后世莫不斟酌其英华，则象其从容。自宋玉、唐勒、景差之徒，汉兴，枚乘、司马相如、刘向、扬雄，骋极文辞，好而悲之，自谓不能及也。虽非明智之器，可谓妙才者也。（洪兴祖《楚辞补注》卷一，中华书局 1983 年版，第 49—50 页）

崔　骃（? - 92）　崔　瑗（77? - 142?）

崔骃传（节录）

（崔）骃，年十三能通《诗》《易》《春秋》，博学有伟才，尽通古今训诂百家之言，善属文。少游太学，与班固、傅毅同时齐名。常以典籍为业，未遑仕进之事。时人或讥其太玄静，将以后名失实。骃拟扬雄《解嘲》，作《达旨》以答焉。……永元四年，卒于家。所著诗、赋、铭、颂、书、记、表、《七依》《婚礼结言》《达旨》《酒警》合二十一篇（《后汉书》卷五十二，第 1708—1722 页）。

崔瑗传（节录）

瑗字子玉，早孤，锐志好学，尽能传其父业。年十八，至京师，从侍中贾逵质正大义，逵善待之，瑗因留游学，遂明天官、历数、《京房易传》、六日七分。诸儒宗之。与扶风马融、南阳张衡特相友好。……瑗高于文辞，尤善为书、记、箴、铭，所著赋、碑、铭、箴、颂、《七苏》《南阳文学官志》《叹辞》《移社文》《悔祈》《草书势》、七言，凡五十七篇。其南阳文学官志称于后世，诸能为文者皆自以弗及。瑗爱士，好宾客，盛修肴膳，单极滋味，不问余产。居常蔬食菜羹而已。家无担石储，当世清之。（《后汉书》卷五十二，第1722—1724页）

[按] 崔骃《达旨》虽拟《解嘲》，然亦有不同之处，李贤注《后汉书》引华峤《后汉书》曰："骃讥杨雄，以为范、蔡、邹衍之徒，乘衅相倾，诳曜诸侯者也，而云'彼我异时'。又曰，窃赀卓氏，割炙细君，斯盖士之赘行，而云'不能与此数公者同'。以为失类而改之也。"

叙箴

昔扬子云读《春秋传·虞人箴》而善之，于是作为《九州》及《二十五官箴》，规匡救，言君德之所宜，斯乃体国之宗也。（《太平御览》卷五百八十八，《四库》第898册，第438页）

[按]《古文苑》韩元吉本中《太常箴》题为崔骃作，小字注"一作扬雄"，而章樵本题扬雄作，小字注"一作崔骃"。同样的，《尚书箴》和《博士箴》，韩元吉本皆题崔瑗作，小字注"一作扬雄"，章樵本则全归扬雄之作，小字注"一作崔瑗"。

附：胡广传（节录）

初，扬雄依《虞箴》作《十二州二十五官箴》，其九箴亡阙，后涿

郡崔骃及子瑗，又临邑侯刘騊駼增补十六篇，广复继作四篇，文甚典美。乃悉撰次首目，为之解释，名曰《百官箴》，凡四十八篇。（《后汉书》卷四十四，1511 页）

［按］《后汉书·崔瑗传》载："汉安初，大司农胡广、少府窦章共荐瑗宿德大儒，从政有迹，不宜久在下位，由此迁济北相。"可知胡广敬仰崔瑗德行，故二人私交或颇为密切。

李　尤（44? – 126?）

李尤传（节录）

李尤字伯仁，广汉洛人也。少以文章显。和帝时，侍中贾逵荐尤有相如、扬雄之风，召诣东观，受诏作赋，拜兰台令史。稍迁，安帝时为谏议大夫，受诏与谒者仆射刘珍等俱撰《汉记》。后帝废太子为济阴王，尤上书谏争。顺帝立，迁乐安相。年八十三卒。所著诗、赋、铭、诔、颂、《七叹》《哀典》凡二十八篇。（《后汉书》卷八十《文苑传》，第 2616 页）

［按］明张溥《李伯仁集题词》云："当时荐者，称其文有相如、扬雄风，何哉？铭八十余，多体要之作。及所匠意，于子云《百官箴》得其深矣。"

杜　笃（? – 78）

《后汉书·文苑传》："杜笃字季雅，京兆杜陵人也。高祖延年，宣帝时为御史大夫。笃少博学，不修小节，不为乡人所礼。居美阳，与美阳令游，数从请托，不谐，颇相恨。令怒，收笃送京师。会大司马吴汉薨，光武诏诸儒诔之，笃于狱中为诔，辞最高，帝美之，赐帛免刑。”

论都赋序

臣闻知而复知，是为重知。臣所欲言，陛下已知，故略其梗概，不敢具陈。昔般庚去奢，行俭于亳，成周之隆，乃即中洛。遭时制都，不常厥邑。贤圣之虑，盖有优劣；霸王之姿，明知相绝。守国之艺，同归异术：或弃去阻厄，务处平易；或据山带河，并吞六国；或富贵思归，不顾见袭；或掩空击虚，自蜀汉出；即日车驾，策由一卒；或知而不从，久都硗埆。臣不敢有所据。窃见司马相如、扬子云作辞赋以讽主上，臣诚慕之，伏作书一篇，名曰《论都》，谨并封奏如左。（《后汉书》卷八十上《文苑传》，第2595—2596页）

[按]《论都赋》“忿葭萌之不柔”一句，李贤注云：“扬子云《长杨赋》曰：‘遐萌为之不安。’谓远人也。案：笃此赋每取子云《甘泉》《长杨》赋事，意此‘葭’即‘遐’也。时蜀郡守将史歆及交趾征侧反，卢芳亡入匈奴，故云忿其不柔也。”

张 衡（78- 139）

《后汉书》卷五十九：“张衡字平子，南阳西鄂人也。世为著姓。衡少善属文，游于三辅，因入京师，观太学，遂通《五经》，贯六艺。虽才高于世，而无骄尚之情。常从容淡静，不好交接俗人。永元中，举孝廉不行，连辟公府不就。时天下承平日久，自王侯以下，莫不逾侈。衡乃拟班固《两都》，作《二京赋》，因以讽谏。精思傅会，十年乃成。”

张衡论太玄*

衡善机巧，尤致思于天文、阴阳、历算。常耽好《玄经》，谓崔瑗曰："吾观《太玄》，方知子云妙极道数，乃与《五经》相拟，非徒传记之属，使人难论阴阳之事，汉家得天下二百岁之书也。复二百岁，殆将终乎？所以作者之数，必显一世，常然之符也。汉四百岁，《玄》其兴矣。"（《后汉书》卷五十九，第1897页）

［按］本传云："衡常思图身之事，以为吉凶倚伏，幽微难明，乃作《思玄赋》，以宣寄情志。"观《思玄赋》文字，知思想颇有与扬雄《太玄赋》相合者，盖亦曾受子云之影响。又按，"二百岁"，章怀太子注云："子云当哀帝时著《太玄经》，自汉初至哀帝，二百岁也。自中兴至献帝，一百八十九年也。"

衡深叹扬雄《太玄经》，谓崔瑗曰："观《太玄经》，知子云殆尽阴阳之数也。非特记传之属，实与《五经》相拟，汉得天下二百岁之书也。所以作者之数，必显一世常然之符也。《太玄》四百岁其兴乎！竭己之精思以揆其义，更使人难论阴阳之事。"（袁宏：《后汉纪·孝顺皇帝纪下卷第十九》，中华书局2002年版，第372页）

与崔瑗书

乃者以朝驾明日披读《太玄经》，知子云特极阴阳之数也。以其满泛故，故时人不务。此非特传记之属，心实与《五经》拟。汉家得二百岁，卒乎，所以作兴者之数，其道必显一代，常然之符也。《玄》四百岁其兴乎。竭已精思，以揆其义，更使人难论阴阳之事。足下累世穷道极微，子孙必命世不绝。且幅写一通藏之，以待能者。（《太玄经》范望注本载陆绩《述玄》引，上海古籍出版社1990年版，第1—2页）

［按］《后汉书·张衡传》所载张衡"谓崔瑗曰"数语，章怀太子注以为即张衡与崔瑗书中语，与《述玄》所引详略不同，正可互相参看。

王 逸（?）

《后汉书》卷八十："王逸字叔师，南郡宜城人也。元初中，举上计吏，为校书郎。顺帝时，为侍中。著《楚辞章句》行于世。其赋、诔、书、论及杂文凡二十一篇。又作汉诗百二十三篇。"

天问叙

昔屈原所作，凡二十五篇，世相教传，而莫能说《天问》，以其文义不次，又多奇怪之事。自太史公口论道之，多所不逮。至于刘向、扬雄，援引传记。以解说之，亦不能详悉。所阙者众，日无闻焉。既有解词，乃复多连蹇其文，蒙澒其说，故厥义不昭，微指不晢，自游览者，靡不苦之，而不能照也。今则稽之旧章，合之经传，以相发明，为之符验，章决句断，事事可晓，俾后学者永无疑焉。（洪兴祖《楚辞补注》卷三，中华书局1983年版，第118—119页）

正部（节录）

《淮南》浮伪而多恢，《太玄》幽虚而少效，《法言》杂错而无主，《新书》繁文而鲜用。（马总编纂，王天海、王韧校释：《意林校释》卷四，中华书局2014年版，第438页）

［按］《意林校释》校语云："《隋志》儒家载：'梁有王逸《正部论》八卷，后汉侍中王逸撰。'两《唐志》皆不见载，此书或亡于唐、宋之际。宋高似孙《子略》目录载梁庾仲容《子钞目》，有'王叔师《正部》六卷'，而《意林》作十卷，《说郛》引此亦作十卷，未详孰是。王逸《正部论》之书久佚，今无传本，清人马国翰据《意林》所录十三条辑佚文一卷，并称是书'多勖学语，亦每论当代著作，皆确当不易'。"

蔡　邕（133- 192）

《后汉书》卷六十：“蔡邕字伯喈，陈留圉人也。……少博学，师事太傅胡广。好辞章、数术、天文，妙操音律。……其撰集汉事，未见录以继后史。适作《灵纪》及《十意》，又补诸列传四十二篇，因李傕之乱，湮没多不存。所著诗、赋、碑、诔、铭、赞、连珠、箴、吊、论议、《独断》《劝学》《释诲》《叙乐》《女训》《篆埶》、祝文、章表、书记，凡百四篇，传于世。”

释诲序

闲居玩古，不交当世。感东方朔《客难》及扬雄、班固、崔骃之徒设疑以自通，乃斟酌群言，韪其是而矫其非，作《释诲》以戒厉云尔。（《后汉书》卷六十《蔡邕传》，第 1980 页）

［按］扬雄作《解嘲》，班固作《答宾戏》，崔骃作《达旨》，皆仿东方朔《客难》。扬雄不知王莽，蔡邕不知董卓，卒被后世骂名，亦相似也。

荀　悦（148- 209）

《后汉书》卷六十二《荀悦传》：“悦字仲豫，俭之子也。俭早卒。悦年十二，能说《春秋》。家贫无书，每之人闲，所见篇牍，一览多能诵记。”

孝哀皇帝纪下（节录）

二年春正月，匈奴乌孙留珠单于、乌孙大昆弥伊秩靡来朝。伊秩靡即公主之外孙也。单于之将朝也，上书自请。时上有疾，左右咸言匈奴来朝，中国辄有大故。上由是难之，以问公卿，亦以为虚费府库，可且勿许。单于使辞去，未发，黄门郎扬雄上书谏曰："六经之治，贵于未乱；兵家之胜，贵于未战。今单于上书求朝，而国家不许，臣以为匈奴从此隙矣。北地之狄，五帝所不能臣，三王所不能制。以秦始皇之强，蒙恬之威，带甲四十余万，而不敢窥西河。汉以高祖之威灵，三十万众困于平城。孝文时侵暴北边，烽火通于甘泉，京师大骇，发三将军屯细柳、棘门、霸上以备之。孝武即位，设马邑之权，欲诱匈奴，觉而去，徒费财劳师。其后深惟社稷之计，规恢万世之基，乃大兴师数十万，连兵十余年。于是浮西河，绝大漠，破颠颜，袭单于王庭，穷极其地，封狼居胥山，禅于姑衍，以临瀚海，虏名王贵人以百数。自是之后，匈奴震怖，遂求和亲，然而未肯称臣。夫前世岂乐倾无量之费，役无罪之人，快心于沙漠之北哉？以为不一劳者不久逸，不暂费者不永宁，是以忍百万之师以投饿虎之口，殚运府库之财填弃卢山之壑而不悔。至宣皇之初，而虏尚有桀心，欲掠乌孙，侵公主，发五将之师十五万骑猎其南，长罗侯以乌孙五万骑震其西，时鲜有所获，徒奋扬威武，明汉兵若雷风耳。故北狄不伏，中国不得高枕也。其后匈奴内乱，五单于争立，日逐、呼韩携国归化，扶服称臣，然尚羁縻之，不能专制。自此之后，欲朝者不拒，不朝者不强。故未服之时，劳师远攻，倾国殚货，伏尸流血，破坚败敌，如彼之难也；既伏之后，慰藉抚循，交接赂遗，威仪俯仰，如此之备也。往时尝屠大宛之城，蹈乌桓之壁，探姑缯之垒，藉荡姐之场，倒鲜卑之旃，推南越之旗，近不过旬月之役，远不离二时之劳，故已犁其庭，扫其庐，立郡县处之，云彻席卷，后无余灾。唯北狄不然，真中国之仇也，三垂比之悬矣。今单于款心归义，此乃上世之遗策，神灵之所想望。奈何距以来厌之辞，疏以无日之期，消往日之恩，开将来之隙！使自绝于汉，终无北面之心，威之不可，喻之不能，焉得不忧乎！夫百年勤之，一朝失之，费十而爱一，臣窃为国不安也。"上乃召还匈奴使而许之。赐雄帛五十匹，黄金十斤。

雄为人博学有大志，性清净，少嗜欲，简易倜傥，口不能剧谭，默而沉思。居贫，或无担石之储，晏如也。非其义，虽富贵，不事也。给

事黄门郎，与王莽、董贤同位。时莽、贤所荐，莫不拔擢，而雄三世不徙官，其淡荣宠如此。时人皆忽之，唯刘歆、范逡以礼敬之，沛国桓谭甚重之，巨鹿侯芭师事之。雄好赋颂，又似司马相如晚节，以为无益而辍止。乃依《易》著《太玄经》，其文五千，说十余万言，筮之以三十策，关之以休咎，播之以人事，义合《五经》，而辞解剥玄体十一篇，复为章句。又著《法言》十四篇，欲以象《论语》。刘歆尝问桓谭曰："雄之文能传乎？"谭曰："必传。顾君与我不见也。人情贵远忽近，见雄容貌爵位不能动人，则轻其文。若后世遇明识君子，当度越诸子。"（《汉纪》卷二十九，中华书局2002年版，第513—516页）

［按］《后汉书·荀悦传》："帝好典籍，常以班固《汉书》文繁难省，乃令悦依《左氏传》体以为《汉纪》三十篇，诏尚书给笔札。辞约事详，论辨多美。"上引扬雄传记文字，皆约《汉书·扬雄传》而成。然可注意者，其中文字偶有小异，乃荀悦增删润色之迹也。然所改亦有讹误处，如"筮之以三十策"，《汉书》作"揲之以三策"，苏林注云："三三而分之。"可见荀书作"三十"非是。《四库全书总目》引李焘、司马光等人之语，论荀书亦有超越班书之处，故宜加甄别，善加利用。

应　劭（153? - 196）

《汉书叙例》："应劭字仲瑗，一字仲援，一字仲远。汝南南顿人，后汉萧令，御史营令，泰山太守。"又裴松之《三国志注》卷二十一引司马彪《续汉书》云："劭又著《中汉辑叙》《汉官仪》及《礼仪故事》，凡十一种，百三十六卷。朝廷制度，百官仪式，所以不亡者，由劭记之。"

风俗通义序（节录）

周、秦常以岁八月遣輶轩之使，求异代方言，还奏籍之，藏于秘室。及嬴氏之亡，遗脱漏弃，无见之者。蜀人严君平有千余言，林闾翁孺才有梗概之法，扬雄好之，天下孝廉卫卒交会，周章质问，以次注续，二十七年，尔乃治正，凡九千字，其所发明，犹未若《尔雅》之闳丽也，张竦以为悬诸日月不刊之书；予实顽暗，无能述演，岂敢比隆于斯人哉！顾惟述作之功，故聊光启之耳。（王利器《风俗通义校注》，中华书局 1981 年版，第 11 页）

［按］以上文字多约取扬雄《答刘歆书》。扬雄著《方言》，《汉书·扬雄传》《艺文志》皆无记载，现存文献中明载扬雄作《方言》者，除扬雄、刘歆往返书信外，以此最早。

叶令祠（节录）

或人问仙，扬雄以为："虙牺、神农、黄帝、尧、舜殒落，文王葬毕，孔子葬鲁城之北，独不爱其死乎？知非人之所能也。生乎生乎，吾恐名生而实死也。"（《风俗通义校注·正失篇》，第 86 页）

［按］所引扬雄语出自《法言·君子篇》，今本作：或问："人言仙者，有诸乎?""吁，吾闻虙羲、神农殁，黄帝、尧、舜殂落而死，文王，毕；孔子，鲁城之北。独子爱其死乎？非人之所及也。仙亦无益子之汇矣!"

东方朔

俗言：东方朔太白星精，黄帝时为风后，尧时为务成子，周时为老聃，在越为范蠡，在齐为鸱夷子皮。言其神圣能兴王霸之业，变化无常。

谨按：《汉书》："东方朔，平原人也。孝武皇帝时，招延贤良、文学之士，待以不次之位，故四方多上书言得失自炫鬻者。"于是朔诣阙自陈：'十二失父，长养兄嫂，年十三学书，十四击剑，十六诵《诗》，十九习孙、吴《兵法》，又常服子路之言。臣朔年二十三，长九尺三寸，目若悬珠，齿若编贝，勇若孟贲，捷若庆忌，廉如鲍叔，信若尾生，若

此可以为天子大臣矣。’朔文辞不逊，高自称誉，由是见伟，稍益亲幸，官至太中大夫，倡优畜之，不豫国政。刘向少时，数问长老贤人，通于事，及朔时人，皆云：朔口谐倡辩，不能持论，喜为凡庸诵说，故今后世多传闻者。而扬雄亦以为‘朔言不纯师，行不纯德，其流风遗书，蔑如也。然朔所以名过其实，以其恢诞多端，不名一行，应谐似优，不穷似智，正谏似直，秽德似隐，非夷、齐，是柳惠，其滑稽之雄乎！’朔之逢占射覆，其事浮浅，行于众，僮儿牧竖，莫不炫耀，而后之好事者，因取奇言怪语附著之耳，安在能神圣历世为辅佐哉？（《风俗通义校注·正失篇》，第108—111页）

宋　衷（?）

《册府元龟》卷六百五学校部：“宋衷，字仲子，南阳章陵人。为荆州五等从事，注《易》九卷。”按，宋衷生卒年不可考，因虞翻、陆绩注《玄》皆在其后，故将其置于虞翻之前。

《英雄记》曰：州界群寇既尽，表乃开立学官，博求儒士，使綦毋闿、宋忠等撰《五经章句》，谓之后定。（《三国志》卷六《魏书·刘表传》注，第212页）

扬子《法言》十三卷，宋衷注；扬子《太玄经》九卷，宋衷注。梁有扬子《太玄经》九卷，扬雄自作章句，亡。扬子《太玄经》十卷，陆绩、宋衷注。（《隋书·经籍志》，第998页）

姚振宗按，宋衷，范《书》、陈《志》皆无传，《蜀志先主传》注引孔衍《汉魏春秋》曰：“刘琮乞降，不敢告备，备亦不知。久之，乃觉。遣所亲问琮，琮令宋衷诣备宣旨。是时曹公在宛，备乃大惊骇，谓忠曰：‘卿诸人作事如此，不早相语，今祸至方告我，不亦太剧乎。’引刀向忠，曰：‘今断卿头，不足以解忿。亦耻大丈夫临别复杀卿辈。’遣忠去。”又《尹默传》注云："宋仲子，后在魏。《魏略》曰：其子与魏讽谋反伏诛，魏太子《答王朗书》曰：嗟乎宋忠，无石子先识之明，老罹此祸。今虽欲愿行灭亲之诛，立纯臣之节，尚可得耶。"按，其时建安二十四年也。梓潼李仁、尹默并从衷受古学，王肃从衷读《太玄》，所注《五经章句》《七纬》注、《世本》注、《太玄》《法言》注，并见本志。衷之事迹略可考见者如此。（《隋书经籍志考证》卷一经部一，《师石山房丛书》本）

虞 翻（164- 233）

《三国志》卷五十七："虞翻字仲翔，会稽余姚人也。……翻性疏直，数有酒失。权与张昭论及神仙，翻指昭曰：'彼皆死人，而语神仙，世岂有仙人邪！'权积怒非一，遂徙翻交州。虽处罪放，而讲学不倦，门徒常数百人。又为《老子》《论语》《国语》训注，皆传于世。"

虞翻别传 （节录）

翻初立《易注》，奏上曰："臣闻六经之始，莫大阴阳，是以伏羲仰天县象，而建八卦，观变动六爻为六十四，以通神明，以类万物。臣高祖父故零陵太守光，少治孟氏《易》，曾祖父故平舆令成，缵述其业，至臣祖父凤为之最密。臣亡考故日南太守歆，受本于凤，最有旧书，世传其业，至臣五世。前人通讲，多玩章句，虽有秘说，于经疏阔。臣生遇世乱，长于军旅，习经于枹鼓之间，讲论于戎马之上，蒙先师之说，依经立注。

又臣郡吏陈桃梦臣与道士相遇，放发被鹿裘，布《易》六爻，挠其三以饮臣，臣乞尽吞之。道士言《易》道在天，三爻足矣。岂臣受命，应当知经！

所览诸家解不离流俗，义有不当实，辄悉改定，以就其正。孔子

曰：‘乾元用九而天下治。’圣人南面，盖取诸离，斯诚天子所宜协阴阳致麟凤之道矣。谨正书副上，惟不罪戾。”

翻又奏曰：“经之大者，莫过于《易》。自汉初以来，海内英才，其读《易》者，解之率少。至孝灵之际，颍川荀谞号为知《易》，臣得其注，有愈俗儒，至所说西南得朋，东北丧朋，颠倒反逆，了不可知。孔子叹《易》曰：‘知变化之道者，其知神之所为乎！’以美大衍四象之作，而上为章首，尤可怪笑。又南郡太守马融，名有俊才，其所解释，复不及谞。孔子曰‘可与共学，未可与适道’，岂不其然！若乃北海郑玄，南阳宋忠，虽各立注，忠小差玄，而皆未得其门，难以示世。”

……翻放弃南方，云“自恨疏节，骨体不媚，犯上获罪，当长没海隅，生无可与语，死以青蝇为吊客，使天下一人知己者，足以不恨。”以典籍自慰，依《易》设象，以占吉凶。又以宋氏《解玄》颇有缪错，更为立法，并著《明扬》《释宋》以理其滞。（《三国志》卷五十七《吴书·虞翻传》注引，第1322—1323页）

［按］《隋书·经籍志》著录“梁有扬子《太玄经》十四卷，虞翻注”。《旧唐书·经籍志》《新唐书·艺文志》同，今亡佚。

杨　修（175- 219）

《后汉书》卷五十四：“修字德祖，好学，有俊才，为丞相曹操主簿，用事曹氏。……修所著赋、颂、碑、赞、诗、哀辞、表、记、书凡十五篇。”

与曹植书（节录）

今之赋颂，古诗之流，不更孔公，风雅无别耳。修家子云，老不晓事，强著一书，悔其少作。若此，仲山、周旦之徒，则皆有愆乎！君侯忘圣贤之显迹，述鄙宗之过言，窃以为未之思也。若乃不忘经国之大美，流千载之英声，铭功景钟，书名竹帛，此自雅量素所蓄也，岂与文章相妨害哉？（裴松之《三国志注》引，第560页）

［按］杨修文士，此又戏言，故其谓“修家子云”，未必可征实。后世学者据此以论扬雄之姓，实难服人。

陆　绩（188- 219）

《三国志》卷五十七：“陆绩字公纪，吴郡吴人也。……绩容貌雄壮，博学多识，星历算数无不该览。虞翻旧齿名盛，庞统荆州令士，年亦差长，皆与绩友善。孙权统事，辟为奏曹掾，以直道见惮，出为郁林太守，加偏将军，给兵二千人。绩既有躄疾，又意在儒雅，非其志也。虽有军事，著述不废，作浑天图，注《易》释《玄》，皆传于世。”

述　玄

绩昔常见同郡邹邠，字伯岐，与邑人书，叹扬子云所述《太玄》，连推求《玄》本，不能得也。镇南将军刘景升遣梁国成奇修好鄙州，奇将《玄经》自随。时虽幅写一通，年尚暗稚。甫学《书》《毛诗》，王谊人事，未能深索玄道真，故不为也。后数年，专精读之，半岁间，粗觉其意。于是草创注解，未能也。章陵宋仲子为作《解诂》，后奇复衔命寻盟。仲子以所解付奇与安远将军彭城张子布，绩得览焉。仲子之思虑，诚为深笃。然玄道广远，淹废历载，师读断绝，难可一备，故往往有违本错误。绩智意岂能弘裕？顾圣人有所不知，匹夫误有所达。加缘先王询于刍荛之谊，故遂卒有所述。就以仲子《解》为本，其合于道者，因仍其说。其失者，因释而正之。所以不复为一解，欲令学者瞻览彼此，论其曲直，故合联之尔。夫《玄》之大义，揲蓍之谓，而仲子失

其旨归。休咎之占，靡所取定。虽得文间义说，大体乖矣。《书》曰："若网在纲，有条而弗紊。"今纲不正，欲弗紊，不可得已。绩不敢苟好著作以虚誉也，庶合道真，使《玄》不为后世所尤而已。

昔扬子云述《玄经》，而刘歆观之，谓曰："雄空自苦，今学经者有禄利，然尚不能明《易》，又如《玄》何？吾恐后人用覆酱瓿。"雄笑而不应。雄卒，大司空王邑、纳言严尤闻雄死，谓桓谭曰："子尝称扬雄书，岂能传于后世乎？"谭曰："必传！顾君与谭，不及见也。"班固赞序雄事曰："凡人贵远贱近，亲见扬雄禄位容貌，不能动人，故轻其书。扬子云之言，文谊至深，论不诡于圣人。若使遭遇时君，更阅贤智，为所称善，则必度越诸子矣。自雄之没，至今四十余年。其《法言》大行，而《玄》终未显。"又张平子与崔子玉书曰："乃者以朝驾明日披读《太玄经》，知子云特极阴阳之数也。以其满泛故，故时人不务此，非特传记之属，心实与《五经》拟，汉家得二百岁卒乎。所以作兴者之数，其道必显，一代常然之符也。《玄》四百岁其兴乎！竭己精思，以揆其义，更使人难论阴阳之事。足下累世穷道极微，子孙必命世不绝。且幅写一通藏之，以待能者。"

绩论数君所云，知扬子云《太玄》无疆也。歆云经将覆没，犹《法言》而今显扬，歆之虑寻于是为漏。固曰"《法言》大行，而《玄》终未显"，固虽云终不必其废，有愈于歆。谭云"必传，顾谭与君不见也"，而《玄》果传，谭所思过固远矣。平子云汉之四百其兴乎，汉元至今四百年矣，其道大显，处期甚效，厥迹速，其最复优乎。且以歆《历谱》之隐奥，班固《汉书》之渊弘，桓谭《新论》之深远，尚不能镜照《玄经》废兴之数，况夫王邑、严尤之伦乎。览平子书，令子玉深藏以待能者。子玉为世大儒，平子嫌不能理，但令深藏，益明《玄经》之为神妙。虽平子焯亮其道，处其炽兴之期。人之材意，相倍如此。雄《解难》曰："师旷之调钟，俟知音之在后。孔子作《春秋》，冀君子之将睹。"信哉斯言，于是乎验。

雄受气纯和，韬真含道，通敏睿达，钩深致远，建立《玄经》，与圣人同趣。虽周公繇《大易》，孔子修《春秋》，不能是过。论其所述，终年不能尽其美也。考之古今，宜曰圣人。昔孔子在衰周之时，不见深识，或遭困苦，谓之佞人。列国智士，称之达者，不曰圣人。唯弟子中言其圣耳。逮至孟轲、孙卿之徒，及汉世贤人君子，咸并服德归美，谓之圣人。用《春秋》以为王法，故遂隆崇，莫有非毁。扬子云亦生衰乱之世，虽不见用，智者识焉。桓谭谓之绝伦，称曰圣人。其事与孔子相似。又述《玄经》，平子处其将兴之期。果如其言，若玄道不应天合神，平子无以知其行数。若平子瞽言，期应不宜效验如合符契也。作而应天，非圣如何？昔《诗》称“母氏圣善”，《多方》曰“惟圣罔念作狂，惟狂克念作圣”，《洪范》曰“睿作圣”，孟轲谓柳下惠作圣人。由是言之，人之受性，聪明纯淑，无所系轸。顺天道，履仁谊，因可谓之圣人。何常之有乎！世不达圣贤之数，谓圣人如鬼神而非人类，岂不远哉。凡人贱近而贵远，闻绩所云，其笑必矣。冀值识者，有以察焉。（《太玄经》卷首，上海古籍出版社1990年版，第1—3页）

［按］《隋书·经籍志》著录《太玄经》十卷，题陆绩、宋衷注；《旧唐书·经籍志》《新唐书·艺文志》著录《太玄经》十二卷，单题陆绩注。今皆亡佚。然司马光《太玄集注》所引七家注中有陆注，故陆书虽佚，其说犹存。又，《太玄解赞》所录《述玄》多有讹、脱，而今人刘韶军点校本《太玄集注》（中华书局《诸子集成》本）附录中有此文，并有校订，故本编收录时多有参考。

范　望（?）

《永乐大典》卷四千九百二十三载：“范望字叔明，吴人，后仕晋。初在吴时，注《玄》四万余言。后当晋时，又注《玄》十万余言。”

太玄解赞序

赞曰：扬子云处前汉之末，值王莽用事，身絷乱世，逊退无由，是以朝隐，官爵不徙。昔者，文王屈抑而系《易》，仲尼当衰周而述《春秋》，为一代之法，以彰圣人之符。子云志不申显，于是覃思，偶《易》著《玄》。其道以阴阳为本，比于庖牺之作，事异道同，福顺祸逆，无有主名。桓谭谓之绝伦，张衡以拟《五经》，非诸子之畴也。自侯芭受业之后，希有相传受者。乃到建安年中，故五业主事章陵宋衷，郁林太守吴郡陆绩，各以渊通之才，穷核道真，为十篇解释，足以根其秘奥，无遗滞者已。然本经三卷，虽有章句，辞尚婉妙，并宜训解。且此书也淹废历久，传写文字，或有脱谬。宋君创之于前，郁林释之于后，二注并集，或相错杂，或相理致，文字猥重，颇为繁多。于教者劳，于诵者倦。望以暗固，学不博识。昔在吴朝，校书台观。后转为郎，雠讲历年。得因二君已成之业，为作义注四万余言。写在观阁，亡其本末。今更通率为注，因陆君为本，录宋所长，捐除其短。升《首》一卷本经之上，散《测》一卷注文之中。训理其义，以《测》为据，合为十卷，十万余言。意思褊浅，犹惧不能发畅扬氏幽微之旨，裨阊后学未觉也。

附张寔校语：扬氏始作之本，已画方、州、部、家四位，定五行之数，分七百二十九赞，为天地人三玄。惟宋陆注本不画首象，其余侯芭、虞翻注本，并画首象。近世林氏撰《玄后序》云："瑀今以旧经方、州、部、家随首画象，以四位之数列首之下，五行之性参次其中，三才之仪各从方立，升《测》之辞散于赞末。"若此数事，皆范叔明注时所定。今林氏以为已意，未知孰是，故两存焉。（《太玄经》卷首，上海古籍出版社 1990 年版，第 3—4 页）

右吴范望叔明注。其序云：子云著《玄》，桓谭以为绝伦，张衡以拟《五经》。自侯芭受业之后，希有传者。建安中，宋衷、陆绩解释之，文字繁猥。今以陆为本，录宋所长，训理其义，为十卷。且以《首》分居本经之上，以《测》散处赞辞之下，其前又有陆绩序，以子云为圣人云。（晁公武撰，孙猛校证：《郡斋读书志校证》卷十，上海古籍出版社 1990 年版，第 426 页）

颍　容（?）

《后汉书》卷七十九："颍容字子严，陈国长平人也。博学多通，善《春秋左氏》，师事太尉杨赐。郡举孝廉，州辟，公车征，皆不就。初平中，避乱荆州，聚徒千余人。刘表以为武陵太守，不肯起。著《春秋左氏条例》五万余言，建安中卒。"

春秋例（节录）

著述之事，前有司马迁、扬雄，后有郑众、班固，近即马融、郑玄。其所著作违义正者，略举一两事以言之：迁《史记》不识毕公文王之子，而言与周同姓；扬雄《法言》不识六十四卦，云所从来尚矣。（《太平御览》卷六百二文部十八著书下，《四库》第898册，第534页）

［按］颍容，汉末人，具体生卒年不详，故权系于此。《太平御览》卷六百一十八《学部十二·正谬误》亦载此条，与此同，故从略。

卷二

应　璩（190- 252）

裴松之《三国志注》引《文章叙录》曰："璩字休琏，博学好属文，善为书记。文、明帝世，历官散骑常侍。齐王即位，稍迁侍中、大将军长史。曹爽秉政，多违法度，璩为诗以讽焉。其言虽颇谐合，多切时要，世共传之。复为侍中，典著作。嘉平四年卒，追赠卫尉。"

与侍郎曹长思书（节录）

德非陈平，门无结驷之迹；学非扬雄，堂无好事之客；才劣仲舒，无下帷之思；家贫孟公，无置酒之乐。（《文选》卷四二，中华书局 1977 年版，第 598 页）

与韦仲将书（节录）

进无颜子不改之志，退无扬雄晏然之情，是以怀戚良不可堪。（《艺文类聚》卷三十五，上海古籍出版社 2013 年影宋本，第 972 页）

曹　植（192- 232）

《三国志》卷十九："陈思王植字子建。年十岁余，诵读诗、论及辞赋数十万言，善属文。……植以前过，事事复减半，十一年中而三徙都，常汲汲无欢，遂发疾薨，时年四十一。"

与杨德祖书（节录）

辞赋小道，固未足以揄扬大义，彰示来世也。昔扬子云，先朝执戟之臣耳，犹称“壮夫不为”也；吾虽薄德，位为藩侯，犹庶几戮力上国，流惠下民，建永世之业，流金石之功，岂徒以翰墨为勋绩，辞颂为君子哉？若吾志不果，吾道不行，亦将采史官之实录，辩时俗之得失，定仁义之衷，成一家之言，虽未能藏之名山，将以传之同好，此要之白首，岂可以今日论乎！（《三国志》卷十九《陈思王植传》裴注引《典略》，第559页）

［按］此文亦见《文选》卷四十二。

酒赋并序

余览扬雄《酒赋》，辞甚瑰玮，颇戏而不雅，聊作《酒赋》，粗究其终始。

嘉仪氏之造思，亮兹美之独珍。嗟麴蘖之殊味，□□□□□□。仰酒旗之景曜，协嘉号于天辰。穆公酣而兴霸，汉祖醉而蛇分。穆生失醴而辞楚，侯嬴感爵而轻身。谅千钟之可慕，何百觚之足云！其味□□亮升，久载休名。宜成醪醴，苍梧缥青。或秋藏冬发，或春酝夏成。或云沸川涌，或素蚁如萍。

尔乃王孙公子，游侠翱翔。将承欢以接意，会陵云之朱堂。献酬交错，宴笑无方。于是饮者并醉，纵横喧哗。或扬袂屡舞，或扣剑清歌。或嚬蹴辞觞，或奋爵横飞。或叹骊驹既驾，或称朝露未晞。于斯时也，质者或文，刚者或仁；卑者忘贱，窭者忘贫。和睚眦之宿憾，虽怨仇其必亲。于是矫俗先生闻之而叹曰：“噫，夫言何容易！此乃荒淫之源，非作者之事。若耽于觞酌，流情纵佚，先王所禁，君子所失。”（严可均编《全三国文》卷十四，中华书局1958年版，第2256页）

［按］《汉书·陈遵传》所录扬雄《酒赋》非全文，今据曹植《酒赋序》推论，曹植之时，尚能见扬雄《酒赋》全文。

上元皇后诔表（节录）

闻之前志，卑不诔尊，少不诔长。扬雄，臣也，而诔汉后；班固，子也，而诔其父。皆以述扬景行，显之竹帛。岂所谓三代不同礼，随时而作者乎。（《艺文类聚》卷十五，上海古籍出版社 2013 年影宋本，第 452 页）

［按］刘勰《文心雕龙·诔碑篇》云："诔者，累也。累其德行，旌之不朽也。夏商已前，其详靡闻。周虽有诔，未被于士。又贱不诔贵，幼不诔长，在万乘则称天以诔之，读诔定谥，其节文大矣。"如此，则臣为君作诔，可假天之名而诔之，非谓臣不可为君作诔也。

秦　宓（？－226）

《三国志》卷三十八："秦宓字子敕，广汉绵竹人也。少有才学，州郡辟命，辄称疾不往。"

与王商书

（王）商为严君平、李弘立祠，宓与书曰："疾病伏匿，甫知足下为严、李立祠，可谓厚党勤类者也。观严文章，冠冒天下，由、夷逸操，山岳不移，使扬子不叹，固自昭明。如李仲元不遭《法言》，令名必沦，其无虎豹之文故也，可谓攀龙附凤者矣。如扬子云潜心著述，有补于世，泥蟠不滓，行参圣师，于今海内，谈咏厥辞。邦有斯人，以耀四远，怪子替兹，不立祠堂。蜀本无学士，文翁遣相如东受七经，还教吏民，于是蜀学比于齐、鲁。故《地里志》曰：'文翁倡其教，相如为之师。'汉家得士，盛于其世；仲舒之徒，不达封禅，相如制其礼。夫能制礼造乐，移风易俗，非礼所秩有益于世者乎！虽有王孙之累，犹孔子大齐桓之霸，公羊贤叔术之让。仆亦善长卿之化，宜立祠堂，速定其铭。”（《三国志》卷三十八《秦宓传》，第973页）

［按］《三国志》评秦宓云：“始慕肥遁之高，而无若愚之实。然专对有余，文藻壮美，可谓一时之才士矣。”清周亮工据秦宓《与王商书》，以为扬雄不作《美新》，否则秦宓必有所言而不讳也。

古　朴（?）

答夏侯纂*

纂问朴曰：“至于贵州养生之具，实绝余州矣，不知士人何如余州也?”朴对曰：“自先汉以来，其爵位者或不如余州耳，至于著作为世师式，不负于余州也。严君平见黄、老作《指归》，扬雄见《易》作《太玄》，见《论语》作《法言》，司马相如为武帝制《封禅》之文，于今天下所共闻也。”（《三国志》卷三十八《秦宓传》，第975页）

［按］古朴为广汉太守夏侯纂功曹，其余事迹不详。

杨　泉（?）

物理论（节录）

扬雄非浑天而作盖天图，其盖左转，日月星辰随而东方。桓谭难

之，雄不解此。盖天者，诚难知也。① （《太平御览》卷第一天部一，《四库》第893册，第169页）

［按］《隋书·经籍志》云："梁有扬子《物理论》十六卷，扬子《大玄经》十四卷，并晋征士杨泉撰。"《金楼子·自序》云："扬雄有《太玄经》，杨泉又有《太玄经》。"清马国翰辑本杨泉《太玄经》序曰："此书仿扬子云《太玄》为之，亦拟《易》之类也。"

杨泉《太玄经》*

《太玄经》十四卷，晋杨泉撰。郑氏《通志略》作《太玄》。盖泉以子云同姓，故此书亦拟《太玄》而作也。今第马氏《意林》所钞百余言存。马氏注云"望国杨泉字德渊"，而不言何时。郑《艺文略》及《隋艺文志》俱云晋人，惟《旧唐书》作唐人。然唐人讳渊，泉字德渊，其为晋人无疑。《旧唐书》字误也。马氏《意林》又有《物理论》十六卷，所采颇众，而不题名氏。按《隋志》，亦泉所撰，其云张苍除肉刑，每岁所杀万计；钟繇复肉刑，岁生二千人。又以汉文除肉刑为匹夫之仁，盖韩非、邓析流也。（胡应麟《少室山房笔丛》卷二八《九流渚论中》，上海书店出版社2001年版，第277页）

王　肃（195- 256）

王肃传（节录）

肃字子雍。年十八，从宋忠读《太玄》，而更为之解。……初，肃

① 元气浩大则称皓天。皓天，元气也。皓然而已，无他物焉。

善贾、马之学，而不好郑氏，采会同异，为《尚书》《诗》《论语》、三《礼》《左氏解》，及撰定父朗所作《易传》，皆列于学官。其所论驳朝廷典制、郊祀、宗庙、丧纪、轻重，凡百余篇。（《三国志》卷十三，第414—419页）

［按］《七录》著录王肃《太玄经注》七卷，今亡佚。

李　譔（？-260）

李譔传

李譔字钦仲，梓潼涪人也。父仁，字德贤，与同县尹默俱游荆州，从司马徽、宋忠等学。譔具传其业，又从默讲论义理，《五经》、诸子，无不该览，加博好技艺，算术、卜数、医药、弓弩、机械之巧，皆致思焉。始为州书佐、尚书令史。延熙元年，后主立太子，以譔为庶子，迁为仆。转中散大夫、右中郎将，犹侍太子。太子爱其多知，甚悦之。然体轻脱，好戏啁，故世不能重也。著《古文易》《尚书》《毛诗》、三《礼》《左氏传》《太玄指归》，皆依准贾、马，异于郑玄。与王氏殊隔，初不见其所述，而意归多同。景耀中卒。（《三国志》卷四十二，第1026—1027页）

陆　凯（198-269）

陆凯传（节录）

陆凯字敬风，吴郡吴人，丞相逊族子也。黄武初为永兴、诸暨长，

所在有治迹，拜建武都尉，领兵。虽统军众，手不释书。好《太玄》，论演其意，以筮辄验。……建衡元年，疾病，皓遣中书令董朝问所欲言，凯陈："何定不可任用，宜授外任，不宜委以国事。奚熙小吏，建起浦里田，欲复严密故迹，亦不可听。姚信、楼玄、贺劭、张悌、郭逴、薛莹、滕修及族弟喜、抗，或清白忠勤，或姿才卓茂，皆社稷之桢干，国家之良辅，愿陛下重留神思，访以时务，各尽其忠，拾遗万一。"遂卒，时年七十二。（《三国志》卷六十一，第1399—1403页）

［按］《七录》著录陆凯《太玄经注》十三卷，今亡佚。

谯　周（201- 270）

谯周传（节录）

谯周字允南，巴西西充国人也。父𡸫，字荣始，治《尚书》，兼通诸经及图、纬。州郡辟请，皆不应，州就假师友从事。周幼孤，与母兄同居。既长，耽古笃学，家贫未尝问产业，诵读典籍，欣然独笑，以忘寝食。研精六经，尤善书札。颇晓天文，而不以留意；诸子文章非心所存，不悉遍视也。身长八尺，体貌素朴，性推诚不饰，无造次辩论之才，然潜识内敏。……

五年，予尝为本郡中正，清定事讫，求休还家，往与周别。周语予曰："昔孔子七十二、刘向、扬雄七十一而没，今吾年过七十，庶慕孔子遗风，可与刘、扬同轨，恐不出后岁，必便长逝，不复相见矣。"（《三国志》卷四十二，第1027—1033页）

［按］"予"者，陈寿也。《晋书·陈寿传》："陈寿字承祚，巴西安汉人也。少好学，师事同郡谯周，仕蜀为观阁令史。"又陈寿评谯周曰："词理渊通，为世硕儒，有董、扬之规。"董，董仲舒；扬，扬雄也。

郤 正（? - 278）

郤正传（节录）

郤正字令先，河南偃师人也。祖父俭，灵帝末为益州刺史，为盗贼所杀。会天下大乱，故正父揖因留蜀。揖为将军孟达营都督，随达降魏，为中书令史。正本名纂。少以父死母嫁，单茕只立，而安贫好学，博览坟籍。弱冠能属文，入为秘书吏，转为令史，迁郎，至令。性澹于荣利，而尤耽意文章，自司马、王、扬、班、傅、张、蔡之俦遗文篇赋，及当世美书善论，益部有者，则钻凿推求，略皆寓目。自在内职，与宦人黄皓比屋周旋，经三十年，皓从微至贵，操弄威权，正既不为皓所爱，亦不为皓所憎，是以官不过六百石，而免于忧患。依则先儒，假文见意，号曰《释讥》，其文继于崔骃《达旨》。（《三国志》卷四十二，第 1304 页）

［按］《后汉书·崔骃传》云："骃拟扬雄《解嘲》，作《达旨》。"则郤正之《释讥》，亦《解嘲》之流裔也。

姚 信（207? - 267）

《册府元龟》卷六百五《学校部》云："姚信，字德佑，吴兴人，为太常卿，注《易》十卷。"

士纬（节录）

扬子云有深才潜知，屈伸沉浮，从容玄默，近于柳下惠朝隐之风，智似蘧瑗而高不及也。班固称之有大度，不孜孜于富贵，不戚戚于贫贱，二者之美，盖亦良矣。然扬子之书，清贵甚远，无庙堂之议对王公

大人之辞，故令其骨鲠不见，节操不显也。夫孟子之书，将门人所记，非自作也。故其志行多见，非惟教辞而已。或拒万钟之禄，或辞兼金之赠。或以周、汉礼殊，二子时异，不可责之于周。或曰帝纳异言，而子云无正论，卒有投阁之异。孟轲昂昂其肯。然子云保家养智之士，孟轲凤峙高世之英也。（《太平御览》卷第四百四十七，《四库》第897册，第198—199页）

[按]《隋书·经籍志》小字注有《士纬新书》十卷，今亡佚。清人马国瀚有辑佚本，可参看。

陆　喜（？-284）

陆喜传（节录）

喜字恭仲。父瑁，吴吏部尚书。喜仕吴，累迁吏部尚书。少有声名，好学有才思。尝为《自叙》，其略曰："刘向省《新语》而作《新序》，桓谭咏《新序》而作《新论》。余不自量，感子云之《法言》而作《言道》，睹贾子之美才而作《访论》，观子政《洪范》而作《古今历》，览蒋子通《万机》而作《审机》，读《幽通》《思玄》《四愁》而作《娱宾》《九思》，真所谓忍愧者也。"其书近百篇。

吴平，又作《西州清论》传于世，借称诸葛孔明以行其书也。有《较论格品篇》曰："或问予，薛莹最是国士之第一者乎？答曰：'以理推之，在乎四五之间。'问者愕然请问。答曰：'夫孙皓无道，肆其暴虐，若龙蛇其身，沉默其体，潜而勿用，趣不可测，此第一人也。避尊居卑，禄代耕养，玄静守约，冲退澹然，此第二人也。侃然体国思治，心不辞贵，以方见惮，执政不惧，此第三人也。斟酌时宜，在乱犹显，意不忘忠，时献微益，此第四人也。温恭修慎，不为谄首，无所云补，从容保宠，此第五人也。过此已往，不足复数。故第二已上，多沦没而远悔吝，第三已下，有声位而近咎累。是以深识君子，晦其明而履柔顺也。’问者曰：‘始闻高论，终年启寤矣。’”（《晋书》卷五十四，第1486—1487页）

［按］陆氏《较论格品篇》所持处世态度，与扬雄《反离骚》颇为接近。

傅　玄（217- 278）

《晋书》卷四十七：“傅玄字休奕，北地泥阳人也。……少时避难于河内，专心诵学，后虽显贵，而著述不废。撰论经国九流及三史故事，评断得失，各为区例，名为《傅子》，为内、外、中篇，凡有四部、六录，合百四十首，数十万言，并文集百余卷行于世。”

连珠序

所谓连珠者，兴于汉章帝之世，班固、贾逵、傅毅三子受诏作之，而蔡邕、张华之徒又广焉。其文体辞丽而言约，不指说事情，必假喻以达其旨，而贤者微悟，合于古诗劝兴之义。欲使历历如贯珠，易睹而可悦，故谓之连珠也。班固喻美辞壮，文章弘丽，最得其体。蔡邕似论，言质而辞碎，然旨笃矣。贾逵儒而不艳，傅毅有文而不典。（《艺文类聚》卷五十七，上海古籍出版社2013年影宋本，第1566页）

范　乔（221- 298）

范乔传（节录）

乔字伯孙。年二岁时，祖馨临终，抚乔首曰："恨不见汝成人!"因以所用砚与之。至五岁，祖母以告乔，乔便执砚涕泣。九岁请学，在同辈之中，言无媟辞。弱冠，受业于乐安蒋国明。济阴刘公荣有知人之鉴，见乔，深相器重。友人刘彦秋夙有声誉，尝谓人曰："范伯孙体应纯和，理思周密，吾每欲错其一事而终不能。"光禄大夫李铨尝论扬雄才学优于刘向，乔以为向定一代之书，正群籍之篇，使雄当之，故非所长，遂著《刘扬优劣论》，文多不载。（《晋书》卷九十四《隐逸传》，第2432页）

［按］李铨事迹不详，然后世有"刘扬优劣论"之争，铨、乔实为其滥觞也，惜二人之论皆不传。

王长文（238? - 302）

王长文传（节录）

王长文字德叡，广汉郪人也。少以才学知名，而放荡不羁，州府辟命皆不就。州辟别驾，乃微服窃出，举州莫知所之。后于成都市中蹲踞啮胡饼。刺史知其不屈，礼遣之。闭门自守，不交人事。著书四卷，拟《易》，名曰《通玄经》，有《文言》《卦象》，可用卜筮，时人比之扬雄《太玄》。同郡马秀曰："扬雄作《太玄》，惟桓谭以为必传后世。晚遭陆绩，《玄》道遂明。长文《通玄经》，未遭陆绩、君山耳。"（《晋书》卷八十二，第2138—2139页）

[按]《隋书·经籍志》梁有《通经》二卷，并云："晋丞相从事中郎王长文撰，亡。"《通经》盖《通玄经》之简称，梁时盖已亡二卷，故《隋志》云梁时《通经》为二卷。

挚 虞(240- 311)

《晋书》卷五十一："挚虞字仲洽，京兆长安人也。父模，魏太仆卿。虞少事皇甫谧，才学通博，著述不倦。……虞撰《文章志》四卷，注解《三辅决录》，又撰古文章，类聚区分为三十卷，名曰《流别集》，各为之论，辞理惬当，为世所重。"

颂

文章者，所以宣上下之象，明人伦之叙，穷理尽性，以究万物之宜者也。王泽流而诗作，成功臻而颂兴，德勋立而名著，嘉美终而诔集。祝史陈辞，官箴王阙。《周礼》太师掌教六诗，曰风，曰赋，曰比，曰兴，曰雅，曰颂。言一国之事系一人之本，谓之风；言天下之事，形四方之风谓之雅。颂者，美盛德之形容；赋者，敷陈之称也；比者，喻类之言也；兴者，有感之辞也。后世之为诗者多矣，其称功德者谓之颂，其余则总谓之诗。颂，诗之美者也。古者圣帝明王，功成治定而颂声兴，于是史录其篇，工歌其章，以奏于宗庙，告于鬼神。故颂之所美者，圣王之德也。则以为律吕，或以颂形，或以颂声。其细也，甚非古颂之意。昔班固为《安丰侯颂》，史岑为《出师颂》《和熹邓后颂》，与《鲁颂》体意相类，而文辞之异，古今之变也。扬雄《赵充国颂》，颂而似雅；傅毅《显宗颂》，文与《周颂》相似，而杂以《风》《雅》之意。若马融《广成》《上林》之属，纯为今赋之体，而谓之颂，失之远矣。（《挚太常遗集》卷三《文章流别志论》，民国陕西通志馆刊《关中丛书》本）

七　辞

《七发》造于枚乘，借吴楚以为客主，先言出舆入辇蹶痿之损，深宫洞房寒暑之疾，靡曼美色宴安之毒，厚味暖服淫曜之害，宜听世之君子要言妙道，以疏神导体，蠲淹滞之累。既设此辞，以显明去就之路，而后说以声色逸游之乐。其说不入，乃陈圣人辨士讲论之娱，而霍然疾瘳。此因膏粱之常疾，以为匡劝。虽有甚泰之辞，而不没其讽谕之义也。其流遂广，其义遂变。率有辞人淫丽之尤矣，崔骃既作《七依》，而假非有先生之言曰：呜呼，扬雄有言童子雕虫篆刻，俄而曰壮夫不为。孔子疾小言破道。斯文之族，岂不谓义不足而辨有余者乎！赋者，将以讽，吾恐其不免于劝也。傅子集古今七篇，品之，署曰《七林》。（《挚太常遗集》卷三《文章流别志论》）

赋

赋者，敷陈之称，古诗之流也。古之作诗者，发乎情，止礼义。情之发，因辞以形之礼；义之指，须事以明之，故有赋焉。所以假象尽辞，敷陈其志。前世为赋者，有孙卿、屈原，尚颇有古诗之义，至宋玉则多淫浮之病矣。楚辞之赋，赋之善者也。故扬子称赋莫深于《离骚》，贾谊之作，则屈原俦也。古诗之赋，以情义为主，以事类为佐；今之赋，以事形为本，以义正为助。情义为主，则言省而文有例矣。事形为本，则言当而辞无常矣。文之烦省，辞之险易，盖由于此。夫假象过大，则与类相远；逸辞过庄，则与事相违；辩言过理，则与义相失；丽靡过美，则与情相悖。此四过者，所以背大体而害政教。是以司马迁割相如之浮说，扬雄疾辞人之赋丽以淫也。（《挚太常遗集》卷三《文章流别志论》）

箴

扬雄依《虞箴》作《十二州十二官箴》而传于世，不具九官。崔氏累世弥缝其阙，胡公又以次其首目而为之解，署曰《百官箴》。（《挚太常遗集》卷三《文章流别志论》）

文

若《解嘲》之弘缓优大，《应宾》之渊懿烛雅，《连旨》之壮厉慷慨，《应间》之绸缪契阔，郁郁彬彬，靡有不长焉矣。（《挚太常遗集》卷三《文章流别志论》）

潘　岳（247- 300）

《晋书》卷五十五："潘岳字安仁，荥阳中牟人也。岳少以才颖见称，乡邑号为奇童，谓终贾之俦也。"

西征赋（节录）

怀夫萧、曹、魏、邴之相，辛、李、卫、霍之将；衔使则苏属国，震远则张博望；教敷而彝伦叙，兵举而皇威畅；临危而智勇奋，投命而高节亮。暨乎秺侯之忠孝淳深，陆贾之优游宴喜；长卿、渊、云之文，子长、政、骏之史；赵、张、三王之尹京，定国、释之之听理；汲长孺之正直，郑当时之推士；终童山东之英妙，贾生洛阳之才子。飞翠緌，拖鸣玉，以出入禁门者众矣。或被发左衽，奋迅泥滓；或从容傅会，望表知里。或著显绩而婴时戮，或有大才而无贵仕。皆扬清风于上烈，垂

令闻而不已。想佩声之遗响，若铿锵之在耳。当音、凤、恭、显之任势也，乃熏灼四方，震耀都鄙。而死之日，曾不得与夫十余公之徒隶齿。才难，不其然乎？（《文选》卷十，中华书局 1997 年版，第 155 页）

左　思（250? - 305）

《晋书》卷九十二："左思字太冲，齐国临淄人也。其先齐之公族有左右公子，因为氏焉。家世儒学。……思少学钟、胡书及鼓琴，并不成。雍谓友人曰：'思所晓解，不及我少时。'思遂感激勤学，兼善阴阳之术。貌寝，口讷，而辞藻壮丽。不好交游，惟以闲居为事。"按，左思口讷而辞藻壮丽，与扬雄口吃不能剧谈而善著书类似。

三都赋序

盖诗有六义焉，其二曰赋。扬雄曰：诗人之赋丽以则。班固曰：赋者古诗之流也。先王采焉以观土风。见绿竹猗猗，则知卫地淇澳之产。见在其版屋，则知秦野西戎之宅。故能居然而辨八方。然相如赋《上林》而引卢橘夏熟，扬雄赋《甘泉》而陈玉树青葱，班固赋《西都》而叹以出比目，张衡赋《西京》而述以游海若。假称珍怪，以为润色。若斯之类，匪啻于兹。考之果木，则生非其壤。校之神物，则出非其所。于辞则易为藻饰，于义则虚而无征。且夫玉卮无当，虽宝非用。侈言无验，虽丽非经。而论者莫不诋讦，其研精作者，大氐举为宪章。积习生常，有自来矣。（《文选》卷四，中华书局 1997 年版，第 74 页）

［按］扬雄有《蜀都赋》，左思《三都赋》中亦有《蜀都赋》。左思《蜀都赋》中云"扬雄含章而挺生"之语，对扬雄颇为肯定。左思之赋，典故多出扬雄之赋。又《文选》录左思而不录扬雄，后世学者尝怪之。

咏史诗（其一）

济济京城内，赫赫王侯居。冠盖荫四术，朱轮竟长衢。朝集金张馆，暮宿许史庐。南邻击钟磬，北里吹笙竽。寂寂杨子宅，门无卿相舆。寥寥空宇中，所讲在玄虚。言论准宣尼，辞赋拟相如。悠悠百世后，英名擅八区。（《文选》卷二十一，第297页）

成公简（？－311）

成公简传

成公简，字宗舒，东郡人也。家世二千石。性朴素，不求荣利，潜心味道，罔有干其志者。默识过人。张茂先每言："简清静比扬子云，默识拟张安世。"后为中书郎。时馥已为司隶校尉，迁镇东将军。简自以才高而在馥之下，谓馥曰："扬雄为郎，三世不徙，而王莽、董贤位列三司，古今一揆耳。"馥甚惭之。官至太子中庶子、散骑常侍。永嘉末，奔苟晞，与晞同没。（《晋书》卷六十一，第1665页）

郭　璞（276－324）

《晋书》卷七十二："郭璞字景纯，河东闻喜人也。……璞好经术，博学有高才，而讷于言论，词赋为中兴之冠。好古文奇字，妙于阴阳算历。有郭公者，客居河东，精于卜筮，璞从之受业。公以《青囊中书》

九卷与之，由是遂洞五行、天文、卜筮之术，攘灾转祸，通致无方，虽京房、管辂不能过也。……璞撰前后筮验六十余事，名为《洞林》。又抄京、费诸家要最，更撰《新林》十篇、《卜韵》一篇。注释《尔雅》，别为《音义》《图谱》。又注《三苍》《方言》《穆天子传》《山海经》及《楚辞》《子虚》《上林赋》数十万言，皆传于世。所作诗赋诔颂亦数万言。”

方言序

盖闻《方言》之作，出乎輶轩之使，所以巡游万国，采览异言，车轨之所交，人迹之所蹈，靡不毕载，以为奏籍。周、秦之季，其业隳废，莫有存者。暨乎扬生，沉淡其志，历载构缀，乃就斯文。是以三五之篇著，而独鉴之功显。故可不出户庭而坐照四表，不劳畴咨而物来能名。考九服之逸言，摽六代之绝语，类离词之指韵，明乖途而同致；辨章风谣而区分，曲通万殊而不杂；真洽见之奇书，不刊之硕记也。余少玩《雅》训，旁味《方言》，复为之解，触事广之，演其未及，摘其谬漏，庶以燕石之瑜补琬琰之瑕，俾后之瞻涉者可以广寤多闻尔。（华学诚《扬雄方言校释汇证》卷首，中华书局 2006 年版，第 1 页）

［按］《隋书·经籍志》著录《方言》十三卷，署名汉扬雄撰，郭璞注。

王　隐（?）

《晋书》卷八十二：“王隐字处叔，陈郡陈人也。……隐以儒素自守，不交势援，博学多闻，受父遗业，西都旧事多所谙究。”

屋下架屋*

《玄经》虽妙，非益也。是以古人谓其屋下架屋。（《世说新语·文

学篇》刘孝标注引，见刘义庆著，徐震堮校笺《世说新语校笺》卷上，中华书局1984年版，第141页）

［按］王隐曾撰《晋书》，刘孝标所引盖出于是书。后世学者如程、朱等谓《太玄》乃屋下架屋之作，正同王说。

葛　洪(284-364)

《晋书》卷七十二："葛洪字稚川，丹杨句容人也。祖系，吴大鸿胪。父悌，吴平后入晋，为邵陵太守。洪少好学，家贫，躬自伐薪以贸纸笔，夜辄写书诵习，遂以儒学知名。性寡欲，无所爱玩，不知棋局几道，摴蒲齿名。为人木讷，不好荣利，闭门却扫，未尝交游。于余杭山见何幼道、郭文举，目击而已，各无所言。时或寻书问义，不远数千里崎岖冒涉，期于必得，遂究览典籍，尤好神仙导养之法。"

畅　玄

抱朴子曰："玄者，自然之始祖，而万殊之大宗也。眇昧乎其深也，故称微焉。绵邈乎其远也，故称妙焉。其高则冠盖乎九霄，其旷则笼罩乎八隅。光乎日月，迅乎电驰。或倏烁而景逝，或飘滭而星流，或滉漾于渊澄，或雰霏而云浮。因兆类而为有，托潜寂而为无。沦大幽而下沉，凌辰极而上游。金石不能比其刚，湛露不能等其柔。方而不矩，圆而不规。来焉莫见，往焉莫追。乾以之高，坤以之卑，云以之行，雨以之施。胞胎元一，范铸两仪，吐纳大始，鼓冶亿类，迴旋四七，匠成草昧，辔策灵机，吹嘘四气，幽括冲默，舒阐粲尉，抑浊扬清，斟酌河渭，增之不溢，挹之不匮，与之不荣，夺之不瘁。故玄之所在，其乐不穷。玄之所去，器弊神逝。夫五声八音，清商流征，损聪者也。鲜华艳采，彧丽炳烂，伤明者也。宴安逸豫，清醪芳醴，乱性者也。冶容媚

姿，铅华素质，伐命者也。其唯玄道，可与为永。不知玄道者，虽顾眄为生杀之神器，唇吻为兴亡之关键，绮榭俯临乎云雨，藻室华绿以参差。组帐雾合，罗帱云离。西毛陈于闲房，金觞华以交驰，清弦嘈杂以齐唱，郑舞纷绦以蝼蛇，哀箫鸣以凌霞，羽盖浮于涟漪，掇芳华于兰林之囿，弄红葩于积珠之池，登峻则望远以忘百忧，临深则俯揽以遗朝饥，入宴千门之焜煌，出驱朱轮之华仪。然乐极则哀集，至盈必有亏。故曲终则叹发，燕罢则心悲也。实理势之攸召，犹影响之相归也。彼假借而非真，故物往若有遗也。

夫玄道者，得之乎内，守之者外，用之者神，忘之者器，此思玄道之要言也。得之者贵，不待黄钺之威。体之者富，不须难得之货。高不可登，深不可测。乘流光，策飞景，凌六虚，贯涵溶。出乎无上，入乎无下。经乎汗漫之门，游乎窈眇之野。逍遥恍惚之中，倘佯仿佛之表。咽九华于云端，咀六气于丹霞。徘徊茫昧，翱翔希微，履略蜿虹，践蹦旋玑，此得之者也。

其次则真知足，知足者则能肥遁勿用，颐光山林。纡鸾龙之翼于细介之伍，养浩然之气于蓬荜之中。褴缕带索，不以贸龙章之晫晔也。负步杖筴，不以易结驷之骆驿也。藏夜光于嵩岫，不受他山之攻。沉灵甲于玄渊，以违钻灼之灾。动息知止，无往不足。弃赫奕之朝华，避偾车之险路。吟啸苍崖之间，而万物化为尘氛。怡颜丰柯之下，而朱户变为绳枢。握耒甫田，而麾节忽若执鞭。啜荈漱泉，而太牢同乎藜藿。泰尔有余欢于无为之场，忻然齐贵贱于不争之地。含醇守朴，无欲无忧，全真虚器，居平味澹。恢恢荡荡，与浑成等其自然。浩浩茫茫，与造化钧其符契。如暗如明，如浊如清，似迟而疾，似亏而盈。岂肯委尸祝之坐，释大匠之位，越樽俎以代无知之庖，舍绳墨而助伤手之工。不以臭鼠之细琐，而为庸夫之忧乐。藐然不喜流俗之誉，坦尔不惧雷同之毁。不以外物汩其至精，不以利害污其纯粹也。故穷富极贵，不足以诱之焉，其余何足以悦之乎？直刃沸镬，不足以劫之焉，谤讟何足以戚之乎？常无心于众烦，而未始与物杂也。

若夫操隋珠以弹雀，舐秦痔以属车，登朽缗以探巢，泳吕梁以求鱼，旦为称孤之客，夕为狐鸟之余。栋挠饫覆，倾溺不振，盖世人之所为载驰企及，而达者之所为寒心而凄怆者也。故至人嘿韶夏而韬藻棁。奋其六羽于五城之墟，而不烦衔芦之卫。翳其鳞角乎勿用之地，而不恃曲穴之备。俯无倨鹞之呼，仰无亢极之悔，人莫之识，邈矣辽哉！”（王明校释《抱朴子内篇校释》卷一，中华书局1980年版，第1—3页）

逸民（节录）

夫仕也者，欲以为名邪？则修毫可以泄愤懑，篇章可以寄姓字，何假乎良史，何烦乎镵鼎哉！孟子不以矢石为功，扬云不以治民益世，求仁而得，不亦可乎？（杨明照校笺《抱朴子外篇校笺》卷二，中华书局1991年版，第99页）

酒诫（节录）

扬云酒不离口，而《太玄》乃就。……

扬云通人，才高思远，英赡之富，禀之自天，岂藉外物，以助著述？及其数饮，由于偶好；亦或有疾，以宣药势耳。（《抱朴子外篇校笺》卷二十四，第589—599页）

尚博（节录）

又世俗率神贵古昔而黩贱同时，虽有追风之骏，犹谓之不及造父之所御也；虽有连城之珍，犹谓之不及楚人之所泣也；虽有疑断之剑，犹谓之不及欧冶之所铸也；虽有起死之药，犹谓之不及和、鹊之所合也；虽有超群之人，犹谓之不及竹帛之所载也；虽有益世之书，犹谓之不及前代之遗文也。是以仲尼不见重于当时，《大玄》见蚩薄于比肩也。（《抱朴子外篇校笺》卷三十二，第118页）

吴失（节录）

孔、墨之道，昔曾不行。孟轲、扬雄，亦居困否。有德无时，有自来耳。（《抱朴子外篇校笺》卷三十四，第166页）

常　璩（291？－361）

崔鸿《十六国春秋·蜀录》："常璩字道将，蜀成都人。少好学，著《华阳国志》十篇，序开辟以来迄于李势，皆有条理云。"

蜀志（节录）

蜀自汉兴，至乎哀平。皇德隆熙，牧守仁明。宣德立教，风雅英伟之士，命世挺生。感于帝思，于是玺书交驰于斜谷之南，玉帛践乎梁益之乡。而西秀彦盛，或龙飞紫闼，允陟璇玑；或盘桓利居，经纶皓素。故司马相如耀文上京，扬子云齐圣广渊，严君平经德秉哲，王子渊才高名俊，李仲元湛然岳立，林翁孺训诰玄远，何君公谟明弼谐，王延世著勋河平。其次杨壮、何显得意之徒，恂恂焉。斯盖华岷之灵标，江汉之精华也。（常璩撰，任乃强校注：《华阳国志校补图注》卷三，上海古籍出版社1987年版，第146页）

先贤士女总赞论（节录）

庄平恬泊，皓然沉冥。庄遵，字君平，成都人也。雅性澹泊，学业加妙，专精大《易》，耽于老庄。常卜筮于市，假蓍龟以教。与人子卜，教以孝；与人弟卜，教以悌；与人臣卜，教以忠。于是风移俗易，上下慈和。日阅得百钱则闭肆下帘，授《老》《庄》，著《指归》，为道书之宗。扬雄少师之，称其德。杜陵李强为益州刺史，谓雄曰："吾真得君平矣！"雄曰："君但可见，不能屈也。"强以为不然。至州，修礼交遵。遵见之，强服其清高而不敢屈也。叹曰："扬子云真知人也。"年九十，卒。雄称之曰："不慕夷则由矣。不作苟见，不治苟得。久幽而不改其操，虽随和何以加诸。"

仲元抑抑，邦家仪形。李弘，字仲元，成都人。少读《五经》，不为章句。处陋巷，淬励金石之志。威仪容止，邦家师之。以德行为郡功曹，一月而去。子赘，以见辱杀人。太守曰："贤者之子必不杀人。"放之。赘自以枉，语家人，弘遣亡命。太守怒，让弘。弘对曰："赘为杀人之贼，明府私弘枉法，君子不诱而诛也。石碏杀厚，《春秋》讥之。孔子称父子相隐，直在其中。弘实遣赘。"太守无以诘也。州命从事，常以公正谏争为志。扬子云称之曰："李仲元为人也，不屈其志，不累其身。不夷不惠，可否之间。见其貌者，肃如也。观其行者，穆如也。闻其言者，愀如也。非正不言，非正不行，非正不听。吾先师之所畏。"

子云玄达，焕乎弘圣。扬雄字子云，成都人也。少贫，好道。家无担石之储，十金之费，而晏如也。好学，不为章句。初慕司马相如绮丽之文，多作词赋。车骑将军王音，成帝叔舅也，召为门下史，荐待诏，上《甘泉》《羽猎》赋，迁侍郎，给事黄门。雄既升秘阁，以为辞赋可尚，则贾谊升堂，相如入室。武帝读《大人赋》，飘飘然有凌云之志，不足以讽谏。乃辍其业。以经莫大于《易》，故则而作《太玄》；传莫大于《论语》，故作《法言》；史莫善于《仓颉》，故作《训纂》；箴谏莫美于《虞箴》，故作《州箴》；赋莫弘于《离骚》，故反屈原而广之；典莫正于《尔雅》，故作《方言》。初，与刘歆、王莽、董贤同官，并至三公。雄历三帝，独不易官。年七十一，卒。自刘向父子桓谭等深敬服之。其《玄》渊懿，后世大儒张衡、崔子玉、宋仲子、王子雍皆为注解，吴郡陆公纪尤善于《玄》，称雄圣人。雄子神童乌，七岁预雄《玄》文，年九岁而卒。

林生清寂，莫得而名。林闾，字公孺，临邛人也。善古学。古者天

子有輶车之使，自汉兴以来，刘向之徒，但闻其官，不详其职，惟闾与庄君平知之，曰："此使考八方之风雅，通九州之异同，主海内之音韵，使人主居高堂知天下风俗也。"扬雄闻而师之，因此作《方言》。闾隐遁，世莫闻也。（《华阳国志校补图注》卷十，第532—533页）

益梁宁三州先汉以来士女目录

德行，给事黄门侍郎扬雄。文学，神童扬乌。（《华阳国志校补图注》卷十一，第667页）

［按］《华阳国志》继承了汉魏郡书撰写的传统，通过表彰先贤来标榜蜀地的独特之处。由此，此书《先贤传》通过增删调整《汉书》《法言》等史料，将扬雄塑造成一位"齐圣广渊"的弘道圣人，有关扬雄的负面记载却只字未见。此种做法，体现了乡邦文化建设中方志书写的特点。而作为集蜀地方志之大成的《华阳国志》，其对扬雄的定位，亦在很大程度上反映了蜀地士人的认识，这意味着扬雄拟经征圣的行为至少在蜀地获得了一定程度的认可。常璩在《华阳国志》中为扬雄所画的这幅像，实际上是也是蜀地人士的一张文化名片。详参拙作《乡邦文化视野中的扬雄——以〈华阳国志〉为中心》（载《中国地方志》2020年第4期）。

王羲之（303? - 361）

《晋书》卷八十："王羲之字逸少，司徒导之从子也。……羲之雅好服食养性，不乐在京师，初渡浙江，便有终焉之志。会稽有佳山水，名士多居之，谢安未仕时亦居焉。孙绰、李充、许询、支遁等皆以文义冠世，并筑室东土，与羲之同好。……年五十九卒，赠金紫光禄大夫。"

尺牍作答周益州（节选）

省足下别疏，具彼土山川诸奇。扬雄《蜀都》，左太冲《三都》，殊为不备悉，彼故为多奇，益令其游目意足也。可得果，当告卿求迎，少人足耳。至时示意，迟此期，真以日为岁。想足下镇彼土，未有动理耳。要欲及卿在彼，登汶岭、峨眉而旋，实不朽之盛事，但言此心，以驰于彼矣。（《王右军集》卷一，清光绪己卯信述堂重刻《汉魏六朝百三名家集》本）

［按］因《文选》录左思《蜀都赋》而不选扬雄《蜀都赋》，后世遂有疑扬雄《蜀都赋》为伪托者，然据王羲之书信，可知王羲之所见《蜀都赋》已题为扬雄所作。

又：云谯周有孙，高尚不出，今为所在，其人有以副此志不？令人依依。足下具示，严君平、司马相如、扬子云皆有后否？（张彦远《法书要录》卷十，浙江人民美术出版社 2019 年版，第 271 页）

［按］《汉魏六朝百三名家集》本《王右军集》卷一亦录此，然分作两条，故今据《法书要录》引其全者。

刘敏元（？）

刘敏元传（节录）

刘敏元字道光，北海人也。厉己修学，不以险难改心。好星历阴阳术数，潜心《易》《太玄》，不好读史，常谓同志曰：“诵书当味义根，何为费功于浮辞之文！《易》者，义之源，《太玄》，理之门，能明此者，即吾师也。”（《晋书》卷八十九《忠义传》，第 2311 页）

陶渊明（365- 427）

《晋书》卷九十四："陶潜字符亮，大司马侃之曾孙也。祖茂，武昌太守。潜少怀高尚，博学善属文，颖脱不羁，任真自得，为乡邻之所贵。……宋元嘉中卒，时年六十三，所有文集并行于世。"

饮酒诗（其一）

子云性嗜酒，家贫无由得。时赖好事人，载醪祛所惑。觞来为之尽，是咨无不塞；有时不肯言，岂不在伐国。仁者用其心，何尝失显默。（逯钦立校《陶渊明集》卷三，中华书局 1979 年版，第 97—98 页）

五柳先生传

先生不知何许人也，亦不详其姓字，宅边有五柳树，因以为号焉。闲静少言，不慕荣利。好读书，不求甚解；每有会意，便欣然忘食。性嗜酒，家贫不能常得。亲旧知其如此，或置酒而招之；造饮辄尽，期在必醉。既醉而退，曾不吝情去留。环堵萧然，不蔽风日；短褐穿结，箪瓢屡空，晏如也。常著文章自娱，颇示己志。忘怀得失，以此自终。

赞曰：黔娄之妻有言："不戚戚于贫贱，不汲汲于富贵。"其言兹若人之俦乎？酣觞赋诗，以乐其志，无怀氏之民欤？葛天氏之民欤？（《陶渊明集》卷六，第 175 页）

［按］此文多仿扬雄《自叙》，故录于此。可参看范子烨《五柳先生是谁?》（载《中华读书报》2017 年 9 月 13 日 005 版）。

何承天（370- 447）

《宋书》卷六十四："何承天，东海郯人也。从祖伦，晋右卫将军。承天五岁失父，母徐氏，广之姊也，聪明博学，故承天幼渐训义，儒史百家，莫不该览。……二十四年，承天迁廷尉，未拜，上欲以为吏部，已受密旨，承天宣漏之，坐免官，卒于家，年七十八。先是，《礼论》有八百卷，承天删减并合，以类相从，凡为三百卷，并前传、杂语、纂文、论并传于世。又改定《元嘉历》，语在《律历志》。"

律历志（节录）

何承天曰：夫历数之术，若心所不达，虽复通人前识，无救其为敝也。是以多历年岁，未能有定。《四分》于天，出三百年而盈一日。积代不悟，徒云建历之本，必先立元，假言谶纬，遂关治乱，此之为蔽，亦已甚矣。刘歆《三统法》尤复疏阔，方于《四分》，六千余年又益一日。扬雄心惑其说，采为《太玄》，班固谓之最密，著于《汉志》；司彪因曰"自太初元年始用《三统历》，施行百有余年"。曾不忆刘歆之生，不逮太初，二三君子言历，几乎不知而妄言欤。（《宋书》卷十二，第231页）

崔　浩（380？－450）

《魏书》卷三十五《崔浩传》："崔浩，字伯渊，清河人也，白马公玄伯之长子。少好文学，博览经史，玄象阴阳，百家之言，无不关综，研精义理，时人莫及。"

赵逸传 （节录）

（赵）逸好学夙成，仕姚兴，历中书侍郎。为兴将齐难军司，征赫连屈丐。难败，为屈丐所虏，拜著作郎。世祖平统万，见逸所著，曰："此竖无道，安得为此言乎！作者谁也？其速推之。"司徒崔浩进曰："彼之谬述，亦犹子云之《美新》，皇王之道，固宜容之。"世祖乃止。（《魏书》卷五十二，第1145页）

谢灵运 (385- 433)

《宋书》卷六十七："谢灵运，陈郡阳夏人也。祖玄，晋车骑将军。父瑍，生而不慧，为秘书郎，蚤亡。灵运幼便颖悟，玄甚异之，谓亲知曰：'我乃生瑍，瑍那得生灵运！'灵运少好学，博览群书，文章之美，江左莫逮。"

山居赋 （节录）

扬子云云："诗人之赋丽以则。"文体宜兼，以成其美。今所赋既非京都宫观游猎声色之盛，而叙山野草木水石谷稼之事，才乏昔人，心放俗外，咏于文则可勉而就之，求丽，邈以远矣。览者废张、左之艳辞，寻台、皓之深意，去饰取素，傥值其心耳。意实言表，而书不尽，遗迹索意，托之有赏。（《宋书》卷六十七《谢灵运传》，第1754页）

顾觊之（392- 467）

顾觊之传（节录）

顾觊之字伟仁，吴郡吴人也。高祖谦字公让，晋平原内史陆机姊夫。祖崇，大司农。父黄老，司徒左西掾。……

觊之常谓秉命有定分，非智力所移，唯应恭己守道，信天任运，而暗者不达，妄求侥幸，徒亏雅道，无关得丧。乃以其意命弟子愿著《定命论》，其辞曰：

仲尼云："道之将行，命也；道之将废，命也。"丘明又称："天之所支不可坏，天之所坏不可支。"卜商亦曰："死生有命，富贵在天。"孟轲则以不遇鲁侯为辞。斯则运命奇偶，生数离合，有自来矣。马迁、刘向、扬雄、班固之徒，著书立言，咸以为首，世之论者，多有不同。……（《宋书》卷八十一，第2079—2081页）

范 晔（398- 445）

《宋书》卷六十九："范晔字蔚宗，顺阳人，车骑将军泰少子也。……少好学，博涉经史，善为文章，能隶书，晓音律。"

后汉书儒林传论（节录）

自光武中年以后，干戈稍戢，专事经学，自是其风世笃焉。其服儒衣，称先王，游庠序，聚横塾者，盖布之于邦域矣。若乃经生所处，不远万里之路，精庐暂建，赢粮动有千百，其耆名高义开门受徒者，编牒不下万人，皆专相传祖，莫或讹杂。至有分争王庭，树朋私里，繁其章

条，穿求崖穴，以合一家之说。故扬雄曰："今之学者，非独为之华藻，又从而绣其鞶帨。"夫书理无二，义归有宗，而硕学之徒，莫之或徙，故通人鄙其固焉，又雄所谓"诿诿之学，各习其师"也。且观成名高第，终能远至者，盖亦寡焉，而迂滞若是矣。然所谈者仁义，所传者圣法也。故人识君臣父子之纲，家知违邪归正之路。（《后汉书》卷七十九，第2588—2589页）

鲍　照（414- 466）

《宋书》卷五十一载："鲍照字明远，文辞赡逸，尝为古乐府，文甚遒丽。……世祖以照为中书舍人。上好为文章，自谓物莫能及，照悟其旨，为文多鄙言累句，当时咸谓照才尽，实不然也。临海王子顼为荆州，照为前军参军，掌书记之任。子顼败，为乱兵所杀。"

蜀四贤咏

渤渚水浴凫，春山玉抵鹊。皇汉方盛明，群龙满阶阁。君平因世闲，得还守寂寞。闭帘注《道德》，门卦述天爵。相如达生旨，能屯复能跃。陵令无人事，毫墨时洒落。褒气有逸伦，雅缋信炳博。如令圣纳贤，金珰易羁络。良遮神明游，岂伊覃思作。《玄经》不期赏，虫篆散忧乐。首路或参差，投驾均远托。身表既非我，生内任丰薄。（黄节注《鲍参军诗注》卷三，中华书局2008年版，第332—333页）

［按］四贤，谓司马相如、王褒、严君平、扬雄。

沈　约（441- 513）

《梁书》卷十三："沈约字休文，吴兴武康人也。祖林子，宋征虏将军。父璞，淮南太守。璞元嘉末被诛，约幼潜窜，会赦免。既而流寓孤贫，笃志好学，昼夜不倦。母恐其以劳生疾，常遣减油灭火。而昼之所读，夜辄诵之，遂博通群籍，能属文。……所著《晋书》百一十卷，《宋书》百卷，《齐纪》二十卷，《高祖纪》十四卷，《迩言》十卷，《谥例》十卷，《宋文章志》三十卷，《文集》一百卷：皆行于世。又撰《四声谱》，以为在昔词人，累千载而不寤，而独得胸衿，穷其妙旨，自谓入神之作，高祖雅不好焉。帝问周舍曰：'何谓四声？'舍曰：'天子圣哲'是也，然帝竟不遵用。"

答陆厥书（节录）

宫商之声有五，文字之别累万，以累万之繁，配五声之约，高下低昂，非思力所举。又非止若斯而已也。十字之文，颠倒相配，字不过十，巧历已不能尽，何况复过于此者乎？灵均以来，未经用之于怀抱，固无从得其仿佛矣。若斯之妙，而圣人不尚，何邪？此盖曲折声韵之巧，无当于训义，非圣哲立言之所急也。是以子云譬之"雕虫篆刻"，云"壮夫不为"。（《南齐书》卷五十二《文学传》，第899—900页）

注制旨连珠表

窃闻连珠之作，始自子云。放《易》象《论》，动模经诰。班固谓之命世，桓谭以为绝伦。连珠者，盖谓辞句连续，互相发明，若珠之结排也。虽复金镳互骋，玉轪并驰，妍蚩优劣，参差相间。翔禽伏兽，易以心威。守株胶瑟，难与适变。水镜芝兰，随其所遇。明珠燕石，贵贱相悬。（《艺文类聚》五十七，上海古籍出版社2013年影宋本，第1570—1571页）

［按］任昉《文章缘起》云："连珠，扬雄作。"其说与沈约同。然明陈懋仁注云："《北史·李先传》魏帝召先读韩子连珠二十二篇。韩子《韩非子》书中有连语，先列其目而后著其解，谓之连珠。据此，则连珠已兆韩非。其体辞丽而言约，不指说事情，必假喻以达其旨，合于古诗劝兴之义，历历如贯珠，易睹而可悦，故谓之连珠。"

袁　峻（?）

袁峻传

袁峻字孝高，陈郡阳夏人，魏郎中令涣之八世孙也。峻早孤，笃志好学，家贫无书，每从人假借，必皆抄写，自课日五十纸，纸数不登，则不休息。讷言语，工文辞。义师克京邑，鄱阳王恢东镇破冈，峻随王知管记事。天监初，鄱阳国建，以峻为侍郎，从镇京口。王迁郢州，兼都曹参军。高祖雅好辞赋，时献文于南阙者相望焉，其藻丽可观，或见赏擢。六年，峻乃拟扬雄《官箴》奏之。高祖嘉焉，赐束帛。除员外散骑侍郎，直文德学士省，抄《史记》《汉书》各为二十卷。又奉敕与陆倕各制《新阙铭》，辞多不载。(《梁书》卷四十九《文学》上，第688—689页)

袁峻字孝高，陈郡阳夏人，魏郎中令涣之八世孙也。早孤，笃志好学。家贫无书，每从人假借，必皆抄写，自课日五十纸，纸数不登则不止。讷言语，工文辞。梁武帝雅好辞赋，时献文章于南阙者相望焉。天监六年，峻乃拟扬雄《官箴》奏之。帝嘉焉，赐束帛，除员外郎，散骑侍郎，直文德学士省，抄《史记》《汉书》各为二十卷。又奉敕与陆倕各制《新阙铭》云。(《南史》卷七十二，第1777页)

江　淹（444- 505）

《梁书》卷十四："江淹字文通，济阳考城人也。少孤贫好学，沉靖少交游。……淹少以文章显，晚节才思微退，时人皆谓之才尽。凡所著述百余篇，自撰为前、后集，并《齐史十志》，并行于世。"

别赋　（节录）

是以别方不定，别理千名。有别必怨，有怨必盈。使人意夺神骇，心折骨惊。虽渊、云之墨妙，严、乐之笔精；金闺之诸彦，兰台之群英；赋有凌云之称，辩有雕龙之声，讵能摹暂离之状，写永诀之情者乎？（江淹著，胡之骥注：《江文通集汇注》卷一，中华书局2006年版，第40页）

［按］渊、云，即王褒、扬雄也。严、乐，即严安、徐乐。

无为论

吾曾回向正觉，归依福田。友人劝吾仕，吾志不改，故著《无为论》焉。有奕叶公子者，联蝉七代，冠冕组望，多素纨黼衣绣裳，负长剑而耿耿，佩鸣玉而锵锵。时游稷下，或客于梁。闻英雄而豹变，听利害以龙骧。乃动朱履而驰宝马，振玉勒而曜金羁，之无为先生之门，问曰："先生智德光融，嵩华无得以方其峻；道义清远，溟海不足以喻其深。无学不窥，无事不达，容仪闲静，言笑温雅。至如释迦三藏之典，李君道德之书，宣尼六艺之文，百氏兼该之术，靡不详其津要，而采摭冲玄，焕乎若睹于镜中，炳乎若明于掌内。余闻天地之大德曰生，何以聚人曰财。是故老聃以为柱史，庄周以为园吏，东方持戟而不倦，尼父执鞭而不耻，实万古之师范，一时之高士。先生嘉遁卷迹，养德不仕，乃列子之所待，非通天下之至理。虽江海以为荣，实缙绅之所鄙。"

先生倏尔笑而应之曰："富之与贵，谁不欲哉？乃运而不通也。夫忠孝者，国家之急务也。申生伍员，不得志也。怀道抱德，玄风之所

尚。扬雄东方，其职未高也。其大学者，不过儒墨，亦栖栖遑遑，多有不遂也。子所引之士者，情虽欲之，志不行也。忧喜不移其情，故可为道者也。过此已往，焉足言哉！吾闻大人降迹，广树慈悲，破生死之樊笼，登涅槃之彼岸，阐三乘以诱物，去一相以归真，有智者不见其去来，有心者莫知其终始。使得湛然常住，永绝殊涂，无变无迁，长祛百虑，静然养神，以安志为业；欲使自天佑之，吉无不利，舒卷随取，进退自然，遁逸无闷，幽居永贞，亦何荣乎？亦何鄙乎？子其得之，吾何失之？尘内方外，于是乎著。”公子恧然而有惭德，逡巡而退。（《江文通集汇注》佚文，第390—391页）

［按］此亦《答客难》《解嘲》《解难》之类也。

陶弘景（456- 536）

《梁书》卷五十一：“陶弘景字通明，丹阳秣陵人也。……性好著述，尚奇异，顾惜光景，老而弥笃。尤明阴阳五行，风角星算，山川地理，方图产物，医术本草。著《帝代年历》，又尝造浑天象，云‘修道所须，非止史官是用’。”

相经序

相者，盖性命之著乎形骨，吉凶之表乎气貌，亦犹事先谋而后动，心先动而后应。表里相感，莫知所以然。且富贵寿夭，各值其数。董贤甫在弱冠，便位过三公，赀半于国，而才出世，身摧家破。冯唐袴穿郎署，扬雄壁立高阁，而并至白首。或垂老玉食，而官不过尉史；或颖惠若神，仅至龆龀；或不辨菽麦，更保黄耇。此又明其偏有得也。（陶弘景著，王京州校注：《陶弘景集校注》，上海古籍出版社2009年版，第140页）

任　昉（460- 508）

《梁书》卷十四："任昉字彦升，乐安博昌人，汉御史大夫敖之后也。……昉雅善属文，尤长载笔，才思无穷，当世王公表奏，莫不请焉。昉起草即成，不加点窜。沈约一代词宗，深所推挹。……昉撰《杂传》二百四十七卷，《地记》二百五十二卷，文章三十三卷。"

文章缘起（节录）

《反骚》，汉扬雄作。

注：雄摭《骚》文而反之，投诸江流以吊屈原，故名之曰《反骚》也。

箴，汉扬雄《九州百官箴》。

注：箴者，规戒以御过者也。义尚切劘，文须确至。《文心雕龙》曰："箴者，所以攻疾防患，喻箴石也。斯文兴盛于三代，夏商二箴，余句颇存。及周之辛甲《百官箴》一篇，体义备焉。迄至春秋微而未绝，故魏绛讽君于后羿，楚子训民于在勤。"

《志录》，扬雄作。

注：志，识也。录，领也。《书》曰：书用识哉，谓录其过恶以识于册。古史世本编以简策，领其名数，故曰录也。

记，扬雄作《蜀记》。

注：记者，所以叙事识物，以备不忘，非专尚议论者也。

《解嘲》，扬雄作。

注：解者，释也。解释结滞，征事以对也。

连珠，扬雄作。

注：傅玄曰：其文体词丽而言约，不指说事情，必假喻以达其旨。而贤者微悟，合于古诗劝兴之义。欲使历历如贯珠，易睹而可悦，故谓之连珠也。沈约曰：连珠放《易》象《论》，动模经诰。连珠者，谓词句连续，互相发明，若珠之排结也。（以上俱见《文章缘起注》，《丛书

集成初编》本，中华书局1985年版）

［按］《隋书·经籍志》著录有《文章原始》一卷，有录而无书。据《四库提要》所考，其书在隋时已亡。今据明陈懋仁注本，先采其佚文，次附以陈注。凡言“注”者，即陈注也。清人方熊亦曾为补注，见《四库》本《文章缘起》。然《四库》谓补注：“每条之下蔓衍，论文多捃拾挚虞、李充、刘勰之言，而益以王世贞《艺苑卮言》之类，未为精要。于本书间有考证而失于纠驳者尚多，议论亦往往纰缪。”因此只故，此编弃而不录。

刘　勰（465? - 532?）

《梁书》卷五十：“刘勰字彦和，东莞莒人。……勰早孤，笃志好学，家贫不婚娶，依沙门僧祐，与之居处，积十余年，遂博通经论，因区别部类，录而序之。今《定林寺经藏》，勰所定也。……初，勰撰《文心雕龙》五十篇，论古今文体，引而次之。……既成，未为时流所称。勰自重其文，欲取定于沈约。约时贵盛，无由自达，乃负其书，候约出，干之于车前，状若货鬻者。约便命取读，大重之，谓为深得文理，常陈诸几案。”

辨骚（节录）

自风雅寝声，莫或抽绪，奇文郁起，其《离骚》哉！固已轩翥诗人之后，奋飞辞家之前，岂去圣之未远，而楚人之多才乎！昔汉武爱《骚》，而淮南作传，以为《国风》好色而不淫，《小雅》怨诽而不乱，若《离骚》者，可谓兼之。蝉蜕秽浊之中，浮游尘埃之外，皭然涅而不缁，虽与日月争光可也。班固以为露才扬己，忿怼沉江；羿浇二姚，与《左氏》不合，昆仑悬圃，非经义所载。然其文辞丽雅，为词赋之宗，虽非明哲，可谓妙才。王逸以为诗人提耳，屈原婉顺。《离骚》之文，依经立义：驷虬乘鹥，则时乘六龙；昆仑流沙，则《禹贡》敷土。名儒辞赋，莫不拟其仪表，所谓金相玉质，百世无匹者也。及汉宣嗟叹，以为皆合经术；扬雄讽味，亦言体同诗雅。四家举以方经，而孟坚谓不合传，褒贬任声，抑扬过实，可谓鉴而弗精，玩而未核者也。（刘勰著，黄叔琳注，李详补注，杨明照校注拾遗：《增订文心雕龙校注》卷一，中华书局2012年版，第50页）

诠 赋

《诗》有六义，其二曰赋。赋者，铺也；铺采摛文，体物写志也。昔邵公称公卿献诗，师箴赋。传云：登高能赋，可为大夫。诗序则同义，传说则异体。总其归途，实相枝干。刘向云明“不歌而颂”，班固称“古诗之流也”。

至如郑庄之赋“大隧”，士蔿之赋“狐裘”，结言抠韵，词自己作，虽合赋体，明而未融。及灵均唱《骚》，始广声貌。然赋也者，受命于诗人，拓宇于《楚辞》也。于是荀况《礼》《智》，宋玉《风》《钓》，爰锡名号，与诗画境，六义附庸，蔚成大国。述客主以首引，极声貌以穷文，斯盖别诗之原始，命赋之厥初也。

秦世不文，颇有杂赋。汉初词人，顺流而作，陆贾扣其端，贾谊振其绪，枚马同其风，王扬骋其势，皋朔已下，品物毕图。繁积于宣时，校阅于成世，进御之赋，千有余首，讨其源流，信兴楚而盛汉矣。

夫京殿苑猎，述行序志，并体国经野，义尚光大。既履端于倡序，亦归余于总乱。序以建言，首引情本；乱以理篇，迭致文契。按《那》之卒章，闵马称“乱”，故知殷人辑颂，楚人理赋，斯并鸿裁之寰域，雅文之枢辖也。至于草区禽族，庶品杂类，则触兴致情，因变取会，拟诸形容，则言务纤密；象其物宜，则理贵侧附；斯又小制之区畛，奇巧之机要也。

观夫荀结隐语，事数自环；宋发巧谈，实始淫丽；枚乘《菟园》，举要以会新；相如《上林》，繁类以成艳；贾谊《鹏鸟》，致辨于情理；

子渊《洞箫》，穷变于声貌，孟坚《两都》，明绚以雅赡；张衡《二京》，迅发以宏富；子云《甘泉》，构深玮之风；延寿《灵光》，含飞动之势：凡此十家，并辞赋之英杰也。及仲宣靡密，发篇必遒；伟长博通，时逢壮采；太冲安仁，策勋于鸿规；士衡子安，底绩于流制；景纯绮巧，缛理有余；彦伯梗概，情韵不匮：亦魏晋之赋首也。

原夫登高之旨，盖睹物兴情。情以物兴，故义必明雅；物以情观，故词必巧丽。丽词雅义，符采相胜，如组织之品朱紫，画绘之著玄黄，文虽新而有质，色虽糅而有本，此立赋之大体也。然逐末之俦，蔑弃其本，虽读千赋，愈惑体要；遂使繁华损枝，膏腴害骨，无贵风轨，莫益劝戒，此扬子所以追悔于雕虫，贻诮于雾縠者也。

赞曰：赋自《诗》出，分歧异派。写物图貌，蔚似雕画。抑滞必扬，言庸无隘，风归丽则，辞剪美稗。（《增订文心雕龙校注》卷二，第95—97页）

颂赞（节录）

至于秦政刻文，爰颂其德，汉之惠景，亦有述容，沿世并作，相继于时矣。若夫子云之表充国，孟坚之序戴侯，武仲之美显宗，史岑之述熹后，或拟《清庙》，或范《駉》《那》，虽浅深不同，详略各异，其褒德显容，典章一也。（《增订文心雕龙校注》卷二，第108页）

铭箴（节录）

箴者，所以攻疾防患，喻针石也。斯文之兴，盛于三代。夏商二箴，余句颇存。周之辛甲，百官箴阙，唯《虞箴》一篇，体义备焉。迄至春秋，微而未绝。故魏绛讽君于后羿，楚子训民于在勤。战代以来，弃德务功，铭辞代兴，箴文委绝。至扬雄稽古，始范《虞箴》，作卿尹州牧二十五篇。及崔胡补缀，总称《百官》。指事配位，鞶鉴可征，信所谓追清风于前古，攀辛甲于后代者也。（《增订文心雕龙校注》卷三，

第 140 页）

诔碑 （节录）

暨乎汉世，承流而作。扬雄之诔元后，文实烦秽，沙麓撮其要，而挚疑成篇，安有累德述尊，而阔略四句乎？（《增订文心雕龙校注》卷三，第 155 页）

［按］刘师培《文心雕龙诔碑篇口义》云：“(《元后诔》) 彦和讥其烦秽，绎今所传，亦不尽然。”

哀吊 （节录）

扬雄吊屈，思积功寡，意深文略，故辞韵沉膇。（《增订文心雕龙校注》卷三，第 169 页）

杂文 （节录）

扬雄覃思文阁，业深综述，碎文琐语，肇为连珠，其辞虽小而明润矣。……

扬雄《解嘲》，杂以谐谑，回环自释，颇亦为工。（《增订文心雕龙校注》卷三，第 181 页）

诸子 （节录）

若夫陆贾《新语》，贾谊《新书》，扬雄《法言》，刘向《说苑》，王符《潜夫》，崔实《政论》，仲长《昌言》，杜夷《幽求》，或叙经典，或明政术，虽标“论”名，归乎诸子。何者？博明万事为子，适辨一理为论，彼皆蔓延杂说，故入诸子之流。（《增订文心雕龙校注》卷四，第 229 页）

封禅（节录）

及扬雄《剧秦》，班固《典引》，事非镌石，而体因纪禅。观《剧秦》为文，影写长卿，诡言遁辞，故兼包神怪；然骨制靡密，辞贯圆通，自称极思，无遗力矣。《典引》所叙，雅有懿采，历鉴前作，能执厥中，其致义会文，斐然余巧；故称"《封禅》靡而不典，《剧秦》典而不实"。岂非追观易为明，循势易为力欤！（《增订文心雕龙校注》卷五，第292页）

书记（节录）

大舜云："书用识哉！"所以记时事也。盖圣贤言辞，总为之书，书之为体，主言者也。扬雄曰："言，心声也；书，心画也。声画形，君子小人见矣。"故书者，舒也。舒布其言，陈之简牍，取象于夬，贵在明决而已。

……汉来笔札，辞气纷纭。观史迁之报任安，东方朔之谒公孙，杨恽之酬会宗，子云之答刘歆，志气盘桓，各含殊采；并杼轴乎尺素，抑扬乎寸心。（《增订文心雕龙校注》卷五，第341—342页）

神思（节录）

人之禀才，迟速异分，文之制体，大小殊功。相如含笔而腐毫，扬雄辍翰而惊梦，桓谭疾感于苦思，王充气竭于思虑，张衡研京以十年，左思练都以一纪：虽有巨文，亦思之缓也。淮南崇朝而赋《骚》，枚皋应诏而成赋，子建援牍如口诵，仲宣举笔似宿构，阮瑀据案而制书，祢衡当食而草奏：虽有短篇，亦思之速也。（《增订文心雕龙校注》卷六，第366页）

体性（节录）

子云沉寂，故志隐而味深。（《增订文心雕龙校注》卷六，第376页）

通变（节录）

夫夸张声貌，则汉初已极，自兹厥后，循环相因；虽轩翥出辙，而终入笼内。枚乘《七发》云："通望兮东海，虹洞兮苍天。"相如《上林》云："视之无端，察之无涯，日出东沼，胜西陂。"马融《广成》云："天地虹洞，固无端涯，大明出东，月生西陂。"扬雄《校猎》云："出入日月，天与地沓。"张衡《西京》云："日月于是乎出入，象扶桑于濛汜。"此并广寓极状，而五家如一。诸如此类，莫不相循，参伍因革，通变之数也。（《增订文心雕龙校注》卷六，第394页）

夸饰（节录）

自宋玉景差，夸饰始盛，相如凭风，诡滥愈甚。故上林之馆，奔星与宛虹入轩；从禽之盛，飞廉与鷦鹩俱获。及扬雄《甘泉》，酌其余波，语瑰奇则假珍于玉树，言峻极则颠坠于鬼神。至《东都》之比目，《西京》之海若，验理则理无可验，穷饰则饰犹未穷矣。又子云《羽猎》，鞭宓妃以饷屈原，张衡《羽猎》，困玄冥于朔野。娈彼洛神，既非罔两，惟此水师，亦非魍魅；而虚用滥形，不其疏乎？此欲夸其威而饰其事，义睽刺也。……

然饰穷其要，则心声锋起，夸过其理，则名实两乖。若能酌《诗》《书》之旷旨，翦扬马之甚泰，使夸而有节，饰而不诬，亦可谓之懿也。（《增订文心雕龙校注》卷八，第463—463页）

事类（节录）

事类者，盖文章之外，据事以类义，援古以证今者也。昔文王繇《易》，剖判爻位，《既济》九三，远引高宗之伐，《明夷》六五，近书箕子之贞：斯略举人事，以征义者也。至若胤征羲和，陈《政典》之训；盘庚诰民，叙迟任之言：此全引成辞以明理者也。然则明理引乎成辞，征义举乎人事，乃圣贤之鸿谟，经籍之通矩也。《大畜》之象，"君子以多识前言往行"，亦有包于文矣。

观夫屈宋属篇，号依诗人，虽引古事，而莫取旧辞。唯贾谊《鹏赋》，始用鹖冠之说，相如《上林》，撮引李斯之书，此万分之一会也。及扬雄《百官箴》，颇酌于《诗》《书》，刘歆《遂初赋》，历叙于纪传，渐渐综采矣。至于崔班张蔡，遂捃摭经史，华实布濩，因书立功，皆后人之范式也。

夫姜桂因地，辛在本性；文章由学，能在天资。才自内发，学以外成，有学饱而才馁，有才富而学贫。学贫者迍邅于事义，才馁者劬劳于辞情，此内外之殊分也。是以属意立文，心与笔谋，才为盟主，学为辅佐，主佐合德，文采必霸，才学褊狭，虽美少功。夫以子云之才，而自奏不学，及观书石室，乃成鸿采。表里相资，古今一也。故魏武称张子之文为拙，然以学问肤浅，所见不博，专拾掇崔杜小文，所作不可悉难，难便不知所出，斯则寡闻之病也。

夫经典沉深，载籍浩瀚，实群言之奥区，而才思之神皋也。扬班以下，莫不取资，任力耕耨，纵意渔猎，操刀能割，必裂膏腴；是以将赡才力，务在博见，狐腋非一皮能温，鸡跖必数千而饱矣。是以综学在博，取事贵约，校练务精，捃理须核，众美辐辏，表里发挥。刘劭《赵都赋》云："公子之客，叱劲楚令歃盟；管库隶臣，呵强秦使鼓缶。"用事如斯，可称理得而义要矣。故事得其要，虽小成绩，譬寸辖制轮，尺枢运关也。或微言美事，置于闲散，是缀金翠于足胫，靓粉黛于胸臆也。（《增订文心雕龙校注》卷八，第468—470页）

练字（节录）

汉初草律，明著厥法：太史学童，教试六体；又吏民上书，字谬辄劾。是以马字缺画，而石建惧死，虽云性慎，亦时重文也。至孝武之世，则相如撰篇。及成平二帝，征集小学，张敞以正读传业，扬雄以奇字纂训，并贯练《雅》《颂》，总阅音义。鸿笔之徒，莫不洞晓。且多赋京苑，假借形声；是以前汉小学，率多玮字，非独制异，乃共晓难也。暨乎后汉，小学转疏，复文隐训，臧否太半。及魏代缀藻，则字有常检，追观汉作，翻成阻奥。故陈思称："扬马之作，趣幽旨深，读者非师传不能析其辞，非博学不能综其理。"岂直才悬，抑亦字隐。（《增订文心雕龙校注》卷八，第 480—481 页）

才略（节录）

汉室陆贾，首发奇采，赋孟春而选典诰，其辩之富矣。贾谊才颖，陵轶飞兔，议惬而赋清，岂虚至哉？枚乘之《七发》，邹阳之上书，膏润于笔，气形于言矣。仲舒专儒，子长纯史，而丽缛成文，亦诗人之告哀焉。相如好书，师范屈宋，洞入夸艳，致名辞宗。然覆取精意，理不胜辞，故扬子以为文丽用寡者长卿，诚哉是言也！王褒构采，以密巧为致，附声测貌，泠然可观。子云属意，辞人最深，观其涯度幽远，搜选诡丽，而竭才以钻思，故能理赡而辞坚矣。桓谭著论，富号猗顿，宋弘称荐，爰比相如，而集灵诸赋，偏浅无才，故知长于讽论，不及丽文也。敬通雅好辞说，而坎壈盛世，显志自序，亦蚌病成珠矣。二班两刘，弈叶继采，旧说以为固文优彪，歆学精向，然《王命》清辩，《新序》该练，璇璧产于昆冈，亦难得而踰本矣。傅毅崔骃，光采比肩，瑗实踵武，能世厥风者矣。杜笃贾逵，亦有声于文，迹其为才，崔傅之末流也。李尤赋铭，志慕鸿裁，而才力沉腿，垂翼不飞。马融鸿儒，思洽识高，吐纳经范，华实相扶。王逸博识有功，而绚采无力；延寿继志，

瓌颖独标，其善图物写貌，岂枚乘之遗术欤？张衡通赡，蔡邕精雅，文史彬彬，隔世相望。是则竹柏异心而同贞，金玉殊质而皆宝也。刘向之奏议，旨切而调缓；赵壹之辞赋，意繁而体疏；孔融气盛于为笔，祢衡思锐于为文：有偏美焉。潘勖凭经以骋才，故绝群于锡命；王朗发愤以托志，亦致美于序铭。然自卿渊已前，多俊才而不课学；雄向已后，颇引书以助文：此取与之大际，其分不可乱者也。（《增订文心雕龙校注》卷十，第571—572页）

［按］"辞人最深"当作"辞义最深"。

知音（节录）

凡操千曲而后晓声，观千剑而后识器；故圆照之象，务先博观。阅乔岳以形培塿，酌沧波以喻畎浍，无私于轻重，不偏于憎爱，然后能平理若衡，照辞如镜矣。是以将阅文情，先标六观：一观位体，二观置辞，三观通变，四观奇正，五观事义，六观宫商。斯术既形，则优劣见矣。夫缀文者情动而辞发，观文者披文以入情，沿波讨源，虽幽必显。世远莫见其面，觇文辄见其心。岂成篇之足深，患识照之自浅耳。夫志在山水，琴表其情，况形之笔端，理将焉匿。故心之照理，譬目之照形，目瞭则形无不分，心敏则理无不达。然而俗监之迷者，深废浅售，此庄周所以笑折杨，宋玉所以伤白雪也。昔屈平有言：文质疏内，众不知余之异采。见异唯知音耳。扬雄自称心好沉博绝丽之文，其不事浮浅，亦可知矣。夫唯深识鉴奥，必欢然内怿，譬春台之熙众人，乐饵之止过客。盖闻兰为国香，服媚弥芬；书亦国华，玩泽方美：知音君子，其垂意焉。（《增订文心雕龙校注》卷十，第589—590页）

檀道鸾（?）

《南史》卷七十二《檀超传》云："超叔父道鸾字万安，位国子博士、永嘉太守，亦有文学，撰《续晋阳秋》二十卷。"

续晋阳秋（节录）

询有才藻，善属文。自司马相如、王褒、扬雄诸贤，世尚赋颂，皆体则《诗》《骚》，傍综百家之言。及至建安，而诗章大盛。逮乎西朝之末，潘、陆之徒虽时有质文，而宗归不异也。正始中，王弼、何晏好《庄》《老》玄胜之谈，而世遂贵焉。至过江，佛理尤盛。故郭璞五言，始会合道家之言而韵之。询及太原孙绰转相祖尚，又加以三世之辞，而《诗》《骚》之体尽矣。询、绰并为一时文宗，自此作者悉体之。至义熙中，谢混始改。（刘义庆著，徐震堮校笺：《世说新语校笺》卷上，中华书局 1984 年版，第 143 页）

韩显宗（466- 499）

《魏书》卷六十："（韩）兴宗弟显宗，字茂亲。性刚直，能面折庭诤，亦有才学。……撰《冯氏燕志》《孝友传》各十卷，所作文章，颇传于世。"

对高祖问（节录）*

（高祖）谓显宗曰："见卿所撰《燕志》及在齐诗咏，大胜比来之文。然著述之功，我所不见，当更访之监、令。校卿才能，可居中第。"又谓程灵虬曰："卿比显宗复有差降，可居下上。"显宗对曰："臣才第短浅，

猥闻上天，至乃比于崔光，实为隆渥。然臣窃谓陛下贵古而贱今，臣学微才短，诚不敢仰希古人，然遭圣明之世，睹惟新之礼，染翰勒素，实录时事，亦未惭于后人。昔扬雄著《太玄经》，当时不免覆盎之谈，二百年外，则越诸子。今臣之所撰，虽未足光述帝载，稗晖日月，然万祀之后，仰观祖宗巍巍之功，上睹陛下明明之德，亦何谢钦明于《唐典》，慎徽于《虞书》。"（《魏书》卷六十《韩显宗传》，第1342—1343页）

孝文曾谓显宗及程灵虬曰："著作之任，国书是司。卿等之文，朕自委悉，中省之品，卿等所闻。若欲取况古人，班、马之徒，固自辽阔。若求之当世，文学之能，卿等应推崔孝伯。"又谓显宗曰："校卿才能，可居中第。"谓程灵虬曰："卿与显宗，复有差降，可居下上。"显宗曰："臣才第短浅，比于崔光，实为隆渥。然臣窃谓陛下贵古而贱今。昔扬雄著《太玄经》，当时不免覆瓮之谭，二百年外，则越诸子。今臣所撰，虽未足光述帝载，然万祀之后，仰观祖宗巍巍之功，上睹陛下明明之德，亦何谢钦明于《唐典》，慎徽于《虞书》。"（《北史》卷四十，第1448—1449页）

钟　嵘（468- 518）

《梁书》卷四十九："钟嵘字仲伟，颍川长社人，晋侍中雅七世孙也。……嵘与兄岏、弟屿并好学，有思理。嵘，齐永明中为国子生，明《周易》，卫军王俭领祭酒，颇赏接之。……嵘尝品古今五言诗，论其优劣，名为《诗评》。"

诗品序（节录）

昔《南风》之词，《卿云》之颂，厥义夐矣。夏歌曰"郁陶乎予心”，楚谣曰“名余曰正则”，虽诗体未全，然是五言之滥觞也。逮汉李陵，始著五言之目矣。古诗眇邈，人世难详，推其文体，固是炎汉之制，非衰周之倡也。自王、扬、枚、马之徒，词赋竞爽，而吟咏靡闻。从李都尉迄班婕妤，将百年间，有妇人焉，一人而已。诗人之风，顿已缺丧。东京二百载中，惟有班固《咏史》，质木无文。（钟嵘著，周振甫译注：《诗品译注》，中华书局 1998 年版，第 16 页）

吴　均（469- 521）

《梁书》卷四十九：“吴均，字叔庠，吴兴故鄣人也。家世寒贱，至均好学有俊才，沈约尝见均文，颇相称赏。天监初，柳恽为吴兴，召补主簿，日引与赋诗。均文体清拔有古气，好事者或效之，谓为‘吴均体’。……撰《通史》，起三皇，讫齐代，均草本纪、世家功已毕，唯列传未就。普通元年，卒，时年五十二。均注范晔《后汉书》九十卷，著《齐春秋》三十卷，《庙记》十卷，《十二州记》十六卷，《钱唐先贤传》五卷，《续文释》五卷，文集二十卷。”

赠周散骑兴嗣诗

子云好饮酒，家在成都县。制赋已百篇，弹琴复千转。敬通不富豪，相如本贫贱。共作失职人，包山一相见。（《文苑英华》卷二百四十七，《四库》第 1335 册，第 291 页）

入兰台赠王治书僧孺诗

故人扬子云，校书麟阁下。寂寞少交游，纷纶富文雅。予本陇西使，寓居洛阳社。相思非不深，行行避骢马。（《艺文类聚》卷三十一，

上海古籍出版社 2013 影宋本，第 861 页）

裴子野（469- 530）

《梁书》卷三十：“裴子野字几原，河东闻喜人，晋太子左率康八世孙。……子野少时，《集注丧服》《续裴氏家传》各二卷，抄合《后汉事》四十余卷，又敕撰《众僧传》二十卷，《百官九品》二卷，《附益谥法》一卷，《方国使图》一卷，文集二十卷，并行于世。又欲撰《齐梁春秋》，始草创，未就而卒。”

雕虫论

宋明帝博好文章，才思朗捷，常读书奏，号称七行俱下。每有祯祥，及幸燕集，辄陈诗展义，且以命朝臣。其戎士武夫，则托请不暇，困于课限，或买以应诏焉。于是天下向风，人自藻饰，雕虫之艺，盛于时矣。梁鸿胪卿裴子野论曰：

古者四始六艺，总而为诗。既形四方之气，且彰君子之志。劝美惩恶，王化本焉。后之作者，思存枝叶，繁华蕴藻，用以自通。若悱恻芳芬，楚骚为之祖。靡漫容与，相如和其音。由是随声逐影之俦，弃指归而无执。赋诗歌颂，百帙五车。蔡邕等之俳优，扬雄悔为童子。圣人不作，《雅》《郑》谁分？其五言为家，则苏、李自出。曹、刘伟其风力，潘、陆固其枝叶。爰及江左，称彼颜、谢。箴绣鞶帨，无取庙堂。宋初讫于元嘉，多为经史。大明之代，实好斯文。高才逸韵，颇谢前哲。波流相尚，滋有笃焉。自是闾阎年少，贵游总角，罔不摈落六艺，吟咏情性。学者以博依为急务，谓章句为专鲁。淫文破典，斐尔为功。无被于管弦，非止乎礼义。深心主卉木，远致极风云。其兴浮，其志弱。巧而不要，隐而不深。讨其宗途，亦有宋之风也。若季子聆音，则非兴国。

鲤也趋室，必有不敢。荀卿有言，乱代之征，文章匿而采，斯岂近之乎。（严可均辑《全梁文》卷五十三，中华书局1958年版，第6523—6524页）

郦道元（472- 527）

《魏书》卷八十九："郦道元，字善长，范阳人也。……道元好学，历览奇书。撰注《水经》四十卷、《本志》十三篇，又为《七聘》及诸文，皆行于世。然兄弟不能笃穆，又多嫌忌，时论薄之。"

河水二（节录）

洮水在城西北下，又北，陇水注之，即《山海经》所谓滥水也。水出鸟鼠山西北高城岭，西径陇坻，其山岸崩落者，声闻数百里，故扬雄称"响若坻颓"是也。（杨守敬、熊会贞疏，杨苏宏、杨世灿、杨未冬补：《水经注疏补》卷二，中华书局2014年版，第144—145页）

河水四（节录）

薄山，即襄山也。徐广曰：蒲坂县有襄山。《山海经》曰：蒲山之首，曰甘枣之山，共水出焉，而西流注于河。东则渠豬之山，渠豬之水出焉，而南流注于河。如准《封禅书》，二水无西南注河之理。今诊蓼水川流所趣，与共水相扶；永乐溪水导源注于河，又与渠猪势合。蒲山统目总称，亦与襄山不殊。故扬雄《河东赋》曰："河灵矍踢，掌华蹈襄。"（《水经注疏补》卷四，第309页）

汾水（节录）

文颖曰：介山在河东皮氏县东南。其山特立，周七十里，高三十里。颖言在皮氏县东南则可，高三十里，乃非也。今准此山，可高十余里。山上有神庙，庙侧有灵泉，祈祭之日，周而不耗。世亦谓之子推祠。扬雄《河东赋》曰：灵舆安步，周流容与，以览于介山。嗟文公而愍推兮，勤大禹于龙门。《晋太康记》及《地道记》与《永初记》，并言子推所逃，隐于是山，即实非也。余按介推所隐者，绵山也。文公环而封之，为介推田，号其山为介山。杜预曰：在西河界休县者，是也。（《水经注疏补》卷六第552—553页）

阮孝绪（479- 536）

《梁书》卷五十一："阮孝绪字士宗，陈留尉氏人也。……大同二年，卒，时年五十八。门徒诔其德行，谥曰文贞处士。所著《七录》等书二百五十卷，行于世。"

阮孝绪曰："《太玄经》九卷，扬雄自作章句。"（朱彝尊《经义考》卷二百六十八《拟经》，《四库》第680册，第430页）

［按］阮孝绪《七录》，今亡佚。朱彝尊所引，盖《七录》佚文。《汉书·扬雄传》言扬雄不好章句，而荀悦《汉纪》、阮孝绪《七录》及魏徵《隋书·经籍志》皆言雄作章句，此可注意者也。

何　逊（480- 520）

《梁书》卷四十九："何逊字仲言，东海郯人也。……逊文章与刘孝绰并见重于世，世谓之'何刘'。世祖著论论之云：'诗多而能者沈约，少而能者谢朓、何逊。'"

伤徐主薄（其一）

提琴就阮籍，载酒觅扬雄。直荷行罩水，斜柳细牵风。（李伯齐《何逊集校注》佚诗，中华书局2010年版，第322页）

元　恪（483- 515）

《魏书》卷八："世宗宣武皇帝，讳恪，高祖孝文皇帝第二子。"

（刘桃符）正始中，除征虏将军、中书舍人，以勤明见知。久不迁职，世宗谓之曰："扬子云为黄门，顿历三世。卿居此任始十年，不足辞也。"（《魏书》卷七十九《刘桃符传》，第1757页）

张　缵（499- 549）

《梁书》卷三十四："缵字伯绪，缅第三弟也，出后从伯弘籍。……著《鸿宝》一百卷，文集二十卷。"

南征赋（节录）

若夫屈平怀沙之赋，贾子游湘之篇，史迁摛文以投吊，扬雄反骚而

沉川。其风谣雅什，又是词人之所流连也。（《梁书》卷三十四《张缵传》，第500页）

萧 统（501- 531）

《梁书》卷八："昭明太子统字德施，高祖长子也。……所著文集二十卷；又撰《古今典诰文言》，为《正序》十卷；五言诗之善者，为《文章英华》二十卷；《文选》三十卷。"

陶渊明集序（节录）

余爱嗜其文，不能释手，尚想其德，恨不同时。故更加搜求，粗为区目。白璧微瑕者，惟在《闲情》一赋，扬雄所谓劝百而讽一者，卒无讽谏，何必摇其笔端？惜哉！无是可也！并粗点定其传，编之于录。（陶渊明著，逯钦立校注：《陶渊明集》，中华书局1979年版，第10页）

常 景（？- 550）

常景传（节录）

常景，字永昌，河内人也。父文通，天水太守。景少聪敏，初读《论语》《毛诗》，一受便览。……景淹滞门下积岁，不至显官，以蜀司马相如、王褒、严君平、扬子云等四贤，皆有高才而无重位，乃托意以赞之。其赞司马相如曰："长卿有艳才，直致不群性。郁若春烟举，皎如秋月映。游梁虽好仁，仕汉常称病。清贞非我事，穷达委天命。”其赞王子渊曰：“王子挺秀质，逸气干青云。明珠既绝俗，白鹄信惊群。才世苟不合，遇否途自分。空枉碧鸡命，徒献金马文。”其赞严君平曰：“严公体沉静，立志明霜雪。味道综微言，端蓍演妙说。才屈罗仲口，位结李强舌。素尚迈金贞，清标陵玉彻。”其赞扬子云曰：“蜀江导清流，扬子挹余休。含光绝后彦，覃思邈前修。世轻久不赏，玄谈物无求。当途谢权宠，置酒独闲游。”（《魏书》卷八十二，第1800－1802页）

［按］沈德潜《古诗源》卷十四评常诗云：“不及《五君咏》者，颜作能写性情，此只引得故实也。以气体大方，收之。”《五君咏》，谓颜延之咏阮籍、嵇康、刘伶、阮咸、向秀之诗。

阳　斐（?）

《北齐书》卷四十二：“阳斐，字叔鸾，北平渔阳人也。……孝庄时，斐于西兖督护流民有功，赐爵方城伯。历侍御史，兼都官郎中、广平王开府中郎，修起居注。”

答陆士佩书（节录）*

相如壮上林之观，扬雄骋羽猎之辞，虽系以隤墙填堑，乱以收罝落网，而言无补于风规，只足昭其愆戾也。（《北齐书》卷四十二《阳斐传》，第554页）

萧 纲（503- 551）

《梁书》卷四《简文帝本纪》："太宗简文皇帝讳纲，字世缵，小字六通，高祖第三子，昭明太子母弟也。……雅好题诗，其序云：'余七岁有诗癖，长而不倦。'然伤于轻艳，当时号曰'宫体'。所著《昭明太子传》五卷，《诸王传》三十卷，《礼大义》二十卷，《老子义》二十卷，《庄子义》二十卷，《长春义记》一百卷，《法宝连璧》三百卷，并行于世焉。"

答张缵谢示集书

纲好文章，于今二十五载矣。窃尝论之，日月参辰，火龙黼黻，尚且著于玄象，章乎人事，而况文辞可止，咏歌可辍乎？不为壮夫，扬雄实小言破道；非谓君子；曹植亦小辩破言。论之科刑，罪在不赦。至如春庭乐景，转蕙承风。秋雨且晴，檐梧初下，浮云生野，明月入楼。时命亲宾，乍动严驾，车渠屡酌，鹦鹉骤倾。伊昔三边，久留四战。胡雾连天，征旗拂日。时闻坞笛，遥听塞笳。或乡思凄然，或雄心愤薄。是以沉吟短翰，补缀庸音。寓目写之，因事而作。（《梁简文帝御制集》卷之十，明末刊《七十二家集》本）

［按］萧纲此处虽批评扬雄之言论，但其对扬雄之文学成就颇为肯定。如《答湘东王和受试诗书》中言："历方古之才人，远则扬马曹王，近则潘陆颜谢。"

司马膺之（507- 577）

司马膺之传（节录）

世云弟膺之，字仲庆。少好学，美风仪。天平中，子如贵盛，膺之自尚书郎历中书、黄门郎。子如别封须昌县公，回授膺之。膺之家富于财，厚自封殖。王元景、邢子才之流以夙素重之。以其疏简傲物，竟天保世，沦滞不齿。乾明中，王晞白肃宗，除卫尉少卿。河清末，光禄大夫。患泄利，积年不起，至武平中，犹不堪朝谒，就家拜仪同三司。好读《太玄经》，注扬雄《蜀都赋》。每云："我欲与扬子云周旋。"（《北齐书》卷十八，第241页）

（膺之）病久，不复堪读书，或以弈棋永日。名士有素怀者，时相寻候，无杂言，唯论经史。好读《太玄经》，又注扬雄《蜀都赋》。每云："我欲与扬子云周旋。"（《北史》卷五十四，第1951页）

徐 陵（507- 583）

《陈书》卷二十六："徐陵字孝穆，东海郯人也。……八岁，能属文。十二，通庄老义。既长，博涉史籍，纵横有口辩。……自有陈创业，文檄军书及禅授诏策，皆陵所制，而《九锡》尤美。为一代文宗，亦不以此矜物，未尝诋诃作者。其于后进之徒，接引无倦。世祖、高宗之世，国家有大手笔，皆陵草之。其文颇变旧体，缉裁巧密，多有新意。每一文出手，好事者已传写成诵，遂被之华夷，家藏其本。后逢丧乱，多散失，存者三十卷。"

让左仆射初表（节录）

臣闻七十之岁，扬雄拟经；六十之年，平津对策。（许逸民：《徐陵集校笺》卷四，中华书局2008年版，第355页）

东阳双林寺傅大士碑（节录）

若如本生本行，或示缘起，子长子云，自叙元系。（《徐陵集校笺》

卷十，第1226页）

［按］许逸民校笺云："司马迁撰《史记》，末有《太史公自序》叙其世系。扬雄撰《法言》，亦有序目。《汉书·扬雄传下》：'赞曰：雄之自序云尔。'颜师古注：'自《法言》目之前，皆是雄本自序之文也。'"

萧　绎（508- 554）

《梁书》卷五《元帝本纪》："世祖孝元皇帝讳绎，字世诚，小字七符，高祖第七子也。……所著《孝德传》三十卷，《忠臣传》三十卷，《丹阳尹传》十卷。注《汉书》一百一十五卷，《周易讲疏》十卷，《内典博要》一百卷，《连山》三十卷，《洞林》三卷，《玉韬》十卷，《补阙子》十卷，《老子讲疏》四卷，《全德志》《怀旧志》《荆南志》《江州记》《贡职图》《古今同姓名录》一卷，《筮经》十二卷，《式赞》三卷，文集五十卷。"

立言篇（节录）

颜回希舜，所以早亡；贾谊好学，遂令速殒。扬雄作赋，有梦肠之谈；曹植为文，有反胃之论。生也有涯，智也无涯，以有涯之生，逐无涯之智，余将养性养神，获麟于《金楼》之制也。

王仲任言："夫说一经者为儒生，博古今者为通人，上书奏事者为文人，能精思著文连篇章为鸿儒。"若刘向、扬雄之列是也。盖儒生转通人，通人为文人，文人转鸿儒也。（萧绎撰，许逸民校笺：《金楼子校笺》卷四，中华书局2011年版，第857、983页）

自序篇（节录）

桓谭有《新论》，华谭又有《新论》，扬雄有《太玄经》，杨泉又有《太玄经》，谈者多误，动形言色。或云："桓谭有《新论》，何处复有华谭？扬子有《太玄经》，何处复有《太玄经》？"此皆由不学使之然也。（《金楼子》卷六，第1324页）

五杨雄

按，扬子云以邑为氏，与杨不同，后人以杨修尝称"修家子云"，遂多有混作杨者，此亦沿其误也。一字子云，作《太玄》《法言》。一名熊，秦将，与高祖战白马。一隋观王。一后周华阴人，侻城郡公杨绍子。一鲁阳郡公，字略。（《古今同姓名录》卷下，《丛书集成初编》本，中华书局1985年版，第70—71页）

庾　信（513- 581）

《周书》卷四十一《庾信传》："庾信字子山，南阳新野人也。祖易，齐征士。父肩吾，梁散骑常侍、中书令。信幼而俊迈，聪敏绝伦。博览群书，尤善《春秋左氏传》。"

伤心赋（节录）

若夫入室生光，非复企及，夹河为郡，前途逾远。婕好有自伤之赋，扬雄有哀祭之文，王正长有北郭之悲，谢安石有东山之恨，斯既然矣。……望陇首而不归，出都门而长送，对宝碗而痛心，抚《玄经》而

流恸。（倪潘注，许逸民点校：《庾子山集注》卷一，中华书局1980年版，第56—63页）

［按］哀祭之文，谓扬雄《法言》中哀叹童乌之语。

庾信传赞*

然则子山之文，发源于宋末，盛行于梁季。其体以淫放为本，其词以轻险为宗。故能夸目侈于红紫，荡心逾于郑、卫。昔扬子云有言："诗人之赋，丽以则；词人之赋，丽以淫。"若以庾氏方之，斯又词赋之罪人也。（《周书》卷四十一《庾信传》"史臣曰"，第744页）

［按］北周滕王逌序《庾开府集》云："诔夺安仁之美，碑有伯喈之情，箴似扬雄，书同阮籍。"

丘国宾（?）

讥扬雄*

丘国宾，吴兴人，以才志不遇，著书以讥扬雄。（《南史》卷五十九，第1463页）

［按］丘书今不存。云以才志不遇而讥扬雄，似非真讥讽扬雄，或亦《反骚》之类乎？

颜之推（531- 591）

《北齐书》卷四十五《文苑传》："颜之推，字介，琅邪临沂人也。……之推聪颖机悟，博识有才辩，工尺牍，应对闲明，大为祖珽所重，令掌知馆事，判署文书。……齐亡入周，大象末为御史上士。隋开皇中，太子召为学士，甚见礼重。寻以疾终。有文三十卷、撰《家训》二十篇，并行于世。曾撰《观我生赋》，文致清远。”

勉学第八（节录）

校定书籍，亦何容易。自扬雄、刘向，方称此职。尔观天下书未遍，不得妄下雌黄。或彼以为非，此以为是，或本同末异，或两文皆欠，不可偏信一隅也。（王利器：《颜氏家训集解》卷三，中华书局 1993 年版，第 235 页）

文章第九（节录）

自古文人，多陷轻薄：屈原露才扬己，显暴君过；宋玉体貌容冶，见遇俳优；东方曼倩，滑稽不雅；司马长卿，窃赀无操；王褒过章《僮约》；扬雄德败《美新》；李陵降辱夷虏；刘歆反复莽世；傅毅党附权门；班固盗窃父史……

或问扬雄曰：“吾子少而好赋？”雄曰：“然。童子雕虫篆刻，壮夫不为也。”余窃非之曰：虞舜歌《南风》之诗，周公作《鸱鸮》之咏，吉甫、史克《雅》《颂》之美者，未闻皆在幼年累德也。孔子曰：“不学《诗》，无以言。”“自卫返鲁，乐正，《雅》《颂》各得其所。”大明孝道，引《诗》证之。扬雄安敢忽之也？若论“诗人之赋丽以则，辞人之赋丽以淫”，但知变之而已，又未知雄自为壮夫何如也？著《剧秦美新》，妄投于阁，周章怖慑，不达天命，童子之为耳。桓谭以胜老子，葛洪以方仲尼，使人叹息。此人直以晓算术，解阴阳，故著《太玄经》，数子为所惑耳；其遗言余行，孙卿、屈原之不及，安敢望大圣之清尘？且《太玄》今竟何用乎？不啻覆酱瓿而已。（《颜氏家训集解》卷四，第 237—260 页）

音辞篇十八

夫九州之人，言语不同。生民已来，固常然矣。自《春秋》摽齐言之传，《离骚》目楚词之经，此盖其较明之初也。后有扬雄著《方言》，其言大备，然皆考名物之同异，不显声读之是非。（《颜氏家训集解》卷七，第529页）

卷三

扬 雄 研 究 史 料 汇 编

辛德源（？－601）

辛德源传（节录）

辛德源字孝基，陇西狄道人也。祖穆，魏平原太守。父子馥，尚书右丞，德源沉静好学，年十四，解属文。及长，博览书记，少有重名。齐尚书仆射杨遵彦、殿中尚书辛术皆一时名士，见德源，并虚襟礼敬，因同荐之于文宣帝。起家奉朝请，后为兼员外散骑侍郎，聘梁使副。后历冯翊、华山二王记室。中书侍郎刘逖上表荐德源曰："弱龄好古，晚节逾厉，枕藉六经，渔猎百氏。文章绮艳，体调清华，恭慎表于闺门，谦㧑著于朋执。实后进之辞人，当今之雅器。必能效节一官，骋足千里。"由是除员外散骑侍郎，累迁比部郎中，复兼通直散骑常侍。聘于陈，及还，待诏文林馆，除尚书考功郎中，转中书舍人。及齐灭，仕周为宣纳上士。因取急诣相州，会尉迥作乱，以为中郎。德源辞不获免，遂亡去。

高祖受禅，不得调者久之，隐于林虑山，郁郁不得志，著《幽居赋》以自寄，文多不载。德源素与武阳太守卢思道友善，时相往来。魏州刺史崔彦武奏德源潜为交结，恐其有奸计。由是谪令从军讨南宁，岁余而还。秘书监牛弘以德源才学显著，奏与著作郎王劭同修国史。德源每于务隙撰《集注春秋三传》三十卷，注扬子《法言》二十三卷。蜀王秀闻其名而引之，居数岁，奏以为掾。后转咨议参军，卒官。有集二十卷，又撰《政训》《内训》各二十卷。有子素臣、正臣，并学涉有文义。（《隋书》卷五十八，第1422—1423页）

［按］《北史》卷五十《辛雄传》亦附录德源传记。《隋书·经籍志》著录蜀王府记室《辛德源集》三十卷，然未著录德源所注《法言》，盖流传未广，故未著录乎。

刘 炫(546- 613)

《隋书》卷七十五:“刘炫字光伯,河间景城人也。……炫性躁竞,颇俳谐,多自矜伐,好轻侮当世,为执政所丑,由是官涂不遂。著《论语述议》十卷,《春秋攻昧》十卷,《五经正名》十二卷,《孝经述议》五卷,《春秋述议》四十卷,《尚书述议》二十卷,《毛诗述议》四十卷,《注诗序》一卷,《算术》一卷,并行于世。”

自赞(节录)

通人司马相如、扬子云、马季长、郑康成等,皆自叙风徽,传芳来叶。余岂敢仰均先达,贻笑从昆。徒以日迫桑榆,大命将近,故友飘零,门徒雨散,溘死朝露,埋魂朔野,亲故莫照其心,后人不见其迹,殆及余喘,薄言胸臆,贻及行迈,传示州里,使夫将来俊哲知余鄙志耳。(《隋书》卷七十五《儒林传》,第1722页)

[按]司马相如、扬子云、马季长、郑康成自叙风徽,分别见于《汉书》之《司马相如传》与《扬雄传》,《后汉书》之《马融传》与《郑玄传》。然《司马相如传》无自叙之明文,刘炫之说,或别有所据。

虞世基(? - 618)

《隋书》卷六十七:“虞世基字茂世,会稽余姚人也。……幼沉静,喜愠不形于色,博学有高才,兼善草隶。”

讲武赋序(节录)

昔上林从幸,相如于是颂德,长杨校猎,子云退而为赋。虽则体物

缘情，不同年而语矣；英声茂实，盖可得而言焉。（《隋书》卷六十七《虞世基传》，第1570页）

［按］《北史》卷八十三亦有《虞世基传》，然未载其赋。

孔颖达（574- 648）

《旧唐书》卷七十三："孔颖达字冲远，冀州衡水人也。祖硕，后魏南台丞。父安，齐青州法曹参军。颖达八岁就学，日诵千余言。及长，尤明《左氏传》、郑氏《尚书》、王氏《易》《毛诗》《礼记》，兼善算历，解属文。……与颜师古、司马才章、王恭、王琰等诸儒受诏撰定五经义训，凡一百八十卷，名曰《五经正义》。"

左传襄公二十四年疏（节录）

传：豹闻之，大上有立德，其次有立功，其次有立言。

正义曰：大上、其次，以人之才知浅深为上、次也。大上谓人之最上者，上圣之人也；其次，次圣者谓大贤之人也；其次，又次大贤者也。立德谓创制垂法，博施济众，圣德立于上代，惠泽被于无穷，故服以伏羲、神农，杜以黄帝尧、舜当之，言如此之类，乃是立德也。《礼运》称禹、汤、文、武、成王、周公，后代人主之选，计成王非圣，但欲言周公不得不言成王耳。禹、汤、文、武、周公与孔子皆可谓立德者也。立功谓拯厄除难，功济于时，故服、杜皆以禹、稷当之。言如此之类，乃是立功也。《祭法》云："圣王之制祭祀也，法施于民则祀之，以死勤事则祀之，以劳定国则祀之，能御大灾则祀之，能捍大患则祀之。"法施于民乃谓上圣，当是立德之人。其余勤民定国、御灾捍患，皆是立功者也。立言谓言得其要理，足可传记。《传》称史逸有言，《论语》称周任有言，及此臧文仲既没，其言存立于世，皆其身既没，其言尚存，故服、杜皆以史佚、周任、臧文仲当之。言如此之类，乃是立言也。老、庄、荀、孟、管、晏、杨、墨、孙、吴之徒，制作子书，屈原、宋玉、贾逵、扬雄、马迁、班固以后撰集史传及制作文章，使后世学习，皆是立言者也。此三者虽经世代，当不朽腐，故穆子历言之。（《春秋左传注疏》卷三十五，中华书局2009年影印阮刻《十三经注疏》本，第4297页）

颜师古（581- 645）

《新唐书·颜师古传》："颜师古字籀，其先琅邪临沂人。……师古少博览，精故训学，善属文。"按，师古有《汉书注》，发明甚多，俱见今中华书局点校本《汉书》，兹从省。

史记

司马子长撰《史记》，其《自叙》一卷，总历自道作书本意，篇别皆有引辞，云为此事作某本纪，为此事作某年表，为此事作某书，为此事作某世家，为此事作某列传。子长此意，盖欲比拟《尚书叙》耳，即孔安国所云"《书序》，序所以为作者之意"也。扬子云著《法言》，其本传亦载《法言》之目，篇篇皆引辞云撰某篇，亦其义也。及班孟坚为《汉书》，亦放其意，于《序传》内又历道之，而谦不敢自谓作者，避于拟圣，故改作为述。然叙致之体，与马扬不殊。后人不详，乃谓班书本赞之外，别更为复述，重申褒贬，有所叹咏。挚虞撰《流别集》，全取孟坚书序为一卷，谓之《汉述》，已失其意。而范蔚宗、沈休文之徒撰史者，详论之外，别为一首。华文丽句，标举得失，谓之为赞，自以取则班马，不其惑欤。刘勰《文心雕龙》唯略晓其意，而言之未尽。（颜师古撰，严旭疏证：《匡谬正俗疏证》卷五，中华书局2019年版，第165页）

非　一

扬雄叙甘泉宫云："游观屈奇瑰玮，非木摩而不雕，墙涂而不画。"此言既甚屈奇瑰玮，不合于上古之世，摩而不雕，涂而不画，采椽茅茨俭约之制耳。今之书本好者犹然，而后人辄于"非"字下加"一"字，读云"瑰玮非一"，竟不寻下句直云"木摩而不雕"，是何言欤！（《匡谬正俗疏证》卷五，第199页）

王　通（584- 617）

《旧唐书》卷一百九十上："祖通，隋蜀郡司户书佐。大业末，弃官归，以著书讲学为业。依《春秋》体例，自获麟后，历秦、汉至于后魏，著纪年之书，谓之《元经》。又依《孔子家语》、扬雄《法言》例，为客主对答之说，号曰《中说》。皆为儒士所称。"按，《中说》一书，实则亦模拟《论语》也。谓依《孔子家语》、扬雄《法言》例，犹隔一间。

中说（节录）

或问扬雄、张衡。子曰："古之振奇人也。其思苦，其言艰。"曰："其道何如?"子曰："靖矣!"（王通著，张沛校注：《中说校注》卷二《天地篇》，中华书局2013年版，第66页）

［按］"靖"即"静"也，即《扬雄传》所谓"清静亡为"，《张衡传》所谓"从容澹静"是也。

尚书召子仕，子使姚义往辞焉，曰："必不得已，署我于蜀。"或曰

“僻”，子曰：“吾得从严、扬游泳以卒世，何患乎僻？”（《中说校注》卷三《事君篇》，第82页）

王 绩（589—644）

《旧唐书》卷一百九十二：“王绩字无功，绛州龙门人。……贞观十八年卒。临终自克死日，遗命薄葬，兼预自为墓志。有文集五卷。又撰《隋书》，未就而卒。”

三月三日赋（节录）

金门旧学，玉署新贤。修《太玄》于暮齿，擅中黄于早年。（夏连保校注：《王绩文集》卷一，三晋出版社2016年版，第52页）

［按］校注引荀悦《前汉纪》卷二十九云：“（扬）雄好赋颂，文似司马相如，晚节以为无益而辄止，乃依《易》著《太玄经》。”

病后醮宅

公干苦沉绵，居山畏不延。白驴迎蒯子，青牛下葛仙。度符南灶曲，写咒北阶前。龙行初禁火，鸟步即凌烟。净席三天坐，香炉五帝筵。埋沙禳疫气，镇石御凶年。鬼用泥为壁，神将纸作钱。山精愁镜厌，野魅怯灯然。今日扬雄宅，应堪草《太玄》。（《王绩文集》卷三，第128—129页）

岑文本（595- 645）

《旧唐书》卷七十："岑文本字景仁，南阳棘阳人。祖善方，仕萧詧吏部尚书。父之象，隋末为邯郸令，尝被人所讼，理不得申。文本性沉敏，有姿仪，博考经史，多所贯综，美谈论，善属文。"

拟剧秦美新

伊太极草昧，元气氤氲。二仪肇辟，三才乃分。火化之风既往，结绳之政无闻。遐哉邈矣，故靡得而云也。逮乎书契兴，爻象辨，皇王著，谥号阐。历选列圣，逖听遗篆。牺农崇行道之化，尧舜宏揖让之风。汤武以干戈而称尽美，成康以刑厝而表成功。虽步骤殊时，浇淳异世，道有文质，政有隆替。不在天文，因人垂制。规模焕其有章，声实渺其难继。

异哉秦氏之为政也。恃崤函之作固，因襄文之余烈，穷起剪之暴兵，纳鞅斯之邪说，兼两州之地，削六雄之辙。先生之道废，曩圣之德灭。利觜长距，殚苍生之命。刮语焚书，愚黔首之性。海内訾其凶灭，天下苦其苛政。于是怀道挟术之士，背三秦而远迹。抱朴养素之夫，窜九夷而自适。赵高、阎乐启其乱，陈胜、吴广伺其隙。丧六玺于二代，隳七庙于一掷。永鉴其弊，吁其剧欤。

粤若汉祖之龙飞，践宸极，居大宝。感素灵之符，行元圣之道。靖大乱以永宁，济斯人于难老。洎文景之纂历，乃守文之有声。逮武宣之继统，亦王功之有成。然而阙皇王之要道，惭天地之至精。仍踵秦之制度，尚沿秦之章程。既无关于政作，孰与发其声名。虽时乘于六位，实贻诮于三灵者矣。

我有新之创业也，累功而据帝图，积德而膺宝命。政化洽于岩廊，惠泽溢于号令。四表荷其亭毒，万物遂其正性。帝典阙者既补，王纲弛者咸正。其德也弥厚，其道也弥盛。若夫文轨大同，夷狄向风，武功也。制礼裁乐，迁风变俗，文教也。肇改正朔，爰变服色，至圣也。尽礼郊禋，致敬鬼神，大孝也。幽人咸洎，奇士毕至，浚哲也。既厝刑书，亦废囹圄，鸿德也。是以天不爱其道，地不爱其宝。龟威浮洛，飞黄服皂。一角九尾之瑞，朝夕埛牧，并柯共穗之祥。日月畿服，超邃古之芳英，迈前王之简牍。其天意也如此，其人事也如彼。谅可以披绿图，诏青史，降齐郊，下嬴里。登介邱以昭德，同梁甫以播美。摛记牒于无穷，播歌诵而盈耳。俾夫千载之上，往圣恧其鸿名。百代之后，下王奉其英声。固皇极于造化，合至道于神明。岂不美哉，岂不美哉！（《全唐文》卷一百五十，中华书局 1983 年版，第 1528—1529 页）

［按］王应麟《困学纪闻》卷十七云："岑文本《拟剧秦美新》，虽不作可也。"不知王氏何故言此。

释道世 (596? - 683)

《高僧传》卷四："释道世，字玄恽，姓韩氏，厥先伊阙人也。……以为古今绵代，制作多人，虽雅趣佳辞，无足于传记。由是搴文囿之菁华，嗅大义之瞻卜，以类编录，号《法苑珠林》，总一百篇，勒成十袠。……又著《善恶业报》及《信福论》共二十三卷，《大小乘禅门观》及《大乘观》共十一卷，《受戒仪式》《礼佛仪式》共六卷，《四分律讨要》五卷、《四分律尼钞》五卷、《金刚经集注》三卷，十部都一百五十三卷。"

敬塔篇 （节录）

又问：若尔周穆已后诸王建置塔时，何为此土文记罕见耶？答曰：立塔为于前缘，多是神灵所造，人有见者少，故文字少传。扬雄、刘向寻于藏书，往往见有佛经。岂非秦前已有也。……（释道世著，周叔迦、苏晋仁校注：《法苑珠林校注》卷第三十八，中华书局 2003 年版，

第 1227 页）

［按］隋费长房《历代三宝记》卷二言：“平帝世，大夫刘向自称余览典籍，往往见有佛经。”释道宣《大唐内典录》卷一亦言：“刘向校书天禄阁，往往见有佛经。”所言盖据《刘向别传》。其他如《广宏明集》卷十一、卷十五、卷二十五，释法琳《破邪论》卷下等亦言及刘向见佛经事，然未言扬雄，《法苑珠林》辞连扬雄，不知何所据，或因扬雄亦曾校书天禄乎?

李世民（598? - 649）

《旧唐书》卷二：“太宗文武大圣大广孝皇帝讳世民，高祖第二子也。……幼聪睿，玄鉴深远，临机果断，不拘小节，时人莫能测也。”

论文史（节录）

贞观初，太宗谓监修国史房玄龄曰：“比见前、后《汉史》载录扬雄《甘泉》《羽猎》，司马相如《子虚》《上林》，班固《两都》等赋。此既文体浮华，无益劝戒，何假书之史策。其有上书论事，词理切直，可裨于政理者，朕从与不从皆须备载。”（吴兢撰，谢保成集校：《贞观政要集校》卷七，中华书局 2009 年版，第 387 页）

著述（节录）

太宗谓监修国史房玄龄曰：“比见前后《汉史》，载扬雄《甘泉》《羽猎》，司马相如《子虚》《上林》，班固《两都赋》，此既文体浮华，无益劝戒，何暇书之史策。今有上书论事，词理可裨于政理者，朕或从或不从，皆须备载。”（《大唐新语》卷九，中华书局 1984 年版，第 134 页）

［按］《隋书·文学传》云“河朔词义贞刚，重乎气质”，又言隋高祖“初统万机，每念斫雕为朴，发号施令，咸去浮华”。唐继隋而起，故太宗论文主张，仍是河朔一脉。

卢照邻（630？－680？）

《旧唐书》卷一百九十：“卢照邻字升之，幽州范阳人也。年十余岁，就曹宪、王义方授《苍》《雅》及经史，博学善属文。初授邓王府典签，王甚爱重之，曾谓群官曰：‘此即寡人相如也。’后拜新都尉，因染风疾去官，处太白山中，以服饵为事。后疾转笃，徙居阳翟之具茨山，著《释疾文》《五悲》等诵，颇有骚人之风，甚为文士所重。照邻既沉痼挛废，不堪其苦，尝与亲属执别，遂自投颍水而死，时年四十。文集二十卷。”

长安古意（节录）

寂寂寥寥扬子居，年年岁岁一床书。独有南山桂花发，飞来飞去袭人裾。（卢照邻著，李云逸校注：《卢照邻集校注》卷二，中华书局1998年版，第83—84页）

李　善（630－689）

《新唐书》卷二百二：“（李邕）父善，有雅行，淹贯古今，不能属辞，故人号‘书簏’。显庆中，累擢崇贤馆直学士兼沛王侍读。为《文选注》，敷析渊洽，表上之，赐赉颇渥。除潞王府记室参军，为泾城令，

坐与贺兰敏之善，流姚州，遇赦还。居汴、郑间讲授，诸生四远至，传其业，号‘文选学’。”

甘泉赋注（节录）

《汉书》曰：扬雄字子云，蜀郡成都人也。雄少好学，年四十余自蜀来游京师，大司马王音召以为门下史，荐雄待诏。岁余，为郎中，给事黄门，卒。桓谭《新论》曰：雄作《甘泉赋》一首始成，梦肠出，收而内之，明日遂卒。

《汉书》曰："永始四年正月行幸甘泉。"《七略》曰："《甘泉赋》，永始三年正月，待诏臣雄上。"《汉书》三年无幸甘泉之文，疑《七略》误也。（《文选》卷七，中华书局1977年版，第111页）

羽猎赋注（节录）

《七略》曰："《羽猎》，永始三年十二月上。"（《文选》卷八，第131页）

长杨赋注（节录）

"明年，上将大夸胡人以多禽兽。"善曰：明年谓作《羽猎赋》之明年，即校猎之年也。班欲叙作赋之明年，《汉书·成纪》曰："元延二年冬，幸长杨宫，纵胡客大校猎。"是也。《七略》曰："《羽猎赋》，永始三年十二月上。"然永始三年去校猎之前首尾四载，谓之明年，疑班固误也。又《七略》曰："《长杨赋》，绥和元年上。"绥和在校猎后四岁，无容元延二年校猎，绥和二年赋。又疑《七略》误。（《文选》卷九，第135页）

［按］李善所引《七略》，与《汉书·扬雄传》相冲突。后世学者论"四赋"作年，或信《汉书》，或从《七略》，争论不已。可参唐兰《扬雄奏甘泉河东羽猎长杨四赋的年代》［原载《学原》1948年第1卷第10期，后收入

《唐兰全集（二）》，上海古籍出版社，2015年〕

魏知古（647- 715）

魏知古传（节录）

先天元年冬，从上畋猎于渭川，因献诗讽曰：“尝闻夏太康，五弟训禽荒。我后来冬狩，三驱盛礼张。顺时鹰隼击，讲事武功扬。奔走未及去，翾飞岂暇翔。非熊从渭水，瑞雀想陈仓。此欲诚难纵，兹游不可常。子云陈《羽猎》，僖伯谏渔棠。得失鉴齐、楚，仁恩念禹、汤。邕熙谅在宥，亭毒匪多伤。辛甲今为史，《虞箴》遂孔彰。”手制褒之曰：“夫诗者，志之所以，写其心怀，实可讽谕君主。是故扬雄陈《羽猎》，马卿赋《上林》，爰自风雅，率由兹道。予顷向温泉，观省风俗，时因暇景，掩渭而畋，方开一面之罗，式展三驱之礼，躬亲校猎，聊以从禽。岂意卿有箴规，辅予不逮，自非款诚夙著，其孰能继于此耶？今赐卿物五十段，用申劝奖。”（《旧唐书》卷九十八，第3063页）

薛　登（647- 719）

《旧唐书》卷一百一：“薛登本名谦光，常州义兴人也。……谦光博涉文史，每与人谈论前代故事，必广引证验，有如目击。……撰《四时记》二十卷。”

论选举疏（节录）

又按汉法，所举之主，终身保任。扬雄之坐田仪，责其冒荐；成子

之居魏相，酬于得贤。（《旧唐书》卷一百一，第3140页）

［按］《后汉书》卷二十四《马严传》载马严上书云："宜敕正百司，各责以事，州郡所举，必得其人。若不如言，裁以法令。"又《窦融传》："大司徒戴涉坐所举人盗金下狱。"《张湛传》"后大司徒戴涉被诛"，李贤注："涉字叔平，冀州清河人也，坐所举人盗金下狱。"可知当时冒荐之罪确触汉法，且责罚甚重，或至下狱被诛。田仪之事，或对子云仕途影响极大，然今日囿于文献不足，难以深究。

王　勃（650- 676）

《旧唐书》卷一百九十："王勃字子安，绛州龙门人。勃六岁解属文，构思无滞，词情英迈，与兄勔、勮，才藻相类。……上元二年，勃往交趾省父，道出江中，为《采莲赋》以见意，其辞甚美。渡南海，堕水而卒，时年二十八。"

上吏部裴侍郎启（节录）

夫文章之道，自古称难。圣人以开物成务，君子以立言见志。遗雅背训，孟子不为；劝百讽一，扬雄所耻。苟非可以甄明大义，矫正末流，俗化资以兴衰，家国繇其轻重，古人未尝留心也。自微言既绝，斯文不振。屈宋道浇源于前，枚马张淫风于后。谈人主者，以宫室苑囿为雄；叙名流者，以沉酗骄奢为达。故魏文用之而中国衰，宋武贵之而江东乱。虽沈、谢争骛，适先兆齐梁之危；徐、庾并驰，不能免周陈之祸。于是识其道者，卷舌而不言；明其弊者，拂衣而径逝。《潜夫》《昌言》之论，作之而有逆于时；周公孔氏之教，存之而不行于代。天下之文，靡不坏矣。国家应千载之期，恢百王之业，天地静默，阴阳顺序。方欲激扬正道，大庇生人，黜非圣之书，除不稽之论。牧童顿颡，思进皇谋；樵夫拭目，愿谈王道。崇大厦者，非一木之材；匡弊俗者，非一日之卫。众持则力尽，真长则伪销，自然之数也。（王勃著，杨晓彩点校：《王勃集》卷八，三晋出版社 2017 年版，第 92 页）

宋之问（656? - 712）

《新唐书》卷二百二："宋之问字延清，一名少连，汾州人。……魏建安后讫江左，诗律屡变，至沈约、庾信，以音韵相婉附，属对精密。及之问、沈佺期，又加靡丽，回忌声病，约句准篇，如锦绣成文。学者宗之，号为'沈、宋'，语曰'苏、李居前，沈、宋比肩'，谓苏武、李陵也。"

祭杜学士审言文（节录）

呜呼，位曰大宝，才曰天爵，鲜业备而官成，多声高而名薄。屈原不终于楚相，扬雄自投于汉阁，代生人而岂无，人违代而咸若。（陶敏、易淑琼校注：《宋之问集校注》卷八，中华书局，2001 年版，第 740 页）

刘知几（661- 721）

《旧唐书》卷一百二："刘子玄，本名知几，楚州刺史胤之族孙也。少与兄知柔俱以词学知名，弱冠举进士，授获嘉主簿。……长安中累迁左史，兼修国史。擢拜凤阁舍人，修史如故。景龙初，再转太子中允，依旧修国史。……自幼及长，述作不倦，朝有论著，必居其职。预修《三教珠英》《文馆词林》《姓族系录》，论《孝经》非郑玄注、《老子》

无河上公注，修《唐书实录》，皆行于代，有集三十卷。后数年，玄宗敕河南府就家写《史通》以进，读而善之，追赠汲郡太守；寻又赠工部尚书，谥曰文。”

载文（节录）

爰洎中叶，文体大变，树理者多以诡妄为本，饰辞者务以淫丽为宗。譬如女工之有绮縠，音乐之有郑、卫。盖语曰：“不作无益害有益。”至如史氏所书，固当以正为主。是以虞帝思理，夏后失御，《尚书》载其《元首》《禽荒》之歌；郑庄至孝，晋献不明，《春秋》录其《大隧》《狐裘》之什。其理谠而切，其文简而要，足以惩恶劝善，观风察俗者矣。若马卿之《子虚》《上林》，扬雄之《甘泉》《羽猎》，班固《两都》，马融《广成》，喻过其体，词没其义，繁华而失实，流宕而忘返，无裨劝奖，有长奸诈，而前后《史》《汉》皆书诸列传，不其谬乎！且汉代词赋，虽云虚矫，自余他文，大抵犹实。至于魏晋已下，则讹谬雷同。（刘知儿著，浦起龙通释：《史通通释》卷五，上海古籍出版社2009年版，第114—115页）

［按］《文史通义·内篇》卷一《诗教下篇》：“马、班二史于相如、扬雄诸家之著赋，俱详载于列传。自刘知几以还，从而抵排非笑者，盖不胜其纷纷矣。要皆不为知言也。盖为后世文苑之权舆，而文苑必致文采之实迹。以视范史而下，标文苑而止叙文人行略者，为远胜也。然后汉廷之赋，实非苟作，长篇录入于全传，足见其人之极思。殆与贾疏、董策为用不同，而同主以文传人也。”程千帆《史通笺记》云：“此论盖有得于马、班之意。然子玄本主于纪传体中别辟载言之篇，若‘韦孟讽谏之诗，扬雄出师之颂，马卿之书封禅，贾谊之论过秦’，悉加甄录，则亦未尝不重视文苑实迹与以文传人，但不欲其载之列传耳。”

序传（节录）

盖作者自叙，其流出于中古乎？案屈原《离骚经》，其首章上陈氏族，下列祖考，先述厥生，次显名字，自叙发迹，实基于此。降及司马相如，始以自叙为传，然其所叙者，但记自少及长立身行事而已。逮于祖先所出，则蔑尔无闻。至马迁又征三闾之故事，仿文园之近作，模楷二家，勒成一卷。于是扬雄遵其旧辙，班固酌其余波。自叙之篇，实烦于代。虽属辞有异，而兹体无易。（《史通》卷九，第238页）

自叙（节录）

昔汉世刘安著书，号曰《淮南子》。其书牢笼天地，博及古今，上自太公，下至商鞅，其错综经纬，自谓兼于数家，无遗力矣。然自淮南以后，作者无绝。必商榷而言，则其流又众。盖仲尼既没，微言不行。史公著书，是非多谬。由是百家诸子，诡说异辞，务为小辨，破彼大道。故扬雄《法言》生焉。儒者之书，博而寡要，得其糟粕，失其菁华，而流俗鄙夫，贵远贱近，传兹抵牾，自相欺惑，故王充《论衡》生焉。民者冥也，冥然罔知，率彼愚蒙，墙面而视，或讹音鄙句，莫究本源，或守株胶柱，动多拘忌，故应劭《风俗通》生焉。五常异禀，百行殊轨，能有兼偏，知有长短，苟随才而任使，则片善不遗，必求备而后用，则举世莫可，故刘邵《人物志》生焉。夫开国承家，立身立事，一文一武，或出或处，虽贤愚壤隔，善恶区分，苟时无品藻，则理难铨综，故陆景《典语》生焉。词人属文，其体非一，譬甘辛殊味，丹素异彩，后来祖述，识昧圆通，家有诋诃，人相掎摭，故刘勰《文心》生焉。若《史通》之为书也，盖伤当时载笔之士，其义不纯，思欲辨其指归，殚其体统。夫其书虽以史为主，而余波所及，上穷王道，下掞人伦。总括万殊，包吞千有。自《法言》以降，迄于《文心》而往，固以纳诸胸中，曾不蒂芥者矣。夫其为义也，有与夺焉，有褒贬焉，有鉴诫焉，有讽刺焉。其为贯穿者深矣，其为网罗者密矣，其所商略者远矣，其所发明者多矣。盖谈经者恶闻服、杜之嗤，论史者憎言班、马之失，而此书多讥往哲，喜述前非。获罪于时，固其宜矣。犹冀知音君子，时有观焉。尼父有云，罪我者《春秋》，知我者《春秋》，抑斯之谓也。

昔梁征士刘孝标作《叙传》，其自比于冯敬通者有三。而予辄不自揆，亦窃比于扬子云者有四焉。何者？扬雄尝好雕虫小伎，老而悔其少作；予幼喜诗赋，而壮都不为，耻以文士得名，期以述者自命。其似一也。扬雄草《玄》，累年不就，当时闻者，莫不哂其徒劳；余撰《史通》，亦屡移寒暑，悠悠尘俗，共以为愚。其似二也。扬雄撰《法言》，时人竞尤其妄，故作《解嘲》以酬之；余著《史通》，见者亦互言其短，故作《释蒙》以拒之。其似三也。扬雄少为范踆、刘歆所重，及闻其撰《太玄经》，则嘲以恐盖酱瓿。然刘、范之重雄者，盖贵其文彩，若《长杨》《羽猎》之流耳。如《太玄》深奥，难以探赜，既绝窥窬，故加讥诮。余初好文笔，颇获誉于当时。晚谈史传，遂减价于知己。其似四也。夫才唯下劣，而迹类先贤，是用铭之于心，持以自慰。抑犹有遗恨，惧不似扬雄者有一焉。何者？雄之《玄经》始成，虽为当时所贱，而桓谭以为数百年外，其书必传。其后张衡陆绩，果以为绝伦参圣。夫以《史通》方诸《太玄》，今之君山，即徐、朱等数君是也。后来张、陆，则未之知耳。嗟乎，傥使平子不出，公纪不生，将恐此书与粪土同捐，烟烬俱灭，后之识者，无得而观。此予所以抚卷涟洏，泪尽而继之以血也。（《史通》卷十，第270—272页）

[按] 明郭孔延评《史通》曰：子玄之似雄者四，其不似者三，而后来张、陆不与焉。《太玄》无主无名，要合《五经》；《史通》疑《尚书》，惑《春秋》，其不似雄一。《法言》降周迄孔，成于王道；《史通》罪周驳孔，其不似雄二。《法言》撰《学行》，撰《修身》，撰《问道》；《史通》无一语及于学道，其不似雄三。虽然，雄亦有不似子玄者三。雄《剧秦美新》，子玄在则天时有直言，修《则天实录》有所改正，忤于三思，雄不如也。雄寂寞投阁，子玄作《思慎赋》见称，卒，峤屡求罢史职，不与萧宗之难，雄不如也。童乌预《玄》，其后亡闻；子玄六子三孙俱有名号，其乡曰高阳里，雄不如也。尝以此语家弟太，太曰："兄可谓子玄忠臣。"（郭孔延《史通评释》卷十内篇，明万历刻本）

史记八条（节录）

夫编年叙事，混杂难辨。纪传成体，区别易观。昔读《太史公书》，每怪其所采多是《周书》《国语》《世本》《战国策》之流。近见皇家撰《晋史》，其所采亦多是短部小书，省功易阅者，若《语林》《世说》《搜神记》《幽明录》之类是也。如曹、干两氏《纪》，孙、檀二《阳秋》，则皆不之取，故其中所载美事遗略甚多。若以古方今，则知太史公亦同其失矣。斯则迁之所录甚为肤浅，而班氏称其勤者，何哉？

孟坚又云“刘向扬雄博极群书，皆服其善叙事”，岂时无英秀，易为雄霸者乎？不然，何虚誉之甚也。《史记·邓通传》云：“文帝崩，景帝立。”何若但云景帝立，不言文帝崩，斯亦可知矣，何用兼书其事乎？又《仓公传》称其“传黄帝、扁鹊之脉书，五色诊病，知人死生，决嫌疑，定可治”。诏召问其所长，对曰：“传黄帝、扁鹊之脉书。”以下他文，尽同上书。夫上既有其事，下又载其言，言事虽殊，委曲何别？案迁之所述，多有此类，而刘扬服其善叙事，何哉！（《史通》卷十六，第427—429页）

杂说（节录）

扬雄《法言》好论司马迁而不及左丘明，常称《左氏传》惟有“品藻”二言而已，是其鉴物有所不明者也。且雄哂子长爱奇多杂，又曰不依仲尼之笔，非书也，自序又云不读非圣之书。然其撰《甘泉赋》，则云“鞭宓妃”云云，刘勰《文心》已讥之矣。然则文章小道，无足致嗤。观其《蜀王本纪》，称杜魄化而为鹃，荆尸变而为鳖，其言如是，何其鄙哉！所谓非言之难而行之难也。（《史通》卷十八，第484—485页）

［按］浦起龙《史通通释》曰：“赋家夸威饰事，宛虹入轩，元冥困野，何嫌荒诞，著书则不可。”

夫书名竹帛，物情所竞，虽圣人无私，而君子亦党。盖《易》之作也，本非记事之流，而孔子《系辞》辄盛述颜子，称其“殆庶”。虽言则无愧，事非虚美，亦由视予犹父、门人日亲，故非所要言而曲垂编录者矣。既而扬雄寂寞，师心典诰，至于童乌稚子、蜀汉诸贤，《太玄》《法言》，恣加褒赏，虽内举不避，而情有所偏者焉。夫以宣尼睿哲，子云参圣，在于著述，不能忘私，则自中庸已降抑可知矣。如谢承《汉书》，偏党吴越；魏收《代史》，盛夸胡塞。复焉足怪哉。

……夫载笔立言，名流今古，如马迁《史记》，能成一家；扬雄《太玄》，可传千载。此则其事尤大，记之于传可也。至于近代则不然，其有雕虫末技，短才小说，或为集不过数卷，或著书才至一篇，莫不一一列名，编著诸传末。事同《七略》，巨细必书，斯亦烦之甚者。（《史通》卷十八，第 492—495 页）

张　说（667- 730）

《旧唐书》卷九十七：“张说字道济，其先范阳人，代居河东，近又徙家河南之洛阳。弱冠应诏举，对策乙第，授太子校书，累转右补阙，预修《三教珠英》。”

齐黄门侍郎卢思道神道碑

昔仲尼之后，世载文学，鲁有游、夏，楚有屈、宋；汉兴，有贾、马、王、扬；后汉有班、张、崔、蔡，魏有曹、王、徐、陈、应、刘，晋有潘、陆、张、左、孙、郭，宋、齐有颜、谢、江、鲍，梁、陈有任、王、何、刘、沈、谢、徐、庾，而北齐有温、邢、卢、薛，皆应世翰林之秀者也。（熊飞校注：《张说集校注》卷二十五，中华书局 2013 年版，第 1196 页）

季春下旬诏宴薛王山池序

群公赋诗，俾仆题序，长卿消渴，觉含毫之转迟；子云老大，见雕虫之都废。（《张说集校注》卷二十八，第 1366 页）

僧一行（683- 727）

僧一行借《太玄》*

僧一行，姓张氏，先名遂，魏州昌乐人，襄州都督、郯国公公谨之孙也。父擅，武功令。一行少聪敏，博览经史，尤精历象、阴阳、五行之学。时道士尹崇博学先达，素多坟籍。一行诣崇，借扬雄《太玄经》，将归读之。数日，复诣崇，还其书。崇曰："此书意指稍深，吾寻之积年，尚不能晓，吾子试更研求，何遽见还也?"一行曰："究其义矣。"因出所撰《大衍玄图》及《义决》一卷以示崇。崇大惊，因与一行谈其奥赜，甚嗟伏之，谓人曰："此后生颜子也。"一行由是大知名。（《旧唐书》卷一百九十一《方伎》，第 5111—5112 页）

六十四卦：十二月卦出于孟氏，七十二候原于《周书》。后宋景业因刘洪传卦，李淳风据旧历元图，皆未睹阴阳之赜。至开元中，浮屠一行考扬子云《太玄经》，错综其数，索隐周公三统，纠正时训，参其变通，著在爻象，非深达《易》象，孰能造于此乎！今之所修，循一行旧义，至于周策分率，随数迁变。（《宋史》卷七十四《律历志》，第 1693 页）

刘 悚（?）

［按］刘悚乃刘知己之子。《旧唐书》卷一百二："悚，右补阙、集贤殿学士、修国史。著《史例》三卷、《传记》三卷、《乐府古题解》一卷。"

玉 树

云阳县界多汉离宫故地，有树似槐而叶细，土人谓之玉树。扬子云《甘泉赋》云"玉树青葱"，后左思以雄为假称珍怪，盖不详也。（《隋唐嘉话》下，中华书局1979年版，第52页）

［按］程毅中校语云："又见《类说》五四《嘉话》《类说》二六《异纂》《绀珠集》三《异纂》《说郛》六七《异纂》。《广记》四〇六引作《异纂》。今本《刘宾客嘉话录》亦载此条，唐兰考为误入。"

李 白（701- 762）

《旧唐书》卷一百九十："李白字太白，山东人。少有逸才，志气宏放，飘然有超世之心。父为任城尉，因家焉。少与鲁中诸生孔巢父、韩沔、裴政、张叔明、陶沔等隐于徂来山，酣歌纵酒，时号'竹溪六逸'。……有文集二十卷，行于时。"

大猎赋序

白以为赋者，古诗之流，辞欲壮丽，义归博远。不然，何以光赞盛美，感天动神。而相如、子云竞夸辞赋，历代以为文雄，莫敢诋讦。臣谓语其略，窃或褊其用心。《子虚》所言，楚国不过千里，梦泽居其大半，而齐徒吞若八九，三农及禽兽无息肩之地，非诸侯禁淫述职之义也。《上林》云："左苍梧，右西极。"考其实，地周袤才经数百。《长杨》夸胡设网，为周阹，放麋鹿其中，以搏攫充乐。《羽猎》于灵台之囿，围经百里，而开殿门。当时以为穷壮极丽，迨今观之，何龌龊之甚也。但王者以四海为家，万姓为子，则天下之山林禽兽，岂与众庶异之？而臣以为不能以大道匡君，示物周博，平文论苑之小，窃为微臣之不取也。今圣朝园池遐荒，殚穷六合，以孟冬十月大猎于秦，亦将曜威讲武，扫天荡野，岂荒淫侈靡，非三驱之意耶？臣白作颂，折中厥美。（《李太白全集》卷一，中华书局1977年版，第57—59页）

古风五十九首（其八）

咸阳二三月，宫柳黄金枝。绿帻谁家子，卖珠轻薄儿。日暮醉酒归，白马骄且驰。意气人所仰，冶游方及时。子云不晓事，晚献《长杨》辞，赋达身已老，草《玄》鬓若丝。投阁良可叹，但为此辈嗤。（《李太白全集》卷二，第99页）

温泉侍从归逢故人

汉帝长杨苑，夸胡羽猎归。子云叨侍从，献赋有光辉。激赏摇天笔，承恩赐御衣。逢君奏明主，他日共翻飞。（《李太白全集》卷九，第486页）

杜　甫（712- 770）

《旧唐书》卷一百九十："杜甫字子美，本襄阳人，后徙河南巩县。……天宝初应进士不第。天宝末，献《三大礼赋》，玄宗奇之，召试文章，授京兆府兵曹参军。十五载，禄山陷京师，肃宗征兵灵武，甫

自京师宵遁赴河西，谒肃宗于彭原郡，拜右拾遗。……永泰二年，啖牛肉白酒，一夕而卒于耒阳，时年五十九。”

杜甫传（节录）

天宝十三载，玄宗朝献太清宫，飨庙及郊，甫奏赋三篇。帝奇之，使待制集贤院，命宰相试文章，擢河西尉，不拜，改右卫率府胄曹参军。数上赋颂，因高自称道，且言：“先臣恕、预以来，承儒守官十一世，迨审言，以文章显中宗时。臣赖绪业，自七岁属辞，且四十年，然衣不盖体，常寄食于人，窃恐转死沟壑，伏惟天子哀怜之。若令执先臣故事，拔泥涂之久辱，则臣之述作虽不足鼓吹六经，至沉郁顿挫，随时敏给，扬雄、枚皋可企及也。有臣如此，陛下其忍弃之?”（《新唐书》卷二百一《文艺》，第5736—5737页）

奉赠韦左丞丈二十二韵（节录）

甫昔少年日，早充观国宾。读书破万卷，下笔如有神。赋料扬雄敌，诗看子建亲。李邕求识面，王翰愿卜邻。自谓颇挺出，立登要路津。致君尧舜上，再使风俗淳。（杜甫著，仇兆鳌注，《杜诗详注》卷一，中华书局1979年版，第74页）

赠献纳使起居田舍人澄

献纳司存雨露边，地分清切任才贤。舍人退食收封事，宫女开函捧御筵。晓漏追趋青琐闼，晴窗点检白云篇。扬雄更有《河东赋》，唯待吹嘘送上天。（《杜诗详注》卷三，第203页）

［按］仇注云：“《扬雄传》：上陟西岳，以望八荒，迹殷周之墟，思唐虞之风。雄上《河东赋》以献。公诗‘赋料扬雄敌’，盖素以子云自方也。”

秋述（节录）

秋，杜子卧病长安旅次，多雨生鱼，青苔及榻，常时车马之客，旧雨来，今雨不来。昔襄阳庞德公，至老不入州府，而扬子云草《玄》寂寞，多为后辈所亵，近似之矣。呜呼！冠冕之窟，名利卒卒，虽朱门之涂泥，士子不见其泥，矧抱疾穷巷之多泥乎？（《杜诗详注》卷二十五，第2208页）

岑　参（715? - 770）

廖道南《楚纪》卷二十一："岑参，岑文本之曾孙也。……少孤，遍览经史，缀文属辞，迥拔孤秀。天宝三载进士，释褐率府兵曹参军，迁大理评事兼监察御史。"

扬雄草玄

吾悲子云居，寂寞人已去。娟娟西江月，犹照草《玄》处。精怪熹无人，睢盱藏古树。（《岑嘉州诗笺注》卷一，廖立笺注，中华书局2004年版，第241页）

李　华（715? - 774?）

《旧唐书》卷一百九十："李华字遐叔，赵郡人。开元二十三年进士擢第。天宝中，登朝为监察御史。累转侍御史，礼部、吏部二员外郎。

华善属文，与兰陵萧颖士友善。……有文集十卷，行于时。”

扬州功曹萧颖士文集序（节录）

君以为六经之后，有屈原、宋玉，文甚雄壮，而不能经。厥后有贾谊，文词最正，近于理体。枚乘、司马相如亦瓌丽才士，然而不近风雅。扬雄用意颇深，班彪识理，张衡宏旷，曹植丰赡，王粲超逸，嵇康标举，此外皆金相玉质。所尚或殊，不能备举。左思诗赋有《雅》《颂》遗风，干宝著论近王化根源。此后复绝无闻焉。（《全唐文》卷三百十五，中华书局 1983 年版，第 3198 页）

员　俶（?）

《新唐书·艺文志》小字注云："开元四年京兆府童子，进书，召试及第，授散官文学，直弘文馆。"

太玄幽赞

员俶《太玄幽赞》十卷。（《新唐书》卷五十九《艺文志》，第 1512 页）

员俶《太玄幽赞》十卷。开元四年，京兆童子员俶进《太玄幽赞》十卷。紫微省召试赋颂，及第。（王应麟撰，武秀成、越庶洋校证：《玉海艺志校证》卷二，凤凰出版社 2013 年版，第 106 页）

[按]《太玄幽赞》今亡佚。

魏　颢（728- ?）

《唐诗纪事校笺》卷二十二："万后名颢，上元初登第。始见白于广陵，白曰：'尔后必著大名于天下，无忘老夫与明月奴。因尽出其文，命颢集之。'"

李翰林集序

自盘古划天地，天地之气，艮于西南。剑门上断，横江下绝，岷、峨之曲，别为锦川。蜀之人无闻则已，闻则杰出，是生相如、君平、王褒、扬雄，降有陈子昂、李白，皆五百年矣。（《李太白全集》附录一，中华书局1977年版，第1448页）

柳　冕（730- 804）

《旧唐书》卷一百四十九："柳登字成伯，河东人。……登少嗜学，与弟冕咸以该博著称。……冕，文史兼该，长于吏职。贞元初，为太常博士。"

谢杜相公论房杜二相书（节录）

古之作者，因治乱而感哀乐，因哀乐而为咏歌，因咏歌而成比兴。故《大雅》作，则王道盛矣。《小雅》作，则王道缺矣。《雅》变《风》，则王道衰矣。《诗》不作，则王泽竭矣。至于屈宋，哀而以思，流而不反，皆亡国之音也。至于西汉，扬、马以降，置其盛明之代，而习亡国之音，所失岂不大哉。然而武帝闻《子虚》之赋，叹曰：嗟乎，朕不得与此人同时！故武帝好神仙。相如为《大人赋》以讽之，读之飘飘然，

反有凌云之志。子云非之曰：讽则讽矣，吾恐不免于劝也。子云知之，不能行之。于是《风》《雅》之文，变为形似。比兴之体，变为飞动。礼义之情，变为物色。《诗》之六义尽矣。（《全唐文》卷五百二十七，中华书局 1983 年版，第 5354 页）

杜　佑（734- 812）

《旧唐书》卷一百四十七：“杜佑字君卿，京兆万年人。……佑性敦厚强力，尤精吏职，虽外示宽和，而持身有术。为政弘易，不尚皦察，掌计治民，物便而济，驭戎应变，即非所长。性嗜学，该涉古今，以富国安人之术为己任。初开元末，刘秩采经史百家之言，取《周礼》六官所职，撰《分门书》三十五卷，号曰《政典》，大为时贤称赏，房管以为才过刘更生。佑得其书，寻味厥旨，以为条目未尽，因而广之，加以开元礼、乐，书成二百卷，号曰《通典》。”

琴

琴，《世本》云：“神农所造。”《琴操》曰：“伏羲作琴，所以修身理性，反其天真。”《白虎通》曰：“琴，禁也，禁止于邪，以正人心也。”《广雅》曰：“琴长三尺六寸六分，象三百六十六日；五弦象五行。大弦为君，宽和而温；小弦为臣，清廉不乱。文王、武王加二弦，以合君臣之恩也。”《琴操》曰：“广六寸，象六合也。”又：“上曰池，言其平；下曰滨，言其服。前广后狭象尊卑，上圆下方象天地。”扬雄《琴清英》曰：“舜弹五弦之琴，而天下化；尧加二弦，以合君臣之恩。”《尔雅》曰：“大琴谓之离。”二十七弦。今无其器。齐桓公曰“号钟”，楚庄曰“绕梁”，相如曰“绿绮”，伯喈曰“焦尾”，而傅玄《琴赋》云非伯喈也。（《通典》卷一百四十四，中华书局 1988 年版，第 3677—3678 页）

梁　肃（153- 793）

《新唐书》卷二百二：“肃字敬之，一字宽中，隋刑部尚书毗五世孙，世居陆浑。建中初，中文辞清丽科，擢太子校书郎。萧复荐其材，授右拾遗，修史，以母羸老不赴。杜佑辟淮南掌书记，召为监察御史，转右补阙、翰林学士、皇太子诸王侍读。卒，年四十一，赠礼部郎中。”

补阙李君前集序（节录）

文之作，上所以发扬道德，正性命之纪；次所以财成典礼，厚人伦之义；又其次所以昭显义类，立天下之中。三代之后，其流派别。炎汉制度以霸王道杂之，故其文亦二。贾生、马迁、刘向、班固，其文博厚，出于王风者也；枚叔、相如、扬雄、张衡，其文雄富，出于霸涂者也。其后作者，理胜则文薄，文胜则理消。理消则言愈繁，繁则乱矣；文薄则意愈巧，巧则弱矣。故文本于道，失道则博之以气，气不足则饰之以辞。盖道能兼气，气能兼辞，辞不当则文斯败矣。（《全唐文》卷五百一十八，中华书局1983年版，第5261）

权德舆（759- 818）

《旧唐书》卷一百四十八：“权德舆字载之，天水略阳人。……生四岁，能属诗；七岁居父丧，以孝闻；十五为文数百篇，编为《童蒙集》十卷，名声日大。”

比部郎中崔君元翰集序（节录）

《易·贲》之《彖》曰：“观乎人文以化成天下。”故阙里之四教，

门人之四科，未有遗文者。荀况、孟轲修道著书，本于仁义，经术之枝派也。迨夫骚人怨思之作，游士从衡之论，刺讥捭阖，文宪陵夷。至汉廷贾谊、刘向、班固、扬雄、司马迁、相如之伦，郁然复兴，有古风烈。然则文之用也，横三才之中，经纪事物，章明统类，不可已也。（权德舆撰，蒋寅笺，唐元校，张静注，《权德舆诗文集编年校注》，辽海出版社 2013 年版，第 293 页）

兵部郎中杨君集序（节录）

周家忠厚，文章备乎二代，先师有“郁郁”之叹。故周任、史克、仍叔、吉甫之伦生焉。汉氏划烦苛，宏利泽，训辞深厚，议论宏大，故贾谊、扬雄、司马迁、相如之才出焉。（《权德舆诗文集编年校注》，第 450 页）

策　问

问：“言，身之文也，又曰灼于中必文于外。司马相如、扬雄，籍甚汉廷，其文盛矣。或奏琴心而涤器，或赞符命以投阁，其于溺情败度，又奚俟于文章耶！至若孔融、祢衡，夸傲于代，祸不旋踵，何可胜言。两汉亦有质朴敦厚之科，廉清孝顺之举，皆本于行而遗其文。复何如哉？为辨其说。”（《权德舆诗文集编年校注》，第 506 页）

［按］此唐德宗贞元二十一年礼部策问之第五问也。

王　涯（764- 835）

《旧唐书》卷一百六十九：“王涯字广津，太原人。父晃。涯，贞元八年进士擢第，登宏辞科。……涯博学好古，能为文，以辞艺登科，践扬清峻，而贪权固宠，不远邪佞之流，以至赤族。涯家书数万卷，侔于秘府。前代法书名画，人所保惜者，以厚货致之；不受货者，即以官爵致之。厚为垣，窍而藏之复壁。”

说玄五篇

明宗一

《玄》之大旨可知矣。其微显阐幽，观象察法，探吉凶之朕，见天地之心，同夫《易》也。是故八十一首，拟乎卦者也。九赞之位，类夫爻者也。《易》以八八为数，其卦六十有四。《玄》以九九为数，故其首八十有一。《易》之占也以变，而《玄》之筮也以逢。是故数有阴阳，而时有昼夜。首有经纬，而占有旦夕。参而得之谓之逢，考乎其辞，验乎其数，则《玄》之情得矣。

或曰：《玄》之辞也有九，《玄》之位也有四，何谓也？曰：观乎四位，以辩其性也。推以柔刚，赞之辞也。别以否臧，是故四位成列，性在其中矣。九虚旁通，情在其中矣。譬诸天道，寒暑运焉，晦明迁焉，合而连之者《易》也，分而著之者《玄》也。四位之次，曰方、曰州，曰部、曰家。最上为方，顺而数之至于家。家一一而转，故有八十一家。部三三而转，故有二十七部。州九九而转，故有九州。一方二十七首而转，故有三方。三方之变，归乎一者也（一谓一玄也）。是故以一生三，以三生九，以九生二十七，以二十七生八十一，三三相生，《玄》之数也。三长者，七八九得一二三（揲法备）。一为天，二为地，三为人。其数周而复始于八十一首，故为二百四十二表也。一首九赞，故有七百二十九赞。其外《踦》《嬴》二赞，以备二仪之月数。立天之道，有始、中、终，因而三之。故有始始、始中、始终，及中始、中中、中终，及终始、终中、终终。立地之道，有下、中、上；立人之道，有思、福、祸。三三相乘，犹终始也。以立九赞之位，以穷天地之数，以配三统之元。故《玄》之首也始于中，中之始也在乎一。一之所配，自天元甲子朔旦冬至，推一昼一夜，终而复始，每二赞一日，凡七百二十

九赞而周为三百六十五日。节候钟律，生踵斗指，于五行所配成列著焉，以应休咎之占，配阴阳之数。故不观于《玄》，不可以知天。不穷浑天之统，不可以知人事之纪。故善言《玄》者，于天人变化之际，其昭昭焉。故伥伥而行者不避川谷，聩聩而听者不闻雷霆。其所不至于巅殒者，幸也，非正命也。

立例二

夫《玄》深矣广矣，远矣大矣，而师读不传者何耶？义不明而例不立故也。夫言有类而事有宗，有宗故可得而举也，有类故可得而推也。故不得于文，必求于数。不得于数，必求于象。不得于象，必求于心。夫然，故神理不遗，而贤哲之情可见矣。

自扬子云研几探数，创制《玄经》，惟巨鹿侯芭子，常亲承雄学。然其精微独得，章句不传。当世俗儒，拘守所闻，迷忽道真，莫知其说。遂令斯文幽而不光，郁而不宣，微言不显，师法殆绝。道之难行也若是。上下千余载，其间达者，不过数人。若汝南桓谭君山，南阳张衡平子，皆名世独立，拔乎群伦，探其精祕，谓其不废。厥后章陵宋衷，始作《解诂》，吴郡陆绩，释而正之。于是后代学徒，得闻知其旨。而《玄》体散剥，难究其详。余因暇时，窃所窥览，常废书而叹曰："将使《玄经》之必行世也，在于明其道使不昧，夷其途使不艰。编之贯之，皭若日月。则扬雄之学，其有不兴者乎。"始于贞元丙子，终于元和已丑。而发挥注释，其说备矣。夫极玄微，尽《玄》之道，在于首赞之义。推类取象，彰表吉凶。是故其言隐，其志远。按之有不测之深，抽之有无穷之绪，引之有极高之旨。至于《莹》《摛》《错》《冲》《文》《数》《图》《告》，此皆互举以释经者也。则夫首赞之义，根本所系。枝叶华藻，散为诸元。而先儒所释，详其末，略其本。后学观览，不知其然。殚精竭智，无自而入。故探《玄》进学之多，或中道而废，诬往哲以自为切问。学浅道缺，而贤人志士之业不嗣也。故因宋、陆所略，推而行之。其所详者，则从而不议也。所释止于首赞，又并玄测而列之。庶其象类晓然易知，则《玄》学不劳而自悟矣。

《玄》之赞辞，推本五行，辩明气类，考阴阳之数，定昼夜之占。

是故观其施辞，而吉凶善否之理见矣。苟非其事，文不虚行。观其旧注，既以阙而述。虽时言其义，文本其所以然。盖《易》家大例，有得位、失位、有位、无位之说，以辩吉凶之由。是故《玄》之本数，一昼一夜，刚柔相推。昼辞多休，夜辞多咎。奇数为阳，偶数为阴。首有阴阳，赞有奇偶。同则吉，戾则凶。自一至九，五行之数，首之与赞，所遇不同，相生为体，相克为咎，此其大较也。至于类变，因时制宜，至道无体，至神无方，亦不可以一理推之。然则审乎其时，察乎其数，虽纠纷万变，而立言大本，可得而知。又吉凶善否，必有其例（昼休夜咎）。至有文似非吉，而例则不凶。深探其源，必有微旨。此最宜审者。至于"准绳规矩，不同其施"，旧说以为非吉，然此首为《戾》，其辞皆始戾而终同，如规矩方圆之相背，而终成其用。若琴瑟之专一，孰听其声。方圆之共形，岂适于器。此其以戾而获吉也。其有察辞似美，而推例则乖者。至如"土中其庐，设其金舆"，居土之中，乘君之乘，吉之大者也。而考于其例（当夜），理则当凶，推其所以然，则庐者小舍也（汉制，宿卫者有直庐在殿庭中），土中正位也。小人而居正位，又乘君子之器，祸其至焉。故下云"厥戒渝"也。凡此之例，略章一事以明之，余则可以三隅反也。又如《中》之上九，既阳位，又当昼时，例所当吉。而群阳亢极，有"巅灵"之凶，与《易》之"亢龙"，其义同验。如此之类，又可以例推。所谓玄之又玄，众所不能知也。又一首之中，五居正位，当为首主，宜极大之辞。究而观之，又有美辞去六者。然则阴首以阴数为主，阳首以阳数为主，其义可明。《玄》之大体，贵可进贱。已满七与八九，皆居祸中，而辞或极美者。穷则变，极则反也。大抵以到遇之首为天时，所逢赞为人事。居戾之时，则以得戾为吉。处中之时，则以失中为凶。消息盈虚，可以意得。其余义例，分见注中。庶将来君子以览之也。

揲法三

经曰：凡筮有法，不精不筮，不轨不筮。不以其占，不若不筮。一当其致精诚，厥有所疑，然后阴言其事。呵策讫，乃令蓍曰：假《太玄》，假《太玄》。孚贞，爰质所疑，于神于灵，休则逢阳，星时数辞从，咎则逢阴，星时数辞违（此已上并令蓍辞）。天之策十有八，地之

策十有八。地虚其三以扮三（扮，配也），犹大衍之数五十，其用四十有九。故《玄》筮以三十三策，令筮既毕，然后别分一策，以挂于左手之小指。中分其余，以三揲之，并余于艻（比余数欲尽时，余三及二一也），又三数之（并艻之后，便都数之中不分矣。前余及艻不在数限）。数欲尽时，至十已下，七为一画，余八为二画，余九为三画。凡四度画之，而一首之位成矣。《玄》之有七八九，犹《易》之有四象也。《易》卦有四象之气，《玄》首有三表之象。

占法四

首位既成，然后有阴阳昼夜经纬所逢，占之欲识首之阴阳，从《中》至《养》，以次数之。数奇为阳，数偶为阴。数昼夜者，九赞之位，于阳家则一三五七九为昼，二四六八为夜；于阴家则一三五七九为夜，二四六八为昼。经者一二五六七也，旦筮用焉。纬者三四八九也，夕筮用焉。日中夜中，杂用一经一纬。凡旦筮者，其占用经，当九赞之一五七也。遇阳家则一五七并为昼，是谓一从二从三从，始中终皆吉。遇阴家则一五七并为夜，是谓一违二违三违，始中终皆凶（旦筮则一五七，为所逢之赞而占从焉。二六九为日中，故经云昼夜散者，祸福杂也）。凡夕筮，其占用纬。当九赞之三四八也。遇阳家，始休中终咎。若日中夜中筮者，二经一纬，当九赞之二六九也。遇阴家，始中休终咎。所用赞，下为始，次为中，上为终。故经曰：观始中，决从终。大抵吉凶休咎，在昼夜从违。若欲消息其文，则当观首名之义，及所遇赞辞，与所筮之事。察其象，稽其美恶。则《玄》之道备矣。或有昼夜既从，而首性赞辞遇于违戾，则可用也。经云：星时数辞从。星者所配之宿，各以其方，与本五行不相违克也。假如《中》首所配牵牛，北斗水行，与首同德，是星从也。时者所筮之时，与所遇节气相逆顺也。假如冬至筮，遇十月已前首为逆，冬至已后首为顺也。数者阴阳奇偶之数，以定所遇之昼夜。夜为咎，昼为休。辞者九赞之辞，与所筮之意相违否也。凡此四事，并当参而验之。从多为休，违多为咎。

辨首五

天玄二十七首，《中》《周》《礥》《闲》《少》《戾》《上》《乾》《狩》

《羡》《差》《童》《增》《锐》《达》《交》《耎》《傒》《从》《进》《释》《格》《夷》《乐》《争》《务》《事》。

地玄二十七首，《更》《断》《毅》《装》《众》《密》《亲》《敛》《疆》《睟》《盛》《居》《法》《应》《迎》《遇》《灶》《大》《廓》《文》《礼》《逃》《唐》《常》《度》《永》《昆》。

人玄二十七首，《减》《唫》《守》《翕》《聚》《积》《饰》《疑》《视》《沉》《内》《去》《晦》《瞢》《穷》《割》《止》《坚》《成》《闞》《失》《剧》《驯》《将》《难》《勤》《养》。

中者万物之始。且得中（辩首之辞具在经注），九虽当昼，亢极凶。狩者，临也。进万物扶阳而九，虽当昼，终亦凶也。应者，应时施宜。五七九当昼吉。自此后阴生，故有戒也。太者阳气盛大，象《丰》卦。九为大极，虽得昼而微凶。唫者，阴阳不通，象《否》卦。二四六八当昼，当唫之时，不能无咎，极亦凶也。穷者万物穷极，思索权谋自济也。九处穷极，昼亦凶。亲者贵以其身下人，则亲交之道著。八虽当昼，而极亢不能下人，故君子去之也。（以上《全唐文》卷四百四十八，中华书局 1983 年版，第 4584—4587 页）

［按］《文献通考》卷二百八引李焘跋《说玄》曰："自晋范望而后，为《玄》学者无闻，而涯独能名家，诸儒共宗之。涯别有《经注》六卷行于世，此特其大略耳。揲法所称'并艻之后，便都数之，不中分'，盖误也。若尔，则终不成七、八之数。当云又中分其余而三数之，但不复挂一。然本多如此，今姑仍其旧，使观者自择焉。"

说玄一卷

右唐王涯广津撰。涯始以贞元丙子，终于元和己丑，二十六年间，注《太玄》为六卷。今不之见，独此书行于世。凡五篇，《明宗》一，《立例》二，《揲法》三，《占法》四，《辨首》五。（晁公武撰，孙猛校证：《郡斋读书志校证》卷十，上海古籍出版社 1990 年版，第 427 页）

［按］王应麟《玉海》云："前世多诋《太玄》，自王涯著说，发明渊奥，其学遂盛。"

张　易（?）

《十国春秋》卷二十五："张易字简能，魏州元城人。高祖万福，故唐金吾将军，后徙莱州掖县。易性豪举尚气，少读书于长白山，又徙王屋及嵩山，苦学自励，食无盐酪者五岁。齐有高士王达灵，居海上，博学精识，少许可，易从之游。数年，入洛，举进士，不中。以升元二年南归，授校书郎、大理评事。"

注太玄

后主封吴王，召易为吴王司马；东宫建，又为左庶子。后主即位，迁谏议大夫，复判大理寺；寻乞解大理，改勤政殿学士，判御史台。采武德至宝历君臣问对及臣下论奏骨鲠者七十事，为七卷，曰《谏奏集》，上之。注《太玄经》，未成，卒，年六十一。（吴任臣撰：《十国春秋》卷二十五《南唐十一》，中华书局2010版，第346页）

［按］张易生卒年不可考，朱彝尊《经义考》列之于王涯之后，今且从之。

裴　度（765- 839）

《旧唐书》卷一百七十："裴度字中立，河东闻喜人。……度始自书生以辞策中科选，数年之间，翔泳清切。逢时艰否，而能奋命决策，横身讨贼，为中兴宗臣。”

寄李翱书（节录）

荀、孟之文，左右周、孔之文也。理身理家理国理天下，一日失之，败乱至矣。骚人之文，发愤之文也。雅多自贤，颇有狂态。相如、子云之文，谲谏之文也。别为一家，不是正气。贾谊之文，化成之文也。铺陈帝王之道，昭昭在目。司马迁之文，财成之文也。驰骋数千载，若有余力。董仲舒、刘向之文，通儒之文也。发明经术，究极天人。其实擅美一时，流誉千载者多矣，不足为弟道焉。然皆不诡其词而词自丽，不异其理而理自新。（《全唐文》卷五百三十八，中华书局1983年版，第5461页）

张　籍（766？－830？）

《旧唐书》卷一百六十："张籍者，贞元中登进士第。性诡激，能为古体诗，有警策之句，传于时。调补太常寺太祝，转国子助教、秘书郎。以诗名当代，公卿裴度、令狐楚，才名如白居易、元稹，皆与之游，而韩愈尤重之。累授国子博士、水部员外郎，转水部郎中，卒。世谓之张水部云。”

与韩愈书（节录）

顷承论于执事，尝以为世俗陵靡，不及古昔，盖圣人之道废弛之所为也。宣尼殁后，杨朱、墨翟恢诡异说，干惑人听；孟轲作书而正之，圣人之道复存于世。秦氏灭学，汉重以黄老之术教人，使人寖惑；扬雄作《法言》而辩之，圣人之道犹明。及汉衰末，西域浮屠之法入于中

国，中国之人世世译而广之，黄老之术相沿而炽。天下之言善者，惟二者而已矣！昔者圣人以天下生生之道旷，乃物其金、木、水、火、土、谷、药之用以厚之；因人资善，乃明乎仁义之德以教之，俾人有常，故治生相存而不殊。今天下资于生者，咸备圣人之器用，至于人情，则溺乎异学，而不由乎圣人之道，使君臣父子夫妇朋友之义沉于世，而邦家继乱，固仁人之所痛也。

自扬子云作《法言》，至今近千载，莫有言圣人之道者；言之者惟执事焉耳。习俗者闻之，多怪而不信，徒相为訾，终无裨于教也。执事聪明，文章与孟轲、扬雄相若，盖为一书以兴存圣人之道，使时之人、后之人知其去绝异学之所为乎？曷可俯仰于俗，嚣嚣为多言之徒哉？然欲举圣人之道者，其身亦由之也。比见执事多尚驳杂无实之说，使人陈之于前以为欢，此有以累于令德。又商论之际，或不容人之短如任私尚胜者，亦有所累也。先王存六艺，自有常矣；有德者不为犹以为损，况为博塞之戏与人竞财乎？君子固不为也。今执事为之，以废弃时日，窃实不识其然。且执事言论文章不谬于古人，今所为或有不出于世之守常者，窃未为得也。愿执事绝博塞之好，弃无实之谈，弘广以接天下之士，嗣孟轲、扬雄之作，辩杨、墨、老、释之说，使圣人之道复见于唐，岂不尚哉！

籍诚知之，以材识顽钝，不敢窃居作者之位，所以资于执事而为之尔。若执事守章句之学，因循于时，置不朽之盛业，与夫不知言亦无以异矣。籍再拜。（张籍撰，徐礼节、余恕诚校注：《张籍集系年校注》卷十，中华书局 2011 年版，第 993—995 页）

重与韩退之书（节录）

颜子不著书者，以其从圣人之后，圣人已有定制故也；若颜子独立于世，必有所云著也。古之学君臣父子之道必资于师，师之贤者，其徒数千，或数百人；是以没则纪其师之说以为书，若孟轲者是已；传者犹以孟轲自论集其书，不云没后其徒为之也。后轲之世，发明其学者扬雄之徒咸自作书。今师友道丧，浸不及扬雄之世，不自论著以兴圣人之道，欲待孟轲之门人，必不可冀也。(《张籍集系年校注》卷十，第1005页)

[按]《新唐书》卷一百七十六《张籍传》云："籍性狷直，尝责愈喜博簺及为驳杂之说，论议好胜人，其排释老不能著书若孟轲、杨雄以垂世者。"张籍责韩愈之书，即本编所录之二篇。

韩　愈(768- 824)

[按] 韩愈事迹见《旧唐书》一百六十、《新唐书》卷一百七十六。韩愈以道自任，颇为推崇扬雄。而由韩愈等古文家推动的尊扬思潮，至北宋时达到高潮，至南宋而逐渐衰歇。刘成国《论唐宋间的"尊扬"思潮与古文运动》(《文学遗产》2011 年第 3 期) 有详细论述，可参看。

原道 (节录)

曰：斯道也，何道也？曰：斯吾所谓道也，非向所谓老与佛之道也。尧以是传之舜，舜以是传之禹，禹以是传之汤，汤以是传之文、武、周公，文、武、周公传之孔子，孔子传之孟轲。轲之死，不得其传焉。荀与扬也，择焉而不精，语焉而不详。由周公而上，上而为君，故其事行；由周公而下，下而为臣，故其说长。(韩愈著，马其昶校注：《韩昌黎文集校注》卷一，上海古籍出版社 2014 年版，第 20 页)

读　荀

始吾读孟轲书，然后知孔子之道尊，圣人之道易行，王易王，霸易霸也。以为孔子之徒没，尊圣人者，孟氏而已。晚得扬雄书，益尊信孟

氏。因雄书而孟氏益尊，则雄者亦圣人之徒欤。

圣人之道不传于世。周之衰，好事者各以其说干时君，纷纷藉藉相乱，六经与百家之说错杂。然老师大儒犹在。火于秦，黄老于汉，其存而醇者，孟轲氏而止耳，扬雄氏而止耳。及得荀氏书，于是又知有荀氏者也。考其辞，时若不醇粹；要其归，与孔子异者鲜矣。抑犹在轲雄之间乎？孔子删《诗》《书》，笔削《春秋》，合于道者著之，离于道者黜之，故《诗》《书》《春秋》无疵。余欲削荀氏之不合者附于圣人之籍，亦孔子之志欤！孟氏，醇乎醇者也；荀与扬，大醇而小疵。（《韩昌黎文集校注》卷一，第40—41页）

重答张籍书（节录）

自文王没，武王、周公、成、康相与守之，礼乐皆在，及乎夫子，未久也；自夫子而及乎孟子，未久也；自孟子而及乎扬雄，亦未久也。然犹其勤若此，其困若此，而后能有所立，吾其可易而为之哉？其为也易，则其传也不远，故余所以不敢也。然观古人，得其时，行其道，则无所为书。书者，皆所为不行乎今而行乎后世者也。今吾之得吾志、失吾志未可知，俟五六十为之未失也。天不欲使兹人有知乎，则吾之命不可期；如使兹人有知乎，非我其谁哉！其行道，其为书，其化今，其传后，必有在矣。吾子其何遽戚戚于吾所为哉！

前书谓吾与人商论不能下气，若好胜者然。虽诚有之，抑非好己胜也，好己之道胜也。非好己之道胜也，己之道乃夫子、孟轲、扬雄所传之道也。若不胜，则无以为道，吾岂敢避是名哉！（《韩昌黎文集校注》卷二，第151—152页）

答刘正夫书（节录）

或问：为文宜何师？必谨对曰：宜师古圣贤人。曰：古圣贤人所为书具存，辞皆不同。宜何师？必谨对曰：师其意，不师其辞。又问曰：

文宜易宜难？必谨对曰：无难易，惟其是而，如是而已。非固开其为此而禁其为彼也。夫百物朝夕所见者，人皆不注视也。及睹其异者，则共观而言之。夫文岂异于是乎？汉朝人莫不能为文，独司马相如、太史公、刘向、扬雄为之最。然则用功深者其收名也远，若皆与世沉浮，不自树立，虽不为当时所怪，亦必无后世之传也。

足下家中，百物皆赖而用也。然其所珍爱者，必非常物。夫君子之于文，岂异于是乎？今后进之为文，能深探而力取之，以古圣贤人为法者，虽未必皆是，要若有司马相如、太史公、刘向、扬雄之徒出，必自于此，不于循常之徒也。若圣人之道不用文则已，用则必尚其能者。能者非他，能自树立不因循者是也。有文字来，谁不为文？然其存于今者，必其能者也。顾常以此为说耳。（《韩昌黎文集校注》卷三，第231—232页）

与冯宿论文书（节录）

昔扬子云著《太玄》，人皆笑之。子云之言曰："世不我知，无害也。后世复有扬子云，必好之矣。"子云死近千载，竟未有扬子云，可叹也！其时桓谭亦以为雄书胜老子。老子未足道也，子云岂止与老子争强而已乎？此不为知雄者。其弟子侯芭颇知之，以为其师之书胜《周易》。然侯之他文不见于世，不知其人果如何耳。以此而言，作者不祈人之知也明矣。直百世以俟圣人而不惑，质诸鬼神而不疑耳，足下岂不谓然乎？（《韩昌黎文集校注》卷三，第220页）

送孟东野序（节录）

大凡物不得其平则鸣。……汉之时，司马迁、相如、扬雄，最其善鸣者也。（《韩昌黎文集校注》卷四，第260—261页）

刘禹锡（772- 842）

《旧唐书》卷一百六十：“刘禹锡字梦得，彭城人。禹锡贞元九年擢进士第，又登宏辞科。禹锡精于古文，善五言诗，今体文章复多才丽。”

陋室铭

山不在高，有仙则名。水不在深，有龙则灵。斯是陋室，惟吾德馨。苔痕上阶绿，草色入帘青。谈笑有鸿儒，往来无白丁。可以调素琴，阅金经。无丝竹之乱耳，无案牍之劳形。南阳诸葛庐，西蜀子云亭。孔子云：何陋之有。（《刘禹锡集》补遗，中华书局 1990 年版，第 628 页）

[按]《方舆胜略》卷十“扬雄山”条云：“（嘉定）州治西有洞深邃，汉扬子云居之。旧有西蜀子云亭。又犍为县南十八里有子云山，下有扬雄滩。”又按，《陋室铭》作者尚有疑义，段塔丽以为崔沔所作［见《〈陋室铭〉作者辨析》，《文史知识》1996 年第 6 期；《再谈〈陋室铭〉及其作者》，《陕西师范大学学报（哲学社会科学版）》1998 年第 1 期］，吴小如、卞孝萱等先生皆倾向于此说（见吴小如《〈陋室铭〉作者质疑》，《文学遗产》1996 年第 6 期；卞孝萱《〈陋室铭〉非刘禹锡作》，《文史知识》1997 年第 1 期）。然吴汝煜、王鹤、李晓丽、孙思旺等对“崔沔说”予以驳斥（见吴汝煜《谈刘禹锡的〈陋室铭〉》，《文学遗产》1987 年第 6 期；王鹤、李晓丽《〈陋室铭〉作者祛疑》，《古典文献研究》第 15 辑；孙思旺《〈陋室铭〉作者问题释正》，《文史哲》2017 年第 1 期），仍主张此文为刘禹锡所作。今从旧说。

白居易（772- 846）

《旧唐书》卷一百六十六：“白居易字乐天，太原人。……居易文辞富艳，尤精于诗笔。自龀校至结绶畿甸，所著歌诗数十百篇，皆意存讽赋，箴时之病，补政之缺，而士君子多之，而往往流闻禁中。”

白孔六帖（节录）

扬雄曰："臣常有瘨眩之疾。"（卷三十三，《四库》第 891 册，第 513 页）

汉修灵囿，扬雄谏而不听。（卷三十八，第 600 页）

［按］以上二条，他书罕见记载，故虽只言片语，以录于此。

和谈校书秋夜感怀呈朝中亲友

遥夜凉风楚客悲，清砧繁漏月高时。秋霜似鬓年空长，春草如袍位尚卑。词赋擅名来已久，烟霄得路去何迟。汉廷卿相皆知己，不荐扬雄欲荐谁。（白居易撰，顾学颉校点：《白居易集》卷第十三，中华书局 1979 版，第 251 页）

代书（节录）

庐山自陶谢洎十八贤已还，儒风绵绵，相续不绝。贞元初，有符载、杨衡辈隐焉，亦出为闻人。今其读书属文，结草庐于岩谷间者，犹一二十人。即其中秀出者，有彭城人刘轲。轲开卷慕孟轲为人，秉笔慕扬雄、司马迁为文，故著《翼孟》三卷，《豢龙子》十卷，杂文百余篇，而圣人之旨，作者之风，虽未臻极，往往而得。（《白居易集》卷四十三，第 942—943）

柳宗元（773- 819）

《旧唐书》卷一百六十有："柳宗元字子厚，河东人。……宗元少聪警绝众，尤精西汉诗骚。下笔构思，与古为侔。精裁密致，璨若珠贝。当时流辈咸推之。"

贞符 （节录）

宗元久汩振，其为文，思益深。尝著书一篇，号《贞符》，曰：

臣所贬州流人吴武陵为臣言："董仲舒对三代受命之符，诚然？非邪？"臣曰："非也。何独仲舒尔，司马相如、刘向、扬雄、班彪、彪子固皆沿袭嗤嗤，推古瑞物以配受命，其言类淫巫瞽史，诳乱后代，不足以知圣人立极之本，显至德，扬大功，甚失厥趣。臣为尚书郎时，尝著《贞符》，言唐家正德受命于生人之意、累积厚久宜享无极之义，本末闳阔。会贬逐中辍，不克备究。"（《新唐书》卷一百六十八《柳宗元传》，第 5136—5137 页）

［按］洪迈《容斋续笔》卷十五云："《贞符》拟《剧秦美新》。"方中德《古事比》卷二十八亦云："子厚《贞符》，拟子云《剧秦美新》。"

瓶　赋

昔有智人，善学鸱夷。鸱夷蒙鸿，罍罃相追。谄诱吉士，喜悦依随。开喙倒腹，斟酌更持。味不苦口，昏至莫知。颓然纵傲，与乱为期。视白成黑，颠倒妍媸。己虽自售，人或以危。败众亡国，流连不归。谁主斯罪？鸱夷之为。不如为瓶，居井之眉。钩深挹洁，淡泊是师。和齐五味，宁除渴饥。不甘不坏，久而莫遗。清白可鉴，终不媚私。利泽广大，孰能去之？绠绝身破，何足怨咨。功成事遂，复于土泥。归根反初，无虑无思。何必巧曲，徼觊一时。子无我愚，我智如斯。（柳宗元撰，尹占华、韩文奇校注：《柳宗元集校注》卷二，中华书

局，2013 年，第 122 页）

［按］《东坡志林》卷九：“或曰柳子厚《瓶赋》拾《酒箴》而作，非也。子云本以讽谏，设问以见意耳，当复有答酒客语，而陈孟公不取，故史略之。子厚盖补亡耳。然子云论屈原、伍子胥、晁错之流，皆以不智讥之，而子厚以瓶为智，几于信道知命者，子云不及也。子云临忧患颠倒失据，而子厚尤不足观，二人当有愧于斯文也耶。”

答友人求文章书（节录）

嗟乎！道之显晦，幸不幸系焉；谈之辩讷，升降系焉；鉴之颇正，好恶系焉；交之广狭，屈伸系焉。则彼卓然自得以奋其间者，合乎否乎？是未可知也。而又荣古陋今者，比肩迭迹。大抵生则不遇，死而垂声者众焉。扬雄没而《法言》大兴，马迁生而《史记》未振。彼之二才，且犹若是，况乎未甚闻著者哉！（《柳宗元集校注》卷三十一，第 2080—2081 页）

答韦珩示韩愈相推以文墨事书（节录）

足下所封示退之书，云欲推避仆以文墨事，且以励足下。若退之之才，过仆数等，尚不宜推避于仆，非其实可知，固相假借为之辞耳。退之所敬者，司马迁、扬雄。迁于退之，固相上下。若雄者，如《太玄》《法言》及四赋，退之独未作耳，决作之，加恢奇，至他文过扬雄远甚。雄之遣言措意，颇短局滞涩，不若退之猖狂恣睢，肆意有所作。若然者，使雄来尚不宜推避，而况仆耶？彼好奖人善，以为不屈己，善不可奖，故慊慊云尔也。足下幸勿信之。（《柳宗元集校注》卷三十四，第 2204—2205 页）

扬子新注六则

《学行篇》：“如将复驾其所说，则莫若使诸儒金口而木舌。”先生

云：金口木舌，铎也。使诸儒驾孔子之说如木铎也。

《修身篇》："荧魂旷枯，糟莩旷沉。"先生云：荧，明也。荧魂，司目之用者也。"糟"当为"精"，莩如葭莩之莩，目精之表也。言魂之荧明，旷久则枯；精之轻浮，旷久则沉。不目日月，目之用废矣，以至于索涂冥行而已矣。

"擿埴索涂，冥行而已矣。"先生云："糟"当为"精"，言盲蒙之患，神光久旷则枯，目精久旷则沉，于是以杖擿地而求路，冥冥然行矣。

《孝至篇》："勤劳则过于阿衡。"先生云：阿衡之事，不可过也。过则反。

"汉兴二百一十载，而中天其庶矣乎！"先生云：扬子极阴阳之数，此言知汉祚之方半耳。

《法言序》："撰《渊骞》。"柳宗元曰：按《汉书》，《渊骞》自有序文。语俗近，不类。盖后人增之，或班固所作。（《柳宗元集校注》外集补遗，第3406—3407页）

［按］《崇文总目》《通志》《宋史·艺文志》《子略》皆著录《扬子法言》柳宗元注十三卷，然今所存者寥寥，良可叹也。

李　汉（787？－847）

《旧唐书》卷一百七十一："李汉字南纪，宗室淮阳王道明之后。……文宗即位，召为屯田员外郎、史馆修撰。汉，韩愈子婿，少师愈为文，长于古学，刚讦亦类愈。"

昌黎先生集序（节录）

文者，贯道之器也，不深于斯道，有至焉者不也？《易》繇爻象，

《春秋》书事，《诗》咏歌，《书》《礼》剔其伪，皆深矣乎！秦、汉已前，其气浑然。迨乎司马迁、相如、董生、扬雄、刘向之徒，尤所谓杰然者也。至后汉、曹魏，气象萎薾。司马氏已来，规范荡悉，谓《易》已下为古文，剽掠僭窃为工耳。文与道蓁塞，固然莫知也。（《韩昌黎文集校注》卷首，上海古籍出版社 2014 年版）

杜 牧（803- 852）

《旧唐书》卷一百四十七："牧字牧之，既以进士擢第，又制举登乙第，解褐弘文馆校书郎，试左武卫兵曹参军。……有集二十卷，曰《杜氏樊川集》，行于代。"

三子言性辩

孟子言人性善，荀子言人性恶，扬子言人性善恶混。曰喜、曰哀、曰惧、曰恶、曰欲、曰爱、曰怒，夫七者情也，情出于性也。夫七情中，爱、怒二者，生而自能。是二者性之根，恶之端也。乳儿见乳，必拿求，不得即啼，是爱与怒与儿俱生也，夫岂知其五者焉。既壮，而五者随而生焉。或有或亡，或厚或薄，至于爱、怒，曾不须臾与乳儿相离，而至于壮也。君子之性，爱、怒淡然，不出于道。中人可以上下者，有爱拘于礼，有怒惧于法。世有礼法，其有腐者，不敢恣其情；世无礼法，亦随而炽焉。至于小人，虽有礼法，而不能制，爱则求之，求不得即怒，怒则乱。故曰爱、怒者，性之本，恶之端，与乳儿俱生，相随而至于壮也。

凡言性情之善者，多引舜、禹；言不善者，多引丹朱、商均。夫舜、禹二君子，生人已来，如二君子者，凡有几人？不可引以为喻。丹朱、商均为尧、舜子，夫生于尧、舜之世，被其化皆为善人，况生于其

室，亲为父子，蒸不能润，灼不能热，是其恶与尧、舜之善等耳。天止一日月耳，言光明者，岂可引以为喻。人之品类，可与上下者众，可与上下之性，爱、怒居多。爱、怒者，恶之端也。荀言人之性恶，比于二子，荀得多矣。（杜牧撰，吴在庆校注：《杜牧集系年校注·樊川文集》卷六，中华书局2008年版，第685—686页）

答庄充书

某白庄先辈足下。凡为文以意为主，气为辅，以辞彩章句为之兵卫，未有主强盛而辅不飘逸者，兵卫不华赫而庄整者。四者高下圆折，步骤随主所指，如鸟随凤，鱼随龙，师众随汤、武，腾天潜泉，横裂天下，无不如意。苟意不先立，止以文彩辞句，绕前捧后，是言愈多而理愈乱，如入阛阓，纷纷然莫知其谁，暮散而已。是以意全胜者，辞愈朴而文愈高；意不胜者，辞愈华而文愈鄙。是意能遣辞，辞不能成意，大抵为文之旨如此。

观足下所为文百余篇，实先意气而后辞句，慕古而尚仁义者，苟为之不已，资以学问，则古作者不为难到。今以某无可取，欲命以为序，承当厚意，惕息不安。复观自古序其文者，皆后世宗师其人而为之，《诗》《书》《春秋左氏》以降，百家之说，皆是也。古者其身不遇于世，寄志于言，求言遇于后世也。自两汉已来，富贵者千百，自今观之，声势光明，孰若马迁、相如、贾谊、刘向、扬雄之徒，斯人也岂求知于当世哉？故亲见扬子云著书，欲取覆酱瓿，雄当其时，亦未尝自有夸目。况今与足下并生今世，欲序足下未已之文，此固不可也。苟有志，古人不难到，勉之而已。某再拜。（《杜牧集系年校注·樊川文集》卷十三，第884—885页）

裴延翰（?）

裴延翰系裴俦之子，杜牧外甥。其余事迹不可考，因此文为杜牧集之序，故编于杜牧之后。

樊川集序（节录）

嘻！文章与政通，而风俗以文移。在三代之道，以文与忠、敬随之，是为理具，与运高下。探采古作者之论，以屈原、宋玉、贾谊、司马迁、相如、扬雄、刘向、班固为世魁杰。然骚人之辞，怨刺愤怼，虽援及君臣教化，而不能沾洽持论。相如、子云，瑰丽诡变，讽多要寡，漫羡无归，不见治乱。贾、马、刘、班，乘时君之善否，直豁己臆，奋然以拯世扶物为任，纂绪造端，必不空言，言之所及，则君臣、礼乐、教化、赏罚，无不包焉。（《杜牧集系年校注·樊川文集》卷首，中华书局2008年版，第4页）

陈　黯（805? - ?）

《新唐书·艺文志》著录《陈黯集》三卷，小字注云："字希孺，泉州南安人，昭宗时。"《郡斋读书志》亦著录《陈黯集》三卷，并云："黯字希孺，颍川人，十岁能诗，十三袖文谒清源牧，牧面令赋诗，颇称赏之，由是一时声名大振。会昌初，就乡荐至礼部，辄罢归。咸通中卒。"然至《宋史·艺文志》，则著录《陈黯集》仅一卷，其亡佚之速可知矣。

诘　风

尝得扬雄云："君子在理若凤，在乱亦若凤。"谓隐、见之得宜也。

将欲神之以为鉴。逮览其《剧秦美新》，则有异乎是。雄仕汉，遇新室之乱，以不能去之；又惧祸及，乃为斯文以媚而取容。呜呼，凤固若是耶？果若是，则凤遇矰缴而犹回翔其间邪？夫君子之仕也，所以行其道。道之不行也，则可以明其节。彼莽之不臣，雄时在列，宜以君臣之义，兴亡之理，匡救之以行其道。苟畏其威，爱其死，则可投簪高谢，以明其节。讵有苟禄贪生，徇非饰诈，广引秦过，以誉恶德，是稔其篡逆也。与古之持巅扶危死名节者，背而驰也。则向者所著若凤之说，得不为诬凤也哉。鸡，常禽也，晦晓而不昧其候。凤，灵鸟也，理乱而不知其时耶？噫，言之不思，有如是耶？

或曰："古之人临危制变，亦有权焉。雄知莽之不可匡也，故矫为其辞，姑务脱祸，是亦权也。子何过之深欤？"曰：不然。夫权者，圣人有焉，所以不失其道，未见舍其道而从其权。昔仲尼仕鲁，以季桓子荒齐乐，知其不可匡也，乃去之，曾不闻矫为其辞以求容于鲁。虽仲尼日月其德，人之不侔。然雄亦慕仲尼之教者，以著书立言为事，得自易哉？夫立言者，岂不欲人从教耶？且己不能信人，况求信于人乎？《语》曰"君子先行其言而后从之"，岂斯言可欺也哉。（《全唐文》卷七百六十七，中华书局1983年版，第7986页）

李群玉（808- 862）

《新唐书·艺文志》著录《李群玉诗》三卷，《后集》五卷，小字注："字文山，澧州人。裴休观察湖南，厚延致之，及为相，以诗论荐，授校书郎。"

感兴四首（其一）

子云吞白凤，遂吐《太玄》书。幽微十万字，枝叶何扶疏。婉娈猛

虎口，甘言累其初。一睹《美新》作，斯瑕安可除。（《全唐诗》卷五百六十八，中华书局1960年版，第6574页）

皮日休（834? - 883）

《新唐书·艺文志》著录《皮氏鹿门家钞》九十卷，小字注：“皮日休，字袭美，咸通太常博士。”

法言后序

《法言·孝至》之篇曰：“周公以来，未有汉公之懿者。”说者以为扬子逊伪新之美，又以为称其居摄之前云。呜呼，日月岂卒能逊莽乎？未若无阿衡之称也。噫，既有其文，不能无其论，吾得之矣，在《美新》之文乎。则雄之道，于兹疵也。（《全唐文》卷七百九十六，中华书局1983年版，第8351页）

九讽系述（节录）

在昔屈平既放，作《离骚经》，正诡俗而为《九歌》，辨穷愁而为《九章》。是后词人摭而为之，皆所以嗜其丽词，探其逸藻者也。至若宋玉之《九辨》，王褒之《九怀》，刘向之《九叹》，王逸之《九思》，其为清愁素艳，幽抉古秀，皆得芝兰之芬芳，鸾凤之毛羽也。然自屈原以降，继而作者，皆相去数百祀，足知其文难述，其词罕继者矣。大凡有文人不择难易，皆出于毫端者，乃大作者也。扬雄之文，丘、轲乎，而有《广骚》也。梁竦之词，班、马乎，而有《悼骚》也。又不知王逸奚罪其文，不以二家之述为《离骚》之两派也。昔者圣贤不偶命，必著书以见志，况斯文之怨抑欤。噫，吾之道不为不明，吾之命未为未偶，而

见志于斯文者，惧来世任臣之君，因谤而去贤；持禄之士，以猜而远德。故复嗣数贤之作，以九为数，命之曰《九讽》焉。呜呼，百世之下，复有修《离骚章句》者乎？则吾之文未过，不为乎《广骚》《悼骚》也。（《全唐文》卷七百九十八，第8372页）

来　鹄（？－883）

《全唐文》："鹄。豫章人。咸通举进士不第。"《唐语林》卷二《文学》云："大中、咸通之后，每岁试礼部者千余人，其间有名声，如：何植、李玫、皇甫松、李孺犀、梁望、毛浔、具麻、来鹄、贾随，以文章称……虽然，皆不中科。"

针子云时说

或曰：扬子云不思尧、舜、成、康之世，而自论以不遭苏、张、范、蔡之时，岂儒者之为耶？

曰：雄诚得素臣之事矣。夫居四海之安，处九层之高。上鉴冲漠，下瞰苑囿，既其静息，则必思事云亭追轩穆者矣。列多士之朝，齿无用之秩，才略不用，名表莫闻。既其静息，则必思征虏功效雍邱者矣。斯皆君臣居位之高下，而所思则治乱亦不同。盖位之极者，思冲漠而欲无为也。位之下者，思功伐而欲有为也。无为诚君之体，有为诚臣之事。如孔子曰："大道之行也，与三代之英，某未之逮也，而有志焉。"扬雄则自论以不遭苏、张、范、蔡之时。噫，孔子真素王，扬雄真素臣哉。孔子思三代之英，是犹处尊位而道极，事云亭追轩穆者也。雄之论不遭苏、张、范、蔡之时，是犹居散秩而才闲，思征虏功效雍邱者也。素王诚得王体，素臣诚得臣事。然臣事何事也？曰：子贡使吴越，孟轲辟扬墨，皆事也。今不知雄思苏、张、范、蔡之时者，其欲自为苏、张、范、蔡之人耶？其欲折以正道，使弭兵扩文，归吾域耶？苟自为苏、张、范、蔡之人，则叛矣，又何臣事哉。（《全唐文》卷八百十一，中华书局1983年版，第8533页）

［按］观文末数问，可知来氏欲抑先扬，先称子云为“素臣”，结尾则质疑子云之人品。

胡　曾（840前后）

《四库全书总目》卷一百五十一：“曾，邵阳人。《文苑英华》载其二启，皆干谒方镇之作。陈振孙《书录解题》称其咸通末为汉南从事。”

射熊馆

汉帝荒唐不解忧，大夸田猎废农收。子云徒献《长杨赋》，肯念高皇沐雨秋。（《唐代湘人诗文集》第三编《胡曾集·胡曾咏史诗》卷三，岳麓书社2013年版，第255页）

黄　滔（840-911）

《莆阳志》：“黄滔字文江，乾宁二年乙卯赵观文榜进士，光化中除四门博士，寻迁监察御史里行，充威武军节度推官。王审知据有全闽，而终其身为节将者，滔规正有力焉。中州若李绚、韩偓、王涤、崔道融、王标、夏侯淑、王拯、杨承休、杨赞图、王倜归、傅懿避地于闽，悉主于滔。时闽中所为碑碣，皆其文也。”

书怀寄友人

此生如孤灯，素心挑易尽。不及如顽石，非与磨砻近。常思扬子云，五藏曾离身。寂寞一生中，千载空清芬。（《全唐诗》卷七百四，中华书局1960年版，第8094—8095页）

孙　樵（867前后）

《郡斋读书志》卷四："孙樵字隐之，大中九年进士。广明初，狂寇犯阙，赴岐陇授职方员外郎。时诏书曰行在三绝，以常侍李骘有曾、闵之行，前进士司空图有巢、由之风，樵有扬、马之文，遂辑所著名《经纬集》。"按，孙樵又字可之，韩昌黎门人。

与高锡望书（节录）

文章如面，史才最难。到司马子长之地，千载独闻得扬子云。唐朝以文索士，二百年间，作者数十辈，独高韩吏部。吏部修《顺宗实录》，尚不能当孟坚，其能与子长、子云相上下乎。（《全唐文》卷七百九十四，中华书局1983年版，第8323页）

［按］扬雄曾续《史记》，惜其书不传。今传世之《蜀王本纪》，旧题扬雄撰，然据徐中舒等考证，系伪托之作。刘熙载《艺概》云："余谓子云之史，今无可见，大抵已被班氏取入《汉书》。《汉书·扬雄传》或疑出于雄所自述，亦可见其梗概矣。"

与贾希逸书（节录）

所取者廉，其得必多；取者深，其身必穷。六经作，孔子削迹不粒矣；孟子述，子车坎轲齐鲁矣。马迁以《史记》祸，班固以西汉祸。扬雄以《法言》《太玄》穷，元结以《浯溪碣》穷，陈拾遗以《感遇》穷，王勃以《宣尼庙碑》穷，玉川子以《月蚀诗》穷，杜甫、李白、王江宁皆相望于穷者也。（《全唐文》卷七百九十四，第8324页）

［按］樵又有《乞巧对》《逐痁鬼文》，亦扬雄《逐贫赋》、柳宗元《乞巧文》之类也。

陆龟蒙（？－881？）

《新唐书》卷一百九十六："陆龟蒙字鲁望，元方七世孙也。父宾虞，以文历侍御史。龟蒙少高放，通六经大义，尤明《春秋》。"

送豆卢处士谒宗丞相序（节录）

龟蒙读扬雄所为书，知《太玄》准《易》，《法言》准《论语》。晚得文中子王先生《中说》，又知其书与《法言》相类。道之始塞而终通，子云轧轧不足当也。何者？子云仕于西汉末，属莽、贤用事时，皆进符命取宠。雄独默默，以穷愁著书，病不得免。人希至其门，止一侯巴从之受《太玄》《法言》而已。文中子生于隋代，知圣人之道不行，归河汾间，修先王之业，九年而功就，谓之王氏《六经》，门徒弟子有若巨鹿魏公、清河房公、京兆杜公、代郡李公，咸北面称师，受王佐之道。隋亡，文中子没，门人归于唐，尽发文中子所授之道，左右其治。太宗每叹曰："魏徵教吾功业如此，恨不使封德彝见之。"逮今十八圣，举其君必曰太宗，举其相必曰房、魏，上下之心，耻不及贞观。则生人受赐足矣。岂非文中子之道始塞而终通乎？（何锡光校注：《唐甫里先生文集》卷十六，凤凰出版社2015年版，第930—931页）

复友生论文书（节录）

辱示近年作者论文书二篇，使仆是非得失于其间。仆虽极顽冥，亦知惴息汗下，见diagnostic诋词之甚难，招祸患之甚易也。况仆少不攻文章，止读古圣人书。诵其言思行其道，而未得者也。每涵咀义味，独坐日昃。案上有一杯藜羹，如五鼎七牢馈于左右，加之以撞金石，《万》羽籥也。未尝干有司对问希品第，未尝历王公丐贷饰车马，故无用文处。江湖间，不过美泉石则记之，耸节概则传之，触离会则序之，值巾罍则铭之。简散澹诞，无所讳避，又安知文之是欤非欤？生过听，德我太甚，苟默默不应，非朋友切切偲偲之义也。故扶病把笔，一二论之。

曰：我自小读六经，孟轲、扬雄之书，颇有熟者。求文之指趣规矩，无出于此。及子史则曰：子近经，经语古而微；史近书，书语直而浅。所言子近经，近何经？史近书，近何书？《书》则记言之史也。史近《春秋》，《春秋》则记事之史也。六籍中，独《诗》《书》《易象》与《鲁春秋》经圣人之手耳。《礼》《乐》二记，虽载圣人之法，近出二戴，未能退一纯实，故时有龃龉不安者。

……又一篇云：某文也，某辞也。文既与辞异，是文优而辞劣耳。《易》之《系辞》曰："齐大小者存乎卦，辩吉凶者存乎辞。"故卦有大小，辞有险易。又曰："观其彖辞，则思过半矣。"《易》之辞，非文耶？《书》载"帝庸作歌"，皋陶赓歌，又歌《五子之歌》，皆辞也。《书》之辞，非文耶？属辞比事，《春秋》教也。《春秋》之辞，非文耶？《礼》有辄聘之辞，娶夫人之辞，《乐》有登歌荐之辞。《礼》《乐》之辞，非文耶？《法言》曰："杨墨塞路，孟子辞而辟之，廓如也。"孟轲之辞，非文耶？《太玄》之辞也，沉以穷乎下，浮以际乎上。扬雄之辞，非文耶？是知文者辞之总，辞者，文之用。"天之将丧斯文也，天之未丧斯文也"，不当称辞。古人之辞，多不当称文。文、辞，一也，但所适有宜耳，何异涂云之哉。（《唐甫里先生文集》卷十八，第1018—1020页）

卷四

田　锡（940- 1003）

《宋史》卷二百九十三："田锡字表圣，嘉州洪雅人。幼聪悟，好读书属文。……所著有《咸平集》五十卷。"

贻陈季和书（节录）

夫人之有文，经纬大道，得其道则持政于教化，失其道则忘返于靡漫。孟轲、荀卿，得大道者也，其文雅正，其理渊奥。厥后扬雄秉笔，乃撰《法言》；马卿同时，徒有丽藻。迩来文士，颂美箴阙，铭功赞图，皆文之常态也。（罗国威校点：《咸平集》卷二，巴蜀书社2008年版，第32页）

先君赠工部郎中墓碣（节录）

锡弟兄相次云亡，兄亡于郑，弟终于蜀。锡幼好读书，慕扬雄、相如为文，先君曰："观尔之性，必光大吾门也。当立身扬名，勉副吾望，吾望乎尔也。"（《咸平集》卷三十，第368页）

刘　鹗（944- 986）

《宋史》卷四百二十二："刘才邵字美中，吉州庐陵人。其上世鹗，太宗召见，未及用而卒。尝愤五季文辞卑弱，仿扬雄《法言》，著《法语》八十一篇行于世。"

故乡贡进士刘君墓志铭

君讳鹗，字仲翔，其先彭城人也，炎灵之裔，繁衍万邦，占籍庐陵，盖重世矣。高祖浞，祖珍，皆不仕。父雄，尝从九江辟司兵掾，自免去职。闺门之教，不肃而成。有三子，君其仲也。质性纯素，智识聪敏，年十有五即知属文，未及弱冠驰名矣。至于事亲孝，事长悌，与朋友信，接乡党让，动不违礼，居常慎独，故州里耄耋与时之名辈推重焉。郡举茂才，擢升上第。明年而宗国沦覆，君慨然知时之不利也，于是闭门却扫，为学益勤。以为今之文人，率以词赋取高，先王之教化，盖蔑如也。乃摭天下之务，论古今之变，著《法语》八十一篇，大抵宗尚周孔，以质百氏之惑。视其书，知其人矣。皇宋二圣，崇古尚文，郡国孝秀，亲临考覆。君以词场旧望，复为本郡升闻。余与翰林学士贾公，承诏先考第于南宫。贾公重君之文，以为古人之俊也，乃第为高等。而君徇难进易退之节，禀外敏内愚之容，及其扬庭，复不中选，退还乡里，笃行如初。雍熙三年九月卒于家，享年四十有三。呜呼！有才有时，命不我与，自古同叹，可胜道哉！遗文累哀，不朽之谓也。即某年月，葬于本县化龙乡折桂里之原，礼也。君娶郭氏，先十日而亡。子师望、文绮，皆得父风，其有后矣。二女：长适太原郭方，次适陇西李某。师望以余为父之知己也，故千里号诉，求志其墓云，词曰：

呜呼刘生，江楚之英。才识兼茂，时命难并。没于白屋，闷此泉扃。立言可法，何必浮荣。刻兹贞石，永尔高名。（徐铉著，李振中校注：《徐铉集校注》卷三十，中华书局，2016年版，第822—823页）

［按］《宋史》谓刘鹗乃刘才邵之上世，才邵生于公元1086年，则二者相隔一百四十二载。《说文》谓三十年为一世，则才邵或系刘鹗五世孙。焦竑《国史经籍志》卷四上著录《法语》八十一卷，题为刘才邵著；《山堂肆考》卷一百二十三“才邵《法语》”条亦谓“宋大观中，刘才邵为汝州教授，尝愤五季文词卑弱，仿扬雄《法言》著《法语》八十一篇”，盖皆系误读《宋史·刘才邵传》所致。

柳　开（948—1001）

《宋史》卷四百四十："柳开字仲涂，大名人。父承翰，乾德初监察御史。开幼颖异，有胆勇。……既就学，喜讨论经义。五代文格浅弱，慕韩愈、柳宗元为文，因名肩愈，字绍先。既而改名字，以为能开圣道之途也。著书自号东郊野夫，又号补亡先生，作二传以见意。尚气自任，不顾小节，所交皆一时豪俊。"

[按] 开既以开圣道之途自任，故喜言道统。其所列道统谱系中，扬雄在焉。

应责（节录）

吾之道，孔子、孟轲、扬雄、韩愈之道；吾之文，孔子、孟轲、扬雄、韩愈之文也。（李可风点校：《柳开集》卷一，中华书局2015年，第12页）

[按] 宋代尊崇扬雄者甚多，柳开即代表人物之一。刘成国《宋代尊扬思潮的兴起与衰歇》（《史学月刊》2018年第6期）有系统论述，可资参看。

扬子剧秦美新解

昔人咸谓斯文媚莽之辞也。《法言·孝至篇》曰"周公已来，未有如汉公之懿"者云，称未篡之前，莽实伪貌而近如是，亦可庶免乎！曰"剧于秦而美于新"，扬子之全德，此焉亏矣。今承往言，亦曰然也。呜呼！下汉氏几千年，无一人识雄之旨。盖君子微言而首比于恶者也。

或曰："子独异，而将说之，何哉？是必果能直其雄之志者乎？"予曰："吁！扬子之志，讥莽而非媚也。谓美之称，曰剧之类也。且夫目其辞云是者，其旨悉存于间也。夫秦之为不道，其恶也，有天地而未有之矣。今引而言之秦剧也，取而比之曰新美也，是新无比于五帝三王，莫有其善也；比于秦而褒贬之，是其有不善与秦上下也。故曰'剧秦美新'矣。大凡褒贬于人，取其善恶类而较其优劣也，善者必以善类比之，恶者必以恶模拟之。如称尧舜云者，兼而是同其善也；桀纣云者，兼而是同其恶也，类而较之也。如曰善必以恶较之，即一善而千恶，其善自显矣；恶必以善较之，即一恶而千善，其恶亦自显矣，何复枉其功乎？未见较其善恶者，有云尧、桀也，舜、纣也，必曰如尧、舜，桀、纣云，故今扬子是云如是也。剧其秦，谓恶甚也，焚《诗》《书》，大宫室，起长城，巡天下，兼灭其宗周也，故曰剧也。美其新，谓其恶少异于秦也。虽其窃汉祚与灭宗周同，且无诸秦之所大恶也，故曰美也。又夫汉德不如周，享国日浅，王道不成；虽周之衰，经日已久，下劣诸侯，然其灭者，秦当其大逆也，故曰秦剧也，新美也。斯又圣贤之深旨，在于周、汉也。孰可识之乎？”

或曰：“子言斯即然矣。其何下之辞云云乎？”予曰：“吁！‘下之辞’云云者，盖蔽其名，讥之所寓也。若显而辩之，即君子微旨何在焉？祸且及矣。凡扬子之是言也，逊惠者也。首亦至于斯焉。言苟不隐其志，后苟不晦其前，则不可也。”

或曰：“然《诗》三百，讥刺者过半，且其篇曰：某篇也，是所怨于时之王者也。下其辞，未有如子称雄之文将若是也。”

予曰：“吁！异乎！时不同，事且殊矣。凡《诗》《书》之作，出自夫子，当时之人，何能有焉？盖圣人观前事而继言之，所以垂炯戒于后世也，非如夫扬子亲居于莽之下也。”

或曰：“若而言，是终不敢继其始，晦不敢敌其明，即曷若不言乎？叔孙对于二世也，伪媚其言而免于祸，盖上之所发问，而不得已而言也。且雄非有叔孙之召，莽无二世之问，何如是哉？”

予曰：“吁！当莽之时，扬子不得不自言也。凡人仕于世，大小之分各异矣。当大而不为之大，即事之失矣；当小而不为之小，即事之僭也。且叔孙无居于扬子之位，扬子有过于叔孙之名，位而拘之，名而累之，扬子须以异于叔孙也，在于分之事使然也。叔孙若昔如扬子，不待问而言之也，则不能免后代而诛其名也；扬子若今如叔孙，必待问而言之也，即不能免当日之害其身也。士之遭于不道也，居其迩者祸切之，处其远者祸闲之。危行以言逊，能者可避乎患也，尚时有罹其辜者焉。

况扬子之懿若是而人乎？与世当不同也，莽固知耳。苟不有言，即莽疑不足于己也必甚矣。子不闻乎？闭门而著书也，尚有投阁之祸，几死焉。如是，扬子果得不自言之以进耶？呜呼！知扬子者在于斯，罪扬子者在于斯。昔之所谓后世复有如我者，知我矣。其于余也，得不尽若此之类者乎？”（《柳开集》卷二，第25—27页）

汉史扬雄传论

子云作《太玄》《法言》，本传称：“非圣人而作经籍，犹吴、楚之君僭号称王，盖天绝之。”呜呼！且子云之著书也，非圣人耶？非圣人也，则不能言圣人之辞，明圣人之道；能言圣人之辞，能明圣人之道，则是圣人也。子云苟非圣人也，则又安能著书而作经籍乎？既能著书而作经籍，是子云圣人也。圣人岂异于子云乎？经籍岂异于《太玄》《法言》乎？圣人之貌各相殊，圣人之辞不相同，惟其德与理类焉，在乎道而已矣。若非圣人而作经籍，则其所书也，不若于经籍矣。言无章，行无法，是曰经籍乎？人可诬曰经籍乎？比之吴、楚之君，吴、楚之君，窃位而冒名，悖于道者也，天宜伐而绝之。子云务教而利时，顺于道者也，天岂罪其为是乎？天能绝吴、楚之君而僭窃，则天甚明矣。天既甚明，固能罪恶而福善，即吴、楚之君可罪，子云可福也。若反同吴、楚之君而罪子云，是天明于恶少，而不明于善也多矣。班孟坚称诸儒之言曰“是”，盖当时耻不及雄而谤之者也。不可从而书矣。凡为史之任，在乎正其得失，而后褒贬之。得失此不能正，况其褒贬乎？所谓孟坚有良史之才者，予于此不曰良史也。（《柳开集》卷三，第29—30页）

答臧丙第一书（节录）

呜呼！圣人之道，传之以有时矣。三代已前，我得而知之；三代已后，我得而言之，在乎尧、舜、禹、汤、文、武、周公也。执而行之，用化天下，固吾子与我皆知之耳，不足复烦于辞也。

昔先师夫子，大圣人也，过于尧、舜、文、武、周公辈。周之德既衰，古之道将绝，天之至仁也，爱其民不堪弊，废礼乱乐，如禽兽何？生吾先师出于下也。付其德而不付其位，亦天之意，厥有由乎？付其德者，以广流万世；不付其位也，忌拘于一时。尧、舜、禹、汤、文、武、周公，皆得其位者也，功德虽被于当时，至于今则有阙焉，是谓以政行之者，不远矣。先师夫子，独有其德也，不任于当时之政，功德被乎今日之民，是谓以书存之者，能久矣。先师夫子之书，吾子皆常得而观之耳。

厥后浸微，杨、墨交乱，圣人之道复将坠矣。天之至仁也，婉而必顺，不可再生其人若先师夫子耳。将使后人知其德有尊卑，道有次序，故孟轲氏出而佐之，辞而辟之，圣人之道复存焉。孟轲氏之书，吾子又常得而观之耳。

孟轲氏没，圣人之道火于秦，黄老于汉。天知其是也，再生扬雄氏以正之，圣人之道复明焉。扬雄氏之书，吾子又常得而观之耳。（《柳开集》卷六，第72—73页）

答臧丙第三书（节录）

孟轲得圣人之道，岂在复能删定赞修于六经也？扬雄得圣人之道，岂在复能删定赞修于六经也？韩愈得圣人之道，岂在复能删定赞修于六经也？圣人之道，孔子删定赞修之，天生德于孔子，不可偕也。孟与扬、韩，或厥绪告微，或厥文告晦，则持而明之，开而辟之，从于孔子之后，各率其辞，各成其书，以佐于六经，是曰得圣人之道也。得之也，三子不在于学，况圣人之道，不可学也。得之者，是曰果也。我窃自比于三子之行事言之，为圣人之道果在于我也，亦不为过矣，亦不在于删定赞修矣。（《柳开集》卷六，第78—79页）

上符兴州书（节录）

仆尝中夜不寐，自疚其心，满眦尽湿，卒难自禁。非枉乎急于食甘

衣鲜，求于官荣誉大，况冬一裘而岁暖，朝一饭而日饱；无亲爱离远之痛，无支体瘠劣之疾。盖以其学成而不为人用，道枉而不得时迁；虚劳乎师孔子而友孟轲，齐扬雄而肩韩愈。（《柳开集》卷六，第 85 页）

上主司李学士书 （节录）

况古圣贤人，未有不为小人之毁者。在周，则周公有流言之谤；在鲁，则孔子有桓魋之毁；在齐，则孟轲有臧仓之訾；在汉，则扬雄有投阁之祸。开之道，学圣贤人而然未臻其极，若其取于小人之毁而不能免，如圣贤人之有矣。在开思之，复甚于古圣贤人之得毁也。且周、孔、扬、孟之徒，致其小人之毁也，止以其道耳。开之于今，兼以其名，是以甚于古圣贤人也。明公得不念之哉？（《柳开集》卷七，第 97 页）

昌黎集后序

世谓先生得圣人之道，惜乎不能著书，兹为先生之少也。当时之人，亦有是语焉。余读先生之文，自年十七至于今，凡七年，日夜不离于手，始得其十之一二者哉！呜呼！先生之时，文章盛于古矣，犹有言也以过于先生，况下先生之后至于今乎？是谓世不知于先生者也？

夫子之于经书，在《易》则赞焉，在《诗》《书》则删焉，在《礼》《乐》则定焉，在《春秋》则约史而修焉。在《经》则因参也而语焉，非夫子特然而为也。在《语》则弟子记其言纪焉，亦非夫子自作也。圣人不以好广于辞而为事也，在乎化天下，传来世，用道德而已。若以辞广而为事也，则百子之纷然竞起异说，皆可先于夫子矣。虽孟子之为书，能尊于夫子者，当在乱世也。扬子云作《太玄》《法言》，亦当王莽之时也，其要在于存圣人之道矣。

自下至于先生，圣人之经籍虽皆残缺，其道犹备。先生于时作文章，讽颂规戒，答论问说，淳然一归于夫子之旨而言之，过于孟子与扬子云远矣。先生之于为文，有善者益而成之，有恶者化而革之，各婉其旨，使无勃然而生于乱者也。是与章句之徒，一贯而可言耶？且孟子与扬子云不能行圣人之道于时，授圣人之言于人，故所以作书而说焉。观先生之文诗，皆用于世者也。与《尚书》之号令，《春秋》之褒贬，《大易》之通变，《诗》之风赋，《礼》《乐》之沿袭，《经》之教授，《语》之训导，酌于先生之心与夫子之旨，无有异趣者也。先生之于圣人之道，在于是而已矣。何必著书而后始为然也？

有其道而无其人，吾所以悲也；有其人而人不知其道，益吾所以悲也。若先生者，不有人不知其道者乎？吾谓世不知于先生也，岂为诬言也哉？（《柳开集》卷十一，第155—157页）

河东集提要（节录）

尊崇扬雄太过，至比之圣人，持论殊谬。（《四库全书总目》卷一百五十二，中华书局1965年版，第1305页）

晁　迥（951-1034）

《宋史》卷三百五：“晁迥字明远，世为澶州清丰人。……迥善吐纳养生之术，通释老书，以经传傅致，为一家之说。”又《四库全书总目·法藏碎金录提要》云：“迥受学于王禹偁，以文章典赡擅名，而性耽禅悦，喜究心于内典。是编乃天圣五年退居昭德里所作，皆融会佛理，随笔记载，盖亦宗门语录之类。”

读法言三则*

扬子《法言》有《问神篇》云：“或问神。答曰：潜天而天，潜地

而地。天地神明而不测者也。心之潜也，犹将测之，况于人乎，况于事伦乎。”有注云：“测于天地之情者，潜之乎心也。心测乎天地之情，则入乎神矣。”予今览之，而自得法意。因思潜者，谓心游其间也。予早年潜心于物情，见其理已多矣。晚岁潜心于道奥，惟精惟一，期有所至，必不枉其存诚也。（《法藏碎金录》卷七，《四库》第1052册，第535页）

扬子《法言》有《先知篇》，其篇目之下注云：“图难于易，求大于细。为之乎其未有，治之乎其未乱，如斯而已。”其文曰：“先知其几于神乎?”其注云：“几，近也。神以知来探未兆也，逆识先知追于神也。”文又曰：“敢问先知？曰：不知。”其注云：“答以不知者，神悟则先知，非问之所及。”文又曰：“知其道者，其如视。”又其注云：“举目便见。”予详其说，此谓智断而得之者，有如善射，注物十中八九；若以神彻，而见之者有如明鉴，对物无不洞分。（《法藏碎金录》卷七，第537页）

扬子《法言》十三篇，以《学行篇》为始，《孝至篇》为终。《学行篇》首句云：“学行之上也，言之次也。”《孝至篇》首句云：“孝至矣乎，一言而该，圣人不加焉。”李轨、柳宗元注云：夫学者所以行其性命之本，本立而道生，是故冠乎众篇之首，始于《学行》，而终于《孝至》。始终之义，人伦之事毕矣。一言而孝兼该百行，圣人无以加之，是至德也。予览此书，因知昔贤著述，蔚有深旨。盖明士之所学，以能行为上也。人之立德，以率孝居先也。予于观书非止务乎属辞，而切贵乎求理矣。（《法藏碎金录》卷七，第537页）

王禹偁（954- 1001）

《宋史》卷二百九十三：“王禹偁字元之，济州巨野人。世为农家，九岁能文，毕士安见而器之。……禹偁词学敏赡，遇事敢言，喜臧否人物，以直躬行道为己任。尝云：'吾若生元和时，从事于李绛、崔群间，斯无愧矣。'其为文著书，多涉规讽，以是颇为流俗所不容，故屡见摈斥。所与游必儒雅，后进有词艺者，极意称扬之。如孙何、丁谓辈，多游其门。有《小畜集》二十卷、《承明集》十卷、《集议》十卷、《诗》三卷。"

投宋拾遗书（节录）

孟轲氏没，扬雄氏作。时哀、平失道，贤、莽用权，子云以穷愁著书，始务脱祸，故作《太玄》准《周易》，《法言》准《论语》，微机深旨，世人鲜知，能师而受者，止一侯芭而已。方之孟氏，季孟间也。（《宋文选》卷七，《四库》第1346册，第119—120页）

答张知白书（节录）

某白校书先辈足下，辱示《籍田赋》《污樽铭律赋》、歌行凡五章，且以书至，似有所质于仆者。何过听自损之若是邪！岂所谓敏而好学，不耻下问者乎。仆虽不敏，得不为足下少陈梗概，以叶大《易》同声之义哉。夫赋之作，本乎《诗》者也。自两汉以来，文士若相如、扬雄、班固辈皆为之，盖六义之一也。洎隋唐始以诗赋取进士，而赋之名变而为律，则与古戾矣。然拘挛声病以难后学，至使鸿藻硕儒有不能下笔者，虽丈夫不为，亦仕进之羽翼，不可无也。（《小畜集》卷十八，《四库》第1086册，第173页）

又答张扶书

秀才张生足下，仆之前书，欲生之文句易道，义易晓，远则六经韩文以为证。生继为书启，谓扬雄以文比天地而下云云者，甚乎哉，子之

笃于道而好于古者也。仆为子条辨之，庶知仆之用心也。

子之所谓扬雄以文比天地，不当使人易度易测者，仆以为雄自大之辞也，非格言也，不可取而为法矣。夫天地，易简者也。测天者知刚健不息而行四时，测地者知含弘光大而生万物。天地异矣，何难测度哉。若较其寻尺广袤，而后谓之尽，则天地一器也，安得言其广大乎。且雄之《太玄》，准《易》也。《易》之道，圣人演之，贤人注之，列于六经，悬为学科，其义甚明而可晓也。雄之《太玄》，既不用于当时，又不行于后代，谓雄死已来，世无文王周孔则信然矣，谓雄之文过于伏羲，吾不信也。仆谓雄之《太玄》乃空文尔。今子欲举进士而以文比《太玄》，仆未之闻也。

子又谓六经之文语艰而义奥者十二三，易道而易晓者十七八。其艰奥者非故为之，语当然矣。今子之文则不然，凡三十篇，语皆迂而艰也，义皆昧而奥也。岂子之文也过于六籍邪？若犹未也，子其择焉。子谓韩吏部曰："仆之为文，意中以为好者，人必以为恶焉。或时应事作俗下文字，下笔令人惭，及示人，人即以为好者。"此盖唐初之文有六朝淫风，有四子艳格，至贞元元和间，吏部首唱古道，人未之从，故吏部意中自是而人能是之者百不一二，下笔自惭而人是之者十有八九，故吏部有是叹也。今吏部自是者，著之于集矣；自惭者，弃之无遗矣。仆独意《祭裴少卿文》在焉，其略云"儋石之储常空于私室，方丈之食每盛于宾筵"，此必吏部自惭而当时人好之者也。今之世亦然也。子著书立言，师吏部之集可矣。应事作俗，取《祭裴文》可矣。夫何惑焉。

又谓汉朝人莫不能文，独司马相如、刘向、扬雄为最，是谓功用深其文名远者。数子之文，班固取之，列于《汉书》。若相如《上林赋》《喻蜀》《封禅文》，刘向谏山陵，扬雄议边事，皆子之所见也，曷尝语艰而义奥乎？谓功用深者，取其理之当尔，非语迂义暗而谓之功用也。生其志之向有江翊黄者，自谓好古，仆见文义尚浅，故答之曰："修之不已，则为闻人。"今子希慕高远，欲专以绝俗为主，故仆欲于子之文句易道义易晓也。孔子曰："由也兼人，故退之；求也不及，故进之。"亦仆之志也。某顿首。（《小畜集》卷十八，第176—177页）

东观集序

士君子者，道也。行道者，位也。道与位并，则敷而为业，《皋陶》《益稷谟》《伊训》之类是也。道高位下，则垂之于文章，仲尼经籍，荀、孟、扬雄之书之类是也。（《小畜集》卷十九，第182页）

赵　湘（959-993）

《宋史》卷三百三："赵湘字巨源，华州人。进士甲科，历彰武、永兴、昭武三军节度推官，迁秘书省著作佐郎、知新繁县。以吏最，命知商州，徙陇州、兴元府，再迁太常博士。上《补政忠言》十篇，召判宗正寺，赐白金二百两。"

扬子三辨

史言扬子吃不能剧谭，又言扬子投天禄阁，又言扬子无子。读者疑其故，谓扬子学圣人道而有是者，或问于赵子。于是作《吃辨》《投阁辨》《无子辨》三篇，以答或人云。

或问曰：扬子吃不能剧谭乎？曰：吃亦吃矣，不可谓不能剧谭。曰：是吃也，恶能剧谭？曰：扬子于众人则吃，于圣人则能剧谭。噫，扬子之道，足以圣，足以贤，足以皇，足以王。刘歆知之，则曰空自苦。如是不知雄者众矣。雄当是时似不言者，况谓之吃乎，宜也。圣人之道，当惧其吃道德、吃仁义、吃辞、吃志而已，不当惧吃众也。雄果吃道德，不当演《太玄》，吃仁义，不当作《法言》，吃辞、吃志，不当《反骚》《训纂》《州箴》而发焉。如是也，不可谓之吃。则众人吃于道德仁义辞志也，雄吃于众人也。

王莽自立，将以神前事。于是诛甄丰及子寻，投刘歆之子棻于裔，辞连及者，急收不请。雄校书天禄阁，治狱使者来，及雄。雄恐不免，辄自阁以投地而不至死。莽知雄不与事，有诏弗问。病免弗获，复为大夫。或问：雄投阁意，将惧其罪而弗生耶？将畏其法而求死耶？曰：非雄意，雄之道系天矣，雄之命亦系天也。天之将丧斯文也，坠地而死矣。天之未丧斯文也，莽其如予何。曰：不能谢病，复为大夫，如何？曰：用之则行，舍之则藏，雄意如是必矣。

或问：雄无子乎？曰：然。曰：史以雄非圣人而作经，犹《春秋》吴楚之称王，故贻诛绝之罪。敢问如何？曰：载此非良史也。诸儒之于雄也，不如雄经，一也；嫉雄贤，二也。经纬百王，仁义礼乐则经矣，若谓雄非圣作经而获罪，是仁义礼乐非圣人不当言，非圣人而言，是亦获罪矣。呜呼，言仁义礼乐者罪止于此，不言者其罪如何。噫，雄之无子也，非雄之无也。实时之无也，非雄不得子而子也，是子不得雄而父也。为周公者必须伯禽，为孔子者必须伯鱼。伯禽生，为周也，伯鱼生，为鲁也。非周非孔不父也，非禽非鱼不子也。为雄子者，必贤良，非贤良，雄不父也。故生乌而不茁，无复如乌者，非雄之欲有也。贤良之生必有时，非其时不生，故雄无子矣。作经之罪，吾未闻诸圣人。作经有罪，圣人当言，不当使后人言之；圣人不言，而诸儒言之。言之而无据，非嫉雄而何？嫉雄而不书，余敢罪于史。（《南阳集》卷四，《丛书集成》初编本，中华书局 1985 年版，第 34—35 页）

[按]《四库全书总目·南阳集提要》云："其中《扬子三辨》一篇，推重扬雄颇为过当。然孙复、司马光亦同此失，盖北宋儒者所见如斯，不能独为湘责，知其所短则可矣。"

丁　谓（966- 1037）

《宋史》卷二百八十三："丁谓字谓之，后更字公言，苏州长洲人。

少与孙何友善，同袖文谒王禹偁，禹偁大惊重之，以为自唐韩愈、柳宗元后，二百年始有此作。世谓之‘孙丁’。……谓机敏有智谋，憸狡过人，文字累数千百言，一览辄诵。”

大搜赋序

司马相如、扬雄，以赋名汉朝。后之学者多规范焉，欲其克肖，以至等句读，袭征引，言语陈熟，无有已出。观《子虚》《长杨》之作，皆远取傍索灵奇瑰怪之物，以壮大其体势；撮其辞彩笔力，恢然飞动今古而出入天地者无几。然皆人君败度之事，又于典正颇远。今国家大搜，行旷古之礼，辞人文士不宜无歌咏，故作《大搜赋》。其事实本之于《周官》，历代沿革制度参用之，以取其丽则。奇言逸辞，皆得之于心；相如、子云之语，无一似近者。彼以好乐而讽之，此以勤礼而颂之，宜乎与二子不类。（吕祖谦编《宋文鉴》卷一，中华书局 1992 年，第 5—6 页）

许　洞（970- 1011）

许洞传

许洞字洞天，苏州吴县人。父仲容，太子洗马致仕。洞性疏隽，幼时习弓矢击刺之伎，及长，折节励学，尤精《左氏传》。咸平三年进士，解褐雄武军推官。尝诣府白事，有卒踞坐不起，即杖之。时马知节知州，洞又移书责知节，知节怒其狂狷不逊，会洞辄用公钱，奏除名。

归吴中数年，日以酣饮为事。尝从民坊贳酒，一日大署壁作酒歌数百言，乡人争往观，其酤数倍，乃尽捐洞所负。景德二年，献所撰《虎

钤经》二十卷，应洞识韬略、运筹决胜科，以负谴报罢，就除均州参军。大中祥符四年，祀汾阴，献《三盛礼赋》，召试中书，改乌江县主簿。卒，年四十二。有集一百卷。又著《春秋释幽》五卷，《演玄》十卷。（《宋史》卷四百四十一《文苑三》，第 13044 页）

［按］许书今亡佚。王应麟《玉海》第三十六《艺文》云："《书目》：许洞《演玄》十卷，其说分三纪、二体。上纪甲首丙尾，日月迭居以辨数；中纪丙首戊尾，男女异政以辨位；下纪庚首癸尾，山川冲气以辨德。二体曰范，曰纬。"

冯　元（975- 1037）

冯元传（节录）

冯元字道宗。高祖禧，唐末官广州，以术数仕刘氏。传三世至父邴，广南平，入朝为保章正。元幼从崔颐正、孙奭为《五经》大义，与乐安孙质、吴陆参、谯夏侯圭善，群居讲学，或达旦不寝，号"四友"。进士中第，授江阴尉。

时诏流内铨取明经者补学官，元自荐通《五经》。谢泌笑曰："古治一经，或至皓首，子尚少，能尽通邪?"对曰："达者一以贯之。"更问疑义，辨析无滞。补国子监讲书，迁大理评事，擢崇文院检讨兼国子监直讲。王旦闻其名，尝令说《论语》《老子》，群子弟侍听，因荐之。真宗试进士殿中，召元讲《易》。元进说曰："地天为泰者，以天地之气交也。君道至尊，臣道至卑，惟上下相与，则可以辅相天地，财成万化。"帝悦。未几，迁太子中允、直龙图阁，诏预内朝，直龙图阁预内朝自此始。

……元性简厚，不治声名，非庆吊未尝过谒二府。执亲丧，自括发至祥练，皆案礼变服，不为世俗斋荐，遇祭日，与门生对坐，诵说《孝经》而已。多识古今台阁品式之事，尤精《易》。

初，七岁，方读《易》，母夜梦异人，以绀莲华与元吞之，且曰："善读此，后必贵显。"元且老，率三日一踊《易》。（《宋史》卷二百九十四，第9821—9823页）

冯元传（节录）

元性简重，非庆吊未尝通谒公卿。执亲丧，自括发至祥练，皆按礼变服，多识古今台阁品式之事。所学长于《易》，尝患先儒多失扬雄《太玄》之旨，独唐王涯注为稍近，为《释文》一篇，欲因王说补正之，然亦不能就也。（王偁《东都事略》卷四十六，《四库》第382册，第296页）

[按]《通志》著录冯元《太玄音训》二卷，盖即《东都事略》所谓《释文》。然《宋史·艺文志》著录冯元、宋祁《景祐广乐记》八十一卷，而未见冯元所作《释文》，盖因其书未成也。《通志》所著录者或为草稿，今其书已佚，不可考矣。

释智圆（976- 1022）

《宋才子传笺证》："释智圆，字无外，自号中庸子，又称潜夫，钱塘人。俗姓徐氏。……智圆著述颇丰，今有释教经传疏论多种流传，其文集名《闲居编》，今存五十一卷。"

广皮日休法言后序

《法言》之为书也，广大悉备，二帝、三王、姬公、孔子之道尽在

此矣，百王之模范欤！万世之蓍蔡欤！

孟轲以来，力扶圣道者，未有如子云者也。夫圣以降，言欤行欤，难其无玼乎！是故雄之贤而有媚莽之言也，《孝至篇》曰："周公以来，未有汉公之懿也，勤劳则过于阿衡。"李轨以为称莽居摄以前之美。《剧秦美新》云"大新受命上帝"，岂居摄以前邪？柳子厚谓阿衡之事不可过，过则反矣。且孟子美夫子贤于尧舜远矣，亦应反刺仲尼也；如其不尔，岂其过阿衡为反邪？是知扬子美莽，比德于周公，故云过阿衡，非反刺明矣。或扬子言逊之为权也。噫，子云学何道邪？学他道也，吾不知其逊不逊也；果学仲尼之道也，夫子之逊未闻若《孝至》《美新》之佞者，吾以为媚莽之言是也。先儒之说，皆为子云文过而讳恶耳。意欲大子云之道，反小之，是昧于子云之道也。何乎？夫贤人君子虽未免其过，苟有过，必自知，既自知，必自讼，岂同小人过也必文，不能自讼乎？赵盾曰："自贻伊戚，其我之谓乎！"魏武曰："吾小过失，大忿怒，汝勿学也。"呜呼！子云之贤于赵盾、魏武远矣，岂欲文其过耶？是使万世之下，不肖辈遇其觊觎神器者，不能自正，必曲媚以事之。果成也，则曰"我知天命之有往也"；果不成，则曰"我学子云之逊也"。千诳万诈，革面取容，岂不由踵《美新》之弊乎？故曰：意欲大子云之道而反小之也。吾谓子云若在，闻吾之议，必能为国受恶也。

近世柳仲涂复申明《美新》之理，词亦不出于文过矣，非昧子云之道如何？惟李唐皮日休以斯言为非，故撰其后序以明之，吾韪之，故广焉。吁！向使子云深思道之行丧、人之死生有天命者，于言则无"过阿衡"之佞也，于行则无惧祸投阁之事也，不亦尽善乎？然子云非不知也，临事之难也。昔者夫子见卫灵公问陈，则对以俎豆；闻宋司马欲害，则曰"天生德于予"，斯圣师之言行也。子云学夫子之道也，有未至耳。向所谓"圣以降，言欤行欤，难其无疵乎"，是也。来者则圣师之言行可矣，"图王不成，弊犹及霸"，思之！（曾枣庄主编：《宋代序跋全编》卷九七，齐鲁书社 2015 年版，第 2696 页）

张 揆（990? - ?）

张揆传（节录）

张揆字贯之，其先范阳人，后徙齐州。擢进士第，历北海县尉，改大理寺丞。以疾解官，十年不出户。读《易》，因通扬雄《太玄经》。陈执中安抚京东，荐揆经明行淳，召为国子监直讲，徙诸王府侍讲。以尚书度支员外郎直史馆、荆王府记室参军。府罢，权三司户部判官。上所著《太玄集解》数万言。诏对迩英阁，令揲蓍，得《断》首，且言："《断》首准《易》之《夬》，盖以阳刚决阴柔，君子进、小人退之象。"仁宗悦。（《宋史》卷二百九十四，第 9827 页）

［按］本传言张氏所上为《太玄集解》，而《郡斋读书志校证》卷十云："《太玄渊旨》一卷，右皇朝张揆撰。"又《玉海》卷三十六云："张揆《太玄渊旨》一卷，皇祐四年九月甲寅，丁度上张揆修写《太玄经》。"胡应麟《少室山房笔从·丙部九流绪论中》亦言张揆作《太玄渊旨》一卷。然则《太玄渊旨》即《太玄集解》乎?

孙 复（992—1057）

《宋史》卷四百三十二："孙复字明复，晋州平阳人。举进士不第，退居泰山。学《春秋》，著《尊王发微》十二篇，大约本于陆淳，而增新意。"按，孙复论古之儒者，最推崇者，董仲舒、扬雄、王通、韩愈而已。

董仲舒论

孔子而下，至西汉间，世称大儒者，或曰孟轲氏、荀卿氏、扬雄氏

而已。以其立言垂范，明道救时，功丰德巨也，至于董仲舒，则忽而不举，此非明有所未至，识有所未周乎。何哉？昔者秦灭群圣之言，欲愚四海也。盖天夺之鉴，以授于汉，故生仲舒于孝武之世焉。于时大教颓缺，学者疏阔，莫明大端。仲舒煜然奋起，首能发圣道之本根，新孝武之耳目，上自二帝，下迄三代，其化基治具，咸得之于心而笔之于书，将以缉乾纲之绝纽，辟王道之梗涂矣。故其对策，推明孔氏，抑黜百家，凡诸不在六艺之科、孔子之术者，皆绝其道，勿使并进。息灭邪说，斯可谓尽心于圣人之道者也。噫，暴秦之后，圣人之道晦矣。晦而复明者，仲舒之力也。彼孟轲、荀卿，当战国之际，虽则诸子纷乱，然去圣未远，先王之典经尽在。扬雄处新室之间，虽则大祸是惧，然汉有天下滋久，讲求典礼，抑亦云备，故其微言大法盛于闻见，揭而行之，张以为教易尔。若仲舒，燔灭之余，典经已坏，其微言大法，希于闻见。探而索之，驾以为说，不其难哉。况乎暴秦之祸，甚于战国之乱与新室之惧耶。然四子之道，一也。使易地而处，则皆然矣。

愚尝病世之学者，鲜克知仲舒之懿，又病班孟坚作仲舒之赞，言："刘向称仲舒有王佐之材，伊、吕无以加，管、晏之属，伯者之佐，殆不及也。至向子歆，以为渊源所渐，未及乎游夏，而曰管、晏不及，伊、吕之不加，过矣。"愚谓歆以仲舒盛德先觉，顾已弗及，疾而诋之者也。故虽其父言，亦以为过。且仲舒于孔氏之门，其功深矣。观其道也，出于游、夏远矣。对孝武大明王道之端，与夫任德不任刑之说，虽伊、吕又何加焉。盖用与不用耳。使孝武能尽师其言，决而用之，则汉氏之德比隆三代矣。厥后曷有惑于神仙之事，困于征伐之弊哉。仲舒不用，非孝武之过，平津之罪也。平津尝害其能而逐之，两事骄主，才弗克施，既而退死于家，吁，可惜也。孟坚笔削之际，不能斥刘歆之浮论，惑而书之，失于断矣。（《孙明复小集》，《四库》第 1090 册，第 162—163 页）

［按］后世对比董仲舒、扬雄者颇多，值得注意。

辨扬子

千古诸儒咸称子云作《太玄》以准《易》，今考子云之书，观子云之意，因见非准《易》而作也，盖疾莽而作也。何哉？昔者哀平失道，贼莽乱常，包藏祸心，窃弄神器，违天拂人，莫甚于此。虽火德中否，而天命未改，是以元元之心，犹戴于汉。是时不知天命者，争言符瑞，称莽功德，以济其恶，以苟富贵。若刘歆、甄丰之徒，皆位至上公，独子云耻从莽命，以圣王之道自守，故其位不过一大夫而已。子云既能疾莽之篡逆，又惧来者蹈莽之迹，复肆恶于人上，乃上酌天时行运盈缩消长之数，下推人事进退存亡成败之端，以作《太玄》。有三方、九州、二十七家、八十一部者，三公、九卿、二十七大夫、八十一元士之象也。玄，君象也。总而治之，起于牛宿之一度，终于斗宿之二十二度，而成八十一首，七百二十九赞，二万六千二百四十四策。大明天人终始顺逆之理，君臣上下去就之分。顺之者吉，逆之者凶。以戒违天拂人与戕君盗国之辈，此子云之本意也。孰谓准《易》而作哉！

诸儒咸称《太玄》准《易》者，盖以《易纬》言卦起于《中孚》，《震》《离》《兑》《坎》配于四方，其八卦各主六日七分，以周一岁三百六十五日四分日之一，执此而言之也。殊不知《易纬》者，阴阳家说，非圣人格言。若执此以为《易》，则《易》之道泥矣。且《太玄》之为《易》，犹四体之一支也。何以谓之准《易》者乎？斯言盖根于桓谭论《太玄》曰："是书也，与《大易》准。"班固谓雄以经莫大于《易》，故作《太玄》。使子云被僭《大易》之名于千古，是不知子云者也。（《孙明复小集》，第163—164页）

上孔给事书

月日，布衣孙复谨再拜，献书孔知府龙图执事。复名晦迹沉，学夫子之道三十年，虽不为世之所知，未尝以此摇其心，敢一日而叛去。所

谓夫子之道者，治天下、经国家，大中之道也。其道基于伏羲，渐于神农，著于黄帝、尧舜，章于禹、汤、文、武、周公。然伏羲而下，创制立度，或略或繁。我圣师夫子从而益之、损之，俾协厥中，笔为六经，由是治天下、经国家大中之道焕然而备，此夫子所谓大也。其出乎伏羲、神农、黄帝、尧、舜、禹、汤、文、武、周公也远矣。噫，自夫子殁，诸儒学其道、得其门而入者鲜矣，惟孟轲氏、荀卿氏、扬雄氏、王通氏、韩愈氏而已。彼五贤者，天俾夹辅于夫子者也。天又以代有空阔诞谩、奇崄淫丽谲怪之说乱我夫子之道，故不并生之。一贤殁，一贤出，羽之翼之，垂诸无穷，此天之意也亦甚明矣。不然，则战国迨于李唐，空阔诞谩，奇崄淫丽谲怪之说，乱我夫子之道者数矣，非一贤殁、一贤出，羽之翼之，则晦且坠矣。既晦且坠，则天下夷狄矣，斯民鸟兽矣。由是言之，则五贤之烈大矣，后之人不以夫子之道为心则已，若以为心，则五贤之烈其可忽乎哉。

近得友人石介书，盛称执事于圣祖家庙中构五贤之堂像而祠之，且曰孔侯之心至矣，吾辈不是之而将何之也。复闻之，跃然而起，大呼张洞、李蕴曰，昔夫子之道得五贤而益尊，今五贤之烈由龙图而愈明。龙图公，圣人之后也，为宋巨贤，宜乎尽心于此矣。龙图公其不尽心，则孰尽心哉？国朝自柳仲涂开、王元之禹偁、孙汉公、何种明逸放、张晦之景既往，虽来者纷纷，鲜克有议于斯文者，诚可悲也。斯文之下衰也久矣，俾天下皆如龙图构五贤之堂像而祠之，则斯文其有不兴乎！吾辈得不奔走于墙藩之下，一拜龙图公之贤哉，又且贺斯文将复也，接之拒之，惟执事之命。（《孙明复小集》，第172—173页）

答张洞书（节录）

复白明远足下，十月洎正月中，两辱手书，辞意勤至，道离群外。以仆居今之世，乐古圣贤之道与仁义之文也。远以尊道扶圣立言垂范之事问于我，我幸而志于斯也有年矣。重念世之号进士者，率以砥砺辞赋、睎觊科第为事，独明远颖然独出，不汲汲于彼而孜孜于此者，几何人哉。然吾惧明远年少气勇而欲速成，无以致于斯文也。故道其一二，明远熟察之而已。

夫文者，道之用也；道者，教之本也。故文之作也，必得之于心而成之于言。得之于心者，明诸内者也。成之于言者，见诸外者也。明诸内者，故可以适其用；见诸外者，故可以张其教。是故《诗》《书》《礼》《乐》《大易》《春秋》之文也，总而谓之经者，以其终于孔子之手，尊而异之尔，斯圣人之文也。后人力薄不克以嗣，但当左右名教，夹辅圣人而已。或则列圣人之微旨，或则摘诸子之异端，或则发千古之未寤，或则正一时之所失，或则陈仁政之大经，或则斥功利之末术，或则扬圣人之声烈，或则写下民之愤叹，或则陈大人之去就，或则述国家之安危。必皆临事摭实，有感而作。为论为议，为书、疏、歌、诗、赞、颂、箴、辞、铭、说之类，虽其目甚多，同归于道，皆谓之文也。若肆意构虚，无状而作，非文也，乃无用之瞽言尔，徒污简册，何所贵哉。明远无志于文则已，若有志也，必在潜其心而索其道。潜其心而索其道，则其所得也必深。其所得也既深，则其所言也必远。既深且远，则庶乎可望于斯文也。不然，则浅且近矣，曷可望于斯文哉。噫，斯文之难至也久矣。自西汉至李唐，其间鸿生硕儒，摩肩而起，以文章垂世者众矣，然多杨墨佛老虚无报应之事，沈谢徐庾妖艳邪哆之言，杂乎其中，至有盈编满集，发而视之，无一言及于教化者，此非无用瞽言徒污简册者乎。至于始终仁义，不叛不杂者，惟董仲舒、扬雄、王通、韩愈而已。由是言之，则可容易至之哉。若欲容易而至，则非吾之所闻也。明远熟察之，无以吾言为忽。不宣。（《孙明复小集》，第173—174页）

信道堂记

圣贤之迹，无进也，无退也，无毁也，无誉也，唯道所在而已。用之则行，舍之则藏，孰为进哉？孰为退哉？考诸三王而不谬，建诸天地而不悖，质诸鬼神而无疑。百世以俟，圣而不惑，孰为毁哉！孰为誉哉！

吾之所谓道者，尧、舜、禹、汤、文、武、周公、孔子之道也，孟轲、荀卿、扬雄、王通、韩愈之道也。吾学尧、舜、禹、汤、文、武、周公、孔子、孟轲、荀卿、扬雄、王通、韩愈之道三十年，处乎今之世，故不知进之所以为进也，退之所以为退也，喜之所以为喜也，誉之所以为誉也。其进也，以吾尧、舜、禹、汤、文、武、周公、孔子、孟轲、荀卿、扬雄、王通、韩愈之道进也。于吾躬何所进哉？其退也，以吾尧、舜、禹、汤、文、武、周公、孔子、孟轲、荀卿、扬雄、王通、韩愈之道退也，于吾躬何所退哉？其见毁也，以吾尧、舜、禹、汤、文、武、周公、孔子、孟轲、荀卿、扬雄、王通、韩愈之道见毁也，于吾躬何所毁哉？其获誉也，以吾尧、舜、禹、汤、文、武、周公、孔子、孟轲、荀卿、扬雄、王通、韩愈之道获誉也，于吾躬何所誉哉？

故曰：圣贤之迹，无进也，无退也，无毁也，无誉也，唯道所存而已！予丁丑岁秋九月作堂于泰山之阳，明年春，堂既成。以是道处是堂，故命之曰“信道堂”云。景祐五年正月三日记。（《孙明复小集》，第175—176页）

［按］此篇论述道统谱系，与柳开一脉相承。

儒辱

《礼》曰：“四郊多垒，此卿大夫之辱也。地广大荒而不治，此亦士之辱也。”噫，卿大夫以四郊多垒为辱，士以地广大荒而不治为辱，然则仁义不行，礼乐不作，儒者之辱欤。

夫仁义礼乐，治世之本也，王道之所由兴，人伦之所由正，舍其本则何所为哉。噫，儒者之辱，始于战国。杨朱、墨翟乱之于前，申不害、韩非杂之于后。汉魏而下，则又甚焉。佛老之徒，横乎中国。彼以死生祸福虚无报应为事，千万其端，给我生民，绝灭仁义，以塞天下之耳。屏弃礼乐，以涂天下之目。天下之人，愚众贤寡，惧其死生祸福报应。人之若彼也，莫不争举而竞趋之。观其相与为群，纷纷扰扰，周乎天下，于是其教与儒齐驱并驾，峙而为三，吁可怪也。且夫君臣、父子、夫妇，人伦之大端也。彼则去君臣之礼，绝父子之戚，灭夫妇之义，以之为国则乱矣。以之使人，贼作矣。儒者不以仁义礼乐为心则已，若以为心，则得不鸣鼓而攻之乎？凡今之人，与人争詈，小有所不胜，则尚以为辱。矧彼以夷狄诸子之法乱我圣人之教耶，其为辱也大哉。噫，圣人不生，怪乱不平。故扬墨起而孟子辟之，申韩出而扬雄距之，佛老盛而韩文公排之。微三子，则天下之人胥而为夷狄矣。惜夫三子道有余而志不克就，力足去而用不克施。若使其志克就，其用克施，则芟夷蕴崇，绝其根本矣。呜呼，后之章甫其冠，缝掖其衣，不知其辱而反从而尊之者多矣，得不为罪人乎。由汉魏而下，迨于兹，千余岁。其源流既深，根本既固，不得其位，不剪其类，其将奈何，其将奈何，故作《儒辱》。（《孙明复小集》，第176—177页）

［按］孟子、扬雄、韩愈之功，在辟异端，此孙明复之卓见也，而明复亦以此自任。

论学

冥观天地何云为，茫茫万物争蕃滋。羽毛鳞介各异趣，披攘攫搏纷相随。人亦其间一物尔，饿食渴饮无休时。苟非道义充其腹，何异鸟兽安须眉。人生在学勤始至，不勤求至无由期。孟轲荀卿扬雄氏，当时未必皆生知。因其钻仰久不已，遂入圣域争先驰。既学便当穷远大，勿事声病淫哇辞。斯文下衰吁已久，勉思驾说扶颠危。击暗驰声明大道，身与姬孔为藩篱。是非丰额若不学，慎无空使精神疲。（《孙明复小集》，第178页）

章　詧（993- 1068）

章詧传

章詧字隐之，成都双流人。少孤，鞠于兄嫂，以所事父母事之。博通经学，尤长《易》《太玄》，著《发隐》三篇，明用蓍索道之法，知以数寓道之用、三摹九据始终之变。蜀守蒋堂、杨察、张方平、何郯、赵抃咸以逸民荐，一赐粟帛，再命州助教，不就。嘉祐中，赐号冲退处士。王素时为州，因更其所居之乡曰处士，里曰通儒，坊曰冲退。詧由是益以道自裕，尊生养气，忧喜、是非亦不以挠其心形。

尝访里人范百禄，谓曰："子辟谷二十余年，今强力尚足，子亦尝知以气治疾之说乎?"百禄因从扣《太玄》，詧为解述大旨，再复《摛》词曰："'人之所好而不足者，善也；所丑而有余者，恶也。君子能强其所不足，而拂其所有余，《太玄》之道几矣。'此子云仁义之心，予之于《太玄》也，述斯而已。若苦其思，艰其言，迂溺其所以为数而忘其仁义之大，是恶足以语夫道哉?"熙宁元年，卒，年七十六。子祼，亦好古学，尝应行义敦遣诏。仍世有隐德，其所居犹存。（《宋史》卷四百五十八《隐逸传》，第13446页）

冲退处士章詧行状

蜀有知道君子章詧，先本闽人，五世祖练唐，广明中从僖宗西幸，有官守家乘，阙而不载。高祖父垂裔，始居眉之鼓山，曾祖曰琏祖、曰道方，徙居成都之双流县。考曰惠，妣蹇氏，三子，孟曰忠，仲曰亮，季即府君。字隐之，生三年，考殁。七岁母氏亡。既孤鞠于兄嫂，以所以事父母之道悌而报焉。

未冠，治经术，往来成都，求师质问大义。乡先生任维翰若、释中古，皆通经，善讲解，悉从之游，得其要旨妙论，阶之以践古人之阈。

故其志修，其行懋，与人言古今人事物理之变，所谓索而难至者，皆探抉窔奥，务得其极而后已。尤好扬子云《太玄经》，知《玄》以数寓道之用，三摹九据始终之变，著《发隐》三篇，《讲疏》四十五卷，《太玄图》《卦气图》各一。虽前世陆绩、宋衷、王涯辈通《太玄》学者，殆有不及也。

庆历四年，枢密直学士蒋公堂以其书荐诸朝。皇祐三年，仁宗祀明堂，赐粟帛。四年，端明殿学士杨公察又荐之，除本州助教，恳避不拜。至和二年，宣徽使张公方平奏请以处士号旌之，不报。嘉祐四年，天章阁待制何公郯陛对以疏论列，诏委转运使，详定其实。时殿中侍御史赵公抃兼按一道，即以学行之懿条悉闻，上乃赐今号。翰林侍读学士王公素方牧是郡，遂命所居之乡曰处士里，曰通儒坊，曰冲退。由是浩然以圣贤之道自裕，忧喜无累形，是非无撄中者十年。非其趣之高远，德之精微，畴能尔。

娶魏氏，生二子。长曰禩，举进士，应嘉祐诏，以行艺敦遗，今为著作佐郎，守汉州绵竹县事。次稷业文，未仕。孙男四人，曰正、曰迁、曰益、曰宣，方治经求进。处士尝为歌诗杂文二十卷，行于世。《卦气图》以石刻于府学之西。《太玄经图》并文集刻于中兴寺子云祠堂。熙宁元年四月，未病，先辟谷六十日。尝言以气治之，六月九日卒于冲退坊所居之第，享年七十六。明年九月壬申，葬于华阳县普安乡白土里。

呜呼，处士道义充于身，文章传于世。惜乎，固高节隐居不仕，今朝廷方修一代之史，则处士之清名皆可书也。某既得其详，敢序大略，以备史馆之载录云。（吕陶《净德集》卷二十八，《四库》第 1098 册，第 218—219 页）

论太玄*

《太玄》曰："天以不见为玄，地以不形为玄，人以腹心为玄。"由是子云知三仪同科，则可以穷神之变，尽物之情，遂索其数以为法。一

索而得天，再索而得地，三索而得人。故玄一动而生三，是以一玄生三方，一方生三州，故有九州；一州生三部，故有二十七部；一部生三家，故有八十一家。玄为君，居乎中以御其方。方之大也，以统乎部。部之大也，以御乎家。故玄曰："一玄都覆三方，方同九州，枝载庶部，分正群家。"凡八十一家，各以首为名，以显时义也。始自冬至之日，起《中首》，终于大雪之月为《养》，凡八十一首。一首九赞，凡三赞为一表，一家三表，故表二百四十三；一表三赞，故赞七百二十九。凡一日昼夜行二赞，而三百六十四有半日，既行天度，岁功以终，终而复始，岁岁相荡而无穷已焉。首者，本也，盖义取本其事，若《易》之卦。一首九赞，赞，助也。首之有赞，若卦之有爻，以首为主，以赞为助，若臣之佐君而成其用也。赞之复有测，测者，知也，以测之辞重明其赞，若《易》之有《象》也。测知可以知微知彰也，赞理未显则义尽于测也。子云之作首、赞、测，各为之卷后，因范望散于注中，如《易》之小《象》本经也，不可混诸注中，今复之于经，以次于赞。盖子云作《太玄》，覃思浑天，其义至渊。复作《玄冲》以准《序卦》，《玄错》以准《杂卦》，《玄数》以准《说卦》，《玄文》以准《文言》，《玄掜》以准下《系》，《玄图》以准上《系》。又以玄道隐秘，难以发明，复以《摛》《莹》《告》三篇而舒明之。然子云之经无文，以言准《易》，而其法悉有准焉。大概以九九之数以准八八之义，非亦一辞一义而皆准之。凡《玄》有九天、九地、九人，天之道有始、中、终，地之道有下、中、上，人之道有思、福、祸，九天者八十一首，九而列之，九首之始则曰天，故《中》《羡》《从》为始三天，《更》《睟》《廓》为中三天，《减》《沉》《成》为终三天。复以九天为三统，自《中》至《事》二十七首为天统，自《更》至《昆》二十七首为地统，自《减》至《养》二十七首为人统。凡一天九首，自一至九，各以五行之数而配之，一首九赞，亦以五行之数而辩之，故首之与赞，有相生者，有相克者，同类之者。一首之中，其辞美丑，或以气，或以类，悉以昼夜而为君子小人，以分休咎。凡阳家之首即奇，故以奇数之赞为昼，偶数之赞为夜；阴家之首即偶，故以偶数之赞为昼，奇数之赞为夜。故昼辞多

休，夜辞多咎。以是推之，万物之本，鬼神之情，咸可得也。（《永乐大典》卷四千九百二十三，中华书局1986年版，第7997—7998页）

章氏太玄经注十四卷

右皇朝章詧撰。嘉祐中，成都帅蒋堂献其书于朝，诏书宠奖，赐号冲退处士。《实录》称：詧，字隐之，双流人，通经术，善属文，性恬淡。屏居林泉，以养生治气为事。（晁公武撰，孙猛校：《郡斋读书志校证》卷十，上海古籍出版社1990年版，第429页）

章氏太玄经注十四卷疏三十卷

晁氏曰：皇朝章詧撰。嘉祐中，成都帅蒋堂献其书于朝，诏书褒宠，赐号“冲退处士”。《实录》：詧字隐之，双流人，通经术，善属文，性恬淡，屏居林泉，以养生治气为事。

巽岩李氏曰：其说以范望为宗，望所否者辄改正之。大抵《玄》之吉凶专在昼夜，而子云之辞或奇奥难晓，诸家往往迷误，指凶为吉，违背经义。詧独以昼夜订其辞，于吉凶无所差，比诸家诚最优焉。詧，成都人，字隐之，博通五经，尤长于《易》与《太玄》。王素、赵抃守蜀，皆宾礼之，赐“冲退”，素所请也。詧将死，其乡人梦詧以小童自随，投谒告别，曰：“此间嚣尘，非修行地，吾归阆苑矣。”詧盖明术数、得道者云。（《文献通考》卷二百八《经籍考三十五》，中华书局2011年版，第5894页）

太玄发隐三篇

巽岩李氏曰：章詧撰。詧有《太玄讲疏》四十九卷，其说甚备。《发隐》之作盖在《讲疏》以前，其大略可见矣。下篇所称王莽旦筮，遇于之一、五、七，乃宋衷、陆绩旧注，本寓言也，而詧谓宋、陆皆居

汉世，去扬雄未远，必得之传闻，故因用之。要恐非实耳，然亦不害，学者观其意焉可也。（《文献通考》卷二百八《经籍考三十五》，第5895页）

［按］《续资治通鉴长编》卷一百七十七仁宗至和元年下云："甲寅，益州布衣张詧为本州助教。詧，双流人，通经术，善属文。性澹泊，屏居林泉，以养生治气为事，尤深于《太玄》，著《发隐》三篇，《讲疏》四十五卷。田况上其《发隐》，特录之，詧辞不拜。"又《玉海》第三十六："皇祐五年闰七月二十五日，章詧上《太玄经发隐》三篇。'章詧'一作'张詧'。《太玄经解》十卷并《发隐》三卷，《释文》一卷。嘉祐中，成都守蒋堂献其书，诏奖之。"至和元年为1054年，皇祐五年为1053年，盖章詧因献书而获任命。

孔　旼（994- 1060）

孔旼传

孔旼字宁极，孔子四十六代孙。隐居汝州龙兴县龙山之滍阳城。性孤洁，喜读书。有田数百亩，赋税常为乡里先。遇岁饥，分所余赒不足者，未尝计有无。闻人之善若出于己，动止必依礼法。环所居百余里，人皆爱慕之，见旼于路，辄敛衽以避。葬其父，庐墓三年，卧破棺中，日食米一溢。壁间生紫芝数十本。州以行义闻，赐粟帛，又给复其家。近臣列荐，授秘书省校书郎致仕。居数年，召为国子监直讲，辞不赴，即迁光禄寺丞。顷之，起知龙兴县，复辞。卒，赠太常丞。

盗尝入旼家，发其廪粟，旼避之，纵其所取。尝逢羸弱者为盗掠夺其赀，旼追盗与语，责之以义，解金畀之，使归所掠。居山未尝逢毒蛇虎豹，或谓之曰："子毋夜行，此亦可畏。"旼曰："无心则无所畏。"晚年惟玩《周易》《老子》，他书亦不复读。为《太玄图》张壁上，外列方、州、部、家，而规其中心，空之无所书。曰："《易》所谓寂然不动者，与此无异也。"（《宋史》卷四百五十七《隐逸传》，第13435页）

［按］章詧亦有《太玄经图》。明朱睦㮮《授经图》又云林共有《太玄图》一卷。林共其人，事迹不详。

胡　宿（995-1067）

《宋史》卷三百一十八："胡宿字武平，常州晋陵人。……治平三年，罢为观文殿学士、知杭州。明年，以太子少师致仕，未拜而薨，年七十二。赠太子太傅，谥曰文恭。"

张侍读笺注太玄经义

陈书覆瓿久无慺，天幸名儒释旧爻。准《易》一时遭客难，赏心千载获神交。高情要在崇孤学，余力犹能解众嘲。谁道凤凰难得髓，续弦今日见灵胶。（《文恭集》卷三，《四库》，第1088册，第633页）

宋　咸（995？-1061）

《闽书》卷九十五载："宋咸，字贯之，庆历初知尤溪县，端慎公廉，剖决无滞，重建庙学，教养有方。累知邵武军，立学置田以养士。移知韶州，奏诛悍卒，境内肃然。狄青经制广西，移咸为漕。以功转职方员外郎，奏乞于琼管立学，赐经史以变夷风。官至都官郎中。所著有《易注》《毛诗正纪外义》《论语增注》《扬子法言注》《朝制要览》诸书。咸多历外任，每任所撰著，辄为一集，一时诸贤皆为之序。而所注

《易》及《法言》，大为欧阳文忠所称赏。"

重广注扬子法言原序

太仪之体，浑沦无穷者也。非夫周服诸家之论，则度舍之纪，兹或罔焉。欲明纬象，不可得也。群经之文，支离寡要者也。非夫孔传众氏之解，则章趣之会，无乃隐焉。欲辨纲常，不可得也。故先儒于圣人之书，所以亹亹而为己任者，盖此尔。

惟西京博士毛苌传《诗》，颇号太略。郑康成大惧夫泯之弗行，思觉于后，故增之笺言，而三百廓如也。自风德云衰，诸子继作。亚圣之撰，独扬、孟而已。七篇有赵台卿为之题颇详，真经有范叔明为之解甚悉，惟《法言》者，盖时有请问，子云用圣人之法以应答之也。凡有十三篇。东晋李轨虽为之注，然愈略于毛公之为。唐柳宗元删定，虽释二三，而不能尽补其亡误。故中有义易决者反疏之（如"五声十二律""面友""战悸"之类，甚显而反释之），理尚秘者则虚焉（如"猗顿之孝""书与经同""雉噫""秦缢""狐蟥不腰腊""褐博没齿"之类，甚秘而反阙之），阙文者弗能正（如"众人所不能窬"脱"不"字之类），讹字者乃无辩（如"圣人不干"作"不手"之类），至于言不诂（如殪、伤、剬之类），而事不属（如迁善、隔断、参辰之类），议失旨（如"风不再""实录""多爱""周人行""秦人病""行有病曼"之类），而举失类（如击剑北贼、莽篡拟泰之类）已什其手，是使扬氏之意尚有所晦，学子不能无冗豫也。故康成之志，咸敢窃而取焉。凡裨其阙、纠其失五百余条，且署"咸曰"以别旧贯。观夫《诗》《书》小序，并冠诸篇之前，盖所以见作者之意也。《法言》每篇之序，皆子云亲旨，反列于卷末，甚非圣贤之法。今升之于章首，取合经义第次之由，随篇具析。其有艰字音切来理尽谱于后，仍条其旧，以为十卷。虽不能广翼贤业，庶充巾笥，为诒谋之具云。景祐三年二月日著作佐郎知尤溪县事宋咸序。（《法言》卷首，《四库》第696册，第271页）

［按］宋咸曾著《论语增注》，《宋会要辑稿·崇儒》五："嘉祐二年十一

月二十七日，屯田郎中宋咸上所注《论语》。”则宋咸注《法言》在前，注《论语》在后。

进重广注扬子法言表

臣咸言：臣闻鲁堂诸子，皆宗圣以宣猷；汉室群儒，多注书而显氏。矧遘会昌之旦，敢忘释诂之勤？愿尘典学之明，庶补传疑之阙。臣诚惶诚恐，顿首顿首。

臣窃以前圣既没，微言即沦。并行者非先生之流，横议者皆处士之辈。儒纲尽弛，民极都棼。惟邹国孟轲、兰陵荀况，下及刘世，复生扬雄。咸能著书，更相树道。辟王基于绝代，振天爵于群伦。若赵岐之释孟篇，如杨倞之笺荀旨，大决宧奥，靡留洞疑。惟彼《法言》，准夫《论语》，文高而绝，义秘而渊。虽李郁亭解之于前，柳宗元裁之于后，然多疏略，犹或误遗。凡坦然易别之条，则五行俱下而诠释；洎卓尔难明之意，则一辞不措而阙亡。遂使十三篇之旨趣未融，数百年之驾说犹昧。唐陆德明云：“注既释经，经由注显。若读注不晓，则经义难明。”诚此之谓也。

臣爰自效官，未尝废学。因念子云之业，盖绍仲尼之纲。比缘从政之余，辄恣讨论之究。增加剖理，庶所详明。然圣人之门，诚难言而是戒。况愚夫之虑，或有得而可收。恭惟景祐体天法道钦文聪武圣神孝德皇帝陛下，道冠先天，业恢长世，若唐虞之稽古，监商周而右文。虽秘藏之多，卑加于采正，在小说之异，罔忽于弃遗。臣是敢前冒邦刑，仰干天听。终篇称善，傥垂衡石之观。以文化成，愿广鸿都之教。臣所重广注扬子《法言》一十卷，谨缮写成三策，随表昧死诣东上阁门投进以闻。臣渎犯宸严，无任蹋踖屏营激切之至。臣诚惶诚恐，顿首顿首谨言。景祐四年十月十六日，给事郎、守秘书著作佐郎宋咸表。（《纂图分门类题五臣注扬子法言》卷首，宋麻沙刘通判宅仰高堂本）

[按]《续资治通鉴长编》卷一百八十九：“（嘉祐四年）丁亥，广南西路转运使、屯田郎中宋咸上所注《扬子》及《孔丛子》，赐三品服。”

吴 祕（?）

《闽书》卷九十四："吴祕字君谟，为侍御史，知谏院，以言事出知濠州，提点京东路刑狱。好学，著书作《周易通神》五卷，注《扬子》，笺《太玄》。尝叹《春秋三传》同异，欲作《集解》，因乞闲郡，除同安。"按，《宋会要辑稿·崇儒五》载："（嘉祐二年十一月二十七日）司封员外郎吴祕上所注《太玄经》及《音义》。"

论《太玄》之述作*

《太玄》其事则述，其书则作。按自子辰申子，冠之以甲，分二十七章为一会，八十一章为一统，从子至辰，自辰至申，自申至子，凡四千六百一十七岁为一元，与《太初历》相应，亦有《颛顼历》焉，此其事则述也。作二百四十三表、七百二十九赞、十一篇，此其书则作也。（《经义考》卷二百六十八，《四库》第680册，第431—432册）

［按］《太玄》《法言》皆有吴祕注，分别见司马光《太玄集注》与《法言集注》。

宋 祁（998- 1061）

《宋史》卷二百八十四："祁字子京，与兄庠同时举进士，礼部奏祁第一，庠第三。章献太后不欲以弟先兄，乃擢庠第一，而置祁第十。人呼曰'二宋'，以大小别之。……祁兄弟皆以文学显，而祁尤能文，善议论，然清约庄重不及庠，论者以祁不至青，亦以此云。修《唐书》十余年，自守亳州，出入内外尝以稿自随，为列传百五十卷。预修《籍田记》《集韵》。又撰《大乐图》二卷，文集百卷。"

扬子云墨池

宅废经池在，人亡墨溜干。蟾蜍兼滴破，科斗共书残。蠹罢芸犹翠，蒸余竹自寒。它扬无可问，抚物费长叹。（袁说友等编：《成都文类》卷七，中华书局2011年版，第122页）

［按］此诗《景文集》题作“扬雄墨池”。“科斗”乃六国古文也，盖宋祁以扬雄好奇字之“奇字”为古文。

扬雄字子云赞

卓哉子云！为汉儒师。准《易》《论语》，同圣是非。百家灃淫，我独正声。谲怪缩藏，孔道光明。歆也致訾，谓抵酱蒙。惟谭有言，必传无穷。《剧秦》诡辞，恨死新时。曰汉中天，果不吾欺！（《成都文类》卷四十八《府学文翁画像十赞》，中华书局2011年版，第937页）

［按］整理本引吴曾《能改斋漫录》云：“蒋堂字希鲁，宜兴人。仁宗时，以枢密直学士知成都。尝召高才硕生，会试府事，亲较才等，劝成学者。于学之侧，别建西学，以广诸生斋室。迄成，而公移蒲中。其后转运使毁之，以增廨舍。既而常山宋公尚书至府，闻其事，叹息久之。且欲成公意，乃即旧址建文翁祠祠之，内图严君平、郑子真、司马相如、扬子云蜀士先贤凡九，及公像而十，常山公为之赞。”

自悔少作*

余少为学，本无师友，家苦贫无书，习作诗赋，未始在志立名于当世也。愿计粟米养亲，绍家阀耳。年二十四，而以文投故宰相夏公，公奇之，以为必取甲科，吾亦不知果是欤。天圣甲子，从乡贡试礼部，故龙图学士刘公叹所试辞赋，大称之朝，以为诸生冠，吾始重自淬砺力于学，模写有名士文章，诸儒颇称以为是。年过五十，被诏作《唐书》，

精思十余年，尽见前世诸著，乃悟文章之难也。虽悟于心，又求之古人，始得其厓略。因取视五十已前所为文，赧然汗下，知未尝得作者藩篱，而所效皆糟粕刍狗矣。夫文章必自名一家，然后可以传不朽。若体规画圆，准方作矩，终为人之臣仆。古人讥屋下作屋，信然。陆机曰“谢朝华于已披，启夕秀于未振”，韩愈曰“惟陈言之务去”，此乃为文之要。《五经》皆不同体，孔子没后，百家奋兴，类不相沿。是前人皆得此旨。呜呼，吾亦悟之晚矣。虽然，若天假吾年，犹冀老而成云。（《宋景文笔记》卷上，《四库》第862册，第537—538页）

［按］景文又云：“余于为文，似蘧瑗，瑗年五十知四十九年非；余年六十，始知五十九年非。”其实景文悔少作，亦与扬雄晚年悔赋同，二者心态应有相似处。然扬雄悔赋而拟经，宋祁则悔少作而鄙模拟，此其异也。此则材料虽未言及扬子，然可资借鉴以体扬子之心也，故亦录之于此。

扬雄传笔记*

《扬雄传》“名曰畔牢愁”，李奇曰：“畔，离；牢，聊也。与君相离愁而无聊也。”该案，“牢”字旁著“水”，晋直作“牢”。韦昭曰：“浶，骚也。”郑氏愁音曹。

又“恐鹈鴂之先鸣”，师古：“鹈音大系反，鴂音桂。”该案，苏林“鹈鴂”音“殄绢”。

又“抶抶獝狂”，该曰：“獝狂，无头鬼。见《字林》”

“招摇泰壹”，颜以张晏注招摇、泰壹皆神名。该曰：“如淳作皋楔，皋积柴于头，置牲玉于其上，举而烧之，故曰皋摇。”

“储胥弩陆”，该引《三苍》，因山谷为牛马圈，谓之陆。《黄图》云弩陆在上林苑外。

“洒沉灾呀壑渎”，该案：“洒沉灾而呀壑渎兮，呀或作呵，呵叱问四渎也。”

“啾啾跄跄，入西园，切神光”，颜曰：“啾啾跄跄，腾骧貌。”该说啾旧亦作愁。韦昭音裁枭反。今书或作口旁秋。该引《埤仓》“啾，众声也”，又引《楚辞》“鸣玉鸾之啾啾”为据云。

“稽颡树颔扶服哦伏”，如淳曰：“叩头时项下向，则树向上也。”该案，韦本作“梨颡树颔，梨颡，颡撂地；树颔，颔触地也”，今作“稽颡”，传写误耳。

又《玄》有《首》《冲》《错》《测》《摛》《莹》《数》《文》《掜》《图》《告》十一篇。该案：“《冲》作《衡》，云八十一家相对之第，如辐辏之卫。又案《别录》，《告》下有《玄问》一篇，合十二篇，今脱一篇，疑今人不见《太玄》及《别录》，不知其谬。”

“譔为十三卷”，颜曰：“譔与撰同。”该案，《字林》“譔，专教也，”音诠，惟《礼记》音撰，尚有一卷，未寻得。（《宋景文笔记》卷中，第542页）

论扬二则*

贾谊善言治，晁错善言兵，董仲舒善推天人，司马迁叙事，相如、扬雄文章，刘向父子博洽至矣。

韩退之称孟轲醇乎醇者也，至荀况、扬雄，曰大醇而小疵。予以为未之尽。孟之学也虽醇，于用缓；荀之学也虽疵，于用切。扬则立言可矣，不近于用。（《宋景文笔记》卷中，第544页）

张　俞（?）

［按］张俞，盖即《宋史》卷四百五十八之张愈。传载：“张愈字少愚，益州郫人，其先自河东徙。愈隽伟有大志，游学四方，屡举不第。……六召不应。喜弈棋。乐山水，遇有兴，虽数千里辄尽室往。遂浮湘、沅，观浙江，升罗浮，入九嶷，买石载鹤以归。杜门著书，未就，卒。”

蜀三贤画像赞

益州中兴寺有墨池院，院有前汉扬子云、严君平、李仲元三贤画像，因各赞之。来者观像读赞，则知三贤之道至焉。

扬子云：子云潜真，与圣合神。龙隐其德，凤耀其文。撰《法》著《玄》，统贯天人。道德之首，谭称绝伦。

严君平：渊渊蜀庄，至人之貌。心通蓍龟，言必慈孝。推道衍德，穷神入妙。子云之师，孰洞其照？

李仲元：仲元何如？貌人心天。出方其隐，默喻于言。道兼夷、惠，质妙云、渊。屈伸犹龙，物无累焉。（袁说友等编《成都文类》卷四十八，中华书局 2011 年版，第 940 页）

梅尧臣（1002- 1060）

《宋史》卷四百四十三："梅尧臣字圣俞，宣州宣城人，侍读学士询从子也。工为诗，以深远古淡为意，间出奇巧……尝上书言兵。注《孙子》十三篇，撰《唐载记》二十六卷、《毛诗小传》二十卷、《宛陵集》四十卷。"

答鹅湖长老绍元示太玄图

鹅湖有鹅吾不问，鹅湖无鹅吾不疑，道士须换《黄庭经》，释子自明《太玄辞》。噫嘻兮，此意迥与山阴别，我亦曾非逸少为。（《梅尧臣集编年校注》卷二十六，上海古籍出版社 1980 年版，第 826 页）

王尧臣（1003- 1058）

[按]《四库全书总目·崇文总目提要》云："宋王尧臣等奉敕撰。盖以四馆书并合著录者也。宋制以昭文、史馆、集贤为三馆，太平兴国三年于左升龙门东北建崇文院，谓之三馆新修书院。端拱元年诏分三馆之书万余卷，别为书库，名曰秘阁，以别贮禁中之籍，与三馆合称四馆。景祐元年闰六月以三馆及秘阁所藏或谬滥不全，命翰林学士张观、知制诰李淑、宋祁等看详，定其存废讹谬者，删去差漏者补写。因诏翰林学士王尧臣、史馆检讨王洙、馆阁校勘欧阳修等校正条目，讨论撰次，定著三万六百六十九卷，分类编目，总成六十六卷，于庆历元年十二月己丑上之，赐名《崇文总目》。"因本编因人系文，故《崇文总目》虽为集体著作，但本编所录文字，仍系于王尧臣一人名下。尧臣事迹，具见《宋史》卷二百九十二《王尧臣传》。

方言十三卷

汉扬雄子云撰，晋郭璞注。今世所传，文或缪缺，与先儒所引时有差云。（《崇文总目辑释》卷一，《续修》第916册，第632页）

太玄经十卷

扬雄撰，蔡文邵注。侗按，《通志·校雠略》云，《太玄经》以讳，故《崇文》改为"太真"，《困学纪闻·杂识类》亦云《崇文总目》谓《太玄经》曰《太真经》。旧本作《太玄》，盖后人窜改，今仍之。（《崇文总目辑释》卷三，第677页）

[按] 侗，即清代学者钱大昭之子钱侗。大昭三子（钱东垣、钱绎、钱侗）与同县秦鉴、桐乡金锡鬯辑释《崇文总目》，即本编引文所据之本。

陈　渐（？）

《宋史》卷二百八十四："渐字鸿渐，少以文学知名于蜀。淳化中，与其父尧封皆以进士试廷中，太宗擢渐第，辄辞不就，愿擢其父，许之。至咸平初，渐始仕，为天水县尉。时学者罕通扬雄《太玄经》，渐独好之，著书十五篇，号《演玄》，奏之。召试学士院，授仪州军事推官。"

陈渐演玄十卷

右皇朝陈渐撰。渐，尧佐族子也，《国史》有传。凡十四篇。渐谓史以扬雄非圣人而作经，犹吴楚僭王。按，子云《法言》《解嘲》止云《太玄》，然则经非其自称，弟子侯芭之徒尊之耳。（晁公武撰，孙猛校：《郡斋读书志校证》卷十，上海古籍出版社 1990 年版，第 430 页）

［按］《宋史》本传言十五篇，晁氏谓十四篇，盖讹"五"为"四"乎？《演玄》今已亡佚，然《经义考》引王应麟言云："《演玄》本十卷，其间多言星历，自焚三卷，所存七卷者，有《玄统》《述策》《纪镝》《键略》各一篇，《弹误》二篇，《玄图》一篇，《玄钳》一篇，《字摹》十六篇。"

宋惟幹（？）

［按］宋惟幹，《通志·艺文略》作"宋维翰"，《经义考》作"宋维幹"，盖皆形近而讹。其事迹除注《太玄》外，多不可考。

宋惟幹太玄解十卷

右皇朝宋惟幹注。惟幹尝得《太玄》古本于昭应。咸平中知滑台，取宋衷、陆绩、范望三家训解，别为之注，仍作《太玄宗旨》两篇附于后。其学盖师济东田告。司马温公所谓“小宋”者也。（晁公武撰，孙猛校：《郡斋读书志校证》卷十，上海古籍出版社1990年版，第428页）

［按］《宋会要辑稿·崇儒五》载：“景德元年（1004）五月，直昭文馆宋惟幹献新注扬雄《太玄经》十卷，诏付史馆。”

谭　旨

扬子欲赞明《易》道，乃大覃思浑天而作《太玄》。盖《玄》生于一而极于三，天、地、人各有九重，三而变，故有二十七部。天取其一，地取其二，人取其三，自下相重，三位成列。各三其数成方、州、部、家之道也。因而革之，推而荡之，故谓之三表。升降于六十四卦，共成于八十一家。由是广其三材，统成九位。行阴阳进退之气，穷日星经纬之机。有九州以统二十七部，有二十七部以统八十一家。自家至州，统之于伯，是以三材备而万物生。乃以三材配属于一家，乃以三家配属于一部，乃以三部配属于一州，乃以三州配属于一方，乃以三方配属于一岁。莫不推之以宿度，佐之以五行。首以准卦，赞以类爻，表以会象。《玄》以明《易》，运则通，通则久，久则极，极则变。变也者，周而复始之谓也。观夫《易》象设位，自下而生；《玄》道位分，自北而运。运则能覆，生则能载。覆载交泰，两仪象成，动变在中，吉凶休咎见乎外也。故知观《玄》者，知《易》道之至深；观《易》者，知《玄》道之至大。《玄》则《易》也，《易》则《玄》也。《玄》则上行乎天地之气，《易》则下通乎天地之神。其用自《中孚》推六十四卦阴阳之度数，律历之纪纲，九九大运之终始也。详夫圣人观象于天，观法于地，知天之气五日一移，七日一节，地之气五日一应，七日一易。进退有度，出处有时，所以拱默而经纬乎天下，莫不其防也，在乎微，其杜也，在乎渐。二分二至，履霜坚冰，戒惧之至也。所谓《太玄》之作，其知几乎！

若乃天道左行，日月右迎。天象昭列，经纬时成。阴阳相交，晬魄相感。阴阳气盛，感而下达。地气右动，山泽相通。阴阳相交，晬魄相感。阴阳气盛，感而上通，天地气交，水火相薄，雷风相荡，刚柔相摩，寒暑生焉，变化行焉，四时成焉，万物立焉。精气为物，游魂为变。变也者，各有所归，天地以之乎相承，彰往察来，穷微尽变。如谷从响，无有幽遐。非覃思之至精，孰能与于此乎。（晁说之《景迂生集》卷十，《四库》第1118册，第187—188页）

石　介（1005- 1045）

《宋史》卷四百三十二："石介字守道，兖州奉符人。……介为文有气，尝患文章之弊，佛、老为蠹，著《怪说》《中国论》，言去此三者，乃可以有为。又著《唐鉴》以戒奸臣、宦官、宫女，指切当时，无所讳忌。……有《徂徕集》行于世。"

怪说中 （节录）

或曰：天下不谓之怪，子谓之怪；今有子不谓怪，而天下谓之怪，请为子而言之，可乎？曰：奚其为怪也，昔杨翰林欲以文章为宗于天下，忧天下未尽信己之道，于是盲天下人目，聋天下人耳，使天下人目盲，不见有周公、孔子、孟轲、扬雄、文中子、韩吏部之道；使天下人耳聋，不闻有周公、孔子、孟轲、扬雄、文中子、韩吏部之道。俟周公、孔子、孟轲、扬雄、文中子、韩吏部之道灭，乃发其盲，开其聋，使天下唯见己之道，唯闻己之道，莫知有他。

今天下有杨亿之道四十年矣。今人欲反盲天下人目，聋天下人耳，使天下人目盲，不见有杨亿之道；使天下人耳聋，不闻有杨亿之道。俟杨亿道灭，乃发其盲、开其聋，使目唯见周公、孔子、孟轲、扬雄、文中子、韩吏部之道，耳惟闻周公、孔子、孟轲、扬雄、文中子、韩吏部之道。周公、孔子、孟轲、扬雄、文中子、韩吏部之道，尧、舜、禹、汤、文、武之道也，三才、九畴、五常之道也。反厥常，则为怪矣。(陈植锷点校：《徂徕石先生文集》卷五，中华书局1984年版，第61—62页)

［按］石介以道自居，故亦以辟异端为己任，推崇孟子、扬雄等人。欧阳修《徂徕石先生墓志铭》谓石介于“尧、舜、禹、汤、文、武、周公、孔子、孟轲、扬雄、韩愈氏者，未尝一日不诵于口”。《读徂徕集》又云：“宦学三十年，六经老研摩。问胡所专心，仁义丘与轲。扬雄韩愈氏，此外岂知他。”

尊　韩

道始于伏羲氏，而成终于孔子。道已成终矣，不生圣人可也。故自孔子来二千余年矣，不生圣人。若孟轲氏、扬雄氏、王通氏、韩愈氏，祖述孔子而师尊之，其智足以为贤。孔子后，道屡塞，辟于孟子，而大明于吏部。道已大明矣，不生贤人可也。故自吏部来三百有年矣，不生贤人。若柳仲涂、孙汉公、张晦之、贾公疏，祖述吏部而师尊之，其智实降。

噫！伏羲氏、神农氏、黄帝氏、少昊氏、颛顼氏、高辛氏、唐尧氏、虞舜氏、禹、汤氏、文、武、周公、孔子者十有四圣人，孔子为圣人之至。噫！孟轲氏、荀况氏、扬雄氏、王通氏、韩愈氏五贤人，吏部为贤人而卓。不知更几千万亿年复有孔子，不知更几千百数年复有吏部。

孔子之《易》《春秋》，自圣人来未有也；吏部《原道》《原仁》《原毁》《行难》《对禹问》《佛骨表》《诤臣论》，自诸子以来未有也。呜呼！至矣。(《徂徕石先生文集》卷七，第79—80页)

救说（节录）

道大坏，由一人存之；天下国家大乱，由一人扶之。周室衰，诸侯畔，道大坏也，孔子存之。孔子殁，杨、墨作，道大坏也，孟子存之。战国盛，仪、秦起，道大坏也，荀况存之。汉祚微，王莽篡，道大坏也，扬雄存之。七国弊，王纲圮，道大坏也，文中子存之。齐、梁来，佛、老炽，道大坏也，吏部存之。管、蔡之乱，则周公扶之也；诸吕之乱，则周勃扶之也；江左之乱，则谢安扶之也；武氏之乱，则狄公扶之也；禄山之乱，则汾阳扶之也；朱泚之乱，则西平扶之也；淮西之乱，则晋公扶之也；五代之乱，则瀛王扶之也。故道卒不坏，天下国家乱卒止。（《徂徕石先生文集》卷八，第84页）

上张兵部书

介尝读《易》至《序卦》曰："剥者，剥也。物不可以终尽，故受之以复斯文也。"剥且三十年矣。剥之将尽，其党朋进不已者。

尧、舜、禹之道剥于癸，天受之汤，尧、舜、禹之道复；汤之道剥于受，天受之文、武、周公，汤之道复；文、武、周公之道剥于幽、厉，天受之孔子，文、武、周公之道复；孔子之道始剥于杨、墨，中剥于庄、韩，又剥于秦、莽，又剥于晋、宋、齐、梁、陈五代，终剥于佛、老，天受之孟轲、荀卿、扬雄、王通、韩愈，孔子之道复。今斯文也，剥已极矣，而不复，天岂遂丧斯文哉！斯文丧，则尧、舜、禹、汤、周公、孔子之道不可见矣。

嗟夫！小子不肖，然每至于斯，未尝不流涕横席，终夜不寐也。顾己无孟轲、荀卿、扬雄、文中子、吏部之力，不能亟复斯文，其心亦不敢须臾忘。此惟执事怜之！不宣。介顿首。（《徂徕石先生文集》卷十二，第141页）

上蔡副枢书（节录）

夫圣贤不徒生也。四凶在朝，尧德不明，舜起佐尧，流共工于幽州，窜三苗于三危，放驩兜于崇山，殛鲧于羽山。洪水方割，下民其咨，禹乘四载，随山刊木，决九川，距四海。成王幼弱，周公践祚，制礼作乐。世衰道微，邪说暴行有作，王道失叙，礼坏乐崩，三纲将绝，彝伦攸斁，夫子作《春秋》，明《易》象，删《诗》《书》，定礼、乐，祖述尧、舜，宪章文、武。杨、墨塞路，儒几灭矣，孟子作十四篇而辟之。新莽篡汉，道斯替矣，扬雄作准《易》五万言、《法言》十三章而彰之。晋、宋、齐、梁、陈并时而亡，王纲毁矣，人伦弃矣，文中子续经以存之。释、老之害甚于杨、墨，悖乱圣化，蠹损中国，吏部独力以排之。故四凶去，尧德明；洪水息，蒸民粒；礼乐作，周太平；六经就，尧、舜、禹、汤、文、武、周公之道存；杨、墨辟，孔子教化行；《法言》修，莽恶显；《续经》成，王纲举，释、老微，中国乂。是知时有弊则圣贤生，圣贤生皆救时之弊也。（《徂徕石先生文集》卷十三，第142—143页）

上孔中丞书（节录）

夫子没，后世有子思焉，安国焉，颖达焉，止于发扬其言而已。有汉相光、唐相纬，虽得位，亦不能尽行其道。夫子之道，其肯郁然蟠伏于其家！乃跃起奋出，散漫于天下，天下人皆可以得之。汉高祖、唐太宗能得之于上，以之有天下三百年。孟轲、扬雄、文中子、韩愈能得之于下，以之有其名于亿万世。惟孔氏子孙无有得之者，俟四十余世，仅二千年，阁下乃得之。（《徂徕石先生文集》卷十三，第147页）

与士建中秀才书（节录）

孔子既没，微言遂绝，杨、墨之徒，榛塞正路，孟子正人心，息邪说，距诐行，放淫辞，以辟杨、墨，说齐宣、梁惠王七国之君，以行仁义。炎灵中歇，贼莽盗国，衣冠坠地，王道尽矣。扬雄以一枝木扶之，著《太玄》五万言，以明天、地、人之道，作《法言》十三篇，以阐扬正教。魏、晋迄陈、隋，帝王之道，扫地而无遗矣，生人之命遂绝而不救矣。文中子以太平之策十有二篇，干隋文帝，不遇，退居河、汾之间，续《诗》《书》，正《礼》《乐》，修《玄经》，赞《易》道，九年而六经大就。佛、老之教蠹于中国千百年矣，韩愈愤然于千百年下，孤力排谤，不避其死，论佛骨贬潮州八千里，而志弥壼，守益坚。斯四贤者，亦已勤矣，亦已劳矣，然而卒不惮者，亦以息民患也，行圣道也。(《徂徕石先生文集》卷十四，第162—163页)

答欧阳永叔书（节录）

苟必欲取高于人，古之圣人莫如周公、孔子；古之大儒，莫如孟轲、扬雄；古之贤圣，莫如皋陶、伊尹。天下之所尊莫如德，天下之所贵莫如行。今不学乎周公、孔子、孟轲、扬雄、皋陶、伊尹，不修乎德与行，特屑屑致意于数寸枯竹、半握秃毫间，将以取高乎？又何其浅也。(《徂徕石先生文集》卷十五，第176页)

欧阳修(1007- 1072)

《宋史》卷二百一十九："欧阳修字永叔，庐陵人。四岁而孤，母郑，守节自誓，亲诲之学，家贫，至以荻画地学书。幼敏悟过人，读书辄成诵。及冠，嶷然有声。……好古嗜学，凡周、汉以降金石遗文、断编残简，一切掇拾，研稽异同，立说于左，的的可表证，谓之《集古录》。奉诏修《唐书》纪、志、表，自撰《五代史记》，法严词约，多取《春秋》遗旨。苏轼叙其文曰：'论大道似韩愈，论事似陆贽，记事似司马迁，诗赋似李白。'识者以为知言。"

答吴充秀才书（节录）

夫学者未始不为道，而至者鲜焉。非道之于人远也，学者有所溺焉尔。盖文之为言，难工而可喜，易悦而自足。世之学者往往溺之，一有工焉，则曰："吾学足矣。"甚者至弃百事不关于心，曰："吾文士也，职于文而已。"此其所以至之鲜也。

昔孔子老而归鲁，六经之作，数年之顷尔。然读《易》者如无《春秋》，读《书》者如无《诗》，何其用功少而至于至也！圣人之文虽不可及，然大抵道胜者文不难而自至也。故孟子皇皇不暇著书，荀卿盖亦晚而有作。若子云、仲淹，方勉焉以模言语，此道未足而强言者也。后之惑者，徒见前世之文传，以为学者文而已，故愈力愈勤而愈不至。此足下所谓终日不出于轩序，不能纵横高下皆如意者，道未足也。若道之充焉，虽行乎天地，入于渊泉，无不之也。（《欧阳修全集》卷四十七，中华书局 2001 年版，第 663—664 页）

代人上王枢密求先集序书（节录）

某月日，具位某谨斋沐献书枢密相公阁下。某闻《传》曰："言之无文，行而不远。"君子之所学也，言以载事，而文以饰言，事信言文，乃能表见于后世。《诗》《书》《易》《春秋》，皆善载事而尤文者，故其传尤远。荀卿、孟轲之徒亦善为言，然其道有至有不至，故其书或传或不传，犹系于时之好恶而兴废之。其次楚有大夫者，善文其讴歌以传。汉之盛时，有贾谊、董仲舒、司马相如、扬雄，能文其文辞以传。由此

以来，去圣益远，世益薄或衰，下迄周、隋，其间亦时时有善文其言以传者，然皆纷杂灭裂不纯信，故百不传一。幸而一传，传亦不显，不能若前数家之焯然暴见而大行也。甚矣，言之难行也！事信矣，须文；文至矣，又系其所恃之大小，以见其行远不远也。（《欧阳修全集》卷六十八，第984—985页）

释契嵩（1007- 1072）

《四库全书总目·镡津集提要》云："宋释契嵩撰，契嵩姓李氏，字仲灵，藤州镡津人。庆历间居杭州灵隐寺，皇祐间入京师，两作万言书上之，仁宗赐号明教大师，寻还山而卒。契嵩博通内典，而不自参悟，其义谛乃恃气求胜，哓哓然与儒者争。"

四端（节录）

司马长卿、扬子云，其人其文皆世之称也。及扬子为《剧秦美新》，长卿为《封禅书》也，《封禅》之言怪乎淫，徒加其夸大之心者也；《美新》之言，苟言也。《记》曰："国无道，其默足以容。"贤而不默，孰与默邪？是皆不宜为而为之也。（《镡津文集校注》卷七，巴蜀书社2011年版，第126页）

西山移文（节录）

吾尝谓隐者之道有三焉：有天隐，有名隐，有形隐。形隐也者，密藏深伏，往而不返，非世傲人者之所好也，长沮、桀溺者其人也；名隐也者，不观治乱，与时浮沉，循禄全生者之所好也，东方曼倩、扬子云者其人也；天隐也者，心不凝滞拘绝于事，无固无必，可行即行，可止

即止，通其变者之所好也，太公望、孔子、颜渊者其人也。（《镡津文集校注》卷八，第162页）

纪复古（节录）

方周道衰，诸侯强暴相欺，上下失理。孔子无位于时，不得行事，故以之用褒贬、正赏罚，故后世虽有奸臣贼子，惧而不敢辄作。及战国时，合从连衡之说以倾天下，独孟轲、荀况以文持仁义而辨政教，当时虽不甚振，而学者仰而知有所趋。汉兴，贾谊、董仲舒、司马迁、扬雄辈，以其文倡之，而天下和者响应，故汉德所以大而其世所以久也。隋世王通，亦以其文继孔子之作。唐兴，太宗取其徒，发而试之，故唐有天下大治。而韩愈、柳宗元复以其文从而广之，故圣人之道益尊。（《镡津文集校注》卷八，第144页）

文中子碑（节录）

原天下之善者，存乎圣人之道；又天下之理者，存乎圣人之才。有其才而不有其道，教不及化也；有其道而不有其才，化不及教也。

尧舜，得圣人之道者也；禹汤文武周公，得圣人之才者也。兼斯二者，得于圣人，孔子仲尼者也，故曰夫子贤于尧舜远矣。仲尼殁百余年，而有孟轲氏作，虽不及仲尼，而启乎仲尼者也。孟轲殁而有荀卿子作，荀卿殁而扬子云继之。荀与扬，赞乎仲尼者也；教专而道不一，孟氏为次焉。（《镡津文集校注》卷十五，第282页）

非韩中（节录）

韩子《与冯宿书》论文，谓人不知其文，遂自比扬子云为《太玄》之时，乃引雄之言曰："世不知我，无害也。后世复有扬子云，必好之矣。"因谓："子云死近千载，竟未有扬子云，可叹也。其时桓谭亦以雄

书胜《老子》。《老子》未足道也，子云岂止与老子争强而已乎？此未为知雄者。其弟子侯芭颇知之，以为其师之书胜《周易》。然侯之他文不见于世，不知其人果何如耳。以此而言，作者不祈人之知也明矣。”以上皆退之文。

吾视此，未尝不抚书而为其太息，谓韩子可贤耶？何其为言之易也？夫圣贤之所以著书，岂欲与人争强乎？圣贤唯恐道不明而人不治，故为之书，欲以传其道也，岂意与人争强也！不争而乃有所为耳。夫以其所为而与人欲争强斗胜者，此特流俗使气不逞者之所尚也。圣贤如此而为，其去众人也何远哉？其道至，自形人之不至；其言是，自形人之不是。其人有知，遂自服而尊美也，岂有争之而得人尊美乎？自古著书而其文章炳然蔼如也，孰如孔子？而孔子曰："文，莫吾犹人也。"圣人岂以其道而苟胜乎？《中庸》曰："宽柔以教，不报无道，南方之强，君子居之。"是岂以争之而为强耶？《语》曰："由也兼人，故退之。"是圣人岂欲儒者而与人争强乎？韩子师儒，为言不类其法，不亦误后世之学者也？

若老子之书，其所发明三皇五帝之道德者也。其文约而详，其理简而至，治国治家、修身养神之方，出师用兵之法，天地变化之道，莫不备之矣。孔子尝从事而师问其人，岂非以其如此也？而老子岂易胜之乎？又况其所尚以不争为德也。子云平生学问于蜀人严遵君平，故其《法言》盛称于君平。君平乃治《老子》者也。及子云为《太玄》，乃以"一生三"为创制之本，是亦探《老子》所谓"一生二，二生三"者也。此说见《太玄解义》。故子云曰："老子之言道德，吾有取焉耳。"雄书之宗本既出于老子，而谓《玄》胜老氏，亦其未知思也。

然桓谭岂为能知子云乎？而韩子乃援桓谭之言，则已可笑矣，乃又曰："其弟子侯芭颇知之，以为其师之书胜《周易》。"此又韩子之大谬矣。若雄之《太玄》设方、州、部、家四位者，乃《易》之四象六画耳；布八十一首者，《易》之六十四卦也；二百四十二表存之而不尽书者，依周武口诀也；展七百二十九赞者，乃《易》之三百六十爻耳。其本不出乎阴阳二仪，其生克不出乎七八九六五行之数，其纪纲不出乎三极之道，而雄之书大底资《易》而成之耳。其《法言》曰："其事则述，其书则作。"《汉书》称雄亦曰："以为经莫大于《易》，故作《太玄》，皆斟酌其本，相与放依而驰骋云。"吾尝治《易》，得其四象八卦之数，凡《玄》之所存者，六气、五行、三才、七政、四时、十二月、二十四节、七十二候、五纪、五方、五神、五音、十二律、九宫、十日、十二辰，莫不统而贯之。盖圣人含章天机，秘而不发耳。至汉而焦赣、京房辈辄分爻直日，而《易》之道遂露矣。子云盖得意于焦氏之分爻也，复参之以浑天之法。然其巧思推数，自起其端，为位，为首，为赞，以钤乎一岁，效《易》以占天人之事，此其贤也。夫《易》者资《河图》《洛书》以成之，盖天地自然至神之法，非圣人之创制也，然非圣人亦不能发明之。虽其时世更历三古，藉圣人发挥者九人焉，唯伏牺、文王、孔子事业尤著。若子云之书，其始何出而何得之，其为书之人，何如于伏牺、文王、仲尼乎？然《玄》之法，盖出于人之意思经营之致耳，与夫天地自然之道固不可同日而言哉。子云之贤不及伏牺、文王、孔子，虽童蒙亦知其然也。而韩子以侯芭为颇知之，而谓《玄》胜《易》，何其惑之甚也！《晋书》谓王长文尝著书号《通玄》，"有《文言》《卦象》，可用卜筮，时人比之扬雄《太玄》"，是亦可谓胜《易》乎？彼侯芭者尚不知其师之所祖述，何妄为之说？掩抑圣人之经，乱后世学者之志，非细事也。此足以识芭之狂愚何甚也，不必待见其他文，而知其为人也。韩子于此，当辨斥之，以尊证圣人之道可也。乃更从事其说，苟以资其自矜，儒者果当尔耶？吾恐以文争强，而后生习为轻薄，人人无谦敬之德，未必不自韩子之造端也。

吾尝谓扬子因《易》以成书，其谓"述之"可也，不应作经，自为其家，与夫大《易》抗行。孔子述而不作，信而好古，窃比于我老彭。仲尼犹不敢作，子云乃作之欤？《汉书》谓诸儒讥扬子非圣人而作经，盖亦以其不能尊本也。何复用其书胜《易》，以重儒者之相非耶？（《镡津文集校注》卷十八，第352—355页）

范　镇（1007- 1088）

《宋史》卷三百三十七："范镇字景仁，成都华阳人。……其学本六经，口不道佛、老、申、韩之说。契丹、高丽皆传诵其文。少时赋长啸，却胡骑，晚使辽，人相目曰：此'长啸公'也。"

载酒亭群公画像记

子云，右，蜀人，事汉成、哀、平世，历新室，身诎而道不得行。子云没，宋兴八十九年，上距今千余岁，其乡人之学者森然，若林之植于亩。其在太平兴国中，有若谏议大夫田公锡之论议，参知政事苏公易简之博大。雍熙、淳化中，有若直昭文馆陈公充、直史馆朱公台符之文雅。景德、大中祥符中，有若侍御史张公及之介洁，集贤校理王公湜之温恭，职方员郎张公逵之疏达。其在今庆历，有若虞部员外李公畋之经术，翰林学士彭公乘之恬退，翰林学士孙公抃之厚重，屯田员外陈君希亮、户部员外梅君挚、殿中侍御史何君郯之直方，度支员外郭君辅、屯田员外张公中庸之通敏，直集贤院李君绚之夷旷。是皆子云之徒，学其道而得其传者。益州提点刑狱度支高君，既葺子云之居，镵其书，又画其像以及其徒。意者使后来观之，知贤人之道有塞有通，有诎有伸，塞于晦时而通于昭时，诎于不用而伸于有用云尔。（袁说友等编：《成都文类》卷四十五，中华书局 2011 年版，第 865—866 页）

［按］《全蜀艺文志》卷四十一亦录此文，但不载作者，题为"失名"。又据文中"宋兴八十九年"一语，知此文作于庆历八年。

韩　琦（1008- 1075）

《宋史》卷三百一十二："韩琦字稚圭，相州安阳人。父国华，自有传。琦风骨秀异，弱冠举进士，名在第二。方唱名，太史奏日下五色云见，左右皆贺。授将作监丞、通判淄州，入直集贤院、监左藏库。……琦蚤有盛名，识量英伟，临事喜愠不见于色，论者以重厚比周勃，政事比姚崇。”

五贤赞之扬子

余既新夫子之宫，乃绘诸弟子及左氏而下释经诸儒于东西序。又图孟、荀、扬、王、韩五贤于书楼之北壁。遣人自国庠得前人所撰孔子弟子暨释经诸儒之赞，署于其侧。独五贤者无赞焉。诸生欲其速备也，亟请鄙文以补之。余惜其缺，诺焉而不敢让。既而叹曰：夫五贤者，圣人之亚，学者之师，诸生姑欲速一时之备，使余不暇求当世能文者为之辞，而辄易言之。世且讥我，诸生岂爱我哉！虽然，孔孟之道，尧舜之德，而涂巷之人亦能称诵之，同推其善而已矣，知我者其恕焉。

……

书煨秦火，郁而未光。在汉之武，始焉表章。去圣云邈，微言孰详。人各名家，尚迷大方。及其季也，篆刻相攘。贤乎子云，翼然高翔。学通天地，道该帝皇。笔之于书，德音洋洋。周孔之法，弛而再张。鄙哉史坚，而不自量。非圣作经，引为谤伤。经者伊何，乃道之常。苟能明道，胡用不臧。岂比吴楚，僭号称王。一时之訾，万世之长。故嗣孔孟，曰荀曰扬。（《安阳集》卷二十三，《四库》第1089册，第341—342页）

李　觏（1009- 1059）

《宋史·儒林传》曰：“李觏字泰伯，建昌军南城人。俊辩能文，举茂才异等不中。……嘉祐中，用国子监奏，召为海门主簿、太学说书而卒。"

吊扬子

岁阴在戊兮，其月季春。望前三日兮，是惟壬辰。面书林以斋慓兮，敢行吊于子云。

呜呼哀哉！高庙不神兮，借人以权。新都大盗兮，春国之咽。凶邪得志兮，明哲偷安。天炉炽炭兮，璞玉不燃。敛佐王之刀尺兮，回智巧乎简篇。何诸儒之丧明兮，复培塿乎泰山。夫圣者通之谓兮，可名而名之，岂有常人？昔成汤号伊尹曰元圣兮，固《商书》之所不删。夷之清而惠之和兮，孟氏亦以为圣焉。谓子云之非圣兮，何啻乎胶柱而操弦。韩退之云"大醇而小疵兮"，所论止于《法言》。兹对问之细碎兮，如入宫始见其堧垣。伊太庙明堂之巨丽兮，则尽在于《太玄》。兼三材而用五行兮，取度数于浑天。日如蚁而右转兮，斗揭柄而左旋。阴阳昼夜之会合兮，非弄笔之所磨镌。其指在于三纲兮，尤切切于君臣。君道光而臣道灭兮，尊卑之分以陈。消与息而相乘兮，无盛满之不疾颠。言行祸福同出于罔兮，贵思虑乎未然。必称孝而称忠兮，异乎剧秦而美新。既广且深兮，浩浩东溟之潴百川。

自哲人之萎于鲁兮，独子云之书谁得而及肩？惟视之八曰翡翠于飞离其翼，狐貂之毛躬之贼。盖小才之足以杀其身兮，俾愚心之惄惄。奉新语以周旋兮，庶全归于窀穸。彼叔明之为注兮，间或失而或得。矧科指之不甚明兮，匪后生之能识。今之从事于此书兮，其说溺乎数术。隐怪之士借以为己有兮，学者欲求而弗获。

繄小子之不敏兮，将大为之解释。下以行诸讲学兮，上以及夫邦国。计其业之勤劳兮，岂一朝而一夕。困于内者疾病兮，迫于外者衣食。念一家之言兮，终成之于何日？天有意于此书兮，使我寿考而强力。不然子云之道兮，或几乎息。我思古人兮，泪涟涟而沾臆。（王国轩点校：《李觏集》卷二十九，中华书局 2011 年版，第 329—330 页）

［按］据"岁阴在戊兮，其月季春。望前三日兮，是惟壬辰"一句，知

此文作于庆历六年三月十二日，李觏时年三十八岁。李觏极为推崇扬雄《太玄》，曾发愿弘明《玄》道。范仲淹谓李觏“著书立言，有孟轲、扬雄之风义”，盖爱之深，故其效之也似。

惜　才

子云辞赋似相如，自说雕虫异壮夫。何事犬羊夸质素？患他人爱著貂狐。（《李觏集》卷三十六，第442页）

屈　原

秋来张翰偶思鲈，满筯鲜红食有余。何事灵均不知退，却将闲肉付江鱼。（《李觏集》卷三十六，第440页）

[按] 此诗以屈原投江为不智，与《法言》论屈原语合，立意亦同于扬雄《反离骚》。

苏　洵（1009—1066）

《宋史》卷四百四十三：“苏洵字明允，眉州眉山人。年二十七始发愤为学，岁余举进士，又举茂才异等，皆不中。悉焚常所为文，闭户益读书，遂通六经、百家之说，下笔顷刻数千言。至和、嘉祐间，与其二子轼、辙皆至京师，翰林学士欧阳修上其所著书二十二篇，既出，士大夫争传之，一时学者竞效苏氏为文章。”

太玄论上

苏子曰：言无有善恶也。苟有得乎吾心而言也，则其辞不索而获。

夫子之于《易》，吾见其思焉而得之者也。于《春秋》，吾见其感焉而得之者也。于《论语》，吾见其触焉而得之者也。思焉而得，故其言深；感焉而得，故其言切；触焉而得，故其言易。圣人之言得之天，而不以人参焉。故夫后之学者，可以天遇，而不可以人得也。方其为书也，犹其为言也；方其为言也，犹其为心也。书有以加乎其言，言有以加乎其心，圣人以为自欺。后之不得乎其心而为言，不得乎其言而为书，吾于扬雄见之矣。

疑而问，问而辩，问辩之道也。扬雄之《法言》，辩乎其不足问也，问乎其不足疑也，求闻于后世而不待其有得，君子无取焉耳。《太玄》者，雄之所以自附于夫子，而无得于心者也。使雄有得于心，吾知《太玄》之不作。何则？疡医之不为疾医，乐其有得于疡也；疾医之不能为，而丧其所以为疡，此疡医之所惧也。若夫妄人砺针磨砭，乃欲为俞附、扁鹊之事，彼诚无得于心而侈于外也。使雄有孟轲之书，而肯以为《太玄》邪？惟其所得之不足乐，故大为之名以侥幸于圣人而已。

且夫《易》之所为作者，雄不知也。以为为数邪？以为为道邪？惟其为道也，故六十卦而无加，六十四卦而无损。及其以为数，而后有六日七分之说生焉。圣人之意曰：六十四卦者，《易》也。六日七分者，吾以为历也。在历以数胜，在《易》以道胜。然则《易》之所为作，其亦可知矣。盖自汉以来，《六经》始有异论。夫圣人之言无所不通，而其用意固有所在也。惟其求而不可得，于是乃始杂取天下奇怪可喜之说而纳诸其中，而天下之工乎曲学小数者，亦欲自附于《六经》以求信于天下。然而君子不取也。

《太玄》者，雄所以拟《易》也。观其始于一而终于八十一，是即乘之极而不可加也。从三方之算而九之，并夜于昼，为二百四十有三日；三分其方而一，以为三州；三分其州而一，以为三部；三分其部而一，以为三家。此犹六十之不可加，而六十四之不可损也。雄以为未也，从而加之曰《踦》，又曰《嬴》，曰：吾以求合乎三百六十有五与夫四分之一者也。曰《踦》也，曰《嬴》也，是何为者？或曰以象四分之一。四分之一在《嬴》而不在《踦》。《踦》者，斗之二十六也。或曰以象闰。闰之积也，起于难之七，而于此加焉，是强为之辞也。且其言曰：譬诸人，增则赘，而割则亏。今也，重不足于历，而轻以其书加焉，是不为《太玄》也，为《太初历》也。圣人之所略，扬雄之所详；圣人之所重，扬雄之所忽，是其为道不足取也。

道之不足取也，吾乃今求其数，求合乎三百六十有五与夫四分之一者，固雄意也。赞之七百三十有一，是日之三百六十有五与夫四分之一也。后之学者曰：吾不知夫二十八宿之次，与夫日行之度也，而于《太玄》焉求之。则吾惧夫积日之无以处也。历者，天下之至微，要之千载而可行者也。四分而加一，是四岁而加一日也，率四岁而加之，千载之后，吾恐大冬之为大夏也。且夫四分其日而赞得二焉，故赞者可以为偶，而不可以为奇，其势然也。雄之所欲加者四分之三，而所加者四，是其为数不足考也。

君子之为书，犹工人之作器也。见其形以知其用，有鼎而加柄焉，是无问其工之材不材，与其金之良苦，而其不可以为鼎者，固已明矣。况乎加《踦》与《嬴》而不合乎二十八宿之度；是柄而不任操，吾无取也已。

太玄论中

四分日之一，或曰一百分日之二十五，在四以为一，在百以为二十五，唯其所在而加之。岂有常数哉？六日七分者，以八十言者也。苟有以适于用，吾斯从而加之矣。《坎》《离》《震》《兑》各守其方，而六十卦之爻分散于三百六十日。圣人不以五日四分日之一者，害其为《易》，而以七分者加焉。此非有所法乎。日月星辰之度，天地五行之数也。以其上之不可以八，而下之不可以六，故以七分者加之，使夫《易》者亦不为无用于历而已矣。夫八十分与夫七分者，皆非其所以为《易》也。上、下而为卦，九、六而为爻，此其所以为《易》也。圣人不于其所以为《易》者加之，故加焉而不害其为《易》。若夫四位而为首，九行而为赞，此正其所以为《太玄》者也。而雄于此加焉。故吾不知其为《太

玄》也。始于《中》之一而讫于《养》之九，阙焉而未见者，四分日之三而已矣。以一百八分而为日，以一分而加之，一首之外尽八十一首，而四分日之三者可以见矣。观《周》之一，知昼夜之不在乎奇偶，而在其所承；观《中》之九，知休咎之不在乎昼夜，而在其所处。故积其分至于《养》之九，而可以无患。盖《易》之本六日以为卦。《太玄》之初四日有半以为首，而皆以四百八十七分，求合乎二十八宿之度，加分而其数定，去《踦》《嬴》而其道胜，吾无憾焉耳。

太玄论下

《太玄》之策三十有六，虚三而三十有三用焉。曰其说出于《易》。《易》曰"大衍之数五十，其用四十有九"，是雄之所以为虚三之说也。夫大衍之数，是数之宗，而万物之所取用也。今夫蓍，亦用者之一而已矣。或用其千万，或用其一二，唯其所用而蓍也，用其四十有九焉。五者生之终也，十者成之极也。生之终，成之极，则天下又何以过之？故曰五十。五十者，五十有五云也，非四十有九而益一云也。天下之数于是宗焉，则《玄》无乃亦将取之。且夫四十有九者，岂有他哉？极其所当用之数而取之于大衍者，衍其所当用之策数，而举其大略耳。吾将以老阳之九而明之。则夫七八六者，可以从而见焉。今夫一爻而三变，一变而挂一，是三用也。四四揲之，归奇于扐，是十用也。既扐而数其余，是三十有六用也。三与十、与三十六，而四十九之数成焉。增之则赢，损之则亏。四十有九足以成爻，而未始有虚一之道，吾不知先儒何从而得之也。圣人之所为，当然而然耳，区区于天地五行之数而牵合于其间者，亦见其劳而无取矣。圣人观乎三才之体而取诸其象，故八卦皆以三画，及其欲推之于六十四也，则从而六之，吾又不知先儒之何以配乎六也。圣人之意，直曰非六无以变。非六无以变是非四十九无以揲也。《太玄》之算极于三，以三而计之，挂其一，再扐其五，而数其余之二十七，是亦三十三之数，不可以有加也。今其说曰三六，又曰二九，又曰倍天之数，又曰地虚三以扮天三，皆求《易》之过也。

夫卜筮者，圣人所以探吉凶之自然，故为是不可逆知之数，而寓诸其无心之物，故虽折草毁瓦，而皆有以前祸福之兆。圣人惧无以自神其心，而交于冥莫恍惚之间也，故择时日，登龟取蓍而庙藏焉。圣人之视蓍蓍也，若或依之以自神其心，而非蓍龟之能灵也。况乎区区牵合于天地五行之数，其说固已迂矣。卜筮者，为不可逆知者也。旦筮用三经皆奇，夕筮用三纬，日中夜中用二经一纬，皆奇偶杂。则是吉凶之纯驳不在其逢，而在其时。使夫旦筮者不为大休，则为大咎，而日中、夜中与夫夕筮者，大休大咎终不可得而遇也。《中》之九曰巅，灵气形反，当昼而凶，盖有之矣。占从其词，不从其数。其谁曰不可？吾欲去其《踦》与其《嬴》，加其首之一分，损其蓍之三策。不从其数之可以逆知，而从其词之不可以前定。庶乎其无罪也。

太玄总例（并引）

吾既作《太玄论》，或者读扬子之书未知其详，而以意诘吾说，病辞之不给也，为作此例。凡雄之法与夫先儒之论，其可取者皆在。有未尽传之己意，曰姑观是焉。盖雄者好奇而务深，故辞多夸大，而可观者鲜。始之以十八策，中之以三十六，终之以七十二，积之以二万六千二百四十四，张而不已，谁不能然。盖《总例》之外无观焉。

四位　《玄》首之数，在乎方、州、部、家，初揲而得之为家，逆而次之极于方。凡所以谓之方、州、部、家者，义不在乎其数也。取天下有别之名而加之耳。夫天下之大，所以略别之者谓之方，方之中分之稍详者谓之州，举一类而为之所者谓之部，举一人而为之别者谓之家。盖方者别之大，而家者其小别者也。故《玄》，家一一而转，而有八十一家；部三三而转，而有二十七部；州九九而转，而有九州；方二十七而转，而有三方。四者旋相为配，而无不遇，故有八十一首。

九赞　方、州、部、家之于《玄》，一首而加一算，故四位皆及于三，而其算止于八十一，率一算而九赞系之。赞者，所以为首之日；而算者，所以为首之次也，故二者并行，而其用各异。非如《易》之六画

有以应乎六爻之词也。《玄》之大体以二赞而当一日，赞之奇偶或以为昼，或以为夜。奇首之昼在乎赞之奇，偶首之昼在乎赞之偶，率十有八赞而后九日备。一首而九赞，其势然也。故于九赞之间，三三相附以当天之始、中、终，地之下、中、上，与人之思、祸、福。三者自相变，而皆可以当其一首之赞。故《玄》之所以有九行者，亦以其赞言也。五行之次，水始于一、六，土终五、十，而《玄》数不及十。说者以为：土，君象也。水、火、木、金四者，当先后于土者也。至于八十一首之间，则亦以九九相从，以当天、地、人三者之变，与夫九行之数。故举其首之当水，与天之始始，地之下下，人之思内者以为九天。

八十一首　一首而九赞，二赞为一日，率一首而四日有半。奇首之次九，为偶首初一之昼，故自奇之一至于偶之一，而后得为五日。观范望之注而考之其星度，则奇首之九赞为五日，而偶首止于四。《玄挩》曰“九日平分”，范说非也。盖一首之数定，而八十一首之数，从可知矣。日之周天三百六十五度四分度之一，《玄》之八十一首而未增《踦》《赢》也，当其三百六十五度有半，于天度为不及，故《踦》与《赢》者，又加其一度焉。夫方、州、部、家之算，虽无与乎赞之日，然及夫推而求其日也，皆举算而以九乘焉。故夫算者，亦可以通之于日也。四位皆及于三，而周天之日亦可以概见于其中矣。三方之算，五十有四九之半之为二百四十三日；三州之算，十有八九之半之为八十一日；三部之算，六九之半之为二十七日；三家之算，三九之半之为十三日有半，而《踦》《赢》不与焉。故列方、州、部、家之极数，而以所得之日，系之其下而为图。

三方（按，此为图表，兹从略）

揲法　三十有六而策视焉。天以三分，终于六成，故十八策。天不施，地不成，因而倍之。地则虚三以扮天，故蓍之数三十有六，而揲用三十三。别一以挂于左手之小指，中分其余以三数之，并余于扐。再扐之后而三数其余，七为一，八为二，九为三。八扐而四位成。雄之说曰：“一扐之后，而数其余。”夫一挂一扐之多不过乎六，既六，而其余二十七者可以为九，而不可以为八、九，况夫不至于六哉。《太玄》，雄作，其揲法宜不谬，意者传之失也。王涯之说，一扐之后而三三数之，三七之余而一一数之，及八以为二，及九以为三，不及八，不及九，从三三之数而以三七为一，是苟以牵合乎一扐之言，而不知夫八者须挂一扐三而后成，而扐终不可以三也。《易》之三揲也，每分辄挂而列乎三指之间。《玄》之再扐也，再扐不挂，而归于初扐之指。吾于其挂而后分也见焉。《易》分而后挂，故每分辄挂，挂必异处，故列乎三指之间；《玄》挂而后分，故再扐不挂。再扐不挂，故归于初扐之指。指者，视其挂者也。然则不再扐，吾知雄之不先挂也。

占法　占有四，曰星，曰时，曰数，曰辞。星者，二十八宿与五行之从违也。时者，所筮之时，与所遇之首之从远也。数者，首赞奇偶之从违也。辞者，辞之从违也。

推《玄》算　家一置一，二置二，三置三。部一勿增，二增三，三增六。州一勿增，二增九，三增十八。方一勿增，二增二十七，三增五十四。四位之积算，则是其首去《中》之策数也。

求表之赞　置首去《中》策数，减一而九之，增赞，半之则得赞去冬至日数矣。偶为所得日之夜，奇为所得日之昼。九之者，为赞也。减一者，为增赞也。半之者，为日也。求星从牵牛始，除算尽，则是其日也。除算尽，则是其日也者，星之度、日之日也。斗振天而进日，违天而退。《玄》日书斗书，而月不书。

历法　十九岁为一章，二十七章、五百一十三岁为一会。三会，八十一章、千五百三十九岁为一统。三统、九会、二百四十三章、四千六百一十七岁为一元。一章闰分尽，一月蚀尽，一统朔分尽，一元六甲尽。“自子至辰，自辰至申，自申至子。是为三方。冠之以甲，而章、会、统、元，与月蚀俱没。”此雄之自述云尔。夫尽者，生于不齐者也。不齐之积而至于齐，是以有尽也。斗与天而东，日违天而西，终日而成度，尽度而成期，故不齐者，非出于斗与日，出于月也。日舒而月速，于是有晦朔、弦望、进退之不齐。惟其不齐，故要之于四千六百一十七岁，而后四者皆尽。又从而三之，万有三千八百五十一岁，冬至朔旦复得甲子，而十二辰尽也。此五尽者，历之所以有法也。今《玄告》曰：

"《玄》日书斗书，而月不书。"夫七百三十一赞，二赞而为一日，固其势不得书月也。苟月而不书，则夫历法之可见于《玄》者，止于一期。而此五尽也，雄之所强存而已。是故列其一期之法于前，而存其五尽之数于后，盖不详云。

（以上俱见苏洵著，曾枣庄、金成礼笺注：《嘉祐集笺注》卷七，上海古籍出版社 1993 年版，第 169—196 页）

［按］元人李治《敬斋先生古今黈》卷四云："老泉既破扬雄《太玄》，以为无得于心而侈于外。又以为乐天为之名，以侥幸于圣人而已。是谓雄之《玄》，无一而可取也。然老泉乃复作《太玄总例》，何哉？《玄》既不取。则《总例》亦不作可也。今作为《总例》，而无取于《玄》，是疑其父而信于子也，可乎。老泉之意，岂不以《太玄》实赘于《易》，其书当废。而雄既立例矣，又不可以尽废之。惟其《总例》必如此而后可耳。噫，言废则废，言举则举。既欲废之，又欲举之，吾不知其说也。"

上欧阳内翰第二书（节录）

自孔子没，百有余年而孟子生；孟子之后，数十年而至荀卿子；荀卿子后乃稍阔远，二百余年而扬雄称于世；扬雄之死，不得其继千有余年，而后属之韩愈氏；韩愈氏没三百年矣，不知天下之将谁与也？且夫以一能称，以一善书者，皆不可忽，则其多称而屡书者，其为人宜尤可贵重。奈何数千年之间，四人而无加，此其人宜何如也？天下病无斯人，天下而有斯人也，宜何以待之？（《嘉祐集笺注》卷十二，第 334 页）

龚鼎臣（1009-1086）

《宋史》卷三百四十七："龚鼎臣字辅之，郓之须城人。父诱衷，武陵令。鼎臣幼孤自立，景祐元年第进士，为平阴主簿，疏泄潴水，得良田数百千顷。……拜谏议大夫、京东东路安抚使、知青州，改太中大夫，请老，提举亳州太清宫。寻以正议大夫致仕，年七十七，元祐元年卒。”

东原录（节录）

扬子：“潜天而天，潜地而地。”人之神潜天地，则其德如天地矣。《书》曰：“惟克天德。”故仲淹谓天隐地隐者，此也。又天神天明，照知四方，天精天粹，万物作类。精气为物，天神之精也。神而明之，天明之粹也。生而禀乎天，死而复于天。复者，精复于神，粹复于明。嘉祐中，予在国子监，与监长钱象先进学官校定李轨注扬子《法言》，后数年，因于唐人类书中见“如玉加莹”一义，惜其未改正也。或问：“屈原智乎?”曰：“如玉加莹，爰见丹青。”轨注云：“夫智者达天命，如玉加莹，磨而不磷。”往日不知其误，遂改轨注以就文义尔。（《东原录》，《丛书集成初编》本，中华书局1985年版，第3页）

扬子曰：“圣人以不手为圣人。”李轨注：“谓手者，桎梏之属。”贾谊《新书》云：“纣作梏数千，睨天下诸侯之不谄己者，杖而梏之。文王桎梏，囚于羑里，七年而后得免。”其注意以文王圣而免桎梏，则与扬子合矣。（《东原录》，第6页）

孙冲（?）

《宋史》卷二百九十九：“孙冲字升伯，赵州平棘人。举明经，历古田青阳尉、盐山丽水主簿。尝并丧父母去官，有司循五代故事，必六年乃听调，冲援古制，以书干宰相，不纳。后举进士，登甲科。授将作监丞，历通判晋、绛、保州，坐与保州守争事，降监吉州酒，累迁太常

博士。”

重刊绛守居园池记序（节录）

呜戏！文者道之车舆也，欲道之不泥，在文之中正。秦世以前，淳而不漓；炎汉之间，焕而不杂。逮魏与晋，稍稍侵害。自兹而下，驱而折脊。隋、唐以来，擘为二途，既不相近，颇甚攻毁。夫圣人文章，若八卦、彖、繇、爻、象之体，虽不肤浅，然圣人之文，终能传解。孔子《系辞》，则皎然流畅。其《诗》《书》《礼》《乐》之文，披之皆可见意。是圣人于文章，本在达意垂法而已，不必须奇怪而难入也。由经书外，子、史、百家之言，固可通导。独扬雄《太玄》，准《易》而为之，当时之人或不肯一览。故文章在乎正而不杂，但如两汉风骨，则仲尼、周公复出，固无所嫌也。（曾枣庄主编：《宋代序跋全编》卷三，齐鲁书社2015年版，第73页）

阮　逸（?）

《宋元学案》卷一："阮逸字天隐，建阳人，天圣进士，官太常丞。皇祐中，与安定同典乐事，迁尚书屯田员外郎。著有《易筌》"

中说序（节录）

夫道之深者，固当年不能穷；功之远者，必异代而后显。方当圣时，人文复古，则周、孔至治大备，得以隆之。昔荀卿、扬雄二书，尚有韩愈、柳宗元删定，李轨、杨倞注释，况文中子非荀、扬比也，岂学者不能伸之乎？是用覃研蕴奥，引质同异，为之注解，以翼斯文。（王通著，张沛校注：《中说校注》卷首，中华书局2013年版，第2页）

邵 雍（1011- 1077）

《宋史·道学传》："邵雍字尧夫。雍少时，自雄其才，慷慨欲树功名。于书无所不读，始为学，即坚苦刻厉，寒不炉，暑不扇，夜不就席者数年。……所著书曰《皇极经世》《观物内外篇》《渔樵问对》，诗曰《伊川击壤集》。"

扬雄卒*

庚午，王莽大杀宗室，校书郎扬雄投天禄阁，不克死。……己卯，校书郎扬雄卒。（《皇极经世书》卷六上，《四库》第 803 册，第 674 页）

扬雄知历*

《太玄》九日当两卦余，一卦当四日半。扬雄作《玄》，可谓"见天地之心"者也。

落下闳改《颛顼历》为《太初历》，子云准《太初》作《太玄》，凡八十一卦，九分，共二卦，凡一、五隔一、四，细分之则四分半当一卦。气起于中心，故首《中》卦。

历不能无差。今之学历者，但知历法，不知历理。能布算者，落下闳也，能推步者，甘公、石公也。落下闳但知历法，扬雄知历法又知历理。（《皇极经世书》卷十三，第 1073－1074 页）

［按］《宋史·邵雍传》谓"司马光兄事雍"，司马光尊扬雄，以为超越孟、荀，可为圣人，或曾受邵雍之影响。上引《四库》本数语乃节录之文，《永乐大典》卷四千九百二十三引邵雍《黄极经世书》云："《太玄》九日当两卦余，一卦当四日半。扬雄作《玄》，可谓见天地之心者也。天一地二，天三地四，天五地六，天七地八，天九地十，参伍以变，错综其数也。如天地之相衔，昼夜之相交也。一者数之始而非数也，故二二为四，三三为九，四四为十六，五五为二十五，六六为三十六，七七为四十九，八八为六十

四，九九为八十一，而一不可变也。百则十也，十则一也，亦不可变也。是故数去其一而极于九，皆用其变也。五五二十五，天数也。六六三十六，乾之筴数也。七七四十九，大衍之用数也。八八六十四，卦数也。九九八十一，玄范之数也。落下闳改《颛顼历》为《太初历》，子云准《太初》而作《太玄》，凡八十一卦，九分，共二卦，凡一、五隔四，细分之则四分半当一卦。气起于中心，故首《中》卦。参天两地而倚数，非天地之正数也。倚者，拟也，拟天地正数而生也。历不能无差，今之学历者但知历法不知历理。能布散者，落下闳也。能推步者，甘公也。落下闳但知历法，惟扬雄知历法又知历理。一岁之闰，六阴六阳，三年三十六日，故三年一闰，五年六十日，故五年再闰。"

太玄准易图序

夫《玄》之于《易》，犹地之于天也。天主太极，而地总元气。元气转而为三统，在《玄》则谓之三玄。三玄转而为九州，九州转而为二十七部，转而为八十一首，首有九赞，赞分昼夜，而刚柔之用见矣。故《玄》之赞七百二十九而有奇，以应三百六旬有六日之度，盖本出乎元气而作者也。太极生两仪，两仪生四象，四象生八卦，八卦因而重之为六十四，故《易》有《乾》《坎》《艮》《震》《巽》《离》《坤》《兑》八卦以司八节，又以《坎》《离》《震》《兑》四正之卦二十四爻以司二十四气，以《复》《临》《泰》《大壮》《夬》《乾》《姤》《遁》《否》《观》《剥》《坤》有十二卦以司七十二侯节也。气也，侯也，既各有统矣，然周天之度未见其所司也，于是又去四正之卦，分取六十卦，引而伸之，为三百六十爻，各司其日，则周天三百六十度，而寒暑进退之道，阴阳之运备矣，盖本乎太极而作者也。由是观之，则天地各有生成之数，而相为表里之用，故天数西行上承而左转者，在地之元气也。地数东行下顺而右运者，在天之太极也。太极运三辰五星于上，元气转三统五行于下，此所谓成变化而行鬼神者也。所谓《玄》之于《易》犹地之于天者，如斯而已，准而作之，不亦宜乎！若夫分天度，列次序，舍气侯，明卦爻，冠首赞，位列八重，先以夜赞布诸外，然后昼赞、首位、爻象、侯卦、气卦、宫分、度数次诸内，复会于辰极，而《玄》《易》显仁藏用之道，循乎数者可见矣。是故始于上元甲子天正朔旦日，躔牛宿之初，后四千六百一十七年后复会于太初之上元者，《玄》之赞也。自上元甲寅青龙之首，气起《未济》之九四，后三万一千九百二十年复会于太极之上元者，《易》之爻也。原始要终，究其所穷，则体用虽殊，其一而已矣。（晁说之《景迂生集》卷十，《四库》第1118册，第185—186页）

王拱辰（1012- 1085）

王拱辰传（节录）

王拱辰字君贶，开封咸平人。元名拱寿，年十九，举进士第一，仁宗赐以今名。……为学士承旨兼侍读。帝于迩英阁置《太玄经》、蓍草，顾曰："朕每阅此。卿亦知其说乎?"拱辰具以对，且曰："愿陛下垂意六经，旁采史策，此不足学也。"（《宋史》卷三百一十八，第10359—10360页）

陈　襄（1017- 1080）

《宋史》卷三百二十一："陈襄字述古，福州候官人。少孤，能自立，出游乡校，与陈烈、周希孟、郑穆为友。时学者沉溺于雕琢之文，所谓知天尽性之说，皆指为迂阔而莫之讲。四人者始相与倡道于海滨，

闻者皆笑以惊，守之不为变，卒从而化，谓之‘四先生’。”

上神宗论人君在知道得贤务修法度（节录）

周衰，礼乐坏，王道陵夷，上无圣贤之君，下无法度之臣，天下荡然无纲纪制度。汉兴，有扬雄者，可谓法度之臣矣，而无可致之君。唐太宗有为之主也，而房杜之徒不足以言礼乐，此其所以不王也。（《宋名臣奏议》卷二，《四库》第431册，第29页）

［按］《四库全书》本《古灵集》卷五亦收有此文，题作“赴召修注上殿札子”，其中“有扬雄者”作“有仲舒者”，查宋绍兴三十一年陈辉刻本《古灵先生文集》卷第十五，亦同。然宋淳祐刻元明递修本《诸臣奏议》同《四库》本，作“有扬雄者”。董仲舒生逢汉武，故不可谓“无可致之君”。《古灵集》卷十三所收策论云：“孔子没，圣人之道失其传，百氏之说纷然肆邪说以枭乱天下，孟轲、荀卿氏作，相与提仁义之言以辟之，陵迟至于汉唐，道益大坏，扬雄、韩愈氏又从而扶持辨正，然后孔子之道熄而复明。”又卷十四《与孙运使书》、卷十七《谢两浙运使张学士差试官启》、卷十八《天台县孔子庙记》皆推崇扬雄甚于董仲舒，合而观之，则似作“有扬雄者”为胜。盖陈襄原本作“有扬雄者”，后人刊刻其文集，因贬扬而改作“有仲舒者”乎？

刘　敞（1019-1068）

《宋史》卷三百一十九：“刘敞字原父，临江新喻人。举庆历进士，廷试第一。……敞学问渊博，自佛老、卜筮、天文、方药、山经、地志，皆究知大略。……欧阳修每于书有疑，折简来问，对其使挥笔，答之不停手，修服其博。长于《春秋》，为书四十卷，行于时。”按，刘敞在政论上与司马光多相似，如本传载其三上疏议夏竦谥号，《司马光传》

亦载此事，二人皆反对以“文正”谥夏竦。

论 性

“人之性必善乎?”曰：“然。”“人之性可为尧舜乎?”曰：“否。性同也，而善不同。善同也，而性不同。故善有上、有中、有下。上之中又有上焉，中之中又有中焉，下之中又有下焉。上之上者，圣也，其次仁也。中之上者，君子也，其次善人也。下之上者，有常也，其次齐民也。仁不能圣，善不能为君子，齐民不能有常，而谓人皆可以为尧舜，谬也。”

曰：“苟如是，人有性矣，性有善矣，善有等矣，则学无益乎?”曰：“否。玉之为物也，人知其宝也。有相倍差者，有相十百者，有相千万者，则岂一玉哉。人之性何以异于是？虽有万镒之玉，不剖不见宝，不琢不见用，人之学何以异于是？孔子曰：‘圣人吾不得而见之矣，得见君子者，斯可矣。善人吾不得而见之矣，得见有恒者，斯可矣。’世乱礼废，人莫自学，学又不能克其性，此孔子所为喟叹。”

“然则人之情恶乎?”曰：“否。情者，性之动也。性既善矣，情安云恶？子见夫影乎，形曲而曲，形直而直。夫情亦犹是矣。性者，仁义也。情者，礼乐也。今夫人未有不亲其亲者，今夫人未有不尊其尊者。亲亲之谓仁，尊尊之谓义。故性者，仁义也。亲其亲，驩然乐矣。尊其尊，肃然恭矣。肃然恭者，礼之本也。驩然乐者，乐之原也。故情者，礼乐也。故圣人以仁义治人性，以礼乐治人情。未有言礼乐而非善者也。背其性，或毁仁义，此非性之过也，背其性也。丧其情，或弃礼乐，此非情之过也，丧其情也。物有夺之矣，是故适其理则喜，违其分则怒，亲之则爱，害之则恶，生则乐，死则哀，此皆民之善者也。君臣以此相保，父子以此相亲，夫妇以此相睦，长幼以此相序，贤不肖以此相别，圣人以此起，君子以此治，奚谓不善耶？今夫水火，人所恃以生也。火失则焚，水决则溺，非水火之罪也。焚者相继，溺者相及，无怨乎水火而弃之者，水火利用也。独至于情，而以谓不善乎无已，则忘其

情者而善乎禽兽木石之为乎？是可知也。孟子曰：‘人之性善，人之性皆可为尧舜。’此过言也。尧之时，不为无人，尧而已矣。舜之时，不为无人，舜而已矣。文武周公之时，不为无人，文武周公而已矣。孔子之时，可以治国家天下者，惟七十余士，亦不为无人，孔子而已矣。安在人可为尧舜哉？荀子曰：‘人之性恶，其善者伪。’此悖言也。夫古之人曷为乃教人反其性、背其真而为道哉？信斯言也，是圣王礼义无所积而起也。扬子曰：‘人之性，善恶混。’此饰言也。善则善矣，恶则恶矣，彼圣人者生而神焉，其何恶之存？韩子曰：‘人之性，上者善，下者恶，中者善恶混。’此虚言也。昔者仲尼不云乎，‘性相近，习相远’。必上者而善下者而恶，是白黑而已，何相近之有？是四者皆非所以尽性也。若孟子可谓知之矣，故不知性之善者，不知仁义之所出也；不知情之善者，不知礼乐之所出也。是故有反仁义于性而为道，丧礼乐于情而为达。生于其心，害于其躬，发于其躬，害于其俗。圣人复起，必从吾言矣。”（《公是集》卷四十六，《四库》第1095册，第802—803页）

五　百

或问曰：“五百岁而一圣人作，有诸?”曰：“否，不然也。或问乎孔子曰：‘吾闻黄帝三百年，黄帝何以能若此之久也?’孔子曰：‘黄帝在位者百年，崩而民畏其神又百年，已而民用其教又百年，此之谓三百年。’夫言固有若是者也。古者一圣王之法五百年然后移，故曰五百岁而一圣人也。”

曰：“昔仲尼有言，大人者，与天地合其德，日月合其明。今曰圣人之法五百岁而移，是可谓天地合其德，日月合其明乎?”曰：“是非此之谓也。盖古者有不粒食，不衣裳，居不屋，死不葬之俗矣，非不乐之也。不知为耳矣。而今也，耕而食，织而服，安而宅，葬而得者，固不一俗。夫圣人盖因时而设法，相时而制治者也。法固有必变，治固有必革，谋不能五百年者，非圣人也。当五百年之极，而不知承之者，非圣人也。夫五百年之极，其礼与其俗既已滥矣，然后归而新之。故圣人者，常出于五百年之后者也。不五百年，其法不亡，不可得而亡也，既五百年而犹不亡，所谓不亡非不亡也，直亡矣而未有绝也。由尧至于汤五百有余岁，由汤至于文王五百有余岁，由文王至于孔子五百有余岁。尧之仁，汤之武，文王之治，适因其时得其际而改焉。民之去故俗而就新治，悦然如水之赴下也，谁能御之。孔子得其际矣，而不得其时，周之俗遂极乎敝。所谓非不亡也，直亡矣而未有绝者也。故孔子作《春秋》，《春秋》之作曰：'行夏之时，乘殷之辂，服周之冕，乐则韶舞。'夫后世未有为孔子之为者也，如有孔子之为者，则亦必五百年而后可亡也。故曰五百岁一圣人作，一圣人作者，一圣人之法变于五百年者也。前之则民未忘德，过之则遂极乎敝。极乎敝虽久，非圣人所谋也。今曰周人八百，殷人六百，以为文王贤于汤也而可乎？故圣人非能计岁必五百年而生也，以其成之则宜乎居五百岁之后也，是以传此言也。"

或曰："扬子云以谓事之不然。"曰："子云玩文而遗意者也，其曰'不然'，不亦宜乎。"（《公是集》卷四十七，第819—820页）

西汉三名儒赞 （有序）

余读西汉书，爱董仲舒、刘向、扬雄之为人，慕之。然仲舒好言灾异，几陷大刑；向铸伪黄金，亦减死论；雄仕王莽，作《剧秦美新》，复投阁求死，皆背于圣人之道，惑于性命之理者也。以彼三子，犹未能尽善，才难，不其然与！善其善可师，其过可警也，为三赞以自览焉。

仲舒先觉，承秦绝学，进退规矩，金玉其璞。发明《春秋》，大义以修，旁及《五经》，博哉优优。世莫能庸，黜相诸侯，仁义所渐，易刚以柔。茫茫大道，在昔圣考，盖有不闻，奚究奚讨？主父掎之，仲舒诡之，嗟若先生，有以启之？惩违告休，不预世忧，著作孔多，后世是遒！嗟尔君子，克遵厥猷。

子政翼翼，简易正直，博览百家，以充其德。黄金之伪，智由信惑，鞔軏邪世，身居困阨。不为俗儒，苟取拘拘，略其威仪，忠质之符。疾邪救危，著论上书，同姓之仁，贤哉已夫！虽不三事，其文实

章，以迄于今，日月之光。嗟我后人，庶几不忘！

子云清虚，自有大度，非圣不观，耻为章句。拟仿六经，其文孔明，隐隐紘紘，实为雷霆。世世不迁，知命理神；胡为投阁，剧秦美新？君子之缺，众儒有言，盖天绝之，亦何必然。末世之人，以道邀利，或徇耳目，得之弗愧。嗟尔君子，能勿此畏？（《公是集》卷四十九，第836—837页）

读太玄*

吾读《太玄》，一阴一阳，一柔一刚，一晦一明，一否一臧，一弱一强，一微一唱，一存一亡，所谓贤人之言近如此也。褒之者过其实，毁之者损其真。《太玄》所述，天人之际，性命之本，万物之理，不可以辞夺。（《永乐大典》卷四千九百三十九，中华书局1986年版，第8323页）

［按］此文不见于《公是集》，故据《永乐大典》录出。

曾　巩（1019- 1083）

《宋史》卷三百一十九："曾巩字子固，建昌南丰人。生而警敏，读书数百言，脱口辄诵。年十二，试作六论，援笔而成，辞甚伟。甫冠，名闻四方。欧阳修见其文，奇之。……巩性孝友，父亡，奉继母益至，抚四弟、九妹于委废单弱之中，宦学昏嫁，一出其力。为文章，上下驰骋，愈出而愈工，本原六经，斟酌于司马迁、韩愈，一时工作文词者，鲜能过也。"

论王安石*

少与王安石游，安石声誉未振，巩道之于欧阳修。及安石得志，遂与之异。神宗尝问："安石何如人？"对曰："安石文学行义，不减扬雄，以吝故不及。"帝曰："安石轻富贵，何吝也？"曰："臣所谓吝者，谓其勇于有为，吝于改过耳。"帝然之。（《宋史》卷三百一十九，第 10392 页）

扬 颜

扬雄纂言准仲尼，颜氏为身慕虞舜。千里常忧及门止，为山更欲一篑进。小人君子在所蹈，烈士贪夫不同徇。安得蠢蠢尚自恕，百年过眼犹一瞬。（陈杏珍，晁继周点校：《曾巩集》卷一，中华书局 1984 年版，第 7 页）

咏史二首 （其一）

子云无由归，俯首天禄阁。君平独西南，抗颜观寥廓。无猜到沉冥，有故惊寂寞。用心岂必殊，拘肆事终各。（《曾巩集》卷二，第 16 页）

新序目录序 （节录）

汉兴，六艺皆得于断绝残脱之余，世复无明先王之道以一之者。诸儒苟见传记百家之言，皆悦而向之。故先王之道为众说之所蔽，暗而不明，郁而不发。而怪奇可喜之论，各师异见，皆自名家者，诞漫于中国。一切不异于周之末世，其弊至于今尚在也。自斯以来，天下学者知折衷于圣人，而能纯于道德之美者，扬雄氏而止耳。如向之徒，皆不免乎为众说之所蔽，而不知有所折衷者也。孟子曰：待文王而兴者，凡民也。豪杰之士，虽无文王犹兴。汉之士岂特无明先王之道以一之者哉？亦其出于是时者，豪杰之士少，故不能特起于流俗之中、绝学之后也。（《曾巩集》卷十一，第 176－177 页）

［按］曾巩谓雄"能纯于道德之美"，是其推崇扬雄甚于刘向也。曾巩之

尊扬，与王安石同，其说能行于当时，亦与荆公之学有关。明周复俊《泾林杂纪》卷一云："曾巩乃曰自周以来天下学者知折衷于孔子而能纯于道德之美者，杨雄氏而止耳，则自周以来学术之纯者惟雄一人矣，又何其谈之易而心术之偏邪也。于时学者皆尊尚安石，故不觉其言之失如此。"

答王深父论扬雄书

蒙疏示巩，谓扬雄处王莽之际，合于箕子之明夷。常夷甫以谓纣为继世，箕子乃同姓之臣，事与雄不同。又谓《美新》之文，恐箕子不为也。又谓雄非有求于莽，特于义命有所未尽。巩思之恐皆不然。

方纣之乱，微子、箕子、比干三子者，盖皆谏而不从，则相与谋，以谓去之可也，任其难可也，各以其所守自献于先王，不必同也，此见于《书》三子之志也。三子之志，或去或任其难，乃人臣不易之大义，非同姓独然者也。于是微子去之，比干谏而死，箕子谏而不从，至辱于囚奴。夫任其难者，箕子之志也，其谏而不从，至辱于囚奴，盖尽其志矣，不如比干之死，所谓各以其所守自献于先王，不必同也。当其辱于囚奴而就之，乃所谓明夷也。然而不去，非怀禄也；不死，非畏死也；辱于囚奴而就之，非无耻也。在我者，固彼之所不能易也。故曰内难而能正其志，又曰箕子之正，明不可息也。此箕子之事，见于《书》《易》《论语》，其说不同，而其终始可考者如此也。雄遭王莽之际，有所不得去，又不必死，辱于仕莽而就之，固所谓明夷也。然雄之言著于书，行著于史者，可得而考。不去非怀禄也，不死非畏死也，辱于仕莽而就之，非无耻也。在我者亦彼之所不能易也，故吾以谓与箕子合。吾之所谓与箕子合者如此，非谓合其事纣之初也。

至于《美新》之文，则非可已而不已者也。若可已而不已，则乡里自好者不为也，况若雄者乎？且较其轻重，辱于仕莽为重矣。雄不得已而已，则于其轻者，其得已哉！箕子者至辱于囚奴而就之，则于《美新》，安知其不为？而为之亦岂有累哉？不曰坚乎，磨而不磷；不曰白乎，涅而不淄。顾在我者如何耳。若此者，孔子所不能免。故于南子，非所欲见也；于阳虎，非所欲敬也。见所不见，敬所不敬，此《法言》所谓诎身所以伸道者也。然则非雄所以自见者欤？孟子有言曰：天下有道，小德役大德，小贤役大贤；天下无道，小役大，弱役强。二者皆天也，顺天者存，逆天者亡。而孔子之见南子，亦曰："予所否者，天厌之！天厌之！"则雄于义命，岂有不尽哉？

又云：介甫以谓雄之仕合于孔子无不可之义。夷甫以谓无不可者，圣人微妙之处，神而不可知者也。雄德不逮圣人，强学力行，而于义命有所未尽，故于仕莽之际，不能无差。又谓以《美新》考之，则投阁之事，不可谓之无也。夫孔子所谓无不可者，则孟子所谓圣之时也。而孟子历叙伯夷以降，终曰乃所愿则学孔子。雄亦为《太玄赋》，称夷齐之徒，而亦曰："我异于是，执《太玄》兮。荡然肆志，不拘挛兮。"以二子之志，足以自知而任己者如此，则无不可者，非二子之所不可学也。在我者不及二子，则宜有可有不可，以学孔子之无可无不可，然后为善学孔子。然后为善学孔子。此言有以寤学者，然不得施于雄也。前世之传者，以谓伊尹以割烹要汤，孔子主痈疽瘠环，孟子皆断以为非伊尹、孔子之事。盖以理考之，知其不然也。观雄之所自立，故介甫以谓世传其投阁者妄，岂不亦犹孟子之意哉？

巩自度学每有所进，则于雄书每有所得。介甫亦以为然。则雄之言，不几于测之而愈深、穷之而愈远者乎？故于雄之事有所不通，必且求其意。况若雄处莽之际，考之于经而不缪，质之于圣人而无疑，固不待议论而后明者也。为告夷甫，或以为未尽，愿更疏示。(《曾巩集》卷十六，第265—266页)

［按］明人茅坤编《唐宋八大家文钞》卷九十九录此文，评曰："此书所议甚舛，姑录而质之有识者。"又按，清人黄中坚《蓄斋二集·读曾南丰文》云："近日魏季子又以其褒美扬雄而深斥之。夫雄之为人，固可议。然自东汉以至北宋名公硕儒，莫不尊之孟、荀之列，则子固之论，亦文人阿其所好之习耳。奈何因一言之过，而遂疑其素行哉。"文末又有冷秋江曰："子固诋诃前史，而自于史才甚疏，此乃其立言之短。至褒美扬雄，后世深识者之通病，不足独咎。"

筠州学记（节录）

周衰，先王之迹熄。至汉，六艺出于秦火之余，士学于百家之后。言道德者，矜高远而遗世用；语政理者，务卑近而非师古。刑名兵家之术，则狃于暴诈。惟知经者为善矣，又争为章句训诂之学，以其私见，妄穿凿为说。故先王之道不明，而学者靡然溺于所习。当是时，能明先王之道者，扬雄而已。而雄之书，世未知好也。然士之出于其时者，皆勇于自立，无苟简之心，其取予进退去就，必度于礼义。及其已衰，而搢绅之徒，抗志于强暴之间，至于废锢杀戮，而其操愈厉者，相望于先后。故虽有不轨之臣，犹低徊没世，不敢遂其篡夺。（《曾巩集》卷十八，第300—301页）

司马光（1019—1086）

《司马光传》见《宋史》卷三百三十六。传载："光于物澹然无所好，于学无所不通，惟不喜释、老，曰：'其微言不能出吾书，其诞吾不信也。'"此一思想，近则同韩退之、石介，远则绍孟子、扬雄也。

乞印行荀子扬子法言状

臣等伏以战国以降，百家蜂午，先王之道，荒塞不通。独荀卿、扬雄排攘众流，张大正术，使后世学者坦知去从。国家博采艺文，扶翼圣化，至于庄、列异端，医方细伎，皆命摹刻，以广其传。顾兹二书，犹有所阙。虽民间颇畜私本，文字讹误，读不可通，诚恐贤达之言，浸成废缺。今欲乞降下崇文院，将《荀子》《扬子法言》本精加考校讫，雕版送国子监，依诸书例印卖。臣等愚懵，不达大体，不胜区区，贪陈所

见。（《司马温公集编年笺注》卷一六，李之亮笺注，巴蜀书社 2009 年版，第 11 页）

读　玄

余少之时，闻《玄》之名，而不获见，独观雄之自序，称《玄》盛矣。及班固为雄传，则曰："刘歆尝观《玄》，谓雄曰：空自苦，今学者有禄利，然尚不能明《易》，又如《玄》何？吾恐后人用覆酱瓿也。雄笑而不应。诸儒或讥，以为雄非圣人而作经，犹春秋吴、楚之君僭号称王，盖诛绝之罪也。"固存此言，则固之意虽愈于歆，亦未谓《玄》之善如雄所云也。余亦私怪雄不赞《易》而别为《玄》。《易》之道，其于天人之蕴备矣，而雄岂有以加之？乃更为一书，且不知其焉所用之，故亦不谓雄宜为《玄》也。

及长学《易》，苦其幽奥难知，以为《玄》者贤人之书，校于《易》，其义必浅，其文必易。夫登乔山者，必践于坱埤；适沧海者，必沿于江汉。故愿先从事于《玄》，以渐而进于《易》，庶几乎其可跂而望也。于是求之积年，始得观之。初则溟涬漫漶，略不可入。乃研精易虑，屏人事而读之数十过，参以首尾，稍得窥其梗概。然后喟然置书叹曰："呜呼！扬子云真大儒者邪！孔子既没，知圣人之道者，非子云而谁？孟与荀殆不足拟，况其余乎？观《玄》之书，明则极于人，幽则尽于神，大则包宇宙，细则入毛发。合天地人之道以为一，刮其根本，示人所出，胎育万物而兼为之母，若地履之而不可穷也，若海挹之而不可竭也。盖天下之道虽有善者，蔑以易此矣。考之于运元之初，而玄已生；察之于当今，而玄非不行；穷之于天地之季，而玄不可亡。叩之以万物之情而不漏，叩之以万物之情而不漏，测之以鬼神之状而不违，概以六经之言而不悖。籍使圣人复生，视《玄》必释然而笑，以为得已之心矣。乃知《玄》者以赞《易》也，非别为书以与《易》角逐也。何歆、固知之之浅，而过之之深也！"或曰："《易》之法与《玄》异，雄不遵《易》而自为之制，安在其赞《易》乎？且如与《易》同道，则既

有《易》矣，何以《玄》为?”曰：“夫畋者，所以为禽也，网而得之与弋而得之何异？书者所以为道也。《易》，网也；《玄》，弋也。何害不既设网而使弋者为之助乎？子之求道，亦胶矣！且扬子作《法言》，所以准《论语》；作《玄》，所以准《易》。子不废《法言》而欲废《玄》，不亦惑乎？夫《法言》与《论语》之道，庸有异乎？《玄》之于《易》亦然。大厦将倾，一木扶之，不若众木扶之之为固也；大道将晦，一书辨之，不若众书辨之之为明也。学者能专精于《易》，诚足矣。然《易》，天也；《玄》者，所以为之阶也。子将升天而废其阶乎？先儒为《玄》解者，诚已善矣。然子云为文既多训诂，指趣幽邃，而《玄》又其难知者也。故今疑先儒之解，未能尽契子云之志，世必有能通之者，比老终且学焉!”（《司马温公集编年笺注》卷六八，第244—246页）

［按］此篇或亦题作“说玄”，据《太玄集注》，知作“说玄”者非也。

说　玄

《易》与《太玄》大抵道同而法异，《易》画有二，曰阳曰阴；《玄》画有三，曰一曰二曰三。《易》有六位，《玄》有四重。最上曰方，次曰州，次曰部，次曰家。本传所谓“参摹而四分之，极于八十一”者也。

《易》以八卦相重为六十四卦，《玄》以一二三错于方、州、部、家为八十一首。凡家每首辄变，三首而复初，如《中》《周》《礥》之类是也。部三首一变，九首而复初，如《中》《闲》《上》之类是也。州九首一变，二十七首而复初，如《中》《羡》《从》之类是也。方二十七首一变，八十一首而复初，如《中》《更》《减》之类是也。八十一首以上不可复加，故曰“自然之道也”

《易》每卦六爻，合为三百八十四爻，《玄》每首九赞，合为七百二十九赞。《图》曰：“《玄》有二道，一以三起，一以三生。以三起者，方、州、部、家也。以三生者，参分阳气以为三重，极为九营，是为同本离生，天地之经也。”本传曰：“雄覃思浑天，参摹而四分之，极于八十一者，谓《玄》首也。”又曰“旁则三摹九据，极于七百二十九赞”

者，谓《玄》赞也。首犹卦也，赞犹爻也。又曰："观《易》者见其卦而名之，观《玄》者数其画而定之。《玄》首四重者，非卦也，数也。"故《易》卦六爻，爻皆有辞；《玄》首四重，而别为九赞以系其下。然则首与赞分道而行，不相因者也。

皆当期之日。《易》卦气起《中孚》，除《震》《离》《兑》《坎》四正卦二十四爻主二十四气外，其余六十卦，每卦六日七分，凡得三百六十五日四分日之一。《中孚》初九，冬至之初也。《颐》上九，大雪之末也，周而复始。《玄》八十一首，每首九赞，凡七百二十九赞，每二赞合为一日，一赞为昼，一赞为夜，凡得三百六十四日半，益以《踦》《嬴》二赞，成三百六十五日四分日之一。《中》初一，冬至之初也，《踦》《嬴》二赞，大雪之末也，亦周而复始。凡《玄》首皆以《易》卦气为次序，而变其名称，故《中》者《中孚》也，《周》者《复》也，《礥》《闲》者《屯》也，《少》者《谦》也，《戾》者《睽》也，余皆仿此。故《玄首》曰："八十一首，岁事咸贞。"《测》曰："巡乘六甲，与斗相逢。历以纪岁，而百谷时雍。"皆谓是也。

《易》有元、亨、利、贞，《玄》有罔、直、蒙、酋、冥。五者《太玄》之德。罔，北方也，于《易》为贞。直，东方也，于《易》为元。蒙，南方也，于《易》为亨。酋，西方也，于《易》为和。冥者未有形也。故《玄文》曰："罔蒙相极，直酋相敕，出冥入冥，新故更代。"《玄》首起冬至，故分贞以为罔冥。罔者，冬至以后；冥者，大雪以前也。

《易》大衍之数五十，其用四十有九，《玄》天，地之策各十有八合为三十六策，地则虚三，用三十三策。《易》揲之以四，《玄》揲之以三。《太玄》揲法：卦一而中分其余，以三揲之，并余于芀，一芀之后而数其余，七为一，八为二，九为三。

《易》有七九八六，谓之四象。《玄》有一二三，谓之三摹。皆画卦首之数也。

《易》有《彖》，《玄》有《首》。《彖》者，卦辞也。《首》者，亦统论一首之义也。

《易》有爻，《玄》有赞。《易》有《象》，《玄》有《测》。测所以解赞也。

《易》有《文言》，《玄》有《文》。《文》解五德并《中》首九赞，《文言》之类也。

《易》有《系辞》，《玄》有《摛》《莹》《掜》《图》《告》。五者皆推赞《太玄》，《系辞》之类也。

《易》有《说卦》，《玄》有《数》。《数》者，论九赞所象，《说卦》之类也。

《易》有《序卦》，《玄》有《冲》。《冲》者，序八十一首，阴阳相对而解之，《序卦》之类也。

《易》有《杂卦》，《玄》有《错》。《错》者，杂八十一首而说之。

殊途而同归，百虑而一致。皆本于太极两仪三才四时五行，而归于道德仁义礼也。(《太玄集注》卷首，中华书局 1998 年版，第 3—5 页)

[按] 此文不见于《司马温公集》，故据《太玄集注》录出。

三勤论

扬子曰："民有三勤：政善而吏恶，一勤也。吏善而政恶，二勤也。政吏骈恶，三勤也。"愚谓勤民者一，未尝有三也。何则？吏者，民之司命，吏良则民斯逸矣，未有吏善而政恶者也，亦未有政善而吏恶者也。度吏之才而任之者，君之政也；形民之力而用之者，吏之政也。吏苟得人，安有谷人不足于昼，丝人不足于夜者乎？故为人君者，谨于择吏而已矣，它奚足事哉？(《司马温公集编年笺注》卷七一，第 338—339 页)

善恶混辩

孟子以为人性善，其不善者，外物诱之也。荀子以为人性恶，其善者，圣人教之也。是皆得其偏而遗其大体也。夫性者，人之所受于天以生者也，善与恶必兼有之。是故虽圣人不能无恶，虽愚人不能无善，其所受多少之间则殊矣。善至多而恶至少，则为圣人；恶至多而善至少，则为愚人；善恶相半，则为中人。圣人之恶不能胜其善，愚人之善不能胜其恶，不胜则从而亡矣，故曰："惟上智与下愚不移。"虽然，不学则善日消而恶日滋，学焉则恶日消而善日滋，故曰："惟圣罔念作狂，惟狂克念作圣。"必曰圣人无恶，则安用学矣？必曰愚人无善，则安用教矣？譬之于田，稻粱藜莠，相与滋生，善治田者，耘其藜莠而养其稻粱，不善治田者反之。善治性者，长其善而去其恶，不善治性者反之。孟子以为仁、义、礼、智皆出乎性者也，是岂可谓之不然乎？然不知暴慢、贪惑亦出乎性也，是知稻粱之生于田，而不知藜莠之亦生于田也！荀子以为争夺残贼之心，人之所生而有也，不以师法礼义正之，则悖乱而不治，是岂可谓之不然乎？然殊不知慈爱羞愧之心，亦生而有也。是知藜莠之生于田，而不知稻粱之亦生于田也。故扬子以为人之性善恶混。混者，善恶杂处于身中之谓也。顾人择而修之何如耳。修其善则为善人，修其恶则为恶人。斯理也，岂不晓然明白哉？如孟子之言，所谓长善者也；荀子之言，所谓去恶者也；扬子则兼之矣。韩文公解扬子之言，以为始也混而今也善恶，亦非知扬子者也。（《司马温公集编年笺注》卷七二，第 360—361 页）

辨 扬

或曰："扬子之谄也，以王莽为可以继周公、轶阿衡。"迂夫曰："得已哉？扬子之为书也，品藻当世，蜀庄、子真、仲元，靡不及焉。莽宰天下，而自况于伊、周，敢遗诸乎？何、鲍之死，不可不畏也。虽然，莽自况伊、周则与之，况黄、虞，则不与也。其志将曰'为伊、周而止'斯可矣。不止而至于篡，伊、周岂然哉？"（《司马温公集编年笺注》卷七四，第 466—467 页）

潜虚后序

《玄》以准《易》，《虚》以拟《玄》，《玄》且覆瓿，而况《虚》乎？其弃必矣。然子云曰："后世复有扬子云，必知《玄》。"吾于子云，虽未能知，固好之矣。安知后世复无司马君实乎？（《司马温公集编年笺注》附录卷三，第179页）

潜虚提要

一卷，附《潜虚发微论》一卷，浙江巡抚采进本，宋司马光撰。光有《温公易说》，已著录。是编乃拟《太玄》而作，晁公武《读书志》曰："此书以五行为本，五行相乘为二十五，两之为五十，首有《气》《体》《性》《名》《行》《变》《解》七图。然其辞有阙者，盖未成也。其手写草稿一通，今在子建侄房。"朱子《跋张氏潜虚图》亦曰："范仲彪炳文家多藏司马文正公遗墨，尝示予《潜虚》别本，则其所阙之文甚多。问之。云温公晚著此书，未竟而薨，故所传止此。近见泉州所刻乃无一字之阙，始复惊疑，读至数行，乃释然曰：'此赝本也。'"其说与公武合。此本首尾完具，当即朱子所谓泉州本，非光之旧。又公武言《气》《体》《性》《名》《行》《变》《解》七图，熊朋来则言《潜虚》有《气图》，其次《体图》，其次《性图》，其次《名图》，其次《行图》，其次《命图》，其目凡六。而张氏或言八图者，《行图》中有《变图》《解图》也，是《命图》为后人所补。公武言"五行相乘为二十五，两之为五十"，而今本实五十五行，是其中五行亦后人所补，不止增其文句已也。吴师道《礼部集》有此书后序，称初得《潜虚》全本，又得孙氏阙本，续又得许氏阙本，归以参校，用朱子法，非其旧者悉以朱圈别之，然其本今亦不传。林希逸尝作《潜虚精语》一卷，今尚载《鬳斋十一稿》中，凡所存者，皆阙本之语而续者不载，尚可略见大概。然于阙本中，亦不全取，究无以知某条为赝本。盖世无原书久矣，姑以源出于光而存之耳。陈淳讥其所谓虚者，不免于老氏之归。要其吉藏平否凶之占，以气之过不及为断，亦不失乎圣贤之旨也。张敦实论凡十篇，据吴师道后序，则元时已附刻于后，今亦并存。敦实，婺源人，官左朝奉郎、监察御史，其始末无考。考《太玄经》末有“右迪功郎充浙江提举盐茶司干办公事张实校勘”字，疑即一人。或南宋避宁宗讳，重刻《太玄经》时，删去敦字欤？是不可得而详矣。（《四库全书总目》卷一百八，中华书局 1965 年版，第 915 页）

太玄集注序

汉五业主事宋衷始为《玄》作《解诂》，吴郁林太守陆绩作《释失》，晋尚书郎范望作《解赞》，唐门下侍郎平章事王涯注《经》及《首》《测》，宋兴都官郎中直昭文馆宋惟幹通为之注，秦州天水尉陈渐作《演玄》，司封员外郎吴祕作《音义》。庆历中光始得《太玄》而读之，作《读玄》。自是求访此数书皆得之，又作《说玄》。疲精劳神三十余年，讫不能造其藩篱，以其用心之久，弃之似可惜，乃依《法言》为之集注，诚不知量，庶几来者或有取焉。其直云宋者，仲子也。云小宋者，昭文郎中也。元丰五年六月丁丑，司马光序。（《太玄集注》卷首，中华书局 1998 年版，第 1 页）

［按］《读玄》约作于庆历五年，至元丰五年，计三十七年，“疲精劳神三十余年”谓此。

温公集注太玄经十卷

右皇朝司马光君实集汉宋衷《解诂》，吴陆绩《释文》，晋范望《解赞》，唐王涯注经及《首》《测》，宋惟幹通注，陈渐《演玄》，吴祕《音义》七家，为此书。自庆历至元丰，凡三十年始成。其直云宋者，衷也；小宋者，惟幹也。惟幹、渐、祕皆国朝人。（晁公武撰，孙猛校：《郡斋读书志校证》卷十，上海古籍出版社 1990 年版，第 432 页）

［按］“凡三十年始成”，或脱“余”字，原作“凡三十余年始成”。

司马温公注扬子序

韩文公称荀子，以为在轲、雄之间。又曰：“孟子醇乎醇者也，荀与扬，大醇而小疵。”三子皆大贤，祖六艺而师孔子。孟子好《诗》《书》，荀子好《礼》，扬子好《易》，古今之人共所宗仰，如光之愚，固不敢议其等差。然扬子之生最后，监于二子而折衷于圣人，潜心以求道之极致，至于白首，然后著书，故其所得为多，后之立言者，莫能加也。虽未能无小疵，然其所潜最深矣，恐文公所云，亦未可以为定论也。孟子之文直而显，荀子之文富而丽，扬子之文简而奥。唯其简而奥也，故难知，学者多以为诸子而忽之。

晋祠部郎中李轨始为之注，唐柳州刺史柳宗元颇补其阙。景祐四年诏国子监校扬子《法言》，嘉祐二年七月始校毕上之；又诏直秘阁吕夏卿校定，治平元年上之。又诏内外制看详，二年上之，然后命国子监镂版印行。故著作郎宋咸，司封员外郎吴祕皆尝注《法言》。光少好此书，研精竭虑，历年已多。今老矣，计智识所及，无以复进，窃不自揆，辄采诸家所长，附以己意，名曰《集注》。凡观书者，当先正其文，辨其音，然后可以求其义。故相宋公庠家有李祠部注本及《音义》，最为精详。《音义》多引天复本，不知“天复”何谓也。诸公校《法言》者，皆据以为正，宋著作、吴司封亦据李本，而其文多异同，《音义》皆非之，以为俗本。今独以国子监所行者为李本，宋著作、吴司封本，各以其姓别之，或参以《汉书》，从其通者，以为定本。先审其音，乃解其义。然此特愚心所安，未必皆是。冀来者择焉。元丰四年十一月己丑。涑水司马光序。（《新纂门目五臣音注扬子法言》卷首，清嘉庆九年宝庆经纶堂刻本）

［按］此文不见于《司马温公集》，今所见《法言》诸本中亦多无此序。《司马温公集编年笺注》据《百子全书》本《法言》辑录，然《百子全书》本卷首所录序文已非全本，自“晋祠部郎中李轨始为之注”至“司封员外郎

吴祕皆尝注《法言》”，自“故相宋公庠家”至“乃解其义”皆遭删削。

温公集注法言十三卷

右皇朝司马光君实集晋李轨，唐柳宗元，国朝宋咸、吴祕注。光自言“少好此书，历年已多，今辄采诸家所长，附以己意，名曰《集注》。凡观书者，当先正其文，辨其音，然后可以求其义。故宋相公庠家有李祠部注本及《音义》，最为精详。宋、吴亦据李本，而其文多异同。今参以《汉书》，取其通者，以为定本，先审其音，乃解其义”云。（《郡斋读书志校证》卷十，第435页）

张　载（1020- 1077）

《宋史·道学传》载：“张载字子厚，长安人。……载学古力行，为关中士人宗师，世称为横渠先生。著书号《正蒙》。”

人主能行井田者，须有仁心，又更强明果敢及宰相之有才者。唐太宗虽英明，亦不可谓之仁主；孝文虽有仁心，然所施者浅近，但能省刑罚，薄税敛，不惨酷而已。自孟轲而下，无复其人。扬雄择圣人之精，艰难而言之正，止得其浅近者，使之为政又不知如何，据此所知，又不遇其时，无所告诉。然扬雄比董生孰优？雄所学虽正当，而德性不及董生之博大，但其学差溺于《公羊》谶纬而已。（《张载集·经学理窟·周礼》，中华书局1978年版，第251页）

张子曰：范巽之尝言神奸物怪，某以言难之，谓“天地之雷霆草木至怪也，以其有定形故不怪，人之陶冶舟车亦至怪也，以其有定理故不怪。今言鬼者不可见其形，或云有见者且不定，一难信；又以无形而移变有形之物，此不可以理推，二难信。又尝推天地之雷霆草木，人莫能

为之，人之陶冶舟车，天地亦莫能为之。今之言鬼神，以其无形则如天地，言其动作则不异于人，岂谓人死之鬼反能兼天人之能乎？今更就世俗之言评之：如人死皆有知，则慈母有深爱其子者，一旦化去，独不日日凭人言语托人梦寐存恤之耶？言能福善祸淫，则或小恶反遭重罚而大憝反享厚福，不可胜数。又谓“人之精明者能为厉”，秦皇独不罪赵高，唐太宗独不罚武后耶？又谓“众人所传不可全非”，自古圣人独不传一言耶？圣人或容不言，自孔孟而下，荀况、扬雄、王仲淹、韩愈，学亦未能及圣人，亦不见略言者。以为有，数子又或偶不言，今世之稍信实亦未尝有言亲见者。（《张载集·拾遗·性理拾遗》，第373页）

王安石（1021- 1086）

《宋史》卷三百二十七：“王安石字介甫，抚州临川人。……初，安石训释《诗》《书》《周礼》，既成，颁之学官，天下号曰‘新义’。晚居金陵，又作《字说》，多穿凿傅会。其流入于佛、老。一时学者，无敢不传习，主司纯用以取士，士莫得自名一说，先儒传注，一切废不用。黜《春秋》之书，不使列于学官，至戏目为‘断烂朝报’。……安石性强忮，遇事无可否，自信所见，执意不回。至议变法，而在廷交执不可，安石傅经义，出己意，辩论辄数百言，众不能诎。”

论扬子云投阁事*

荆公论扬子云投阁事：“此史臣之妄耳，岂有扬子云而投阁者；又《剧秦美新》，亦后人诬子云耳。子云岂肯作此文！”他日，见东坡，遂论及此。东坡云：“某亦疑一事。”荆公曰：“疑何事？”东坡曰：“西汉果有扬子云否？”闻者皆大笑。（施德操《北窗炙輠录》卷上，《奇晋斋丛书》本）

扬　雄

孔孟如日月，委蛇在苍旻。光明所照耀，万物成冬春。扬子出其后，仰攀忘贱贫。衣冠眇尘土，文字烂星辰。岁晚天禄阁，强颜为《剧秦》。趋舍迹少迕，行藏意终邻。壤壤外逐物，纷纷轻用身。往者或可返，吾将与斯人。（《宋文鉴》卷十六，中华书局1992年版，第223页）

扬雄二首

子云游天禄，华藻锐初学。覃思晚有得，晦显无适莫。寥寥邹鲁后，于此归先觉。岂尝知符命，何苦自投阁。长安诸愚儒，操行自为薄。谤嘲出异已，传载因疏略。孟轲劝伐燕，伊尹干说亳。叩马触兵锋，食牛要禄爵。少知羞不为，况彼皆卓荦。史官蔽多闻，自古喜穿凿。

子云平生人莫知，知者乃独称其辞。今尊子云者皆是，得子云心亦无几。圣贤树立自有师，人知不知无以为。俗人贱今常贵古，子云今存谁女数。（《王安石全集》第五册《临川先生文集》卷九，复旦大学出版社2016年版，第254—255页）

扬子二首

儒者陵夷此道穷，千秋止有一扬雄。当时荐口终虚语，赋拟相如却未工。

道真沉溺九流浑，独溯颓波讨得源。岁晚强颜天禄阁，只将奇字与人言。（《临川先生文集》卷三十二，第644页）

扬　子

千古雄文造圣真，眇然幽思入无伦。他年未免投天禄，虚为新都著《剧秦》。（《临川先生文集》卷三十四，第 682 页）

扬　孟

贤之所以贤，不肖之所以不肖，莫非性也。贤而尊荣寿考，不肖而厄穷死丧，莫非命也。

论者曰：人之性善，不肖之所以不肖者，岂性也哉？此学乎孟子之言性，而不知孟子之指也。又曰：人为不为命也，不肖而厄穷死丧，岂命也哉？此学乎扬子之言命，而不知扬子之指也。孟子之言性，曰性善。扬子之言性，曰善恶混。孟子之言命，曰莫非命也。扬子之言命，曰人为不为命也。孟扬之道，未尝不同，二子之说，非有异也。此孔子所谓言岂一端而已，各有所当者也。孟子之所谓性者，正性也。扬子之所谓性者，兼性之不正者言之也。扬子之所谓命者，正命也。孟子之所谓命者，兼命之不正者言之也。夫人之生，莫不有羞恶之性。有人于此羞善行之不修，恶善名之不立，尽力乎善，以充其羞恶之性，则其为贤也。孰御哉？此得乎性之正者，而孟子之所谓性也。有人于此，羞利之不厚，恶利之不多，尽力乎利，以充羞恶之性，则其为不肖也。孰御哉？此得乎性之不正，而扬子之兼所谓性者也。有人于此，才可以贱而贱，罪可以死而死，是人之所自为也。此得乎命之不正者，而孟子之所兼谓命者也。有人于此，才可以贵而贱，德可以生而死，是非人之所为也。此得乎命之正者，而杨子之所谓命也。今夫羞利之不厚，恶利之不多，尽力乎利而至乎不肖，则扬子岂以谓人之性而不以罪其人哉？亦必恶其失性之正也。才可以贱而贱，罪可以死而死，则孟子岂以谓人之命而不以罪其人哉？亦必恶其失命之正也。孟子曰：口之于味也，目之于色也，耳之于声也，鼻之于臭也，四支之于安逸也，性也。有命焉，君子不谓性也。仁之于父子也，义之于君臣也，礼之于宾主也，知之于贤者也，圣人之于天道也，命也。有性焉，君子不谓命也。然则孟扬之说，果何异乎？今学者是孟子则非扬子，是杨子则非孟子，盖知读其文而不知求其指耳，而曰我知性命之理，诬哉！（《临川集》卷六十四）

［按］王安石与司马光政见不同，而皆推崇扬雄，然司马光置扬雄于孟子之上，王安石则尊孟甚于尊扬，此又二人之不同者也。相关研究可参看杨天保《以〈玄〉准〈易〉两乾坤——司马光、王安石易学精神之比较》（《周易研究》2008 年第 6 期）。

原　性

或曰：孟、荀、扬、韩四子者，皆古之有道仁人。而性者，有生之大本也。以古之有道仁人而言有生之大本，其为言也宜无惑。何其说之相戾也。吾愿闻子之所安。

曰：吾所安者，孔子之言而已。夫太极者，五行之所由生，而五行非太极也。性者，五常之太极也，而五常不可以谓之性。此吾所以异于韩子。且韩子以仁义礼智信五者谓之性，而曰天下之性恶焉而已矣。五者之谓性而恶焉者，岂五者之谓哉。孟子言人之性善，荀子言人之性恶。夫太极生五行，然后利害生焉。而太极不可以利害言也。性生乎情，有情然后善恶形焉。而性不可以善恶言也。此吾所以异于二子。孟子以恻隐之心人皆有之，因以谓人之性无不仁。就所谓性者如其说，必也怨毒忿戾之心，人皆无之，然后可以言人之性无不善。而人果皆无之乎？孟子以恻隐之心为性者，以其在内也。夫恻隐之心与怨毒忿戾之心，其有感于外而后出乎中者有不同乎？荀子曰其为善者伪也，就所谓性者如其说，必也恻隐之心人皆无之，然后可以言善者伪也。为人果皆无之乎？荀子曰陶人化土而为埴，埴岂土之性也哉？夫陶人不以木为埴者，惟土有埴之性焉，乌在其为伪也。且诸子之所言，皆吾所谓情也，习也，非性也。扬子之言为似矣，犹未出乎以习而言性也。古者有不谓喜怒爱恶欲情者乎？喜怒爱恶欲而善，然后从而命之曰仁也、义也。喜

怒爱恶欲而不善，然后从而命之曰不仁也、不义也。故曰有情然后善恶形焉。然则善恶者，情之成名而已矣。孔子曰性相近也习相远也，吾之言如此。然则上智与下愚不移，有说乎。曰：此之谓智愚，吾所云者性与善恶也。恶者之于善也，为之则是愚者之于智也，或不可强而有也。伏羲作《易》而后世圣人之言也，非天下之至精至神，其孰能与于此。孔子作《春秋》，则游、夏不能措一辞。盖伏羲之智，非至精至神不能与，惟孔子之智，虽游、夏不可强而能也。况所谓下愚者哉。其不移明矣。或曰：四子之云尔，其皆有意于教乎？曰：是说也，吾不知也。圣人之教，正名而已。（《临川集》卷六十八）

禄　隐

孔子叙逸民，先伯夷叔齐而后柳下惠，曰“不降其志，不辱其身，伯夷叔齐也，柳下惠降志辱身矣”。孟子叙三圣人者，亦以伯夷居伊尹之前。而扬子亦曰孔子“高饿显，下禄隐”。夫圣人之所言高者，是所取于人而所行于已者也。所言下者，是所非于人而所弃于已者也。然而孔孟生于可避之世，而未尝避也。盖其不合则去则可，谓不降其志，不辱其身矣。至于扬子，则吾窃有疑焉尔。

当王莽之乱，虽乡里自喜者知远其辱，而扬子亲屈其体，为其左右之臣，岂君子固多能言而不能行乎？抑亦有以处之非必出于此言乎？曰：圣贤之言行有所同，而有所不必同，不可以一端求也。同者，道也。不同者，迹也。知所同而不知所不同，非君子也。夫君子岂固欲为此不同哉。盖时不同，则言行不得无不同。唯其不同，是所以同也。如时不同而固欲为之同，则是所同者迹也，所不同者道也。迹同于圣人而道不同，则其为小人也。孰御哉？世之士不知道之不可一迹也久矣。圣贤之宗于道，犹水之宗于海也。水之流，一曲焉，一直焉，未尝同也。至其宗于海，则同矣。圣贤之言行，一伸焉，一屈焉，未尝同也。至其宗于道，则同矣。故水因地而曲直，故能宗于海。圣贤因时而屈伸，故能宗于道。孟子曰伯夷柳下惠圣人也，百世之师也，如其高饿显、下禄隐，而必其出于所高，则柳下惠安拟伯夷哉？扬子曰“涂虽曲而通诸夏则由诸，川虽曲而通诸海则由诸”，盖言事虽曲而通诸道，则亦君子所当同也。由是而言之，饿显之高，禄隐之下，皆迹矣。岂足以求圣贤哉？唯其能无系累于迹，是以大过于人也。如圣贤之道皆出于一，而无权时之变，则又何圣贤之足称乎？圣者，知权之大者也。贤者，知权之小者也。昔纣之时，微子去之，箕子为之奴，比干谏而死。此三人者，道同也，而其去就若此者，盖亦所谓迹不必同矣。《易》曰或出或处，或默或语，言君子之无可无不可也。使扬子宁不至于耽禄于弊时哉，盖于时为不可去，必去则扬子之所知亦已小矣。（《临川集》卷六十九）

答龚深父书

某得手笔，感慰尤喜，侍奉万福。所示王深父事甚晓然，不为小廉曲，谨以投众人耳目，而趣舍必度于仁义，是乃深父所以合于古人，而众人所以不识深父者也。言之于深父何病。扬雄亦用心于内不求于外，不修廉隅以徼名当世。故某以谓深父于为雄，几可以无悔。扬雄者，自孟轲以来，未有及之者。但后世士大夫，多不能深考之尔。孟轲，圣人也。贤人则其行不皆合于圣人，特其智足以知圣人而已。故某以谓深父其知能知轲，其于为雄，几可以无悔。扬雄之仕，合于孔子无不可之义，奈何欲非之乎。若以深父不仕为过于雄，则自雄以来能不仕者多矣，岂皆能过于雄乎？若以深父之不仕为与雄异，则孟子称禹、稷、颜回同道，深父之于为雄，其以强学力行之所，至仕不仕，特其所遭义命之不同，未可以议于此。深父，吾友也。言其美尤不敢略，亦不敢诬，所以致忠信于吾友。然以久废学，恐所论尚不中，不惜更详喻及也。（《临川集》卷七十二）

卷五

吕　陶（1028- 1104）

《宋史》卷三百四十六："吕陶字符钧，成都人。蒋堂守蜀，延多士入学，亲程其文，尝得陶论，集诸生诵之，曰：'此贾谊之文也。'"

扬雄论

世之论《太玄》者多矣，是非何其异乎？

或曰：雄之为《玄》也，得自然之数，始于一而三之，故有天地人之体而统之曰玄。四乘之极而至于八十一，故有方、州、部、家之位，而名之曰首。从而三之，故有二百四十三表。又从而三之，故有七百二十九赞。以一首为四分度之一，而周天之夜。又以《踦》《嬴》为四分度之一，而周天之度。二十八宿之次，舍一期之日，四时之气节，尽于此矣。犹六十卦之当夫一岁，而有六日七分也。或曰：《玄》之数可损益也。首为者四日有半，而为分者四百八十有七，则所谓周天之度，与夫四分度之一者，亦可以合也。其《踦》与《嬴》者，不必加之也。

呜呼，雄之为《玄》，止于是而已乎？曰：未也。昔之作《易》，盖有忧乎于后世矣。深探天地之本，而得于数之自然。数不可以为教，乃画之一卦，拟之以象，重之以爻，系之以辞，而后见三才之用焉。故曰立天之道，曰阴与阳；立地之道，曰柔与刚；立人之道，曰仁与义。然则《易》之生也，出于数。而其成也，数亦隐矣。圣之所以之济乎斯民者，曰道也。道之用，在乎教也。彼天地五行之奇偶者，不适夫道之用也。雄之书，其为数乎，抑为道乎？观其覃思于浑天，三摹而九据，索研阴阳昼夜之运，考究节侯钟律之纪，星斗五行既得其详，然后定之以为首，叙之以为赞，以求合乎周天之度。一岁之日则几乎为数而已也。至于一首之不同，则言一时之理；一赞之不同，则言一人之事。而又设为《冲》《错》《测》《摛》《莹》《数》《文》《棿》《图》《告》，以解剥其义而敷绎其教。关之以休咎祸福，播之以进退动静。其微则一身之吉凶悔吝，其聚则天下之安危治乱。以可以推而及之，盖为道之用而著以为教也者，亦有忧患后世之心而不独为乎数也。然则说者多惑其数，少言其道，抑有由矣。盖其说曰与《太初历》合，而又有《颛顼历》。夫历者，以数推天之书也。以数而差于天，不能不差于秒忽。是故千载之后，疏密异端，而其法不可归一。使雄之书，专为历耶？其数虽有小差，尚可成一家之法，未必废而无取。况雄之所为者，寓乎数而言乎道哉。然则所谓合《太初》《颛顼》历者，《玄》之体也。寓乎数而言乎道者，《玄》之用也。说者贵其道之有取，而不议其数之何如，可也。昔王莽用之以筮，旦占而遇《乾》，其赞则一五七，盖言以逆为事，而终至于害身。故其赞三违，示其不可动于祸乱也。此与夫南蒯将叛，而子服惠伯谓《易》不可以占险之义同矣。雄为数乎，为道乎！（《净德集》卷十五，《四库》第1098册，第118—120页）

杨 杰（1029? - 1098?）

《宋史》卷四百四十三："杨杰字次公，无为人。少有名于时，举进士。元丰中，官太常者数任，一时礼乐之事，皆预讨论。……元祐中，为礼部员外郎，出知润州，除两浙提点刑狱，卒，年七十。自号无为子，有《文集》二十余卷，《乐记》五卷。"

荀扬大醇而小疵赋

周、汉运否，荀、扬教传。虽曰醇之大者，亦有疵之小焉。皆命世以为文，言非不粹；与生知而较美，道未能全。尝闻人异禽鱼，性钟天地，全而禀者曰圣哲，偏而得者曰贤智。圣无不通，贤有未至。是以周公、尼父，率臻大道之醇；荀况、子云，未免纤瑕之累。蜀国宗匠，齐王老师。虽抱重器，不逢盛时。欲卷道以自处，疾没世而无知。由是简册其蕴，琼瓌尔辞，立大功于是矣，未尽善者有之。著书三十二篇，义

差而驳；准《易》八十一首，理或而醨。至如论性之渊源，谈道之极挚，或曰善恶一而混，或曰礼义皆其伪。以礼义为伪，则尧、舜之法归乎诈；以善恶相混，则鲧禹之心何以异？两贤于道，择不精而语不详；三子之间，得其一而失其二。又若对临武以问兵之术，推子渊以晞圣之徒。远罪特愚于晁错，谈经私美于童乌。是所谓珠不无纇，瑕无掩瑜。然无伤于大义，实有累于名儒。非倡道之子思，将何以教？美不臣之新室，几近于诬。向使亲承邹鲁之范模，获偶渊骞而论讨，然则善得以尽，辨无不早。数万言皆造醇道，千百世以为至宝。杂乎其杂，当殊太史之书；醇乎其醇，可拟孟轲之道。奈何智有失虑，人无全能。一则晦名于天禄，一则朽骨于兰陵。俱有篆雕之杂，难全粹美之称。亦犹务涉猎者贾山，醇儒不足；悦纷华者子夏，具体何曾？噫！荀也倡道于前，扬也和之于后。助诗书礼乐之化，谨父子君臣之守。斯文未丧，大疵则否。何韩愈氏重而过之？盖责贤人也厚。（杨杰著，曹小云校笺：《无为集校笺》卷一，黄山书社 2014 年版，第 26—28 页）

侯　溥（1032- ?）

侯溥，字符叔，河南人。熙宁中居蜀，与苏轼善。元祐六年中贤良制科。

郫县何公祠堂记（节录）

汉德中缺，而大盗作。方此之时，蜀郡有二仁焉。生焉而仁，其唯扬子云乎！死焉而仁，其唯何君公乎！子云于汉，为给事黄门，三世不徙官。其受禄也轻，其任事也微。一日遭新莽之变，而责子云以死国，是不知道者也。《诗》曰“既明且哲，以保其身”，其子云之谓乎！君公起诸生而位三公，爵通侯。主在与在，主亡与亡，固其职矣。奸憝构诬，卒以陨生。《诗》云“之死矢靡它”“之死矢靡慝”，其君公之谓乎！子云不死，而《大玄》《法言》垂之万世，犹箕子之有《洪范》也；君公不生，而高名大节千古凛凛，犹比干之谏而死也。使子云有君公之位，而君公居子云之地，则亦彼死而此生矣。生者以文传，而死者以忠传。文可日见，忠随世异。是以子云之词盛于蜀，而君公独未闻焉。（袁说友等编：《成都文类》卷三十四，中华书局2011年版，第667—668页）

［按］该文末署“熙宁六年”（1073）。何公，即西汉大臣何武，字君公，事迹见《汉书》卷八十六。

程　颢（1032- 1085）、程　颐（1033- 1107）

《宋史·道学传》载：“程颢字伯淳，世居中山，后从开封徙河南。……颢资性过人，充养有道，和粹之气，盎于面背，门人交友从之数十年，亦未尝见其忿厉之容。遇事优为，虽当仓卒，不动声色。自十五六时，与弟颐闻汝南周敦颐论学，遂厌科举之习，慨然有求道之志。泛滥于诸家，出入于老、释者几十年，返求诸六经而后得之。秦、汉以来，未有臻斯理者。”又载：“程颐字正叔。……颐于书无所不读，其学本于诚，以《大学》《语》《孟》《中庸》为标指，而达于六经。动止语默，一以圣人为师，其不至乎圣人不止也。张载称其兄弟从十四五时，便脱然欲学圣人，故卒得孔、孟不传之学，以为诸儒倡。”

世之议子云者，多疑其投阁之事。以《法言》观之，盖未必有。又天禄阁世传以为高百尺，宜不可投。然子云之罪，特不在此。黾勉于莽、贤之间，畏死而不敢去，是安得为大丈夫哉！（《二程集·遗书》卷四，中华书局2004年版，第73页）

《大玄》中首：“中，阳气潜萌于黄宫，信无不在乎中。”养首：“一，藏心于渊，美厥灵根。测曰：藏心于渊，神不外也。”扬子云之

学，盖尝至此地位也。（《二程集·遗书》卷十一，第130—131页）

荀卿才高学陋，以礼为伪，以性为恶，不见圣贤，虽曰尊子弓，然而时相去甚远。圣人之道，至卿不传。扬子云仕莽贼，谓之“旁烛无疆”，可乎？隐可也，仕不可也。（《二程集·外书》卷十，第403页）

［按］二程论扬雄，虽非全盘否定，且亦时有褒许，然其批评之语，实为宋代贬扬之滥觞。朱子继起，贬扬之声遂为主流。

王 令（1032- 1059）

《增修云林寺志》卷四载：“王令字逢原，广陵人。王介甫爱其才，以吴夫人之妹妻之。”按，王令卒后，王安石为其撰墓志铭，见《临川集》卷九十七及《广陵集》卷首。

寄介甫

已推事业皆归命，空有文章自满家。借使牛羊虽有责，岂于凤鸟独无嗟。人留孟子皆非道，客议扬雄正自哗。贤哲相望每千古，得逢犹设与时差。（《广陵集》卷十六，《四库》第1106册，第479页）

说孟子序（节录）

令尝自孔子之后，考古之书合于《论语》者，独得《孟子》。以其言，信其人，与孔子不异，惜其古之人学是书者稀也。自战国荀卿、刘汉扬雄、隋末王通，皆有书以配《孟子》，称于世。而荀卿之非孟子，见于书，王通盖未尝道也。夫不知而非之，与不知而不言，其为虽殊，要皆不知孟子者也。执三家之中，独扬雄以谓孟子知言之要，知德之奥，非苟知之，亦允蹈之，其言虽不多见，然亦足以发雄之知言也。

（《广陵集》卷二十二，第 510 页）

与束伯仁手书（节录）

介甫到常必兴学，此亦稀阔之遇，果来从之，大好。尤须为长久之计尔。师学难遇，今世之学，分于多门。以令所考，自扬雄以来，盖未有临川之学也。（《广陵集》卷二十七，第 538 页）

王钦臣（1034? - 1101?）

《宋史》卷二百九十四："钦臣字仲至，清亮有志操，以文贽欧阳修，修器重之。用荫入官，文彦博荐试学士院，赐进士及第。……钦臣平生为文至多，所交尽名士，性嗜古，藏书数万卷，手自雠正，世称善本。"

为文

公诲诸子属文曰：为文以造语为工，当意深而语简，取则于《六经》《庄》《骚》，司马迁、扬雄之流皆以此也。又论修身行道，至于性命之理。既而曰：此皆第一等语，汝辈一词赋亦未能善，固未知也。然不当不为汝辈道。（《王氏谈录》，《四库》第 862 册，第 579 页）

秘阁易法

公言秘阁有郑氏注《易》一卷，《文言》自为篇。而陆氏《太玄》篇第亦各异，考之足以见古《易经》之旧次。（《王氏谈录》，第 581 页）

［按］所谓"陆氏《太玄》"，盖指陆绩《太玄释失》。

方　言

扬雄《方言》，世所传云旧本也。公患其无次序，判别其训，各以类从。且云此殆子云之初意也。后人见其有条理，便谓昔本，则妄耳。（《王氏谈录》，第 586 页）

杨姓异同

杨修书云：“修家子云。”公言子云《自叙》为扬侯之裔，自为“扬”字，恐与华阳之“阳”异。（《王氏谈录》，第 588 页）

苏　轼（1037- 1101）

［按］《宋史》卷三百三十八有《苏轼传》。苏洵、苏轼皆蜀人，然父子二人论扬雄，皆多贬词，未曾因乡贤之故而有所讳。岂文人相轻之谓乎？

子思论（节录）

昔者夫子之文章，非有意于为文，是以未尝立论也。所可得而言者，唯其归于至当，斯以为圣人而已矣。

夫子之道，可由而不可知，可言而不可议。此其不争为区区之论，以开是非之端，是以独得不废，以与天下后世为仁义礼乐之主。夫子既没，诸子之欲为书以传于后世者，其意皆存乎为文，汲汲乎惟恐其汩没而莫吾知也，是故皆喜立论。论立而争起。自孟子之后，至于荀卿、扬雄，皆务为相攻之说，其余不足数者纷纭于天下。嗟夫，夫子之道，不幸而有老聃、庄周、杨朱、墨翟、田骈、慎到、申不害、韩非之徒，各持其私说以攻乎其外，天下方将惑之，而未知其所适从。奈何其弟子门人，又内自相攻而不决。千载之后，学者愈众，而夫子之道益晦而不明者，由此之故欤？

昔三子之争，起于孟子。孟子曰："人之性善。"是以荀子曰："人之性恶。"而扬子又曰："人之性，善恶混。"孟子既已据其善，是故荀子不得不出于恶。人之性有善恶而已，二子既已据之，是以扬子亦不得不出于善恶混也。为论不求其精，而务以为异于人，则纷纷之说，未可以知其所止。

且夫夫子未尝言性也，盖亦尝言之矣，而未有必然之论也。孟子之所谓性善者，皆出于其师子思之书。子思之书，皆圣人之微言笃论，孟子得之而不善用之，能言其道而不知其所以为言之名，举天下之大，而必之以性善之论，昭昭乎自以为的于天下，使天下之过者，莫不欲援弓而射之。故夫二子之为异论者，皆孟子之过也。（孔凡礼点校：《苏轼文集》卷三，中华书局 1986 年版，第 94—95 页）

扬雄论

昔之为性论者多矣，而不能定于一。始孟子以为善，而荀子以为恶，扬子以为善恶混。而韩愈者又取夫三子之说，而折之以孔子之论，离性以为三品，曰："中人可以上下，而上智与下愚不移。"以为三子者，皆出乎其中，而遗其上下。而天下之所是者，于愈之说为多焉。嗟夫，是未知乎所谓性者，而以夫才者言之。夫性与才相近而不同，其别不啻若白黑之异也。圣人之所与小人共之，而皆不能逃焉，是真所谓性也。而其才固将有所不同。今夫木，得土而后生，雨露风气之所养，畅然而遂茂者，是木之所同也，性也。而至于坚者为毂，柔者为轮，大者为楹，小者为桷。桷之不可以为楹，轮之不可以为毂，是岂其性之罪耶？天下之言性者，皆杂乎才而言之，是以纷纷而不能一也。

孔子所谓"中人可以上下"、而"上智与下愚不移"者，是论其才也。而至于言性，则未尝断其善恶，曰"性相近也，习相远也"而已。

韩愈之说，则又有甚者，离性以为情，而合才以为性。是故其论，终莫能通。彼以为性者，果泊然而无为耶，则不当复有善恶之说。苟性而有善恶也，则夫所谓情者，乃吾所谓性也。人生而莫不有饥寒之患，牝牡之欲，今告乎人曰：饥而食，渴而饮，男女之欲，不出于人之性也。可乎？是天下知其不可也。圣人无是，无由以为圣；而小人无是，无由以为恶。圣人以其喜怒哀惧爱恶欲七者御之，而之乎善；小人以是七者御之，而之乎恶。由此观之，则夫善恶者，性之所能之，而非性之所能有也。且夫言性者，安以其善恶为哉？

虽然，扬雄之论，则固已近之。曰："修其善则为善人，修其恶则为恶人。"此其所以为异者，唯其不知性之不能以有夫善恶，而以为善恶之皆出乎性也而已。夫太古之初，本非有善恶之论，唯天下之所同安者，圣人指以为善；而一人之所独乐者，则名以为恶。天下之人，固将即其所乐而行之，孰知夫圣人唯其一人之独乐不能胜天下之所同安，是以有善恶之辨？而诸子之意，将以善恶为圣人之私说，不已疏乎！而韩愈又欲以书传之所闻昔人之事迹，而折夫三子之论，区区乎以后稷之岐嶷，文王之不勤，瞽、鲧、管、蔡之迹而明之。圣人之论性也，将以尽万物之天理，与众人之所共知者，以折天下之疑。而韩愈欲以一人之才，定天下之性，且其言曰："今之言性者，皆杂乎佛、老。"愈之说，以为性之无与乎情，而喜怒哀乐皆非性者，是愈流入于佛、老而不自知也。（《苏轼文集》卷四，第110—111页）

论伍子胥

楚平王既杀伍奢、伍尚，而伍子胥亡入吴，事吴王阖闾。及楚平王卒，子昭王立。后，子胥与孙武兴兵及唐、蔡伐楚，夹汉水而阵，楚大败。于是吴王乘胜而前，五战遂至郢。楚昭王出亡。吴兵入郢。子胥求昭王，既不得，乃掘平王墓，出其尸，鞭之五百，以报父兄之雠。

苏子曰：子胥、种、蠡皆人杰，而扬雄曲士也，欲以区区之学，疵瑕此三人者。以三谏不去，鞭尸籍馆，为子胥之罪。以不强谏勾践，而栖之会稽，为种、蠡之过。雄闻古有三谏当去之说，即欲以律天下士，岂不陋哉！

三谏而去，为人臣交浅者言之，如宫之奇、泄冶乃可耳。至于子胥，吴之宗臣，与国存亡者也，去将安往哉？百谏不听，继之以死可也。孔子去鲁，未尝一谏，又安用三。父受诛，子复雠，礼也。生则斩首，死则鞭尸，发其至痛，无所择也。是以昔之君子，皆哀而恕之，雄独非人子乎。至于籍馆，阖闾与群臣之罪，非子胥意也。勾践困于会稽，乃能用二子。若先战而强谏以死之，则雄又当以子胥之罪罪之矣。此皆儿童之见，无足论者。不忍三子之见诬，故为一言。（《苏轼文集》卷五，第154—155页）

观过斯知仁矣

孔子曰："人之过也，各于其党，观过斯知仁矣。"自孔安国以下，解者未有得其本指者也。《礼》曰："与仁同功，其仁未可知也。与仁同过，然后其仁可知也。"闻之于师曰：此《论语》之义疏也。请得以论其详。人之难知也，江海不足以喻其深，山谷不足以配其险，浮云不足以比其变。扬雄有言："有人则作之，无人则辍之。"夫苟见其作，而不见其辍，虽盗跖为伯夷可也。然古有名知人者，其效如影响，其信如蓍龟，此何道也。故彼其观人也，亦多术矣。委之以利，以观其节，乘之以猝，以观其量，伺之以独，以观其守，惧之以敌，以观其气。故晋文公以壶飧得赵衰，郭林宗以破甑得孟敏，是岂一道也哉。夫与仁同功而谓之仁，则公孙之布被与子路之缊袍何异，陈仲子之螬李与颜渊之箪瓢何辨。何则？功者人所趋也，过者人所避也。审其趋避而真伪见矣。古人有言曰："钼麑违命也，推其仁可以托国。"斯其为观过知仁也欤！（《苏轼文集》卷六，第174页）

晁君成诗集引（节录）

达贤者有后，张汤是也。张汤宜无后者也。无其实而窃其名者无后，扬雄是也。扬雄宜有后者也。达贤者有后，吾是以知蔽贤者之无后也。无其实而窃其名者无后，吾是以知有其实而辞其名者之有后也。贤者，民之所以生也，而蔽之，是绝民也。名者，古今之达尊也，重于富贵，而窃之，是欺天也。绝民欺天，其无后不亦宜乎！故曰达贤者与有其实而辞其名者皆有后。吾常诵之云尔。（《苏轼文集》卷十，第 319 页）

［按］刘承幹《王荆国文公年谱》引李巨来语云："东坡序《晁君成诗集》有云：'无其实而窃其名者无后，扬雄是也。'此盖为荆公而发。雄僎经而班史斥其犹吴、楚之僭王诛绝之罪，指其童乌不育也。荆公父子著《三经新义》，糠粃百家，尽废先儒之说；黜《春秋》不得列学官，目为断烂朝报，其非圣无法甚矣，其无后也宜哉。"

偶与客饮，孔常父见访，方设席延请，忽上马驰去，已而有诗，戏用其韵答之

扬雄他文皆不奇，独称观瓶居井眉。酒客法士两小儿，陈遵张竦何曾知。主人有酒君独辞，蟹螯何不左手持。岂复见吾衡气机，遣人追君君绝驰。尽力去花君自痴，醍醐与酒同一卮，请君更问文殊师。（《苏诗补注》卷二十八，凤凰出版社 2013 年版，第 835 页）

醉白堂记（节录）

古之君子，其处己也厚，其取名也廉。是以实浮于名，而世诵其美不厌。以孔子之圣，而自比于老彭，自同于丘明，自以为不如颜渊。后之君子，实则不至，而皆有侈心焉。臧武仲自以为圣，白圭自以为禹，司马长卿自以为相如，扬雄自以为孟轲，崔浩自以为子房，然世终莫之

许也。（《苏轼文集》卷十一，第345页）

伏波将军庙碑（节录）

自汉以来，朱崖、儋耳，或置或否。扬雄有言："朱崖之弃，捐之之力也，否则介鳞易我衣裳。"此言施于当时可也。自汉末至五代，中原避乱之人，多家于此。今衣冠礼乐，盖班班然矣，其可复言弃乎！（《苏轼文集》卷十七，第506页）

梦作司马相如求画赞（并叙）

夜梦严君平、司马相如、扬子云合席而坐。子云曰："长卿久欲求公作画赞。"余辞以罪戾之余，久废笔砚。子云恳祈，不获已为之。既成，子云戏余曰："三赋果足以重赵乎？"余曰："三赋足以重赵，则子之《太玄》果足以重赵乎？"为之一笑而散。其赞曰：

长卿有意，慕蔺之勇。言还故乡，闾里是耸。景星凤凰，以见为宠。煌煌三赋，可使赵重。（《苏轼文集》卷二十一，第600页）

奏内中车子争道乱行札子（节录）

臣谨按汉成帝郊祠甘泉、泰畤、汾阴、后土，而赵昭仪常从在属车间。时扬雄待诏承明，奏赋以讽，其略曰："想西王母欣然而上寿兮，屏玉女而却虙妃。"言妇女不当与斋祠之间也。（《苏轼文集》卷三十五，第993页）

与谢民师推官书

轼启。近奉违，亟辱问讯，具审起居佳胜，感慰深矣。轼受性刚简，学迂材下，坐废累年，不敢复齿缙绅。自还海北，见平生亲旧，惘

然如隔世人，况与左右无一日之雅，而敢求交乎？数赐见临，倾盖如故，幸甚过望，不可言也。

所示书教及诗赋杂文，观之熟矣。大略如行云流水，初无定质，但常行于所当行，常止于所不可不止，文理自然，姿态横生。孔子曰："言之不文，行而不远。"又曰："辞达而已矣。"夫言止于达意，即疑若不文，是大不然。求物之妙，如系风捕影，能使是物了然于心者，盖千万人而不一遇也。而况能使了然于口与手者乎？是之谓辞达。辞至于能达，则文不可胜用矣。扬雄好为艰深之词，以文浅易之说，若正言之，则人人知之矣。此正所谓雕虫篆刻者，其《太玄》《法言》皆是类也。而独悔于赋，何哉？终身雕虫，而独变其音节，便谓之经，可乎？屈原作《离骚经》，盖风雅之再变者，虽与日月争光可也。可以其似赋而谓之雕虫乎？使贾谊见孔子，升堂有余矣，而乃以赋鄙之，至与司马相如同科！雄之陋，如此比者甚众。可与知者道，难与俗人言也。因论文偶及之耳。欧阳文忠公言文章如精金美玉，市有定价，非人所能以口舌定贵贱也。纷纷多言，岂能有益于左右。愧悚不已。所须惠力法雨堂字。轼本不善作大字，强作终不佳，又舟中局迫难写，未能如教。然轼方过临江，当往游焉。或僧欲有所记录，当作数句留院中，慰左右念亲之意。今日已至峡山寺，少留即去。愈远。惟万万以时自爱。不宣。（《苏轼文集》卷四十九，第1418—1419页）

［按］东坡谓子云"好为艰深之词，以文浅易之说"，影响甚大。然孙澍云："有宋士大夫好立门户，标榜异同，互相攻伐，微独洛蜀之党腾于群从，即熙宁初政，子瞻几微，亦未能平于君实，此盖如夫子有为而言，不足引为典要。或者为讥介甫经说而发，意或然也。否则子瞻岂不识文义，一言不智，自蹈于非夫哉？"此言亦有识。

韩愈优于扬雄

韩愈亦近世豪杰之士，如《原道》中言语，虽有疵病，然自孟子之后，能将许大见识寻求古人，自亦难得。观其断曰："孟子醇乎醇；荀、扬择焉而不精，语焉而不详。”若不是他有见识，岂千余年后便断得如此分明？如扬雄，谓老子之言道德，则有取焉尔；至于捶提仁义，绝灭礼乐为无取。若以老子剖斗折衡而民不争、圣人不起为救时反本之言为无取，尚可恕；如老子言“失道而后德，失德而后仁，失仁而后义，失义而后礼”，则不识道已不成言语，却言其言道德则有取。扬子亦自不见此，其与韩愈相去远矣。（《苏轼文集》卷六十五，第2035页）

巢由不可废

巢、由不受尧禅，尧、舜不害为至德。夷、齐不食周粟，汤、武不失为至仁。孔子不废是说，曰：“武尽美矣，未尽善也。”扬雄者独何人，乃敢废此，曰：“允哲尧禅舜，则不轻于由矣。”陋哉斯言。使夷、齐不经孔子，雄亦且废之矣。世主诚知揖逊之水，尚污牛腹，则干戈之粟，岂能溷夷、齐之口乎？于以知圣人以位为械，以天下为牢，庶乎其不骄士矣！（《苏轼文集》卷六十五，第1997—1998页）

范景仁定乐上殿

前日见邸报，范景仁乞上殿，不知其何为也。近得其侄伯禄书云，景仁上殿，为定大乐也。景仁本以言新法不便致仕，乃以功成治定自荐于乐，则新法果便也？扬子云言齐、鲁有大臣，史失其名，叔孙通欲制君臣之仪，征诸生于齐、鲁，所不能致者二人。以景仁观之，扬雄之言，可谓谬矣。（《苏轼文集》卷七十二，第2287页）

书柳文瓶赋后

汉黄门郎扬雄作《酒箴》，以讽谏成帝。其文为酒客难法度士。譬之于物，曰子犹瓶矣。观瓶之居，思井之眉。处高临深，动常近危。酒醪不入口，臧水满怀。不得左右，牵于缨徽。一旦叀碍，为瓽所辒。身

提黄泉，骨肉为泥。自用如此，不如鸱夷。鸱夷滑稽，腹如大壶。尽日盛酒，人腹借酤。常为国器，托于属车。出入两宫，经营公家。由是言之，酒何过乎！

或曰：柳子厚《瓶赋》，拾《酒箴》而作。非也。子云本以讽谏设问以见意耳。当复有答酒客语，而陈孟公不取，故史略之，子厚盖补亡耳。然子云论屈原、伍子胥、晁错之流，皆以不智讥之；而子厚以瓶为智，几于信道知命者，子云不及也。子云临忧患，颠倒失据，而子厚尤不足观，二人当有愧于斯文也耶！元祐六年六月二十七日。（《苏轼文集》佚文卷五，第 2543 页）

李芳叔

元祐间，东坡知贡举，李方叔就试，将锁院，坡缄封一简令送方叔，值方叔出，其仆受简置几上。有顷，章子厚二子曰持曰援者来，取简窃观，乃《扬雄优于刘向论》一篇。二章惊喜，携之以去。方叔归，求简不得，知为二章所窃，怅惋不敢言。已而果出此题，二章皆模仿坡作，方叔几于搁笔。及拆号，坡意魁必方叔也，乃章援，第十名文意与魁相似，乃章持。坡失色。二十名间一卷颇奇，坡谓同列曰："此必李方叔。"视之乃葛敏修。时山谷亦预校文，曰："可贺内翰得人，此乃仆宰泰和时，一学子相从者也。"而方叔竟下第。坡出院，闻其故，大叹恨，作诗送其归，所谓"平生漫说古战场，过眼欲迷日五色"是也。其母叹曰："苏学士知贡举而汝不成名，复何望哉!"抑郁而卒。（罗大经《鹤林玉露》卷十五，《四库》第 865 册，第 393 页）

龚　原（1043? - 1110）

《宋史》卷三百五十三："龚原字深之，处州遂昌人。少与陆佃同师王安石。……初，王安石改学校法，引原自助，原亦为尽力。其后，司马光召与语，讥切王氏，原反复辨救不少衰。光叹曰：'王氏习气尚尔邪！'为司业时，请以安石所撰《字说》《洪范传》及子雱《论语》《孟子义》刊板传学者。故一时学校举子之文，靡然从之，其敝自原始。"

进《周易新讲义》序（节录）

扬雄之言《太玄》也，曰谨问其姓而审其家，观其所遭遇，劘之于事，详之于数，逢神而天之，触地而田之，则《玄》之情也得矣。此学《易》之说也。(《周易新讲义》卷首，《续修》第1册，第614页)

［按］龚原为王安石新学之信徒，故其尊扬，一如荆公。

黄庭坚（1045-1105）

《宋史·文苑传》："黄庭坚字鲁直，洪州分宁人。幼警悟，读书数过辄成诵。……庭坚学问文章，天成性得，陈师道谓其诗得法杜甫，学甫而不为者。善行、草书，楷法亦自成一家。与张耒、晁补之、秦观俱游苏轼门，天下称为四学士，而庭坚于文章尤长于诗，蜀、江西君子以庭坚配轼，故称'苏、黄'。"

跋韩退之送穷文

《送穷文》盖出于扬子云《逐贫赋》，制度始终极相似。而《逐贫赋》文类俳，至退之亦谐戏，而语稍庄，文采过《逐贫》矣。

大概拟前人文章，如子云《解嘲》拟宋玉《答客难》，退之《进学解》拟子云《解嘲》，柳子厚《晋问》拟枚乘《七发》，皆文章之美也。至于追逐前人，不能出其范围，虽班孟坚之《宾戏》，崔伯庭之《达

旨》，蔡伯喈之《释诲》，仅可观焉，况下者乎！（《黄庭坚全集》第三册，四川大学出版社 2001 年版，第 1594 页）

［按］《送穷文》《逐贫赋》之异同，可参看山内良太《韩愈〈送穷文〉与扬雄〈逐贫赋〉的特点：夸耀与安慰》（载《中国赋学》第 3 辑，齐鲁书社，2016 年）一文。

溪上吟（节录）

念昔扬子云，刻意师孟轲。狂夫移九鼎，深巷考四科。亦有好事人，时能载酒过。无疑举尔酒，定知我为何。（《黄庭坚诗集注》外集卷一，中华书局 2003 年版，第 747 页）

次韵奉送公定（节录）

至今扬子云，不与俗谐嬉。岁晚草《玄经》，覃思写天维。脱身天禄阁，危于剑头炊。卧闻策董贤，闭门甘忍饥。五侯盛宾客，驺辔交横驰。时通问字人，得酒未曾辞。（《黄庭坚诗集注》外集卷四，第 856 页）

送杨瓘雁门省亲（节录）

执戟老翁年七十，人看生理亦无聊。草《玄》事业窥《周易》，作赋声名动汉朝。（《黄庭坚诗集注》外集卷第六，第 929 页）

寄晁元忠（节录）

子云赋《逐贫》，退之文《送穷》。二作虽类俳，颇见壮士胸。（《黄庭坚诗集注》外集卷第十二，第 1179 页）

读方言

八月梨枣红，绕墙风自落。江南风雨余，未觉衣衾薄。壁虫忧寒来，催妇织衣著。荒畦杞菊花，犹用充羹臛。连日无酒饮，令人风味恶。颇似扬子云，家贫官落魄。忽闻辎轩书，涩读劳辅腭。虚堂漏刻间，九土可领略。愿多载酒人，喜我识字博。设心更自笑，欲过屠门嚼。往时抱经纶，待价一丘壑。卜师非熊罴，梦相解靡索。所欲吾未奢，傥使耕可获。今年美牟麦，厨馔丰饼拓。摩挲腹中书，安知非糟粕。(《黄庭坚诗集注》外集卷十三，第1213—1214页)

绝　句

富贵功名茧一盆，缲车头绪正纷纷。肯寻冷淡做生活，定是著书扬子云。(《黄庭坚诗集注》别集卷上，第1426—1427页)

章望之(1045- ?)

《宋史·文苑传》载："章望之字表民，建州浦城人。少孤，喜问学，志气宏放。为文辩博，长于议论。……望之喜议论，宗孟轲言性善，排荀卿、扬雄、韩愈、李翱之说，著《救性》七篇。"

书扬雄传后

世皆称扬子云作《剧秦美新》，以取媚乎妖莽。而《法言》亦曰："自周公已来，未有如汉公之懿也，勤劳则过阿衡。"噫，诚如是，何以为子云哉！

始读其书，则固疑其为人。及读班史列传，则曰哀、平之世，莽为三公，权倾人主，所荐莫不拔擢，而雄三世不徙官。及莽篡位，谈说之士用符命称功德获封爵者甚众，雄复不侯，以耆老久次，转为大夫，其恬于势利如是，而卒无一语称雄有《剧秦美新》之作。其后，时人讥之曰“爰清净，作符命”者，盖是时刘棻以符命被戮，棻尝学奇字于雄，及索其党，雄恐祸及，遂有投阁之事，非谓其身作符命也。

以余思，若《美新》之文，乃当时诸儒嫉雄者所欲以隳其名于后世，非雄本作也。既以是文隳雄之名，又惧后世以雄苟避一时之祸，非本意媚莽，则其名未甚隳矣，于是又即其所著《法言》，加之以“汉公之懿”，以表里其说，欲使后知雄真屈道媚莽者。

夫嫉雄之深，莫如班孟坚。其传末称其非圣人而作经，故卒有灭绝之祸。苟有媚新，直而书之，足以累雄于千万世间，何反默而不传也。又称其恬势利如前之所云哉？固之《典引》曰：“扬雄《美新》，典而无实。”余亦谓当时嫉雄者造作《美新》，又恐不得传于后，故增是辞于《典引》之中，以信其传。不然，固何弗称于本传而反称于《典引》也？且雄果有媚莽之文，岂不能取封爵、获富贵于莽朝哉？终莽之朝，位才一大夫，盖其守正自若，不挠不屈，而至于是也。

夫所谓“法言”者，言而为后世法也。苟称妖莽之勤也过于阿衡而继于周公，则一苟媚之书，何以为法于后世哉？雄果以是言媚于莽，则其后敢曰“汉兴二百一十载而中夫”乎？雄知莽之必灭，汉之必兴，潜著是言于言之末，欲以刘氏之复立者，是其怀忠履洁若是之炳炳也，又何以致疑于雄哉？

噫！柳宗元、柳仲涂，大儒也，皆惑于是言而曲为之说，虽欲释雄之过，而不知非雄所为也，又况于不及二柳者，则其致疑之心，果可以释乎？余是以书之传末，以告来者。（新刊《国朝二百家名贤文粹》卷一九四，《续修》第1654册，第96页）

吕南公（1047- 1086）

《宋史》卷四百四十四："吕南公字次儒，建昌南城人。于书无所不读，于文不肯缀缉陈言。熙宁中，士方推崇马融、王肃、许慎之业，剽掠补拆临摹之艺大行，南公度不能逐时好，一试礼闱不偶，退筑室灌园，不复以进取为意。……遗文曰《灌园先生集》，传于世。"

古　人

古人已往知无奈，犹被后人兴蠹坏。前亦人焉后亦人，患自口强心不逮。扬雄比孟必有辨，马卿慕蔺良足怪。未充志气徒好名，醇醪岂不因糟蔵。（《灌园集》卷四，《四库》第 1123 册，第 37—38 页）

与杨次公书

某顷年同诸生录乡先生王补之文，其中《送行序》一篇，道阁下于三《礼》之学用力敏强，悉能考正崇义旧图，以成一家书。最后又闻阁下作《极书》，以捃纠《太玄》之所不尽。于是兴叹声，以为苟于学事短阙，安能遑暇于斯。沾沾举人，检韵商对，偶以临效进取之文，常若不及，彼于先儒之业，是非乎何有？夫二帝三王之治，嘿灭而复行于世，凡有心识，莫不知之。然则陈迹余文，存与不存，知与不知，于当今世用，何所关碍？况于汉人阴阳星气，律历推步之学而足讨论？扬雄在时，笑者颊辅已疼。到今千载，士虽间有读者，而《玄》之道实无寸刻得行。是以《太玄》、三《礼》之书，其度数是非，不为进取人贪爱，亦有由自。但博闻多识，先王之所以贵。夫穷理，则六合之内外，苟可以为说者，讵容不知。韩退之称欲尽读人间所有之书，盖非偶然之意。农翁之善蓄稻也，层藏累纳，有淹二十年不发售者，红枯自腐，童子知其不任炊煮，然而莫敢以不富谓翁。则夫阁下之用心，纵不能助功勤于今，然亦足以对举人称富。夫富非家常人有之事也，则补之宁能不以言

补之。且不得勿言，则某之区区方阙然，而多识博闻，能无赏叹？日者会承阁下来掌敝邑之簿书，私怀喜幸，以为平昔之所听闻正。遂亲见二书所至，冀将得以借读而就讲之，而不自知疏惰之因，仍谒未及陈，而阁下已赴台符之选，愿往而莫之前。于邑何尽，自车马之去邑且半年矣，虽不尝参奉神锋，而传览阁下之辩论文辞，亦既良多。念二书已足传世，而士流所说复不止此，皆称阁下精达老佛之书，有底之论，以备谘诹。嗟乎！阁下之富，其遂不可极耶，何其力之丰也。昔者孔子门弟子，下及孟、荀、扬、王诸公，皆无力于钩考继传数制之异同，与夫掩袭星官历伯之所失，顾其有以易此，则亦未易言耳。今阁下悉能诸公之所不能，而又收功于老佛，则夫未言者，某知乎哉，知赏叹不忘而已。自抚去洪，次舍不远，方以拘滞不获亟造。谭筵二书之讲求，何时适愿？况于老佛之论，而敢蕲于侧聆，北望下风，钦悚钦悚。（《灌园集》卷十，第106—107页）

［按］杨次公即杨杰。

与汪秘校论文书（节录）

虽然，亦其说如此。刘向之文未尝似仲舒，而相如之文未尝似马迁，扬雄之文亦不效孟子也。张衡、左思等辈，于道如从管间窥豹，故其所作文赋，紧持扬、马襟袖，而不敢纵其握。自是文章世衰一世，几于童子之临模矣！由扬雄至元和千百年而后韩柳作，韩柳之文，未尝相似也。而前此中间寂寞无足称，岂其固无人，其患起于不知由道以充气，而置我心以视效他人，故虽劳，犹不能杰然自立。（《灌园集》卷十一，第113—114页）

曾 肇（1047- 1107）

《宋史》卷三百一十九：“肇字子开，举进士，调黄岩簿，用荐为郑州教授，擢崇文校书、馆阁校勘兼国子监直讲、同知太常礼院。……肇天资仁厚，而容貌端严。自少力学，博览经传，为文温润有法。”

子固行状（节录）

盖自扬雄以后，士罕知经，至施于政事，亦皆卑近苟简，故道术浸微，先王之迹不复见于世。公生于末俗之中，绝学之后，其于剖析微言，阐明疑义，卓然自得，足以发六艺之蕴，正百家之缪，破数千载之惑。其言古今治乱得失是非成败，人贤不肖，以至弥纶当世之务，斟酌损益，必本于经，不少贬以就俗，非与前世列于儒林及以功名自见者比也。至其文章，上下驰骋，愈出而愈新，读者不必能知，知者不必能言。盖天材独至，若非人力所能，学者惫精覃思，莫能到也。世谓其辞于汉唐可方司马迁、韩愈，而要其归，必止于仁义，言近指远，虽《诗》《书》之作者未能远过也。（《曾巩集》附录，中华书局 1984 年版，第 791 页）

［按］此文亦见《曲阜集》卷三，题作《子固先生行状》。

赵 顼（1048- 1085）

《宋史·神宗本纪》：“神宗绍天法古运德建功英文烈武钦仁圣孝皇帝，讳顼，英宗长子，母曰宣仁圣烈皇后高氏。……（元丰八年）戊戌，上崩于福宁殿，年三十有八。”

神宗命司马光为翰林学士*

神宗即位，擢（司马光）为翰林学士，光力辞。帝曰："古之君子，或学而不文，或文而不学，惟董仲舒、扬雄兼之。卿有文学，何辞为?"对曰："臣不能为四六。"帝曰："如两汉制诏可也；且卿能进士取高第，而云不能四六，何邪?"竟不获辞。（《宋史》卷三百三十六《司马光传》，第10762页）

神宗斥扬雄*

（神宗与宗孟）泛论古今人物，宗孟盛称扬雄之贤，上作色言："扬雄著《剧秦美新》，不佳也。"他日，宗孟又因奏书请官属恩，上曰："所修书谬甚，无恩。"宗孟又引例，书局、仪鸾司等当赐帛，上以小故未答，王安礼进曰："修书谬，仪鸾司等人恐不预。"上为之笑。罢朝，安礼戏宗孟曰："扬雄为公坐累。"（《续资治通鉴长编》卷三百三十八，中华书局2004年版，第8149页）

［按］《邵氏见闻录》卷十一亦载此事。

蒲　瀛（?）

扬子云墨池

寂寞一区宅，沉冥千载豪。人轻执戟贱，谁识草《玄》高，蝌蚪犹翻墨，提壶欲载醪。著书端有意，不必《反离骚》。（袁说友等编：《成都文类》卷八，中华书局2011年版，第160页）

［按］此篇署名“前人”所作，明人曹学佺《蜀中广记》卷三则谓蒲瀛作，今从之。蒲瀛事迹不详。

刘安世（1048- 1125）

刘安世传（节录）

刘安世字器之，魏人。……登进士第，不就选。从学于司马光，咨尽心行己之要，光教之以诚，且令自不妄语始。调洛州司法参军，司户以贪闻，转运使吴守礼将按之，问于安世，安世云：“无之。”守礼为止。然安世心常不自安，曰：“司户实贪而吾不以诚对，吾其违司马公教乎！”后读扬雄《法言》“君子避碍则通诸理”，意乃释。（《宋史》卷三百四十五，第10951—10952页）

［按］“君子避碍则通诸理”一句，出《法言·君子篇》，今本作“君子避碍则通于理”。

秦　观（1049- 1100）

《宋史》卷四百四十四：“秦观字少游，一字太虚，扬州高邮人。少豪隽，慷慨溢于文词，举进士不中。强志盛气，好大而见奇，读兵家书与己意合。见苏轼于徐，为赋黄楼，轼以为有屈、宋才。又介其诗于王安石，安石亦谓清新似鲍、谢。”

司马迁论

班固赞司马迁，以为是非颇谬于圣人，论大道则先黄老而后六经，

序游侠则退处士而进奸雄，述货殖则崇势利而羞贫贱。先黄老而后六经，求古今搢绅先生之论尚或有之，至于退处士而进奸雄、崇势利而羞贫贱，则非闾里至愚极陋之人不至是也，孰谓迁之高才博洽而至于是乎？以臣观之不然，彼实有见而发，有激而云耳。孟子曰："仁者，人也，合而言之道也。"扬子亦曰："道以导之，德以得之，仁以人之，义以宜之，礼以体之，天也。"合则浑，离则散，盖道德者，仁义礼之大全，而仁义礼者，道德之一偏。黄老之学，贵合而贱离，故以道为本；六经之教，于浑者略，于散者详，故以仁义礼为用。迁之论大道也，先黄老而后六经，岂非有见于此而发哉？方汉武用法刻深，急于功利，大臣一言不合，辄下吏就诛，有罪当刑，得以货自赎，因而补官者有焉。于是朝廷皆以偷合苟免为事，而天下皆以窃资殖货为风。迁之遭李陵祸也，家贫无财贿自赎，交游莫救，左右亲近不为一言，以陷腐刑，其愤懑不平之气无所发泄，乃一切寓之于书，故其序游侠也，称昔虞舜窘于井廪，伊尹负于鼎俎，傅说匿于傅岩，吕尚困于棘津，夷吾桎梏，百里饭牛，仲尼阨于陈蔡，盖迁自况也。又曰："士穷窘得委命，此岂非人所谓贤豪者耶。诚使乡曲之侠与季次、原宪比权量力，效功于当世，不同日而论矣。"盖言当世号为修行仁义者，皆畏避自保，莫肯急于人之难，曾匹夫之不若也。其述货殖也，称秦始皇令乌氏倮比封君，于列臣朝请，以巴蜀寡妇清为贞妇而客之，为筑女怀清台，盖以讥孝武也。又云："谚曰千金之子不死于市，非空言也。"盖迁自伤砥节砺行，特以贫，故不免于刑戮也。以此言退处士而进奸雄、崇势利而羞贫贱，岂非有激而云哉？彼班固不达其意，遂以为是非颇谬于圣人，亦已过矣。然迁为人多爱不忍，虽刺客、滑稽、佞幸之类，犹屑屑焉称其所长，况于黄老、游侠、货殖之事，有见而发，有激而言者，其所称道，不能无溢美之言也。若以《春秋》之法明善恶、定邪正责之，则非矣。扬子曰："太史公，圣人将有取焉。"又曰："多爱不忍，子长也。仲尼多爱，爱义也；子长多爱，爱奇也。"夫惟所爱不主于义而主于奇，则迁不为无过。若以是非颇谬于圣人，曷为乎有取也。（秦观撰，徐培均笺注：《淮海集笺注》卷二十，上海古籍出版社2000年版，第700—701页）

拟郡学试近世社稷之臣论

古之所谓社稷之臣者，至矣！忠足以竭才性之分，敏足以应事物之变。苟利社稷，则遂事矫制，虽君有所不从；苟害社稷，则伏节死谊，虽身有所不顾。夫人莫不尊于君，莫不亲于身，君与身也犹有时而忘之，知有社稷之事而已，况其它乎！此古之所谓社稷之臣者也。扬子《法言》："或问近世社稷之臣，曰：'若张子房之智，陈平之无误，绛侯勃之果，霍将军之勇，终之以礼乐，可谓社稷之臣矣。'"夫扬子之所以有取于四子者，岂以运筹帷幄之中，制胜于无形欤？料敌制变、算无遗策、攻城野战、前无坚敌欤？出入禁闼二十余年，小心谨慎，未尝有过欤？果在乎是，则战国之末士，一介之庸人，皆可以为社稷之臣矣，岂扬子之意哉？方高帝之时，天下初定，诸将论功，日夜不决。子房辞齐三万户，愿封于留，又劝先封雍齿，诸将乃服。及欲废太子，子房乃行少傅事，晏然处于叔孙通之下，招致四老人者以羽翼之，太子以安，此其所以有取于子房者也。高后时，诸吕擅权，欲危刘氏，平、勃用陆贾之谋，深自相结，卒能诛诸吕，迎文帝于代而立之，此其所以有取于陈平、绛侯勃者也。后元、元平之际，汉室多故，子孟拥昭立宣，政由己出，前后二十年，海内厌服，此其有取于霍将军者也。然光不学无术，暗于大体，死才三年，宗族诛夷。勃免相就国，不远嫌疑，陷于吏议，几致颠覆。平多阴祸，至孙而废，掌虽亲贵，终以不侯。子房虽无三子之过，然不能为汉制礼作乐，追迹三代之隆，以圣人之道概之，皆未得为全人也。故曰"终之以礼乐"。虽然，四人者，或氏而字之，或氏而名之，或爵而名之，或氏而官之，何也？此盖扬子之深意，《春秋》之大法也。《春秋》之法，虽贵贱不嫌同号，美恶不嫌同辞，然而州不若国，国不若氏，氏不若人，人不若名，名不若字，字不若爵，爵不若子，因此等以寄褒贬焉。氏者，别其所自出也，字以言其德，名以言其体，爵以言其功，官以言其业。张子房以智，盖言其德也，故氏而字之。陈平以无误，盖言其体也，故氏而名之。绛侯勃以果，盖言其功，

故爵而名之。霍将军以勇，盖言其业，故氏而官之。四人者，子房最优，故独字之。绛侯勃为下，故独不氏焉。呜呼，不如是，何足以为法言。（《淮海集笺注》卷二十三，第 778—779 页）

赵令畤（1051- ?）

《宋史》卷二百四十四："令畤字德麟，燕懿王玄孙也，蚤以才敏闻。元祐六年，签书颍州公事。时苏轼为守，爱其才，因荐于朝。……迁洪州观察使，袭封安定郡王。寻迁宁远军承宣使，同知行在大宗正事。四年薨，贫无以为殓，帝命户部赐银绢，赠开府仪同三司。"

愁

愁，音曹，忧也。《集韵》：扬雄有《伴牢愁》，音曹。今人言心中不快为心曹，当用此愁字，即忧也。（孔凡礼点校：《侯鲭录》卷八，中华书局 2002 年版，第 194 页）

[按]《汉书·扬雄传》"伴"作"畔"。李奇曰："畔，离也。牢，聊也。与君相离，愁而无聊也。"

李　复（1052- ?）

《四库全书总目》云："复字履中。先世家开封，祥符以其父官关右，遂为长安人，登元丰二年进士，历官熙河转运使，终于中大夫、集贤殿修撰。"

又答赵子强书

某承谕，扬子云，近世学者谓之圣人，此论甚未当。若惟寂惟寞，自投阁；爰清爰静，作符命。皆旧史之妄。班固去雄未远，其传与赞皆谓之妄。今去雄千年，缘何而别为之辞。史若不可信，雄又言“未有如汉公之懿”，此又何如？有道则仕，《剧秦美新》合于理义否？按《雄家牒》，雄以天凤五年卒，葬于安陵坂上，当时所厚如沛郡桓君山，平陵茹子礼，弟子巨鹿侯芭，共为治丧。侯芭作坟，号曰“玄冢”，已湮灭不可见。某又上。（《潏水集》卷四，《四库》第1121册，第35页）

又答赵子强书（节录）

扬雄之于道，自无所得也。作《法言》，其问者非所疑也，其答者非所不知也。作《太玄》，以《太初历》之法分四时二十四气二十八舍之度，太阳所行之数，文之以言，拟乎《易》，特好名而为之也。使雄若知道，《法言》与《太玄》皆不作矣。夫圣人之道，至于神极矣。扬雄之《法言》曰：“神在所潜，潜天而天，潜地而地。天地，神明之所不测。心之潜也，犹将测之，况于人乎，况于事伦乎？”此雄以思索为神，其意乃谓《太玄》也。观《太玄》于《易》，果有得乎？《易》曰“神者妙万物而为言也”，《孟子》曰“圣而不可知之之谓神”，至于圣而又进矣，然后可以知神。雄果进于圣乎？艰言苦思，赘为此书，岂非好名者乎？遽中草略奉启，言无诠次，幸照察，某再启。（《潏水集》卷四，第36页）

［按］此另是一书，非出于前篇。

又答曹秀才

某启，久不闻问，倾遡良勤辱书审体中佳，适顷叔弼到郡已久，困

于局事，相见不数，书目尚未曾问，张氏所藏，散亡略尽，时有所疑，无可检证，深所患也。五行若甲己木，丙辛火，乙庚金，戊癸土，丁壬水，此扬雄声生于日之说也。以五阴并随于阳夫皆专之也，乃历家言岁德所在，阳德自处，阴德随阳之意。历家本岁阴而为言也，五音便是五行，非生于日也。若甲己土，乙庚金，丙辛水，丁壬木，戊癸火，乃医术所用五运气也。若甲子火，丙子水，戊子土，庚子金，壬子木，乃淮南刘安书律吕之论，以甲子为仲吕之徵，丙子为夹钟之羽，戊子为黄钟之宫，庚子为无射之商，壬子为夷则之角也。扬雄、淮南不知自何而言？医之五运，本于《素问》与《玄珠》。五行之气，兆于太极之初，十干行于天地之中，涵生万物，此性命之理，莫之敢违也。五运其气相生，循环而无穷，不可轻议，更请思之。或别有说，无惜示谕。方遽不暇子细，五行之变遇，事物皆有，《洪范》初开其端也。（《潏水集》卷五，第 48 页）

杂诗一首

珍图出荣河，八卦开奥秘。圣人重因袭，已极露隐细。大衍四十九，周流通一气。阴阳穷必变，往反无终始。元化密推移，消长先默契。鬼神无遁情，垂诏亿万世。如何扬子云，求名夸谲诡。藻绘《太初历》，设昼随启闭。盈缩无常运，《踦》《嬴》谩拟议。安得宇宙间，别更有天地。文字但艰苦，白首困心志。侯芭何所知，枝指徒为赘。（《潏水集》卷九，第 89 页）

陈师道（1053- 1102）

《宋史》卷四百四十四：“陈师道字履常，一字无己，彭城人。少而好学苦志，年十六，早以文谒曾巩，巩一见奇之，许其以文著，时人未之知也，留受业。……师道高介有节，安贫乐道。于诸经尤邃《诗》《礼》，为文精深雅奥。喜作诗，自云学黄庭坚，至其高处，或谓过之，然小不中意，辄焚去，今存者财十一。”

策　问

君子之道同，而其所以异者，人异师，学异术也。孟子之学出于子思，子思出于曾子。庄子之学出于田子方，子方出于子贡。荀子之学出于子弓，子弓者，仲弓也。扬子之学出于庄君平，君平出于老庄。韩子之学出于子舆。五家同出于孔氏，而其说相反。孔子称夷惠而子舆非之，子休誉子方而毁仲尼，荀卿非子思、孟子，扬云下老、庄、荀而尊孟氏。退之谓荀、扬大醇小疵。而孔、墨同道，然则孟子距之非耶？夫诸子之相非，其相存耶而相违耶？其屈人而自伸耶？抑亦喜攻人之短与？不然，其有说乎？二三子明于六经而通古今之志，愿有闻焉。（《后山集》卷十四，《四库》第1114册，第650—361页）

晁补之（1053- 1110）

《宋史》卷四百四十四：“晁补之字无咎，济州巨野人，太子少傅迥五世孙，宗悫之曾孙也。……补之才气飘逸，嗜学不知倦，文章温润典缛，其凌丽奇卓出于天成。尤精楚辞，论集屈、宋以来赋咏为《变离骚》等三书。”

汴都赋序（节录）

补之曰：圣人初无意于言，六经之辞皆不得已。夫不得已故言之，致必始于详说，而后终之以说约。听廉者语，不若听夸者语，夸易好

也。听狡者语，不若听婉者语，婉易从也。故赋之类，常欲人博闻而微解，见人言九州山川、城郭道路、太行吕梁、舟车万里之勤，则使人思投辖弭节。见人言州闾大会、宾主酬酢、匏竹啾咽、晡夕厌满、酤酸肴胇，则使人思弛带而卧。故《上林》《羽猎》言卒徒之盛、终日驰骋，则必以节俭成之。扬雄以谓犹骋郑、卫之声，曲终而奏雅，后世猥以雄悔之，因弃不务。然补之窃怪：比来进士举有司者，说《五经》皆喜为华叶波澜，说一至百千语不能休，曰“不如是，旨不白”，然卒不白。至辞赋，独曰是“侈丽闳衍”，何也？（《鸡肋集》卷三十四，《四库》第1118册，第665—666页）

李浩字季良甫序

进士陇西李浩，资俊异，少孤，自封植。为人刚静，气迈往不群，治《春秋》《礼记》说，知孟轲、扬雄所传为正道而遵之。（《鸡肋集》卷三十五，第673页）

离骚新序 （节录）

离骚，遭忧也。“终窭且贫，莫知我艰”，《北门》之志也。“何辜于天？我罪伊何？”《小弁》之情也。以附益六经之教，于《诗》最近。故太史公曰：“《国风》好色而不淫，《小雅》怨诽而不乱，若《离骚》者，可谓兼之矣。”其义然也。又班固叙迁之言曰：“《大雅》言王公大人，德逮黎庶；《小雅》讥小民之得失，其流及上。所言虽殊，其合德一也。司马相如虽多虚辞滥说，然要其归引之于节俭，此亦《诗》之风谏何异？扬雄以谓犹骋郑卫之音，曲终而奏雅，不已戏乎？”固善推本知之，赋与诗同出，与迁意类也。然则相如始为汉赋，与雄皆祖原之步骤，而独雄以其靡丽悔之，至其不失雅亦不能废也。（《鸡肋集》卷三十六，第682页）

续楚辞序（节录）

然则不独《诗》至原而未亡，于《春秋》之微，乱臣贼子之无诛者，原力犹能愧之，而扬雄以谓何必沉江。原惟可以无死，行过乎恭。使原不得则龙蛇，虽归洁其身，而《离骚》亦不大耀于世，是所以贤原者，亦由其忠死，故其言至于今不废也。而后世奈何独窃取其辞以自名，不自知其志不类而无愧？而《续楚辞》《变离骚》，亦奈何徒以其辞之似而取之？曰：《诗》非皆圣贤作也，舍周公、尹吉甫、仲山甫诸大夫、君子，则羁臣、寡妇、寺人、贱者，桑濮淫奔之辞，顾亦与《猗》《那》《清庙》金石之奏俱采而并传，何足疑哉？且世所以疑于此者，不以夫后之愧原者众哉？而荀卿、贾谊、刘向、扬雄、韩愈，又非愧原者也。以迄于本朝，名世君子尚多有之，姑以其辞类出于此，故参取焉。（《鸡肋集》卷三十六，第685页）

变离骚序上

补之既集《续楚辞》二十卷，又集《变离骚》二十卷，或曰：果异乎？抑屈原之作曰《离骚》，余皆曰《楚辞》矣，今《楚辞》又变，而乃始曰《变离骚》，何哉？又扬雄为《反离骚》，反与变果异乎？曰：《反离骚》非反也，合也。盖原死，知原惟雄，雄怪原文过相如，至不容而死，悲其文，未尝不流涕也。以谓君子得时则大行，不得则龙蛇，遇不遇，命也，何必湛身哉！乃作书，往往摭其文而反之。虽然，非反其纯洁不改此度也，反其不足以死而死也。则是《离骚》之义，待《反离骚》而益明。何者？原惟不为箕子而从比干，故君子悼诸，不然，与日月争光矣。雄又旁《离骚》作《广骚》，旁《惜诵》而下作《畔牢愁》。雄诚与原异，既反之，何为复旁之？

又《变离骚》以其类而异，故不可以言“反”，而谓之“变”。若荀卿，非蹈原者，以其后原，皆楚臣遭谗，为赋以风，故取其七篇，列之

卷首，类《离骚》而少变也。又尝试自原而上，舍三百篇，求诸《书》《礼》《春秋》他经，如《五子之歌》，“狸首之斑然”“蚕则绩而蟹有筐”“佩玉蕊兮吾无所系之”“祈招之愔愔”“凤兮凤兮”，他如此者甚多，咸古诗风刺所从起，战国时皆散矣。至原而复兴，则列国之风雅始尽合而为《离骚》。

是以由汉而下，赋皆祖屈原。然宋玉，亲原弟子，《高唐》既靡，不足于风。《大言》《小言》，义无所宿。至《登徒子》，靡甚矣，特以其楚人作，故系荀卿七篇之后。《瓠子之歌》有忧民意，故在相如、扬雄上，而《子虚》《上林》《甘泉》《羽猎》之作，赋之闳衍，于是乎极，然皆不若其《大人》《反离骚》之高妙，犹终归之于正义，过《高唐》。但论其世，故系《高唐》后。至于京都山海、宫殿鸟兽、笙箫众器，指事名物之作，不专于古诗恻隐规诲，故不录。《李夫人赋》《长门赋》，皆非义理之正，然辞浑丽，不可弃。曹植赋最多，要无一篇逮汉者，赋卑弱自植始。录其《洛神赋》《九愁》《九咏》等，并录王粲《登楼赋》，以见魏之文如此。陆机、陆云有盛名，顾不足于植、粲，摘其义差近者存之。《思游》有意乎《幽通》而下，恨其流益远矣，然晋人喜清谈，而挚虞此作，庶几有为，而言致足嘉者也。鲍照长于杂兴，故其《芜城》作，独出宋世，又以刘濞事讽刘瑱，有心哉于此者！江淹用寡而文丽，又梁文益卑弱，然犹蒙虎之皮，尚区区楚人步趋也。

唐李白诗文最号不袭前人，而《鸣皋》一篇，首尾楚辞也。末云“鸡聚群以争食，凤孤飞而无邻”，“嫫母衣锦，西施负薪”，辞不雕而指类。唐人知楚辞者少，误以为诗云。王维生韩、柳前，才数十言，虽浅鲜，未足与言义，然低昂宛转，颇有楚人之态矣。元结振奇，自成一家，要曰群言之异味，亦可贵也。顾况文不多，约而可观。《问大钧》理胜，《招北客》词胜。《阿房宫》云“亦使后人而复哀后人”，皆唐赋之不可废者也。皮日休《九讽》专效《离骚》，其《反招魂》靳靳如影守形，然非也，竟离去，画者谨毛而失貌。呜呼！《离骚》自此散矣，故不录。

以迄本朝，名世之作多已载《续楚辞》中。今所录赋及文、操，或宏杰，自出新意，乍合乍离，亦足以知古文之屡变，至末而复起云。或大意述此，或一言似之，要不必同，同出于变，故皆以附《变离骚》。若谓之“变楚辞”乎，则《楚辞》已非《离骚》，《楚辞》又变，则无《离骚》矣，后无以复知此始于屈平矣。恶夫愈远而迷其源，若服尽，然为之系其姓于祖，故正名以存之。（《鸡肋集》卷三十六，第686—688页）

王通之世何族其学何授

问：孔子没，孟轲氏作。孟轲氏没，荀况、扬雄氏作。荀况、扬雄氏没，圣人之道殆不传。魏晋而下，士无山陵川泉之才，学不知其所宗，营营驰骋于末流，道以益晦。而数百年间，河汾之陋，乃有王通出焉。通尊孔子，其才自视三子比。考其书，殆庶几于知孔子，校孟轲不皆醇，而于荀况、扬雄未悖也。其书所述世家次叙与诸父族子具存。其弟子门人若公卿大臣，事业班班，有见于唐，然而不因通书知之，则与通并时，或学于通而达，曾莫有一人道之者。盖笃信好学如韩愈，于轲、于况、于雄，皆发明之，而不及通。然则通之世果何族？其学亦谁授哉？去通之世若此其未远也，近通之居若此其甚也，而顾且疑焉，有不能辩，则后此者奈何？邯郸鬻曲者托之李奇，人知其非李奇也而皆弃。今通书固在，考之圣人为有合，参之二子为未悖，不可以弃也。诸君博洽，愿以所闻质之。（《鸡肋集》卷三十七，第693页）

性

问：“《记》曰：‘人生而静，天之性也。静之为名，善恶不得而居。’孔子曰‘性相近’，此生而静之说也。学孔子而近者如孟轲、荀况、扬雄，或以为善，或以为恶，或以为善恶混。而孟子道告子之言曰：‘生之谓性，性犹湍水。’又曰：‘性无善无不善。’又曰：‘有性善，有性不善。’而至于韩愈，又以谓性有三，中人可与上下，而‘上智与下愚不移’。夫性一也，自六说者观之，其源既已大异，而末学之辩，

波澜滋广。道之不明也，道之不行也，以学者不尽其性而已。孔子之言，经也，经不可刊。反经以正诸子之异，则或善或恶，或善恶混，必居一于是矣。以夫生而静且相近者为性，则其曰生之谓性、性无善无不善者，其说亦奚不可也？然而告子未尝知义，惟曰从其白于外也，是岂性之说也哉！孟子曰：'万物皆备于我矣，反身而诚，乐莫大焉。'诚之在我者如是，则诸君之语'性'，不可以外诸己而求也。"（《鸡肋集》卷三十八，第699—700页）

扬雄论周官左氏司马迁当否

问：孔子没，儒者能以其学明天下，莫如扬雄。雄习孔子，后世学焉，以要诸圣，则其为说宜若考之而无不当者。今雄书论《周官》曰"立事"，《左氏》曰"品藻"，太史迁曰"实录"。夫周公之德，与周之所以王，郁郁乎其文之盛，抑立事而已也？不然，则雄之言何独取诸此也？富而艳，其失也诬，则《左氏》之"品藻"也何有？甚多疏略，或有抵牾，则太史迁之"实录"也何有？然而曰"品藻"，曰"实录"，辞达如扬雄，岂苟乎哉？

或曰：有所是、有所非，亦品藻也，于此乎长而已，不害其为诬。无所增、无所损，亦实录也，于此乎长而已，不害其为抵牾。则雄之意又信若是者，非耶？闻也、见也，无所从考，则君子不论。三者其书固在，非疑且殆，则学者之所讲，安得而阙也？（《鸡肋集》卷三十八，第700—701页）

太　玄

问：孔子没，圣人之道得孟子而传。孟子没，后世学者思之微，莫如扬雄。扬雄为《太玄》，准《易》，数起黄钟，历本《太初》，仪用浑天，规摹乎始而尽弊乎终。终故穷，穷故变，变故神。微《六经》与《孟子》，后世立言者莫能加。则《太玄》之为书，岂诸子而已哉！《易》

曰："乾元用九乃见天"，则夫数始于一，成于三，变于九。九，律之首也。其起黄钟，盖取诸此。然犹有疑者，言天与律者，从昔数家，参差不齐，而其名察，发敛大较所加亦各有验。今独本《太初》而用浑天，何哉？不然，则雄为思之微，于此不革而因，将必有当也。抑所谓准《易》者，亦准其数，非耶？诸君之学，要以无所不窥。平居立言，采其辞以为美，缋绣错然，观者不厌。虽然，摘我华而不食我实，则可乎？愿相与思其义，稽之于大道，效之于气物，验之于人事，发蒙振落，以摅未悟者之疑。（《鸡肋集》卷三十八，第703页）

袁盎以绛侯为功臣（节录）

扬雄亦曰："绛侯勃之果，终之礼乐，可谓社稷之臣矣。"雄，儒者，宜责大臣以礼乐，然圣人不作，礼乐终不得而兴，谓后世终无社稷臣，其可哉？（《鸡肋集》卷四十三，第751页）

汲黯近古社稷臣（节录）

扬子或问社稷之臣，曰："若张子房之智、陈平之无误、绛侯勃之果、霍将军之勇，终之以礼乐，则可谓社稷之臣矣。"夫四人者，以羽翼太子、寤高帝而立惠帝，张子房之智也；许吕后以王诸吕，王陵争而己不争，吕后死乃与绛侯诛产、禄，陈平之无误也；入北军一呼，士皆袒左为刘氏，乃定策迎代王，绛侯勃之果也；引昌邑王下殿而泣送之，取宣帝民间而北面之，霍将军之勇也。此其于国，皆当伊、周之任，因祸而为福，转败而成功者，故扬雄以谓皆近世社稷之臣。（《鸡肋集》卷四十三，第757页）

褚遂良忌嫉崔仁师（节录）

崔仁师甚承恩遇，中书令褚遂良颇忌嫉之。会有伏阁上奏者，仁师

不奏，太宗以仁师罔上，遂配龚州。

右《崔仁师传第二十四》。太宗征辽时，刘洎尝轻出言，太宗颇怪之。及太宗疾，又有忧惧语，故遂良之诬易入，因赐自尽。苏翰林疑无是事。然观仁师事，史臣亦有忌嫉之语，何耶?《语》曰："君子而不仁者有矣。"人情大不美，虽圣人犹曰"不保其往也"，况利害之间哉? 王荆公亦疑扬雄无投阁事。两公意皆忠厚，然雄之学惟未至于孟轲，或不幸至此。以《剧秦美新》观雄意，忧惧深矣。后之君子，必有能辨之者。(《鸡肋集》卷四十七，第787页)

答刘壮舆书（节录）

补之启：示《漫浪翁图赞》并所以名堂与亭之意，以壮舆志业，岂老且不售、畸乖自放者之比? 其所以名者，意不在是，鲁直为赞以反之，此善谕人之意，非反也，合也。扬雄为《反离骚》，补之尝谓屈原没后惟雄为知原者，故其言曰"如玉如莹，爰变丹青，如其智"，知原之如玉如莹，不可以丹青变；而伤原之壹其质，不能与丹青变，以异而见尤也。乃圣人之智则异于是，此但如原之智而已矣。然则丹青岂果可以变玉哉? 若曰外与之化而内不化，原其免矣。故颇摭骚词而反之，非反也，合也。(《鸡肋集》卷五十二，第831页)

北京国子监奉诏封孟荀扬韩告先圣文

维元丰七年月日，河南府左军巡判官、充北京国子监教授晁补之，谨以清酌庶羞之奠，敢昭告于至圣文宣王曰：昔周失厥道，纪纲用微。惟时夫子，杲杲出日，披其重祲，为万世明。夫子既没，扬墨是肆。爰有孟氏，词而辟之。荼蓼既薅，嘉苗孔殖，于今其功，人以配禹。俾遇夫子，盖颜渊徒。自时百家，蠭午并作。承孟氏后，荀况、扬雄。降秦终汉，教用不陨，俾夫子道，炳然复彰。魏晋而还，文事滋落，学不为己，其舌肆好。猗欤韩愈，始以文显，厦屋将覆，勇于敢扶。唐三百年，斯人惟伟。天启我宋，咸秩无文，追求四贤，崇以爵号。从夫子后，不瑕有光，更千万年，学者咸仰。今有司承诏，封孟轲为邹国公，与兖国公同配食；荀况为兰陵伯，扬雄为成都伯，韩愈为昌黎伯，并从祀。谨撰吉日以告。尚飨。(《鸡肋集》卷六十，第898页)

祭大资政李公文

汉兴息民，残编出坏，经儒词士，学自此派。班王两马，河汉奔浑，胡不及古？华胜其根。乃独扬雄，为书准《易》，《易》不可准，相如是式。却后得唐，才一韩愈，跞魏踵汉，侵寻千古。(《鸡肋集》卷六十一，第908页)

杨 时(1053- 1135)

《宋史·道学传》载："杨时字中立，南剑将乐人。幼颖异，能属文，稍长，潜心经史。熙宁九年，中进士第。时河南程颢与弟颐讲孔、孟绝学于熙、丰之际，河、洛之士翕然师之。时调官不赴，以师礼见颢于颍昌，相得甚欢。其归也，颢目送之曰：'吾道南矣。'……暨渡江，东南学者推时为程氏正宗。"按，杨时之论扬雄，前承二程，后启朱熹。

语录（节录）

六经不言无心，惟佛氏言之；亦不言修性，惟扬雄言之。心不可无，性不假修。故《易》止言洗心尽性，《记》言正心尊德性，《孟子》言存心养性。(《龟山集》卷十，《四库》第1125册，第190页)

扬雄作《太玄》准《易》，此最为诳后学。后之人徒见其言艰深，其数汗漫，遂谓雄真有得于《易》，故不敢轻议。其实雄未尝知《易》。

（《龟山集》卷十一，第 212 页）

扬雄云："多闻守之以约，多见守之以卓。"其言终有病，不如孟子言"博学而详说之，将以反说约也"为无病。盖博学详说，所以趋约，至于约则其道得矣。谓之守以约、卓，于多闻多见之中，将何守？见此理分明，然后知孟子之后，其道不传。知孟子所谓"天下可运于掌"为不妄。（《龟山集》卷十二，第 219 页）

扬雄云："学所以修性。"夫物有变坏，然后可修。性无变坏，岂可修乎？惟不假修，故《中庸》但言率性尊德性，《孟子》但言养性，孔子但言尽性。（《龟山集》卷十二，第 227 页）

谓扬子云作《太玄》，只据他立名便不是，既定却三方九州二十七部八十一家，不知如何相错得？八卦所以可变而为六十四者，只为可相错，故可变耳。惟相错，则其变出于自然也。（《龟山集》卷十三，第 236 页）

言季常曾问扬雄来。应之曰："不知圣人，何足道。"季常骇之。渊因语："后世学道不明尔，被流俗之蔽，只如他取扬雄，亦未能免流俗也。卓乎天下之习不能蔽也，程正叔一人而已。观正叔所言，未尝务脱流俗，只是一个是底道理，自然不坠流俗中。"先生曰："然。观其论妇人不再适人，以为宁饿死。若不是见得道理分明，如何敢说这样话。"（《龟山集》卷十三，第241页）

策　问

孟子没，圣学失传，六经之旨晦蚀于异端，诸子之书名家而传后世者非一人也。然而论不诡于圣人者无几焉。扬雄之《太玄》，王通之《续经》，皆拟圣人之作也。二人者亦以斯文为己任，其为书宜有异于诸子焉。然当时之论，尚或以雄非圣人而作经，犹吴楚之君僭号而称王，盖贬绝之罪也。后之论通者亦然。予以谓为此论者，是特以名讥之，未究其实也。使其书不谬于圣人，而有补于六经，则二子也奚罪焉。学者审其是而已，又奚以名为。然观雄之书，三摹四分九据，极八十一首、七百二十九赞，其用自天元推一昼一夜阴阳气候星日度数律历之纪，无不备具，其闳意妙旨，驰骋乎有无之际，可谓至矣。其于《易》也何准焉？通之《续经》，其始终之义，四名五志，策命诰诏，赞议诫谏，断疑褒贬之法具载，于其书可考而知。诸君试明其所以准《易》之旨，与夫《续经》之作，是非得失，详择而折衷之，以释论者之疑焉。毋或谓其僭拟而不足道也。（《龟山集》卷十五，第259页）

答陈莹中其四 （节录）

《太玄》之书，昔尝读之，虽未竟其义，而其略可识也。子云覃思浑天，三摹而四分之，极于八十一首，旁则三摹九据，极之七百二十九赞，当期之日，又为《踦》《赢》二赞以尽余分之数，其用自天元，推一昼一夜阴阳数度星日之纪，与《泰初历》相应，其取数似与《易》异矣，其为书则欲自成一家，初无意于赞《易》也，考诸《解难》之文可见矣。夫《易》之六十四卦，八卦相错而成也。《玄》之有方、州、部、家，则各有分域矣，不可相错也。故一而三之，自三而九，又三之为二十七，终于八十一而《玄》之首毕矣。八十一家又离为三，以极三玄之数，方、州、部各三之为九，又三之为二十七家，此一玄之数也。以次比之，不可相易。赞辞自一至九，配丽五行，而日星节候分布其间，皆有成数，恐其书特《易》中之一事，与《易经》不尽相涉也。世之治历者，守成法而已，非知历也。自汉迄今，历法之更不知其几，人未有不知历理而能创法也。求《玄》于历理之内，亦恐未足以尽《玄》之妙。更深考之，并以见教。近得温公《太玄论》阅之，皆先儒所共知者，其隐赜不著之事，殆未可窥其蕴也。温公之学，笃于自信，虽《论语》亦有未然者，非其深造自得，隐之于心而不疑，不轻以为信，真善学者，与世之耳濡目染遂以为得者有间矣。然子云、温公之学，与《论语》《孟子》书，其远近浅深，必有能辨之者，不可诬也。温公自孔子而下，独扬雄为知道。雄之论孟子曰：“知言之要，知德之奥，非苟知之，必允蹈之。”又曰：“诸子者，以其异于孔子也。孟子异乎？不异。”夫雄之言，以孟子不异

于孔子，则其尊孟子也至矣。温公于孟子乃疑之，则虽以雄为知道，而于雄书亦未尽信也。夫众言殽乱折诸圣，自汉田、焦、费氏之学兴，而三家之传不一，后虽名儒继出，而异说益滋，《易》之微言隐矣，学者将安折衷乎？折诸孔子而已。（《龟山集》卷十九，第296页）

送吴子正序（节录）

自秦焚《诗》《书》、坑术士，六艺残缺。汉儒收拾补缀，至建元之间，文辞粲如也。若贾谊、董仲舒、司马迁、相如、扬雄之徒继武而出，雄文大笔，驰骋古今，沛然如决江汉，浩无津涯。后虽有作者，未有能涉其波流也。然贾谊明申韩，仲舒陈灾异，马迁之多爱，相如之浮侈，皆未足与议。惟扬雄为庶几于道，然尚恨其有未尽者。（《龟山集》卷二十五，第343—344页）

哀明道先生（节录）

呜呼，道之无传也久矣。孟子没千有余岁，更汉历唐，士之名世，扬雄氏而止耳。雄之自择所处，于义命犹有未尽。自雄而下，其智足以窥圣学门墙者，盖不可一二数也。况足与语道而传之哉。（《龟山集》卷二十八，第368页）

张　耒（1054- 1114）

《宋史·文苑传》："张耒字文潜，楚州淮阴人。幼颖异，十三岁能为文，十七时作函关赋，已传人口。游学于陈，学官苏辙爱之，因得从轼游，轼亦深知之，称其文汪洋冲澹，有一倡三叹之声。"

冬 怀

扬雄老不遇，寂寞玩文史。厕身虎狼间，乃卒脱其死。中恬遗外慕，独乐异众喜。但有载酒人，何用求知己。（《柯山集》卷六，《四库》第1115册，第49页）

［按］《宋史》载："耒仪观甚伟，有雄才，笔力绝健，于骚词尤长。时二苏及黄庭坚、晁补之辈相继没，耒独存，士人就学者众，分日载酒殽饮食之。"观此诗，亦可知本传所说非虚。

次韵渊明饮酒诗 （节录）

吾知李太白，潇洒本天真。一饮三百杯，不问漓与醇。子云亦好饮，白发事亡新。奇穷易投阁，区区赋《剧秦》。两贤竟谁乐，千载同埃尘。（《坡门酬唱集》卷十五，《四库》第1346册，第568页）

［按］《柯山集》卷七有《次韵渊明饮酒诗》，共十一首，上引之诗不在其列。《坡门酬唱集》卷十五《和陶饮酒诗》下录"文潜和十九首"，实存十八首，其中有此诗。今据《坡门酬唱集》录诗，又据《柯山集》题名。

偶 成

漫学文章弊性灵，屠龙艺就误平生。翩翩仕路新冠盖，何用扬雄强作经。（《柯山集》卷二十二，第188页）

斋说上 （节录）

古之言斋，惟扬雄知其说，其言曰："存忘形属荒绝者，其惟斋乎！"故余于斋而得心术焉。（《宋文选》卷二十九，《四库》第1346册，第415页）

陈　瓘（1057- 1124）

《宋史》卷三百四十五："陈瓘字莹中，南剑州沙县人。少好读书，不喜为进取学。父母勉以门户事，乃应举，一出中甲科。"

了斋自警六首（其一）

本无一字尧夫《易》，八十一篇扬子《玄》。今古是非那复辨，仲尼尤不废为编。（《两宋名贤小集》卷一百，《四库》第1363册，第51页）

［按］杨时《和陈莹中了齐自警六绝》其一云："画前有《易》方知易，历上求《玄》恐未玄。白首纷如成底事，蠹鱼徒自老青编。"

晁说之（1059- 1129）

《两宋名贤小集》卷六十七："晁说之，字以道，济州巨野人。端彦之子，自号景迂生。元丰五年进士，苏轼以著述科荐。元符末，与崔鶠同书邪籍。靖康初，召为著作郎，试中书舍人，兼东宫詹事。建炎初，终徽猷阁待制。有《景迂生集》。"

易玄星纪谱后序

说之在嵩山，得温公《太玄集解》读之，益知扬子云初为文王《易》而作《玄》，姑托基于《高辛》及《太初》二历。此二历之斗分强弱，不可下通于今，亦无足议。温公又本诸《太初历》而作《玄历》，其用意加勤矣，然简略难明。继而得康节先生《玄图》，布星辰，辨气候，分昼夜，而《易》《玄》相参于中，为极悉矣。复患其传写骈委易乱，岁月斯久，莫知其躅。手欲释而意不置，乃朝读夜思，取《历》于

《图》，合而谱之。于是知子云以首准卦，非出于其私意，盖有星候为之机括，不得不然。

古今诸儒之失则多矣。如《羡》准《小过》，而以准《临》则失之。是时水泽腹坚，已终于《临》上六，而《小过》初六用事矣。或者以《羡》准《解》，尤非是。《夷》准《豫》而以准《大壮》则失之，是时始电，终于《大壮》上六，而《豫》初六用事矣。《应》准《咸》而非《离》，《沈》准《观》而非《兑》，惟《震》《离》《兑》《坎》是谓四正卦，《易》所不用，则《玄》亦无所准矣。且《玄》既不准《坎》《震》，而乃独准《离》《兑》邪？《永》准《同人》而非《恒》，先此凉风至，《常》已准《恒》，继之以白露降，《度》乃准《节》。今《永》当寒蝉鸣，则准《同人》，岂可汩乱后先，乃复准《恒》于后邪？《疑》准《贲》而非《巽》，盖鸿雁来而《翕》准《巽》，玄鸟归而《聚》准《萃》，群鸟养羞而《积》准《大畜》，雷乃收声而《饰》准《贲》矣。《疑》当蛰虫坯户，则又可汩乱后先，乃复准《巽》邪？或者以《疑》准《震》，尤非是。此难与诸家口舌辩，而案《谱》以视之，则彼自屈矣，此《谱》之所以作也。《睟》准《乾》而在地中，则无当于《乾》。《沈》准《观》而在人中，则无当于《观》。《守》再准《否》而无当于《否》。《驯》准《坤》而星穷候尽，则无当于《坤》。《将》准《未济》而析木之已终，星纪之未建，则火不能降以济水，水不能升以济火。此《玄》又以明《易》之阴阳进退盈虚之几者也。惟《坤》既无当于卦，则无当于爻，以示为用者八十而一则虚也。虚一者，即虚五也。《易》天地五十五之数，与夫大衍四十九之数，复七日之数，其所以虚而无用者，坤以藏之也。阴虚无用而运行无疆，阳则始终变化而不息，故《疆》准《乾》而为冬至之终，《睟》又再准《乾》而为夏至之始，与《驯》之准《坤》者不同也，《易》乾坤之辟阖，乃著《易》以《颐》《中孚》为一气，《玄》则始之于《中》，终之于《养》，通而候之，则《养》退乎一日，《中》进乎一日，《易》之岁功乃建。《中》先乎《周》，以明《中孚》之生《复》，《迎》先乎《遇》，以明《咸》之生《姤》，《易》之月纪乃正。《易》三百八十四爻以直日，而夜藏其用，《玄》七

百二十九赞，则各分昼夜而用事，《易》之日法乃全。曰《中》曰《更》曰《减》，是谓三《玄》，而三《易》之相荡乃不诬。凡此之类，若《玄》之异乎《易》者，而于《易》则深研几之功则大矣。如《养》为阳而《中》不为阴，《狩》为金而《羡》不为土之类，则又若《玄》之自相诡异者。然变化之微于是乎在，学者案《谱》以视之，则皆易了矣。《图》《历》所用斗分自有强弱，不能同并。古今诸家异同之说悉以著之，学者可自考焉。顾仆之愚，何足以与此，然用意专而私窃好之，以俟将来之知《易》者。

呜呼，苟不明乎《易》，则亦无以《玄》为；而不通乎《玄》者，则又乃徒为《易》也。可不勉诸！今之学者，知尚其辞耳，而莫知其辞之所自来，宁顾此邪！或曰："欧阳公不读《玄》，而于《易》何如?"曰："子非欧阳公，奈何!"大观四年庚寅十有一月庚寅，甬江官舍嵩山晁说之序。（《景迂生集》卷十，《四库》第1118册，第201—202页）

易玄星纪谱一卷

右从父詹事公撰。以温公《玄历》及邵康节《太玄准易图》合而谱之，以见扬雄以首准卦非出私意，盖有星候为之机括。且辨正古今诸儒之失，如《羡》不当准《临》，《夷》不当准《大壮》之类。凡此难与诸家口舌争，观谱则彼自屈矣，此谱之所以作也。（晁公武撰，孙猛校：《郡斋读书志校证》卷十，上海古籍出版社1990年版，第433页）

［按］晁说之乃晁公武从父。

送郭先生序（节录）

自古经解之士多而著书之士寡。扬雄耻与当时章句之徒并而时著《玄》，乃所以明《易》也。是故学《易》者不可不学，知《玄》则知《易》矣。（《景迂生集》卷十七，第340页）

扬雄别传

扬雄字子云，蜀郡成都人也。周幽王封宣王子尚父于扬，号曰扬侯。其后并于晋河东扬侯子孙，遂以扬为氏。雄本晋之扬，自其五世祖季徙诸蜀。

雄少而简易清净，好古学，从同郡严君平游，顾尚好辞赋，宗司马相如，尝叹曰："长卿赋不从人间来，其神所至耶!"初，相如与枚乘孽子皋齐名，皋思敏疾，相如颇淹迟。有以二人问者，雄曰："军旅之际，戎马之间，飞书驰檄，用枚皋；廊庙之下，朝廷之中，高文大册，用相如。"然帝于辞赋自俊捷，亦苦相如之艰。尝谓相如曰："以吾之速，易子之迟可乎?"相如曰："于臣则可，未知陛下何如耳。"盖相如亦自谓有所短，而雄之论乃如此。雄少多著作，有《王佴颂》《阶闼铭》《成都城四隅铭》，蜀人有杨庄者为郎，诵之于成帝，成帝好之，以为似相如，雄遂以此得见，待诏承明之庭，时永始四年也，雄年四十矣。

帝方以正月郊祠甘泉，诏雄赋甚遽。雄苍猝应诏，其赋极瑰玮，尽讽戒之义。乃三月帝帅群臣横大河，凑汾阴，以祀后土，雄又作《河东赋》。以帝好广宫室，又作《子虚赋》以讽戒。帝多玩书，善雄赋颂，出入游猎，雄必从。十二月，帝纵胡人羽猎，雄因作《羽猎赋》。雄既待诏岁余，给事黄门为郎，后一岁帝又命雄作《绣补》《灵节》《龙骨》之铭》诗三章，帝得之喜甚。当时之语曰："玩子云之篇章，乐于居千石之官。"西羌尝有警，帝思将帅之臣，追美赵充国，诏雄即未央宫充国图画为颂。绥和元年秋，帝大夸胡人多禽兽，复幸长杨，纵胡客大校猎，雄复作《长杨赋》上之，因以讽帝。

雄为郎时，自奏少不得学，而好沈博绝丽之文，愿不受三岁之奉，且休晚直事，庶得肆心广意，以自克就。有诏可不夺奉，令尚书赐笔墨钱六万，得观书于石渠。时京师班嗣者，右曹中郎将游之子，显名当世。游尝赐秘书之副，而嗣为人好贤，从雄游，由是内外之书无不观矣。然非圣不好也，时人称雄曰西道孔子。有张子侯者，问沛郡桓谭

曰："扬子云西道孔子，乃贫如此。"谭曰："子云亦东道孔子也。昔仲尼岂独为鲁孔子而不能为齐楚圣人耶?"王公子亦问子云于谭，谭曰："汉兴以来未有斯人。"雄虽甚贫，而轻财恶利，无所事于世，作《逐贫赋》以自见曰："扬子遁世，离俗独处。左邻崇山，右接旷野。邻垣乞儿，终贫且窭。礼薄义弊，相与群聚。惆怅失志，呼贫与语：'汝在六极，投弃荒遐。好为庸卒，刑戮是加。匪惟幼稚，嬉戏土沙。居非近邻，接屋连家。恩轻毛羽，义薄轻罗。进不由德，退不受呵。久为滞客，其意若何。人皆文绣，余褐不完。人皆稻粱，我独藜餐。贫无宝玩，何以接欢?宗室之宴，为乐不盘。徒行负赁，出处易衣。身服百役，手足胼胝。或耘或耔，沾体露肌。朋友道绝，进官凌迟。厥咎安在，职汝之为。舍汝远窜，昆仑之颠。尔复我随，翰飞戾天。舍尔登山，岩穴隐藏。尔复我随，陟彼高冈。舍尔入海，泛彼柏舟。尔复我随，载沉载浮。我行尔动，我静尔休。岂无他人，从我何求?今汝去矣，勿复久留。'贫曰：'唯唯。主人见逐，多言益嗤。心有所怀，愿得尽辞。昔我乃祖，崇其明德。克佐帝尧，誓为典则。土阶茅茨，匪雕匪饰。爰及季世，纵其昏惑。饕餮之群，贪富苟得。鄙我先人，乃傲乃骄。瑶台琼室，华屋崇高。流酒为池，积肉为崤。是用鹄逝，不践其朝。三省吾身，谓予无諐。处君之家，福禄如山。忘我大德，思我小怨。堪寒堪暑，少而习焉。寒暑不忒，等寿神仙。桀跖不顾，贪类不干。人皆重蔽，子独露居。人皆怵惕，子独无虞。'言辞既罄，色厉目张。摄齐而兴，降级下堂。'誓将去汝，适彼首阳。孤竹之子，与我连行。'余乃避席，辞谢不直。请不贰过，闻义则服。长与尔居，终无厌极。贫遂不去，与我游息。"

哀帝时，丁傅、董贤用事，人皆媚之以贵富，雄独安于郎署，而大覃思浑天。或者信盖天之学，诋浑天。雄乃发八难难盖天以通浑天，云："日东行，循黄道，昼夜中规，牵牛距北极南百一十度，东井距北极南七十度，并百八十度。周三径一，二十八宿，周天当五百四十度，今三百六十度，何也?春秋分之日正出在卯，入在酉，而昼漏五十刻。即天盖转，夜当倍昼。今夜亦五十刻，何也?日入而星见，日出而星不见，即斗下见日六月，不见日六月，北斗亦当见六月，不见六月。今夜常见，何也？以盖图视天河，处斗而东入狼狐间，曲如轮。今视天河直如绳，何也？周天二十八宿，以盖图视天星，见者当少，不见者当多。今见不见等，何出入无冬夏，而两宿十四星常见，不以日长短故见有多少，何也？天至高，地至卑。日托天而旋，可谓至高。纵人目可夺，水与景不可夺。今从高上山，以水望日，日出水下，影上行，何也？视物，近则大，远则小。今日与北斗近我而小，远我而大，何也？视盖橑与车辐间，近杠毂密，益远益疏。今北斗为天杠毂，二十八宿为天橑辐，以星度天，南方次地星间当数倍，今交密，何也？”

时独桓谭信雄学，雄与谭尝同奏事，待报坐西廊庑下，以寒暴背。雄语谭曰：“盖天以天如推磨石转，而日西行者，其光景当照此廊下稍而东耳，不当拔出去。拔出去是应浑天法，浑为天之真形于是可知。”雄按浑天，著书曰《太玄》，曰：“玄也者，兼天地人之道而天名之。”或曰：“述而不作，《玄》何以作？”雄曰：“其事则述，其书则作。”或曰：“《玄》何为？”雄曰：“为仁义。”或曰：“孰不为仁，孰不为义？”雄曰：“勿杂而已矣。”雄于《玄》用思甚苦，尝梦吐白凤集《玄》上，久之而灭。或曰无为自苦，故难传。当时儒士刘歆、张竦辈虽与雄善，独于《玄》弗好也。雄知时人所好在彼不在此，乃作《太玄赋》曰：

观大《易》之损益兮，览老子之倚伏。省忧喜之共门兮，察吉凶之同域。曒曒著乎日月兮，何圣人之暗烛。岂愒宠以冒灾兮，将噬脐之不及。若飘风不终朝兮，骤雨不终日。雷隆隐而辄息兮，火犹炽而速灭。且夫物有盛衰兮，况人事之所极。奚贪婪于富贵兮，迄丧躬以危族。丰盈祸所栖兮，名誉怨之所集。熏以芳而致烧兮，膏合肥而见焫。翠羽美而殃身兮，蚌含珠而擘裂。圣作典以济时兮，驱蒸民而入甲。张仁义以为网兮，怀忠贞以矫俗。指尊选以夸世兮，疾身没而名灭。岂若师由聃兮，执玄静于中谷。纳傿、禄于江淮兮，揖松、乔于华岳。升昆仑以散发兮，踞弱水以濯足。朝发轫于流沙兮，夕翱翔乎碣石。忽万里而一顿兮，过列仙以讫宿。役青要以承戈兮，舞冯夷以作乐。听素女之清声兮，观宓妃之妙曲。茹芝英以御饥兮，饮玉醴以解渴。排阊阖以窥天庭

兮，骑骍騩以踟躕。载羡门与偏游兮，永周览于八极。乱曰：甘饵含毒，难数尝兮。麟而可羁，近犬羊兮。鸾凤高翔，戾青云兮。不挂罔罗，固足珍兮。斯错位极，离大戮兮。屈子慕清，葬鱼腹兮。伯姬曜名，炙厥身兮。孤竹二子，饿首山兮。断迹属娄，何足云兮。譬斯数子，智若渊兮。我异于是，执《太玄》兮。荡然肆志，不拘挛兮。

独巨鹿侯芭受《玄》于雄，为《玄》章句。桓谭亦好之，然不若好雄赋之甚也。谭尝问雄曰："何以能赋?"雄曰："能读千赋则善。"初，雄因成帝嗜酒，作《酒箴》以讽帝，曰：

观瓶之居，居井之眉。处高临深，动常近危。酒醪不入口，臧水满怀，不得左右，牵于纆徽。一旦叀碍，为甓所轠。身提黄泉，骨肉为泥。自用如此，不如鸱夷。鸱夷滑稽，复如大壶。尽日盛酒，人复借酤。常为国器，托于属车。出入两宫，经营公家。繇是言之，酒何过乎？

时杜陵陈遵，放纵于酒，见雄赋大喜，谓所友张竦曰："吾与尔犹是矣"故其因人问赋可以讽乎？雄曰："讽则已，讽而不已，吾恐不免于劝也。"又有问雄少而好赋者，雄曰："童子雕虫篆刻，壮夫不为也。"因时人问答，著《法言》十三篇，明帝皇之道，而广大幽微备矣。

建平四年，单于上书愿朝。五年，哀帝时被疾。或言匈奴从上游来厌人，自黄龙、竟宁时，单于朝中国，辄有大故。上由是难之，以问公卿。诸公卿亦以为虚费府帑，可勿许。单于使辞去未发，雄上书谏帝，以为："六经之治，贵于未乱；兵家之胜，贵于未战。二者皆微，然而大事之本不可不察也。今单于归义，怀款诚之心，欲离其庭，陈见于前，此乃上世之遗策，神灵之所想望，国家虽费，不得已者也。奈何距以来厌之辞，疏以无日之期，消往昔之恩，开将来之隙！夫百年劳之，一日失之，费十而爱一，臣窃为国家不安也。唯陛下少留意于未乱未战，以遏边萌之祸。"书奏，天子感寤，召还匈奴使者，更报书而许之。赐雄帛五十匹，黄金五十斤。雄视朝廷纲纪紊乱，知言之不行而不言。然独见机会之决，弗得弗言也。元始中，征天下通小学者以百数，各令说字于庭中。雄取其有用者作《训纂篇》，以续《苍颉篇》，又易《苍颉》字之重复者，凡八十九章。

雄善书。在西京时，以书称者盖寡，前有司马相如、张敞、严延年，后则史游、孔光、刘向、雄及陈遵。雄久为郎，校书麟阁，见天下上计孝廉及内郡卫卒会者，常提三寸弱翰，赍油素四尺，以问异语。归即以铅摘次于椠，积二十有七岁，而书成，名曰《辅轩使者绝代语释别国方言》。《方言》者，盖《尔雅》之流也。时茂陵郭威好读书，以谓《尔雅》周公所制，而有“张仲孝友”等语，疑之，以问雄，雄曰：“《记》有孔子教鲁哀公学《尔雅》,《尔雅》之来远矣。自古学者皆云周公作，当有所据。其后孔子弟子游夏之俦又有所记，以解释六艺，故有‘张仲孝友’等语。”

刘歆闻雄作《方言》，移书雄曰：

诏问三代周秦轩车逌人使者八月巡路，求代语僮谣歌戏，欲得其最目，因从事郝隆求之。篇中但有其目，无见文者。歆先君数为孝成皇帝言，当使诸儒共集训诂。会成帝未以为意，先君又不能独集，至于歆身，修轨不暇，何遑更创？属闻子云独采集先代绝言，异国殊词，以为十五卷，其所解略多矣，而不知其目。非子云澹雅之才，沉郁之思，能经年锐精以成书？良为勤矣。歆虽不讲过庭，亦克识先君雅训，三代之书，蕴藏于家，直不计耳。今闻此，甚为子云嘉之。以今圣朝留心典诰，发精于殊语，欲验考四方之事，不劳戎马高车之使，坐知谣俗，适子云攘意之秋也。不以是时发仓廪以振赡，殊无为明。上以忠信于上，下以置恩于罢朽，所谓知畜积、善布施也。盖萧何造律，张苍推历，皆成之于帷幕，贡之于王门，功列于汉室，名流乎无穷。诚以隆秋之时收藏不怠，饥春之岁散之不疑，故至于此也。今谨使密人奉手书，愿颇与其最目，得使入箓，令圣朝留明明之典。

雄报歆曰：

敕以殊言十五卷，君何由知之？谨归诚底里，不敢违信。雄少不师章句，亦于《五经》之训所不解。尝闻先代辅轩之使奏籍之书，皆藏于周秦之室。及其破也，遗弃无见之者。独蜀人有严君平、临邛林闾翁孺者，深好训诂，犹见辅轩之使所奏言。翁孺与雄外家牵连之亲，又君平

过误，有以私遇，少而与雄也。君平财有千言耳，翁孺略有梗概。翁孺往数岁死，妇蜀郡掌氏子，无子而去。而雄始能草文，复论思，详悉集之。张伯松不好雄赋颂之文，然亦奇之，常为雄言其父及其先君喜典训，雄以篇目颇示之，伯松曰："是悬诸日月不刊之书也"。又言：恐雄为《玄经》，由鼠坻之与牛场也。如其用，则实五稼，饱邦民，否则为抵粪弃之于道矣。伯松与雄独何德慧，而君与雄独何谮隙，而当匿乎哉？其劳戎马高车，令人君坐帏幕之中，知绝遐异俗之语，典流于昆嗣，言列于汉籍，诚雄心至精之所想遘也，死之日则今之荣也。不敢有贰，不敢有爱。雄少而不以行立于乡里，长而不以功显于县官，著训于帝籍，但言词博览翰墨为事。试崇而就之，不可以怠。即君必欲胁之以威，陵之以武，此又未定，未可以见。今君又终之，则缢死以从命也。而可且宽假延期，必不敢有爱，唯执事者图之。常监于规绣之就，死以为小，雄敢行之。

时歆为王莽国师，威权可畏，而雄之辞如此，盖明其心不与歆也。然当其时，士皆言符命，劝莽代汉，唯恐其晚。前后封侯者百数，其不附丽者，莽辄杀之。雄为朝廷闻人，既不言符命，然不可以默。逮莽既僭，乃奏《剧秦美新》一篇，剧秦之惨酷，而美诸新，待新犹甚秦耳，莽方自圣而弗寤也。先是建国五年，元后崩，莽诏雄作诔，有曰："汉庙黜废，移定安公。皇皇灵祖，惟若孔臧。"其言亦无阿倚，特以耆老久次为中散大夫。

雄见莽更易百官，变置郡县，制度大乱，士皆忘去节义，以从谀取利，乃作《司空》《尚书》《光禄勋》《卫尉》《廷尉》《太仆》《司农》《大鸿胪》《将作大匠》《博士》《城门校尉》《上林苑令》等箴，及《荆》《扬》《兖》《豫》《徐》《青》《幽》《冀》《并》《雍》《益》《交》十二州箴，皆劝人臣执忠守节，可为万世戒。先是雄在蜀时，尝著《蜀王本纪》《蜀都赋》，以极其山川地里人物之实；又尝录宣帝以至哀平纪传皆备，其后班固因之。

严遵君平，高蹈之士也。雄仕京师显名，数为朝廷在位贤者称君平德。杜陵李辟强素善雄，久之为益州牧，喜谓雄曰："吾真得严君平为吏矣。"雄曰："君备礼以待之，彼人可见而不可得诎也。"辟强心以为不然，及至蜀，致礼与君平相见，欲屈以为从事，卒不敢言。乃叹曰："扬子云诚知人，可谓哲矣。"雄同郡里中田仪与雄幼稚交，后雄举之于朝，久为五官郎中，以私得罪。时举仪者皆怀赧低眉以自恐恨，刘歆亦为雄云云，雄曰："仪举至日，雄之任也。知人之德，尧舜犹病，雄何惭焉？"议者终多雄之知君平，而不以田仪累之也。孔子元者，孔子十七世孙也，为郎校书七年，官不益，或讥以不恤进取，独雄与善。山阴陈嚣有义行，名未振，雄上书荐之，于是声名粲然传世矣，仕至太中大夫。潞水伶玄好学知音律，善属文，然无所矜式。雄独知其才，而病其学之不适正，知之而弗好也。盖雄之好恶不苟如此。及于《法言》，称谷口郑朴子真、蜀人李弘仲元与严君平。蜀人闻之，有愿载名于《法言》者，雄谢之，虽林翁孺犹不得与也。

甘露元年戊寅鸡鸣雄生，天凤五年四月乙丑晡卒。葬安陵阪上，侯芭、桓谭共为治丧，朝臣郎吏及诸公遣世子来会送甚盛。谭为敛赙，起祠置茔，芭负土作坟，号曰"玄冢"，与谭守坟如子礼。雄有子曰童乌，九岁与《玄》文，先雄卒。雄比岁亡二男，竭力归葬于蜀，雄由是益贫。及雄卒，不能归葬，而妻子孑还自长安。

嵩山晁说之曰：扬子传孔子之道，立言明教，宜其行事甚大，昭著无遗。而有不见于本传者，得之于诸子书传记，因次第之，为《别传》焉。有与本传异同甚者疏之。雄为郎，不愿受奉，以视无仕进心。幼子卒而必经纪反葬于蜀，以视不终长安。故守一官而阅三世不迁，观其人，岂诣行在献赋者？而本传言奏《甘泉》等赋。蜀人杨庄诵雄文于成帝，帝因征雄待诏，而肯为王音门下吏耶？至于投阁事，余亦疑焉，而世已有辩之者。（《景迂生集》卷十九，第359—366页）

［按］《扬雄别传》是晁说之从诸子书传记等文献中广泛搜集材料，通过拣择、删改、增补、拆分重组等多种方式编纂而成的史传文本。晁氏深受其师司马光"尊扬"观点的影响，在编纂过程中有意更改史料，表现出明显的历史想象与信仰建构倾向，其目的是要通过维护和塑造扬雄的圣人形象来捍卫司马光学说的正确性。故这个长期以来被视作史传的文本，很大程度上与

求真求实的史学原则存在一定冲突，表现出经学类文本的特征。

精　思

董仲舒、扬子云之材如何哉？其苦学精思之久，又复绝人远甚，故能成人如此。今之士，才品复如何，而学苟且多，可愧矣。往往脱略不肯致思，徒敬所闻而势位而夸有功，于利禄以聋瞽自置，勇于斥先儒，而力毁古训，亦可惜哉。(《儒言》，清钞本)

贤

夫所谓贤者，能为理之所宜，而非为人之所难也。如舍所宜而论所难，则君子恺悌不及小人之奇险矣。或难或易在彼，而吾之诚心一也。岂以彼之难，夺吾简易平康之操哉。扬子云自以事莽为难，而有是言乎。(《儒言》，清钞本)

论四子*

或问文中子。曰："愚。"问荀子。曰："悖。"问韩愈。曰："外。"愚、悖、外，皆非学圣人者也。扬雄其几乎！(《晁氏客语》，《四库》第863册，第163页)

邹　浩(1060- 1111)

《宋史》卷三百四十五："邹浩字志完，常州晋陵人。……有请以王安石《三经义》发题试举人者，浩论其不可而止。"

送王元均序（节录）

时不吾违，则进而辅世，建无前之业，以泽当年者，由此道也，伊尹、周公是也。时不吾相，则退而就闲，著不刊之书，以遗亿载者，亦由此道也，孟轲、扬雄是也。呜呼，不学其可乎。（《道乡集》卷二十七，《四库》第1121册，第405页）

策问二首

问：道德不明，天下之治方术者，各骋其私智而取之以名家而授徒，自以为莫己若矣。奈何世之君子能折之于圣人而不可欺邪？故墨子蔽于用而不知文，宋子蔽于欲而不知得，慎子蔽于法而不知贤，申子蔽于势而不知智，惠子蔽于辞而不知实，庄子蔽于天而不知人，荀卿尝言之。庄、列荡而不法，墨、晏俭而废礼，申、韩险而无化，邹衍迂而不信，扬雄尝言之。夫诸子之于道德，譬犹紫之于朱，莠之于苗，郑声之于雅乐，向非荀、扬力，自比于孟子，而指摘以待后之学者，则读其书，随其所喜，沦胥以败而莫之止者，往往皆是也，其害岂胜计哉。然而太史公猥以名家之学，各有不可废者，其与荀、扬之论果可以两立乎？是非必有在也。荀卿之学，扬雄以为同门而异户；扬雄之学，韩愈以为大醇而小疵。又何其明于指摘诸子之失，而昧于自救其失乎？其异户也，其小疵也，无乃有流于诸子之习而不自知者乎？愿迹其书，且折之于圣人，并诸子之已事告焉。（《道乡集》卷二十九，第421—422页）

问：扬子云论当时之名臣多矣。石太仆之对，金将军之谨，张卫将军之慎，邴大夫之不伐善，则以为自得。张子房之智，陈平之无悮，绛侯勃之果，霍将军之勇，则以为社稷之臣。张廷尉之平，隽京兆之见，尹扶风之洁，王子真之介，则以为名卿。夫子云之言，法言也。其品藻之异，岂无谓而然哉。以汉人物之盛，殆非后世所能拟伦，而其所取者，止于如此而已，无乃太简乎？诸君必能言之。（《道乡集》卷二十

九，第424页）

祭告先圣文

惟王之道，神明博大，固不可以容声，而当时之士，亲见所为，犹或咻咻也，况及后世，异端蠭起，汩没本真，以自为是，则其能不以彼易此，而潜心王之道者，谁乎？力辟杨、墨，乃有孟轲；自成一家，乃有荀况；折衷义理，乃有扬雄；堤障末流，乃有韩愈。先后相望，虽参差不齐，而俾王之道，皜皜乎百世之下，则随其浅深，咸有力焉。今天子前言往行，罔不灼知。于是追封此四人者，惟爵惟邑，有异有同。公则配食，伯则崇祀，以示褒崇，以为学者之荣。而维扬乡校，将以塑绘其像于王之左右，而有司卜吉龟筮，协从命工，饬材继今，以始樽簠薄荐，敢告其由。（《道乡集》卷三十八，第501页）

祭告先师文

昔者圣人以四科差群弟子，而公独以德行冠焉，斯可谓盛矣。后世豪杰之士，如孟轲、荀况、扬雄、韩愈，莫不想余风而颂誉之。或曰具体而微，或曰智而穷于世，或曰得其所行，或曰确乎不拔。其言虽不同，要之皆为知公者，此亦潜心圣人之道，与公一趣而然也。今天子以义起礼，咸秩无文，而四人者，皆追封焉。俾列公侧，以祠于庙，以为先儒之报。而有司将塑绘其像，既得令日，何敢不前期以告。（《道乡集》卷三十八，第501—502页）

奉安先圣文

惟王既没，百子纷如。支离大道，龃门多途。响随业著，沦胥以铺。谁其援之？卓哉真儒。孟、荀、扬、韩，以时则殊，至言正行，不约而俱。群迷易心，观感而孚。俾王之道，万世不渝。天子神明，深所叹誉。爵命报称，或塑或图，翼翼在列。毕工云初，庶几学者，永言轨模。敢用昭告，王其鉴诸。（《道乡集》卷三十八，第502页）

奉安兖国公文

昔者圣人之门，由公在焉，而攀鳞附翼者以三千计。非公步趋言辨，踵续圣人而能安其立教之旨，使皆智悟而深造焉，何以臻此与？朝廷修明典礼，祓饰太平，而孟、荀、扬、韩咸以道德被服休命，饬工塑绘，仪容肃如，永永庙祠。自兹以始，则所谓门人益亲者，岂独赖公致力于当时哉！公其鉴之。（《道乡集》卷三十八，第502页）

何　涉（?）

《宋史》卷四百三十二："何涉字济川，南充人。父祖皆业农。涉始读书，昼夜刻苦，泛览博古。上自六经、诸子百家，旁及山经、地志、医卜之术，无所不学，一过目不复再读，而终身不忘。人问书传中事，必指卷第册叶所在，验之果然。……有《治道中术》《春秋本旨》《庐江集》七十卷。"

墨池准易堂记

道昧于叔世而白于盛时，迹毁于无知而伸于有识，盖其常尔。扬子云立汉哀、平、新莽际，号为名儒，声光冯冯。虽千百年，亡辄衰贬。有宅一区，在锦官西郭隘巷，著书墨池存焉。后代追思其贤而不得见，立亭池端，岁时来游，明所以景行向慕。入魏、晋、李唐，其间兴衰如蠓薨薨，如蝇营营，侵晦讙譊之声未穷，而氏姓俄变。独子云之宅岿然下据，不被废彻，亦足以信其材度艺学为世所仰也。

王德数尽，中原溃丧。王建由草窃进攘蜀土，僭立称号，用淫虐暴恣以成其一切。因不暇识所谓扬子云果何人也，宅与墨池垣入官界，为仓庾地。至知祥、昶世及皇朝，仍而弗革。淳化甲午，李顺寇始乱，放兵烧掠。隆隆积廪，化作灰阜。贼平，主者因其地改创营坞，以休养卒徒。环堵儒宫，弥益污辱。庆历丁亥，今相国集贤文公适为是都尹，有中兴寺僧怀信诣庭言状。公叹惋累日，命吏寻遗址，画疆以还其旧。然屋已名“龙女堂”，池复堙塞澳泥矣。方议疏葺，而公遽追入觐，事用中寝。

明岁戊子，提刑司田郎高侯惟几乘间独至，睹荒圮渺莽，咨嗟久之，且言：“子云八十一首、十三篇，逮他箴颂，其辞义奥远，山生泽浸，上与三代经训相襮襮。士大夫不通其语，众指以为孤陋。用其道反绌其迹，如耸善捄俗之风将坠地弗振何!”退谕贤僚名卿，敛俸余以图经构。知尹直枢宥程公，学据壸奥，人推宗师，扶乘飙流，敦尚名流，闻而说，命取良材，凡助其用。都人士逮田衣黄冠师，虽平时叛吾教、訹他说以自夸者，亦欣欢忘劬，来相是役，辨方审曲，率有意思。直北而堂，曰“准易”。绘子云遗像，正位南向，诸公仪观列东西序。池心筑台，置亭其上，曰“解嘲”。前距午际，轩楹对起，以须宴会，曰“吐凤”。奇葩杂树，移植交带。垂荫森列，气象蔼蔼。三月晦，凡土木黝垩之事毕成。君子谓高侯是举也，扶既废，补久阙，其激劝风旨，虽古人不过。矧夫资识端亮，学术雄富，若导积石，引长河，愈久愈洪，无枯涸虑。文章丽密，据法裁诐，若衣藻火，以退胡服，故举动建置皆可师。小子不文，承命恐悚，谨为之记。时庆历八年。（袁说友等编：《成都文类》卷四十二，中华书局 2011 年版，第 803 页）

高惟几（?）

[按] 据《重修成都县志》卷二，高氏庆历八年曾任提刑司，其余事迹待考。

扬子云宅辨碑记

《前书》传：扬子云之先扬侯逃于楚巫山，因家焉。楚汉之兴也，扬氏遡江上，处巴江州。而扬季官至庐江太守。汉元鼎间，避仇复遡江上，处岷山之阳，曰郫，有田一廛，宅一区。《禹贡》曰："岷山之阳，至于衡山。"孔安国曰："岷山，江所出，在梁州南。衡山，江所经，在荆州。"李膺《益州记》曰："岷山去成都五百里，有岷山县，江源所起也。"故其西之八十里，江之南，石纽，禹所生处。而班氏谓岷山之阳曰郫，采摭之误耳。且岷去蜀郡五百里，郫去成都四十里，则郫不在岷山之阳明矣。

蜀都故关内中兴寺，即西汉末扬雄宅。南齐时，有僧建草《玄》院，以雄于此草《太玄》也。《蜀记》曰："草《玄》亭，即扬雄草《太玄》所也，宅在州城西北二里二百八十步。"扬氏《蜀王本记》云："蜀之地本治广都樊乡，后徙居成都。秦惠王遣张仪定筑成都西而县之。"今州子城，乃龟城也，亦仪所筑。县经曰："县在子城西北二里一百步。"今草《玄》亭废址乃其宅，去县仅二百步，与二说符矣。《益州图经》有扬雄坊，而郫无扬雄宅，郫亦不载扬氏遗事。是知季五世传一子，世世为成都人也，宅岂郫乎？矧郫与岷，殊不相涉，史氏务广载备言，捃掇之舛，固亦有焉。予因辨其误，意泥古者止以班史岷阳之郫有宅为然。（袁说友等编：《成都文类》卷四十二，中华书局 2011 年版，第 804—805 页）

［按］文中"蜀都故关内中兴寺"一句，《成都文类》作"蜀都故阙曰中兴寺"，今据《全蜀艺文志》卷三十九改。

许 翰（？－1133）

《宋史》卷三百六十三："许翰字崧老，拱州襄邑人。中元祐三年进士第。……翰通经术，正直不挠，历事三朝，致位政府，徒以黼、攸、潜善辈熏莸异味，横遭口语，志卒不展。纲虽力引之，不旋踵去，翰亦斥逐而死。所著书有《论语解》《春秋传》。"

论配享札子

伏睹手诏，推原治本，褒王文公进封王爵。某窃以为文公既王，则于学宫，理不可复居颜、孟之下。谓宜自为一代之宗师，专居别室，以称圣上所以锡命宠嘉之意。而建立扬子貌像，使得位次孟子，配食祀典。维扬子起于经术残缺、众说纷紊、世故危厉之时，而躬保此道，攘辟塞路，维持正教，开明圣法，盖与孟子异世而同功。扬子加难焉。今孟子已蒙圣朝褒显若此，而扬子犹与汉唐章句之儒杂然列于廊庑之间，诚因此时擢之，使得比于孟子，则圣道之传，昭然有统。入学宫者，望而可知。邪说异端，莫得而间。天下幸甚，万世幸甚。（《襄陵文集》卷四，《四库》第1123册，第526页）

［按］《宋史·王安石传》："崇宁三年，又配食文宣王庙，列于颜、孟之次，追封舒王。"许翰札子盖作于此年。《四库全书总目》卷一百五十五《襄陵集提要》云："惟《论配享札子》一通，称扬雄与孟子异世同功，请以配食孔子庙廷，位次孟子。其说颇为诬谬耳。"

跋太玄后

世不睹《太玄》之真久矣，此书今独某有，兵兴以来，携持转侧于惊涛烈焰、锋镝寇攘之间，几亡者数矣，而卒得镵刻以传世，岂非神明之书有物卫之也哉？犹惧变故难保，故属长老栖公，附诸百文经藏，以竢乱定，学者虚已焉。（《永乐大典》卷四千九百四十，中华书局1986

年版，第 8342 页）

太玄有神助*

许枢密崧老尝记黄秘书辩博之说云：“昔长睿父博学好古，颇得三代之遗器，其鼎文有上下画一而中重三者，长睿父识之，曰：‘此《争》首也，盖著饮食有讼之戒。’然则八十一首与《周易》准，其已久矣。”以世南之见，其器必后汉时物，盖八十一首作于子云，何缘三代时已有《争》首。

又云：“初，予与长睿父见古《太玄》于中秘书，长睿父手录藏之。明年，予复求之，则本已亡。长睿父以其所录借予，而卒。予既作《传》，藏长睿父书襄陵，竢见其子弟归之。会狄难起，城陷，而翰所传《玄经》与凡论次《周易》《春秋》《论语》《法言》以先附便舟适免，故古《太玄》今独予有。逮渡江留建业，一夕兵变火作，郁攸被予舍，望予戟决藩篱遁去。自悼死生未测，而书知亡矣。然乱定使人视之，则居以反风不焚，诸物席卷无遗，而书独存，是岁建炎初元也。未几，被召行在，以书属家人而行。家入九江，复遇寇而予舟焚，仪真携书尽亡，独《太玄》等以家人奉之力，又免。去岁客分宁，邑人得予书刻之，未卒而豫章陷，负书奔浏阳，值乱兵入，尽弃其装，以书夜度大光，保平江。月余，秋，陷岳阳。游骑至平江，复以书还分宁，刻书乃成。尚念世纷之未艾也，故属长老清公藏诸黄龙经藏，因念经之几绝而仅存，艰虞若此，使学者知斯文之不坠，盖有天助，而哀予颠沛流离万里保有之难也，而共振显之。天人之际，精感神昭，则必有和同无间而福禄不量者矣。宋建炎四年秋，洞霄隐吏许翰记。”古《太玄》今不复见，惜哉！（张世南《游宦纪闻》卷九，《四库》第 864 册，第 633 页）

［按］《永乐大典》卷四千九百四十亦录此文，因张书犹存，故据张书录出。建炎四年，即 1130 年。长睿，即黄伯思。

马大年（? - 1136）

《宋元学案》卷二十：“马大年字永卿，扬州人，元城弟子也。大观三年进士，闻元城谪亳州，寓永城县之回车院，先生时赴永城主簿，其舅高邮张桐荐使求教。既至，见元城雄伟閎爽，谈论逾时，体无欹侧，肩背耸直，身不稍动，手足亦不移。自是从学二十六年，当绍兴五年，追录其语为《元城语》三卷。”

送穷文拟逐贫赋

仆少时在高邮学，读《送穷文》至“五鬼相与，张眼吐舌，跳踉偃仆，抵掌顿脚，失笑相顾”，仆不觉大笑。时同舍王抃彦法问曰：“何矧?”仆曰：“岂退之真见鬼乎?”彦法曰：“此乃髑髅之深颦蹙额，盖想当然耳。且古人作文，必有所拟，此拟扬子云《逐贫赋》也。”仆后以此言问于舅氏张奉议从圣，舅氏曰：“不然，规矩，方员之至也。若与规矩合，则方员自然同也。若学问至古人，自然与古人同，不必拟也。譬如善射，后矢续前矢；善马，后足及前足。同一理也。昨日读韩文，忽忆此语，今三十年矣，抚卷惊叹者久之。（《懒真子》卷二，《四库》第 863 册，第 412—413 页）

金　铺

杜牧之《华萼楼诗》云：“千秋佳节名空在，承露丝囊世已无。唯有紫苔偏称意，年年因得上金铺。”“金铺”出《甘泉赋》，云“排玉户而扬金铺”，注云：“金铺，门首也。”言风之所至，排门扬铺，击鼓镬钮。盖此楼久无人登，而苔藓生其门上矣。汉以金盘承露，而唐以丝囊，丝囊可以承露乎？此不可解。（《懒真子》卷二，第 414 页）

太玄经每首列二十八宿

仆尝问元城先生："先儒注《太玄经》，每首之下必列二十八宿，何也?"先生曰："周天二十八宿，三百六十五度四分度之一，而《太玄经》凡七百二十九赞，乃此数也。"仆曰："七百二十九赞分而为二，合三百六十四度有半，而不相应，何也?"先生曰："扬氏之意，以谓其半不可合也，故有《踦》赞、《嬴》赞以应周天之数。汉之正统，以象岁也；莽之僭窃，乃闰位也。故先儒于《踦》赞、《嬴》赞之下，注以为水火之闰。而《王莽传赞》所称余分闰位者，盖谓是。"噫！子云之数深矣。(《懒真子》卷四，第432页)

慕容彦逢(1067- 1117)

《宋史翼》卷二十七："慕容彦逢，字叔遇，常州宜兴人。六岁默识强记，读书一再过辄不忘……幼嗜学问，晚节益笃。藏书数万卷，朝夕翻阅经史诸子，靡不洽通。故发为词章，雅丽简古。无世俗气，尤长于辞令，典严温厚，褒贬无溢言。诏命或丛委，操笔立成。每一篇出，多士口传。上尤爱其文，以为有古风，往往摘训辞之善者称赏之。有《文集》二十卷，《外制》二十卷，《内制》十卷，《奏议》五卷，《请解》五卷。孙纶淳熙中知象州，搜访于兵火之后，编为《摘文堂集》三十卷。"

读扬子

子云不偶时，晏如在空屋。席有玄虚文，门无权幸牍。《法言》讥异户，《解嘲》惧赤族。忿悱赋《长杨》，羞愧登天禄。立俗思徇道，制行依圣读。身死名不朽，馨香蔼兰菊。(《摛文堂集》卷一，《四库》第

1123 册，第 303—304 页）

谢人书 （节录）

夫三代而上，天下之士去古为近，离道未远，君上之所率迪，庠序之所教养，父子兄弟，比闾族党之相与言，以本胜末，重内轻外，气完而不挫，是以度量恢廓，志操端洁，见识高明。后世去古益远，士气衰弱，能不待文王而兴者，谓之豪杰之士。孔孟既殁，微言奥义泯灭几尽，战国之风，操捭阖之术，演从衡之说，身委势权，死而无悔，故士日趋于诈。西汉以奔竞相高，朝奏尺牍，暮被召命，天子叹息，恨相见之晚，故士日趋于矜。东汉以隐居放言为高，屡聘不就为廉，刻意矫情，甘足枯槁，故士日趋于僻。两晋而降，质干戕尽，枝叶雕零，谓能谈谐为风流，外形骸为旷达，故士以浮华相耀，谲怪骇俗。唐有天下三百年，士风几类西汉，然文雅酝藉不及汉远矣。下及五代，廉耻道消，不足比数。呜呼，千数百年间，如董仲舒、贾谊、扬雄、王通、韩愈之徒，虽卓然自拔于时，然以古义责备，犹不得为完人，况夫他哉。（《摛文堂集》卷十三，第 449 页）

周行己（1067- 1125）

《宋元学案》卷三十二："周行己字恭叔，永嘉人也，学者称为浮沚先生。少而风仪秀整，语音如钟，十行并下。游太学时，《新经》之说方盛，而先生独之西京从伊川游，持身艰苦，块然一室，未尝窥牖。"

孟荀扬文中四子是非

问：天下之所难知者，非是非之难知也，似是而非者难知也，似非而是者难知也。孟轲之书七篇，力陈仁义之说，而或者疑其著时君以汤武之事。荀况之书三十二篇，深明大儒之效，而或者疑其有性恶之论。扬雄之作《法言》，采掇孔孟学行之意，或者疑其著《剧秦美新》之书。王通之为《中说》，规模《论语》答问之义，或者疑其房杜诸子无所称述。此四书者，与《五经》诸史并行于世，学者之所习也。考其言与其人，其似是而非耶？其似非而是耶？明以复我，使不陷于邪说，以应朝廷之令，不亦善乎。（《浮沚集》卷三，《四库》第1123页，第627页）

陈　渊（1067- 1145）

《宋史》卷三百七十六："陈渊字知默，南剑州沙县人也。绍兴五年，给事中廖刚、中书舍人胡寅朱震、权户部侍郎张致远言：'渊乃瓘之诸孙，有文有学，自瓘在时，器重特甚，垂老流落，负材未试。'充枢密院编修官。会李纲以前宰相为江南西路安抚制置大使，辟为制置司机宜文字。"

王安石失性*

渊面对，因论程颐、王安石学术同异，上曰："杨时之学能宗孔、孟，其《三经义辨》甚当理。"渊曰："杨时始宗安石，后得程颢师之，乃悟其非。"上曰："以《三经义解》观之，具见安石穿凿。"渊曰："穿凿之过尚小，至于道之大原，安石无一不差。推行其学，遂为大害。"上曰："差者何谓？"渊曰："圣学所传止有《论》《孟》《中庸》，《论语》主仁，《中庸》主诚，《孟子》主性，安石皆暗其原。仁道至大，《论语》随问随答，惟樊迟问，始对曰：'爱人。'爱特仁之一端，而安石遂以爱为仁。其言中庸，则谓《中庸》所以接人，高明所以处己。《孟子》七篇，专发明性善，而安石取扬雄善恶混之言，至于无善无恶，又溺于

佛，其失性远矣。”（《宋史》卷三百七十六《陈渊传》，第11629－11630页）

答陈了翁

渊承教，以疑之为道，谨当佩服，铭刻不敢忘也。所谓扬子云于《玄》，可谓好之笃者，不可谓不知仁。渊窃有疑焉。

渊未尝学《玄》，固不知其深。然观其立名，以三方、九州、二十七部、八十一家著为定法，此固与《易》异。夫《易》以相错故能变，以能变故不穷。既有定法，则不能以相错，不能以相错，则不定变矣，岂《易》之道哉？故来教以尧夫之书为过于《玄》，而曰雄之发于《玄》者，死法耳，为是故也。使雄知《易》，则《玄》必不作，其作必不尔。然而曰好之笃者，亦恐雄不得所以好也。雄之言曰好尽其心于圣人之道者，君子也。人亦有好尽其心矣，未必圣人之道也。此真自排耳。

渊虽不学《玄》，然于《法言》十三篇则既熟读之矣。《法言》论圣人处，无一语是，于是知雄为不知圣人。夫学者用心如雄，然而不知圣人，则其所学可知也已。故北方之学所以不比数之者，盖有以辨之也。夫拟人必于其伦，如《法言》以颜子之孝为过于猗顿，孟子之勇为过于荆轲，仲尼之圣为过于范、蔡，此盖当时流俗之所见，常人足以知之，何足以见于书。其间辨乎其不足问，问乎其不必疑，与夫媚莽从乱之语尚多，又不在是也。至祸福死生之际，尤不足观。故渊敢以谓雄之于仁，疑有未知者。亦非敢妄疑也，所见然尔。盖孔子门人所学，莫不求有以知仁，知仁则道可进矣。未有不知仁而知道，未有不知道而知圣人者也。今雄之于孔门弟子，其智曾不逮宰我、子贡、有若之徒，而乃断然自附于孟子，不知其以孟子又为何如人也？《法言》有曰仁以人之，此雄依放前哲之语，臆度人之为道而以为说也。其陋盖如此，而谓知而好之，毋乃太恕乎。

渊于左右及杨丈处，每得一语，必谨识之。已而未尽了，则必反复问难，不敢不尽。盖恐先生长者，故为疑似不切之说，蔓衍无涯之词，以观学者之所向而启其所疑，使其无所捕捉，而于中流风波之中，忽得一壶以自据也。此自昔圣贤亦然，安知来教不出于此乎。渊读《论语》，见樊迟学稼圃，宰我欲短丧，告之者未极其说，而问之者已无所疑。及其退也，圣人惧其终莫之悟，为之悉意而申言之。盖悯其智有所不入，而不能复发问也。然则圣人之教人，亦岂必待愤悱，然后终其说哉。如前所陈，愚懵之见如此，其是与否，更望裁之。毋惜谆谆垂诲为幸耳。答吕君诚明之说，前此未有。释经明白如此，使人可以坐进者。又闻近看《中庸》，计已有成说。杨丈欲为《中庸义》，尚未有暇也，然意已定矣。渊拜覆。(《默堂集》卷第十五，《四库》第1139册，第421—423页)

廖　刚 (1070- 1143)

《宋史》卷三百七十四："廖刚字用中，南剑州顺昌人。少从陈瓘、杨时学。登崇宁五年进士第。宣和初，自漳州司录除国子录，擢监察御史。时蔡京当国，刚论奏无所避。"

扬雄自比孟子论

辨道欲明，故自任不可不重；自任欲重，故自处不可不尊。君子于出处语默之间，亦顾所偶然者如何耳。若夫区区谦损之末节，恂默之小谨，于于闲宴可也，移之扶道贬异，立言垂教之□，奚啻从容拯溺、揖逊救焚之取轻笑哉？由是覆扬雄之所为，其自比于孟子，殆不足以嫌疑论也。大中至正之道，犹性命饥□□□可易天下所贵乎圣贤者，□□□是而已。塞者辟之，强者□之，以莹天下之昏昏，以晓□□□□□孟轲也，扬雄也，岂复□□□□□□□□□□者也，□□□□□□□，□□之道明□□非□□□其□□□□烬之□□□之成说，道德之微意晦蚀□□余矣。曲

学左道之属，乃姑摭异（论），奋私见，以扬眉鼓颊于愍□之中。于是曹参、汲黯以清静（称），贾谊、晁错以法制称，京房以（灾）异名。仲舒，儒宗也，而（杂横）从之术；公孙，国相也，而遵墨、晏之行。是数子者，皆一时豪（杰之）人，而曾不免夫风声气俗之移，视先王一道德之世何如哉？逮夫元、成、哀、平之际，则又甚矣。黄、老又变而为申、韩，灾异悉流而为符谶，学士大夫名节不振，而阿谀成风，巽软败俗，故王氏挟威福以（篡）天下，从容谈笑之间，遂移汉鼎，凡皆大中至正之道不明于天下故也。然则仲尼之道，孟轲之道，将何赖而不坠耶？雄之自比，宜矣哉！盖邪正之不两立久矣。不有以（辟）之，则此无自而行；不有以灭之，则（此无自）而兴。是故诮庄、扬之不法，鄙墨、晏之废礼，讥申、韩之无化，斥邹衍之不信。《太玄》明仁义之本，《法言》正君臣之分。言之者无罪，而闻之者足以戒也。其与孟子之承三圣，功虽不及，而其所以处心宅志合矣。雄之自比，宜矣哉！夫禹、周公、孔子，圣人也。孟子于放邪说、息横议之际，则自任以能承。雄之于孟子，何独不然？然汉自窦后好黄老，宣帝杂霸（王道），申、韩之术炽矣。雄以区区执戟之势，谦恭自牧，日为当世□□贱简，况为孟子之所为，盖不□也。何则？方列国时，诸侯求（贤访士）如恐弗及。轲之道虽卒不□行，而诸侯尊敬之礼异矣。（由是）乃能遏杨、墨于汹汹争归（之际）。若雄不然，处暧昧危疑之（间），□□□□□有□□□而不得□□□□之不□□□□□不必□□劣□也。尝读雄书，至其称（孔孟），未尝不□嘉其知所向慕，□益愤荀况之□妄。学者尚（以美）新投阁之事为可訾，是求马（肝）之味也，何忍焉。（曾枣庄、刘琳主编：《全宋文》卷二九九九，上海辞书出版社、安徽教育出版社 2006 年版，第 140—141 页）

［按］“□”系阙文，今略为订补，加“（）”以别之。难以订补者，仍保留“□”号。

朱 震（1072- 1138）

《宋史·儒林传》："朱震字子发，荆门军人。登政和进士第，仕州县以廉称。胡安国一见大器之，荐于高宗，召为司勋员外郎，震称疾不至。……震经学深醇，有《汉上易解》……盖其学以王弼尽去旧说，杂以庄、老，专尚文辞为非是，故其于象数加详焉。"

太玄准易图

律历之元始于冬至，卦气起于《中孚》，其书本于夏后氏之《连山》，而《连山》则首《艮》。所以首《艮》者，八风始于不周，实居西北之方七宿之次，是为东壁营室。东壁者，辟生气而东之。营室者，营阳气而产之。于辰为亥，于律为应钟，于时为立冬，此颛顼之历所以首十月也。汉巴郡落下闳运算转历，推步晷刻，以太初元年十一月甲子夜半朔冬至而名节会，察寒暑，定清浊，起五部，违气初分数，然后阴阳离合之道行焉。然落下闳能知历法而止，扬子云通敏睿达，极阴阳之数，不唯知其法，而又知其意，故《太玄》之作与《太初》相应，而兼该乎《颛顼》之历，发明《连山》之旨，以准《周易》，为八十一卦。凡九分，共二卦，一五隔一四。细分之，则四分半当一日，准六十卦，一日卦六日七分也。

《中》，《中孚》也。《周》，《复》也。《礥》《闲》，《屯》也。《少》，《谦》也。《戾》，《睽》也。《上》《乾》，《升》也。《狩》《羡》，《临》也。此冬至以至大寒之气也。

《差》，《小过》也。《童》，《蒙》也。《增》，《益》也。《锐》，《渐》也。《达》《交》，《泰》也。《耎》《傒》，《需》也。《从》，《随》也。《进》，《晋》也。《释》，《解》也。《格》《夷》，《大壮》也。《乐》，《豫》也。《争》，《讼》也。《务》《事》，《蛊》也。《更》，《革》也。《断》《毅》，《夬》也。此立春以至谷雨之气也。

《装》，《旅》也。《众》，《师》也。《密》《亲》，《比》也。《敛》，

《小畜》也。《强》《睟》，《乾》也。《盛》，《大有》也。《居》，《家人》也。《法》，《井》也。《应》，《离》也。《迎》，《咸》也。《遇》，《姤》也。《灶》，《鼎》也。《大》《廓》，《丰》也。《文》，《涣》也。《礼》，《履》也。《逃》《唐》，《遁》也。《常》，《恒》也。此立夏以至大暑之气也。

《度》，《节》也。《永》，《恒》也。《昆》，《同人》也。《减》，《损》也。《唫》《守》，《否》也。《翕》，《巽》也。《聚》，《萃》也。《积》，《大畜》也。《饰》，《贲》也。《疑》，《震》也。《视》，《观》也。《沈》，《兑》也。《内》，《归妹》也。《去》，《无妄》也。《晦》《瞢》，《明夷》也。《穷》，《困》也。《割》，《剥》也。此立秋以至霜降之气也。

《止》《坚》，《艮》也。《成》，《既济》也。《闘》，《噬嗑》也。《失》《剧》，《大过》也。《驯》，《坤》也。《将》，《未济》也。《难》，《蹇》也。《勤》，《坎》也。《养》，《颐》也。此立冬以至大雪之气也。

日月之行有离合，阴阳之数有盈虚。《踦》《嬴》二赞，有其辞而无其卦，而附之于《养》者，以闰为虚也。《踦》，火也，日也。《嬴》，水也，月也。日月起于天元之初，归其余也。盖定四时成岁者，以其闰月。再扐而后卦者，由于归奇。六日七分必加算焉，以三百六十五日四分之不齐也。《坎》《离》《震》《兑》，四正之卦也，二十四爻周流四时，《玄》则准之。日右斗左，秉巡六甲，东西南北，经纬交错，以成八十一首也。一月五卦也，侯也，大夫也，卿也，公也，辟也。辟居于五，谓之君卦，四者杂卦也，《玄》则准之，故一玄象辟，三方象三公，九州象九卿，二十七部象大夫，八十一首象元士。其大要则历数也，律在其中也。体有所循，而文不虚生也。陆绩谓自甲子至甲辰，自甲辰至甲申，自甲申至甲子，凡四千六百一十七岁为一元，元有三统，统有三会，会有二十七章，九会二百四十十三章，皆无余分。其钩深致远，与神合符，有如此也。善乎！邵康节之言曰："《太玄》其见天地之心乎！"天地之心者，坤极生乾，始于冬至之时也，此之谓律历之元。（《汉上易传卦图》卷中，《四库》第 11 册，第 325—327 页）

论太玄

或曰：太初之历不作，子云无以草《玄》乎？

曰：不然。《逸周书》曰："维十有一月，既南至，昏昴毕，日短，极其践长，微阳动于黄泉，降惨于万物，是月斗柄建子，始昏北指，阳气亏，草木萌动，日月俱起于牵牛之初，右回而行，月周天起一次，而与日合宿，日行月一次而周天。历会于十有二辰，终则复始，是谓日月权舆。"又曰："天地之正，四时之极，不易之道。夏数得天，百王所同书。"所谓日月俱起于牵牛之初，即《太初历》十一月朔旦冬至，日月如合璧，五星如连珠也。昔刘向藏三代之书，其子歆有所不知，以问子云，子云之于律历之元，固已博极群书而知之矣，是以落下闳得其历之法，而子云独得其意云。（《汉上易传卦图》卷中，第327页）

陈公辅（1076- 1141）

《宋史》卷三百七十九："陈公辅字国佐，台州临海人。政和三年，上舍及第，调平江府教授。……有文集二十卷、奏议十二卷，行于世。公辅论事剀切，疾恶如雠，惟不右程颐之学，士论惜之。"

论安石学术之不善*

绍兴六年，召为吏部员外郎。疏言："今日之祸，实由公卿大夫无气节忠义，不能维持天下国家，平时既无忠言直道，缓急讵肯伏节死义，岂非王安石学术坏之邪？议者尚谓安石政事虽不善，学术尚可取。臣谓安石学术之不善，尤甚于政事，政事害人才，学术害人心，《三经》《字说》诋诬圣人，破碎大道，非一端也。《春秋》正名分，定褒贬，俾

乱臣贼子惧，安石使学者不治《春秋》；《史》《汉》载成败安危、存亡理乱，为圣君贤相、忠臣义士之龟鉴，安石使学者不读《史》《汉》。王莽之篡，扬雄不能死，又仕之，更为《剧秦美新》之文。安石乃曰：'雄之仕，合于孔子无可无不可之义。'五季之乱，冯道事四姓八君，安石乃曰：'道在五代时最善避难以存身。'使公卿大夫皆师安石之言，宜其无气节忠义也。"复授左司谏，言："中兴之治在得天得人，以孝感天，以诚得民。"帝喜其深得谏臣体，赐三品服，令尚书省写图进入，以便观览。（《宋史》卷三百七十九《陈公辅传》，第11694—11693页）

赵　煦（1077- 1100）

《宋史》卷十七："哲宗宪元继道显德定功钦文睿武齐圣昭孝皇帝，讳煦，神宗第六子也，母曰钦圣皇后朱氏。……以冲幼践阼，宣仁同政。初年召用马、吕诸贤，罢青苗，复常平，登俊良，辟言路，天下人心，翕然向治。而元祐之政，庶几仁宗。奈何熙、丰旧奸枿去未尽，已而媒蘖复用，卒假绍述之言，务反前政，报复善良，驯致党籍祸兴，君子尽斥，而宋政益敝矣。吁，可惜哉！"

元祐七年癸巳诏

癸巳，诏："秘阁试制科论题，于九经兼正史、《孟子》《扬子》《荀子》《国语》并注内出，其正义内毋得出题。"（《续资治通鉴长编》卷四百七十三，中华书局2004年版，第11284页）

刘　跂（1079进士）

《宋元学案》卷二："刘跂，字斯立，东平人。忠肃长子，与其弟蹈同登元丰二年进士第，官朝奉郎。绍圣间从忠肃于谪所，徽宗立，诏反忠肃家属，用先生请，忠肃得归葬。先生又诉文及甫之诬，遂贬及甫等。先生能为文章，遭党事，为官拓落，家居避祸，以寿终。"

傅坦之字序（节录）

古之人有身被穷约而简易佚荡，曾不戚戚如汉之扬雄者；有富贵利达而内不自得，奄奄如唐之韦执谊者。夫得而悦，失而戚，亦人之常情，而两人者如此。由是言之，则居世悲忧愉佚，系其心所处何如，而身之利害不预焉。（《学易集》卷六，《四库》第1121册，第582页）

黄伯思（1079- 1118）

《宋史》卷四百四十三："黄伯思字长睿，其远祖自光州固始徙闽，为邵武人。……伯思好古文奇字，洛下公卿家商、周、秦、汉彝器款识，研究字画体制，悉能辨正是非，道其本末，遂以古文名家，凡字书讨论备尽。……伯思学问慕扬雄，诗慕李白，文慕柳宗元。有文集五十卷、《翼骚》一卷。"

汉螭文瓿说

按，《说文》："瓿，甂也。大口而卑，用以食。"此器如之。刘歆戏扬雄有覆瓿之语，虽出于善谑，然当时覆此器必以巾幂之属，为无盖故也。今此器但可出纳而无盖，又设饰纤巧，颇乏古象，正汉世物也。

（《东观余论》卷上，《丛书集成初编》本，中华书局 1991 年版，第 49 页）

［按］汉时虽竹帛并用，然缣帛昂贵，故扬雄作《太玄》应是用竹简。螭文瓿用巾幂覆之，疑非。

校定楚词序（节录）

此书既古，简册迭传，亥豕帝虎，舛午甚多。近世晁监美叔，独好此书，乃以春明宋氏、赵郡苏氏本，参校失得。其子伯以、叔予，又以广平宋氏及唐本与《太史公记》诸书是正。而某亦以先唐旧本，及西都留监博士杨建勋，及洛下诸人所藏，及武林吴郡椠本雠校，始得完善，文有殊同者，皆两出之。

按此书旧十有六篇，并王逸《九思》为十七，而某所见旧本，乃有扬雄《反骚》一篇，在《九叹》之后（此文亦见雄本传），与《九思》共十有八篇。而王逸诸序，并载于书末，犹《古文尚书》、汉本《法言》及《史记·自序》《汉书·叙传》之体，骈列于卷尾，不冠于篇首也，今放此录之。（《东观余论》卷下，第 101—102 页）

［按］黄氏所见"旧本"系古本《楚辞》。盖后世因扬雄仕莽美新而有"莽大夫"之称，故删其《反骚》。此亦因人废书之一例也。

王　黼（1079- 1126）

《宋史》卷四百七十："王黼字将明，开封祥符人。初名甫，后以同东汉宦官，赐名黼。为人美风姿，目睛如金，有口辨，才疏隽而寡学术，然多智善佞。中崇宁进士第，调相州司理参军，编修《九域图志》，何志同领局，喜其人，为父执中言之，荐擢校书郎，迁符宝郎、左司谏。"

商卦象卣

右通盖高一尺四分，深六寸，口径长二寸八分，阔三寸。腹径长五寸七分，阔四寸八分。容三升六合，共重六斤十有四两。两耳，有提梁，盖与器铭共二字，作卦象。观古人画卦，奇以象乎阳，偶以配乎阴。一奇一偶，而阴阳之道全。一虚一实，而消息之理备。然《易》始八卦，而文王重之为六十四卦。夏曰《连山》，商曰《归藏》，周曰《易》。是卦也，上下爻皆阳，有《乾》之象；中二爻皆阴，有《坤》之象。虚其中，亦取象于器。所谓黄流在中者，义或在焉。虽不见于书，惟汉扬雄作《太玄》八十一首以拟《易》，曰方、州、部、家。今《争》首一方三州三部一家，与此卣卦象正同。雄于汉取号博闻，殆《玄》之所自而作耶？（《重修宣和博古图》卷九，《四库》第840册，第556—557页）

［按］《历代钟鼎彝器款识法帖》卷三亦据《博古图》录此文。又，《太玄》与古《易》之关系问题，可参解丽霞《综参古〈易〉：〈太玄〉的易学渊源》（载《周易研究》2007年第4期）。

附：张抡《商渊卣》

是卣文饰铭载，与商卦象卣无异。所别者，器之大小，铭之从横，无耳与提梁耳，当是一时所作也。圣人观变于阴阳而立卦，发挥于刚柔而生爻。故奇以象乎阳，偶以象乎阴。一阴一阳，而乾坤之道备矣。是铭也，外爻皆奇，《乾》之象也。内爻皆偶，《坤》之象也。实其外而虚其中，器之象也。凡奇偶之画，其数皆八。扬雄所谓一方三州三部一家者，出于此乎。（《绍兴内府古器评》卷上，《存目》子部第77册，第759页）

［按］《四库全书总目·绍兴内府古器评提要》云："旧本题宋张抡撰，抡字材甫，履贯未详。"今因所论商渊卣与商卦象卣类似，故附录于此。

汪　藻（1079- 1154）

《宋史》卷四百四十五：“汪藻字彦章，饶州德兴人。幼颖异，入太学，中进士第。……藻通显三十年，无屋庐以居。博极群书，老不释卷，尤喜读《春秋左氏传》及《西汉书》。工俪语，多著述，所为制词，人多传诵。”

胡先生言行录序（节录）

自孔子没，诸儒以学名家，固无世无人，而其间必有卓然名世者，德与言称，当时师之，后世尊之。以汉四百年所得者扬雄，以唐三百年所得者韩愈。如董仲舒、郑康成、王通、孔颖达之徒，非无益于后世也。仲舒倡灾祥之说，王通袭圣人之迹，康成、颖达守区区训诂之文，学者疑焉，此二子所以岿然独为后世宗也。（《浮溪集》卷十七，《四库》第1128册，第153页）

孙　觌（1081- 1169）

《浙江通志》卷二十九载：“孙觌字仲益，晋陵人，举进士，文章不为俗态。靖康中为执法，为词臣，旋由琐闼历吏户长贰，知秀州、温州、临安诸郡。其章疏制诰表奏，明辩骏发，每一篇出，世争传诵。绍兴以后，遭值口语，出居象郡。久之，归隐太湖上，时年已迈，为文属辞，少壮所不逮。孝宗朝，尝命编类蔡京王黼等事实上之史官，年九十余卒。所著有《鸿庆集》行于世。”按，《宋史·洪迈传》谓迈“所修《钦宗纪》多本之孙觌”。

读临川集（节录）

本朝鸿儒硕学，比比出于庆历、嘉祐间，而莫盛于熙宁、元丰之际。王荆公自谓知经明道，与南丰曾子固，二王深父、逢原。四人者，发六艺之蕴于千载绝学之后，而自比于孟轲、扬雄，凡前世之列于儒林者，皆不足道也。（《鸿庆居士集》卷三十二，《四库》第1135册，第320页）

周紫芝（1082- 1155）

《增修云林寺志》卷四载："周紫芝，字少隐，宣城人。年六十一始登第，历官枢密院编修官，自号竹坡居士。"

陈去非诗*

扬子云好著书，固已见诮于当世，后之议者纷纷，往往词费而意殊不尽。惟陈去非一诗，有讥有评，而不出四十字："扬雄平生书，肝肾间琱镌。晚于《玄》有得，始悔赋《甘泉》。使雄早大悟，亦何事于《玄》。赖有一言善，《酒箴》真可传。"后之议雄者，虽累千万言，必未能出诸此。（《竹坡诗话》，《四库》第1480册，第680页）

［按］"平生书"，《陈与义集》作"平生学"，"肝肾间"，《陈与义集》作"肝肾困"。

读司马长卿传

扬雄新著草《玄》书，却笑相如赋《子虚》。借使曲终方奏雅，比

君符命复何如?(《太仓稊米集》卷三十八,《四库》第1141册,第263页)

哀湘累赋叙

始余夜读《离骚经》二十五篇,至其悲愤慷慨,有不能胜,卒以忠谏而死,未尝不垂涕,想见其人。其后诵贾生渡湘水所为《吊屈原赋》与扬子云《反离骚》,则知二子皆咎原,以谓当去而不当死也。呜呼,君子之责人也,终无已乎,其异于庸人亦远矣,而又非之,不几乎使人难为善者哉!盍亦反而求之,伤夫原之不逢其时以死焉斯可矣。乃反二子之意而作赋,名之曰《哀湘累》。(《太仓稊米集》卷四十一,第283页)

李　纲(1083- 1140)

《宋史》卷三百五十八:“李纲字伯纪,邵武人也,自其祖始居无锡。……纲有著《易传内篇》十卷、《外篇》十二卷,《论语详说》十卷,文章、歌诗、奏议百余卷,又有《靖康传信录》《奉迎录》《建炎时政记》《建炎进退志》《建炎制诏表札集》《宣抚荆广记》《制置江右录》。”

衍数序(节录)

汉之扬雄、张衡,唐之魏伯阳、邢和璞,本朝之邵雍,皆深于数者。故雄作《太玄》,衡著《灵宪》,伯阳有《参同契》,和璞有《颖阳书》,雍以《先天图》作《皇极经世》,皆宗于《易》而辅翼推明之,至数所在,信如蓍龟,不可诬也。精微之几,不可以言传,姑取其可陈者

著于篇，作《衍数》。（《梁溪集》卷一百三十四，《四库》第 1126 册，第 552 页）

祭许崧老文

《易》道阴阳消长盛衰，《春秋》名分褒贬是非。弥纶天地，立万世规。先圣制作，孰大于斯？公独潜心，抉摘杳微。解驳三传，粃糠九师。发明象数，得其指归。羲画麟经，粲然有辉。呜呼哀哉！汉有禄隐，时惟子云。英材拔萃，高识迈伦。拟古著书，《法言》《太玄》。士有异论，或否或然。公独好之，推尊其人。训释微辞，奥义一新。所见绝俗，岂其后身？呜呼哀哉！（《梁溪集》卷一百六十五，第 739 页）

故秘书省秘书郎黄公墓志铭（节录）

公讳伯思，字长睿……公以素学，与闻议论，发明居多，馆阁诸公，皆自以为莫能及也。与同僚襄陵许翰尤相善，翰喜述作，所解《太玄》诸书，有疑义多就公质之。是时士务浮竞，枝辞蔓衍，趣时好以取世资，公独退然无营，寓意古道，所学最为绝俗。文辞雅健，格高而思深，歌诗俊逸清新，追古作者。盖公之学问慕扬子云，文章慕柳子厚，诗篇慕李太白，此自其平日所称道也。（《梁溪集》卷一百六十八，第 755—757 页）

胡舜陟（1083- 1143）

《宋史》卷三百七十八："胡舜陟字汝明，徽州绩溪人。登大观三年进士第，历州县官，为监察御史。"

奏请诏东宫官读孟子疏

伏见中书舍人晁说之奏，乞皇太子讲《孝经》、读《论语》，闲日读《尔雅》，而废《孟子》。臣窃谓孔氏之后，深得圣道者，孟子而已。汉扬雄曰："诸子者，以其知异于孔子也，孟子异乎？不异。"又曰："孟子知言之要，知德之奥。非苟知之，亦允蹈之。"唐韩愈以为，道者，尧传之舜，舜传之禹、汤、文、武、周公、孔子，孔子传之孟轲，轲之死，不得其传焉。又曰："孟氏醇乎醇，功不在禹下。"又曰："求观圣人之道者，必自孟子始。"本朝欧阳修曰："孔子之后，惟孟轲最知道。"苏洵曰："孟子之文语约而意深。"苏轼曰："自孔子没，诸子各以其所闻著书，而皆不得其源流，故其言无有统要。若孟子，可谓深于《诗》而长于《春秋》矣。"又曰："晚而读《孟子》，而后观乎百家小说而不乱。"神宗皇帝圣学高明，尤好其书，故以之设科取士。说之本州县俗吏，初无学术，岂知孟子？乃以为百家而黜之，不惟欺罔圣聪，使皇太子不闻七篇之义以开发智慧。臣恐此说一传，惑天下学者，使后进相习成风，妄出臆见，诋经诮史，无所不至，害教甚矣。愿陛下诏东宫官，依旧例先读《论语》，次读《孟子》，奉旨东宫，依旧读《孟子》。（《胡少师总集》卷二，《续修》第1317册，第221—222页）

弋人何慕*

扬子云《法言》"鸿飞冥冥，弋人何慕焉"，一本"慕"作"篡"，退之诗："肯效屠门嚼，久嫌弋者篡。"（《胡少师总集》卷六，第246页）

吕本中（1084- 1145）

《宋史》卷三百七十六："吕本中字居仁，元祐宰相公著之曾孙、好问之子。幼而敏悟，公著奇爱之。……有诗二十卷，得黄庭坚、陈师道句法，《春秋解》一十卷、《童蒙训》三卷、《师友渊源录》五卷，行于世。"

读司马公集解太玄

京城半年围，道路三月病。轻舟过江来，所向复未定。客房夜凉冷，气体亦粗胜。月穿窗罅白，风入桐叶劲。挑灯读《太玄》，爱此顷刻静。物数极三甲，此理本天命。首赞则分行，故未及世应。古历汉则亡，《易》实更三圣。哀哉扬子云，上与数子竞。虽云耗心力，固自有捷径。后来司马公，独敛众说盛。锱铢判讹谬，一宗蒙是正。读《玄》则知《易》，此实公所证。如何少年子，便欲献讥评。我老未知学，读此知不称。掩卷坐搔首，一洗肝肺净。明朝寻故人，此语殊未竟。（吕本中撰，韩酉山校注：《吕本中诗集校注》卷十一，中华书局 2017 年版，第 863—864 页）

［按］明叶子奇《太玄本旨序》云："夫《易》爻以立卦，辞以明爻，故爻有六而辞亦六。今《玄》画有四而赞词反九，是上无所明，下无所属，首自首，而赞自赞，本末二致。"吕氏"首赞则分行，故未及世应"一句，韩校云："两句的意思与叶说相近，谓首和赞不相匹配，所以不被世人接受。"

扬雄

读《易》先知未画前，圣人何事绝韦编。始知扬子多闲暇，更有工夫草《太玄》。（《吕本中诗集校注》卷十九，第 1441 页）

讥王莽*

扬子“或问有人焉，自姓孔而字仲尼”一章，近世解经者以为问者为不必问，答者为不必答，非也。扬子之意，盖讥王莽举动皆效圣人耳。（《紫微杂说》，《四库》第863册，第824页）

沈与求（1086- 1137）

《宋史》卷三百七十二：“沈与求字必先，湖州德清人。登政和五年进士第，累迁至明州通判。……七年，上在平江，召见，除同知枢密院事；从至建康，迁知枢密院事。薨，赠左银青光禄大夫，谥忠敏。”

王安石之罪*

庚午，直龙图阁沈与求试御史，上尝从容言王安石之罪，在行新法。与求对曰：诚如圣训。然人臣立朝，未论行事之是非，先观心术之邪正。扬雄名世大儒，乃为《剧秦美新》之文。冯道左右卖国，得罪万世。而安石于汉则取雄，于五代则取道，是其心术已不正矣。施之学术，悉为曲说，以惑乱天下。士俗委靡，节义凋丧，驯致靖康之祸。皆由此也。（《建炎以来系年要录》卷四十六，中华书局1988年版，第831页）

［按］沈与求《安次山挽词》有云：“程婴已死终存赵，扬子虽生辄美新。”亦讽刺扬雄仕莽美新也。

龟溪集提要

宋沈与求撰。与求字必先，德清人。政和五年进士，高宗时官至知枢密院事，卒谥忠敏。事迹具《宋史》本传。是集为绍熙中其孙说所刊，前有观文殿大学士李彦颖湖州教授张叔椿二序。史称与求历御史三院，知无不言，前后几四百奏，其言切直。今所存仅十之三四，类多深中时弊。陈振孙《书录解题》曰，与求尝奏王安石之罪，大者在于取扬雄、冯道。当时学者惟知有安石，丧乱之际，甘心从伪，无仗节死义之风，实安石倡之。此论前未之及也云云。考熙宁以逮政和，王蔡诸人以权势奔走天下。诛锄善类，引掖宵人，其夤缘以苟富贵者，本无廉耻之心，又安能望以名节之事。其偷生卖国，实积渐使然，不必尽由于推奖扬雄，表章冯道。与求此奏，亦事后推索之词。然其说主持风教，振刷纲常，要不可不谓之伟论也。至其制诰诸篇，典雅春容，亦具有唐人轨度，又不徒以奏议见长矣。（《总目》卷一百五十七，中华书局 1965 年版，第 1352 页）

刘才邵（1086- 1158）

《宋史》卷四百二十二："刘才邵字美中，吉州庐陵人。……才邵以大观二年上舍释褐，为赣、汝二州教授，复为湖北提举学事管干文字。宣和二年，中宏词科，迁司农寺丞。靖康元年，迁校书郎。……所著《檆溪居士集》行世。"

论扬子法言中和之说

扬子《法言》，立政鼓众，动化天下，莫尚中和。臣闻中也者，天下之大本，和也者，天下之达道。大本之所以立，达道之所以行。天地之高厚，万物之散殊，举不能外中和之理。盖民心所固有者也。将欲立政，其能舍此以有为乎？所以收动化之功宜，莫若乎此也。是以圣人临莅天下，其号令之所鼓舞，教化之所薰陶，宽猛以济刚柔，刑赏以示惩

劝。惟此之尚，莫之或易。中焉而无所偏蔽，无往而不得其平；和焉而无所乖戾，无往而不适其宜。故命之而丕应，感之而作孚，非因其固有，还以治之，能不劳而成功如此乎？古之人有以立民极、变时雍，盖以此也。（《樧溪居士集》卷十，《四库》第1130册，第551页）

［按］才邵五世祖刘鹗曾著《法语》八十一篇，而后世多误以为才邵著，详见本编刘鹗条。

郑东卿（?）

郑东卿字少梅，一作少海，号含沙渔父，侯官人。著有《周易疑难图解》二十五卷，《大易约解》九卷，《易说》二卷。

方圆相生图序（节录）

东卿自学《易》以来，读《易》家文字百有余家，所可取者，古《先天图》、扬雄《太玄经》、关子明《洞极经》、魏伯阳《参同契》、邵尧夫《皇极经世书》而已。惜乎雄之《太玄》、子明之《洞极》仿《易》为书，泥于文字，后世忽之，以为屋上加屋，头上安头也。伯阳之《参同契》，意在于锻炼而入于术，于圣人之道又为异端也。尧夫毅然摆去文字小术而著书，天下又不顾之，但以为律历之用，难矣哉！四家之学皆兆于《先天图》。《先天图》，其《易》之源乎？复无文字解注，而世亦以为无用之物也。（魏了翁《经外杂抄》卷一，民国景明宝颜堂秘籍本）

［按］《经义考》卷二百六十八节引郑氏之语曰："扬雄《太玄》、子明《洞极》，仿《易》为书，泥于文字，后世忽之，以为屋上加屋，头上安头也。"无"惜乎"二字，含义遂大变乃至相反。可见凡节引他说，不可不慎也。

陈与义（1090- 1138）

《宋史·文苑传》："陈与义字去非，其先居京兆，自曾祖希亮始迁洛，故为洛人。与义天资卓伟，为儿时已能作文，致名誉，流辈敛衽，莫敢与抗。……与义容状俨恪，不妄笑言，平居虽谦以接物，然内刚不可犯。其荐士于朝，退未尝以语人，士以是多之。尤长于诗，体物寓兴，清邃纡余，高举横厉，上下陶、谢、韦、柳之间。"

书怀示友（其八）

扬雄平生学，肝肾困雕镌。晚于《玄》有得，始悔赋《甘泉》。使雄早大悟，亦何事于《玄》。赖有一言善，《酒箴》真可传。（《陈与义集》卷三，中华书局 2007 年版，第 42—43 页）

洪兴祖（1090- 1155）

《宋史》卷四百三十三："洪兴祖字庆善，镇江丹阳人。……好古博学，自少至老，未尝一日去书。著《老庄本旨》《周易通义》《系辞要旨》《古文孝经序赞》《离骚楚词考异》行于世。"

楚辞补注（节录）

刘子玄《史通》云：作者自叙，其流出于中古。《离骚经》首章，上陈氏族，下列祖考；先述厥生，次显名字。自叙发迹，实基于此。降及司马相如，始以自叙为传。至马迁、扬雄、班固，自叙之篇，实烦于代。（《楚辞补注》卷一，中华书局 1983 年版，第 3 页）

［按］扬雄自叙，即《汉书·扬雄传》之自序。

《艺文志》云：《屈原赋》二十五篇。然则自《骚经》至《渔父》，皆赋也。后之作者苟得其一体，可以名家矣。而梁萧统作《文选》，自《骚经》《卜居》《渔父》之外，《九歌》去其五，《九章》去其八。然司马相如《大人赋》率用《远游》之语，《史记·屈原传》独载《怀沙》之赋，扬雄作《伴牢愁》，亦旁《惜诵》至《怀沙》。统所去取，未必当也。自汉以来，靡丽之赋，劝百而讽一，无复恻隐古诗之义。故子云有曲终奏雅之讥，而统乃以屈子与后世词人同日而论，其识如此，则其文可知矣。（《楚辞补注》卷七，第 181 页）

邓　肃（1091- 1132）

《宋史》卷三百七十五："邓肃字志宏，南剑沙县人。少警敏能文，美风仪，善谈论。李纲见而奇之，相倡和，为忘年交。……绍兴二年，避寇福唐，以疾卒。"

书扬雄事

屈原、伍子胥、晁错，皆死国之士，不当更訾之。盖事君以忠为主，才智不足论也。扬雄一切讥之，谓非智者之事，是知扬雄胸中所蕴，欲作《美新》之书久矣，岂迫于不得已而后为乎？迨莽以符命捕刘棻、甄丰等，雄自投阁，班固便谓棻尝从雄学，故雄不得不惧。殊不知《美新》、符命，一体也。莽既怒符命，则亦《美新》何有乎？雄身为叛臣，无所容于天地之间，故忿然捐躯，期速死耳。此扬雄之徒所谓智也。（《栟榈集》卷十九，《四库》第 1133 册，第 357 页）

［按］《四库全书总目》一百五十七《栟榈集提要》曰："唐宋以来学者，皆尊扬雄，熙宁中遂至配享。而肃《书扬雄事》，独指为叛臣，无可容于天地之间。与沈与求疏论王安石过尊扬雄，未知孰为先后。然均在朱子《纲

目》书莽大夫之前。考陆深《溪山余话》，载肃与朱子父松相善，有醉留冠带以质纸笔之戏。肃有寄朱韦斋诗，即道其事。然则《纲目》之斥扬雄，得无传肃之说乎。其识如是，宜其立身有本末矣。”

跋朱乔年所跋王安石字（节录）

自荆舒祖桑弘羊，以竭山海之利，故世无饱食之农；师秦商鞅，以推不可行之法，故祖宗无可留之典；尊扬雄，以赞《美新》之书，故学者甘为异姓之臣。予读其书不能终篇，况学其字乎？（《栟榈集》卷十九，第359页）

［按］王安石执政期间，扬雄曾从祀孔庙；及荆公下野，贬扬之声亦日益高涨。宋人因归咎荆公而贬斥扬雄，此即一例也。

李　彭（1094前后）

《两宋名贤小集》卷一百十五：“李彭字商老，南康军建昌人，公择从孙。有《日涉园集》。”

读扬雄法言

子云老暗事，晚乃著一书。经营极浅易，艰深聊塈涂。终身作雕虫，出语嗟壮夫。苦笑屈原智，颇怜晁错愚。丹青果变玉，美新孰非谀。我麟不可羁，投阁将焉如。侯芭痛领略，见谓老易徒。小儿杨德祖，鉴裁自不虚。（《日涉园集》卷三，《四库》第1122册，第643页）

再次韵答九弟首夏郊园即事（其一）

古木千章夏阴合，瓮头别作醉乡春。草《玄》不是扬雄事，定自免

为投阁人。（《日涉园集》卷九，第695页）

黄朝英（?）

《郡斋读书志》后志卷二载："朝英，建州人，绍圣后举子也。为王安石之学者，以'赠之以芍药'为男淫女，'贻我握椒'为女淫男，前辈尝以是为嗤，朝英独爱重之，他可知也。"

储胥

扬雄《甘泉赋》云："近则洪崖旁皇，储胥弩陆。"又《长杨赋》云："木雍枪累，以为储胥。"吕延济云："枪累，作木枪相累为栅也。"苏林注云："木拥栅其外，又以竹枪累为外储也。"颜师古云："储，峙也。胥，须也。以木拥枪及累绳连结以为储胥，言有储蓄以待所须也。"汉武帝作储胥馆，故李义山诗云"风云长为护储胥"。宋子京《伤孟昭图》云"密疏叩储胥"，又《侍宴》云"秋色遍储胥"，又《思归老》云"至今三籍在储胥"，又《答朱彭州》云"九番官树老储胥"，又《续春词》云"苍龙驱暖入储胥"。盖储胥犹言皇居也，不必云有储蓄以待所须也。故张平子《西京赋》云："既新作于迎风，加露寒与储胥。"又沈约《应教诗》云："南瞻储胥观，西望昆明池。"又《南史武帝诸子传》檄云："偃师南望，无复储胥。露寒河阳，北临或有穹庐毡帐。"《西京赋》注云："武帝先作迎风馆，后加露寒、储胥二馆。"（《靖康缃素杂记》卷九，《四库》第850册，第423—424页）

［按］黄氏于绍圣年间为举子，具体生卒年不详，故暂系于此。又黄氏首引《甘泉赋》云："近则洪崖旁皇，储胥弩陆。"此句见于《汉书·扬雄传》所引《甘泉赋》乱词之后，可知黄氏将此段文字亦视为《甘泉赋》之一部分。

马 存（？－1096）

存字子才，鄱阳人，元祐进士，越州观察推官。存早游太学，研经以考道，观史以究治乱之变，摇毫顷刻数千言，文学锵一时，徐节孝、苏文忠皆爱重之。……

省试《扬雄论》曰：“方莽以险恠愚天下，学士大夫高节尚洁者，非引去则继以死。雄斯时方著《剧秦美新》以发扬其盛，读之令人气沮拂膺，不怿者累日。呜呼，雄乎，宁死耳，其忍为此文哉。”东坡典举，奇之，京师竞传，因呼为“拂膺公”。廷对，言臣之深思，常略于东南，而独在北方。苏子由为详定官，喜其远虑，欲以冠多士，同列间之，抑居第四。盖存生平总受知于眉山兄弟，文章针芥之投，良不偶云。（裘君弘辑《西江诗话》卷三，《禁毁》集部第138册，第83册）

［按］同治《饶州府志》卷二十二《马存传》：“字子才，乐平人，遵从孙。元祐省试论以扬雄、刘向为题，存论曰：‘方王莽以险怪愚弄天下，学士大夫高节尚洁者，非引去则继以死，龚胜以清死，鲍宣以悍死，其愤甚矣。雄斯时方著《剧秦美新论》以发扬其盛，读之令人气拂膺不怿者累日。呜呼，雄乎！宁死尔，其忍为此文哉！’典举苏轼奇之，置高等，京师竞传，因呼为拂膺公。”又《鹤林玉露》载：“元祐间，东坡知贡举，李方叔就试，将锁院，坡缄封一简令送方叔，值方叔出，其仆受简置几上。有顷，章子厚二子曰持曰援者来，取简窃观，乃《扬雄优于刘向论》一篇。”可知此次省试考题主要在讨论扬雄、刘向之优劣。

卷六

胡　寅（1098- 1156）

《宋史》卷四百三十五："寅字明仲，安国弟之子也……寅志节豪迈，初擢第，中书侍郎张邦昌欲以女妻之，不许。始，安国颇重秦桧之大节，及桧擅国，寅遂与之绝。新州谪命下，即日就道，在谪所著《读史管见》数十万言，及《论语详说》皆行于世。其为文根著义理，有《斐然集》二十卷。"

论扬雄有三大节可指

子云贤者也，而有可议者。《论语》乃孔门弟子记诸善言，诚有是人相与问答也。《法言》则假借问答，以则《论语》，且又浅近特甚，有不必问、不必答、不必言者，此一事也。《易》更四圣人而后备，画之足矣。恐世之未达也，则有《文言》《大象》《小象》《系辞》之作，上下千余年，圣人不得已也。《太玄》则艰深其语，以拟《周易》，而无补于《易》，千有余年，学者废而不讲，此二事也。雄之言曰："天收其声，地藏其热""观雷观火，为盈为实"，盖以数知事也。先与董贤同官，后又臣事王莽，黾勉迟留，至有《美新》之文，投阁之耻，何其懵然不智耶？是三者，乃雄学行之大节，而可指如此。或者乃疑孟子而尊子云。孟子盖如青天白日，无可疑者，而乃疑焉。则其尊子云者，盖亦不能识子云也。其浅近岂不有甚矣夫。（胡寅著，刘依平校点：《读史管见》卷三，岳麓书社 2011 年版，第 92—93 页）

零陵郡学策问（节录）

问：文之为用大矣，尧、舜、禹、文王之圣，咸以文称，曰"文思"，曰"文命"。说者曰：经天纬地之谓文，其用之大乃如此。仲尼曰："文王既没，文不在兹乎！"盖以斯文为己任矣。自孟子而后，左氏、荀卿、太史公、司马相如、扬雄、刘向、班固之流，各擅文章之誉，后世莫得班焉。如唐韩愈、柳宗元皆竭力希慕，仅成一家。夫此八九子者，其建立，与古所谓文，同耶？异耶？如其同，则经天纬地之效安在？如不谓之文，则末世执笔缀言之士，皆师法于八九子者，自谓文之至矣，而未尝知尧、舜、禹、汤、文王、仲尼之大业。有潜心于尧、舜、禹、汤、文王、仲尼之大业，则笑之曰，是古学耳，安得为文？夸多斗靡，至于支青配白，骈四俪六，极笔烟霞，流连光景，举世好之，有司亦以是取士，为日久矣。其得失是非，愿从二三子闻之，且观所志。（《斐然集》卷二十九，岳麓书社 2009 年版，第 596 页）

问：扬子有云："祭莫重于地，地莫重于天。"古者祭天，其名曰郊，百代之所不变也。未闻祭地之礼，其名何谓也？考之《周官》，祭天于圜丘，祭地于方泽。考之《祭法》，燔柴于泰坛，瘗埋于泰折。考之《郊特牲》，郊所以明天之道也，社所以神地之道也。考之《中庸》，郊社之礼，所以事上帝也。考之《昊天有成命》，郊，祀天地也。然则《周官》《祭法》《郊特牲》分为二祭，《中庸》及《周颂》举天地而合祫，而《礼记》《毛诗》所载，则社者祭祀之名耳。欲断以社为祭地之名乎，则古者之社，本以祀后土。后土者，共工氏之子也。又有亳社见于《礼》，夏社见于《书》，则社非祭地之名矣。周公成洛邑，用牲于郊，越翼日，社于新邑。举郊举社，则又类社以祭地。而天地不合祫者。故凡天地之祭，合欤，不合欤？祭地之名，社欤，非社欤？若其社也，而《周官》《祭法》不言，何也？若非社也，则祭地当何名也？后世以为北郊者，是耶，非耶？既错见于群经，而未有折衷。愿与诸君论之。（《斐然集》卷二十九，第 597—598 页）

问：扬子云，汉儒之贤者也。富贵，人之所欲，彼不汲汲焉。贫贱，人之所恶，彼不戚戚焉。文采，人之所喜，彼悔词赋之作焉。古道，人之所忽，彼好而乐之，有深沉之思焉。卒之著书立言，以自表见，至于今千有余岁矣，而名不泯没，可不谓之贤矣乎！以其言行考之，《法言》取模仿之讥，《太玄》有重屋之诮，所以发挥圣学，错综易数，必不可缺者，未闻君子与之也。方王莽盗汉时，或洁身去之，或守死不屈，盖多有其人。雄号为知数，岂不知死生之有命，奚至于惶怖投

阁哉？且作美新之文，谓莽过于伊尹，是何言也？或曰："亦逊言讥之耳。"莽之罪，族诛而不足，何讥之云乎？临川王文公、温国司马公议论未尝同，独于子云则皆谓孟子之后，一人而已。于雄果何取而云尔也？诸公其深考而详著之。（《斐然集》卷二十九，第599页）

范　浚（1102- 1151）

朱熹为范浚作传云："范浚字茂明，婺之兰溪人。隐居香溪，世号'香溪先生'。初不知从何学，其学甚正。近世言浙学者多尚事功，浚独有志圣贤之心学，无少外慕，屡辞征辟不就。所著文辞多本诸经，而参诸子史。其考《易》《书》《春秋》，皆有传注以发前儒之所未发。"

读扬子云传

老不晓事扬子云，缀文讥诃坚逐贫。班生曲笔甚假借，谓不戚戚元非真。草《玄》欲作后人计，投阁自迷身不利。王涯箧中好其书，宁复逆知甘露事。鼀声紫色欺昏童，义士远引如冥鸿。胡为颠眩尚执戟，美新屈首称臣雄。岷山沃野蹲鸱大，拓落不归良已过。近危竟似井眉瓶，虚作《反骚》嗤楚些。诡情怀禄遭嘲评，但用笔墨垂声名。文章要亦千古事，久矣《法言》今正行。（《香溪集》卷二，《四库》第1140册，第13—14）

性论上

天降衷曰命，人受之曰性，性所存曰心。惟心无外，有外非心；惟性无伪，有伪非性。伪而有外者曰意，意，人之私也；性，天之公也。心主之也，意迷之也，迷而不复者为愚，知而不迷者为知，不迷而止焉者为仁。仁即心，心即性，性即命，岂有二哉。

孟子曰："尽其心者，知其性也。知其性，则知天。"能尽其心，则意亡矣。意亡则寂然不动者见焉，是之谓性。《记》曰："人生而静，天之性也。"静，所以强名夫寂然不动者也。然而又曰"感而遂通天下之故"，故必于寂然之中有不可以动静名者焉，然后为性。孟子所谓"必有事焉而勿正，心勿亡，勿助长"者，盖求知性之道也。

或曰："孟轲知性，以性为善，善果性耶？后世以轲与荀、扬同论，于轲不能无讥，善果非性耶？"曰："学者之患，在不求其是而为众说之惑，苟舍众说而自求其是则是得，而众说之然否昭昭矣。且夫性不可言，而可言者曰静。子姑从其静者而观之，将以为善乎？将以为恶乎？必曰善，可也。然则善虽不足以尽性，而性固可以善名之也。彼荀卿者，从性之伪，而指以为性，故曰人之性恶。性岂本恶也哉？且以古人之不善者，无逾桀纣。桀纣诚恶矣，龙逢、比干言其不善，则讳而怒之，是知不善之可耻者，固自善也。性岂本恶也哉？彼扬雄者，求性之所谓而不得，则强为之说曰'人之性也善恶混'，雄不明言性之果善果不善，而以为善恶混，是意之云耳。意之而为不明之论，庶几后世以我为知性之深也。雄岂真知性哉？且水之源无不清，性之本无不善。谓水之源清浊混，是未尝穷源者也。谓性之本善恶混，是未尝知本者也。故曰雄意之云耳。"

或曰："子以善为不足以尽性，岂性与善异耶？"曰："善，性之用也，夫岂有二哉。孟子知性，故不动心。又以性之用教人，故道性善。《易·系辞》曰'一阴一阳之谓道，继之者善也，成之者性也'，善继乎道，则非道也。性成乎道，则与道一矣。然则善不足以尽性，明矣。且孟子亦岂以善为足以尽性哉？其言曰：'可欲之谓善，有诸己之谓信，充实之谓美，充实而有辉光之谓大，大而化之之谓圣，圣而不可知之之谓神。'使孟子以善为足以尽性，则一言而足矣，岂复以信与美与大与圣与神为言乎？故曰孟子道性善，以性之用教人也。"（《香溪集》卷七，第 56—57 页）

性论下

天下一性也，愚与明，气之别也；善与恶，习之别也；贤与圣，至之别也。气习与至虽异，而性则同也。故曰“能尽其性，则能尽人之性；能尽人之性，则能尽物之性。”非天下一性耶。

孔子曰：“性相近也，习相远也。”说者谓凡人之生，性初相近，已而或为善，或为恶，则相远矣。呜呼，是果圣人之意乎？人之性果初相近而后相远乎？是大不然也。子之说曰：“天下一性也，其初岂徒相近而已哉，直同焉耳。孔子以谓人之或为善，或为恶，其性未尝不相近，其所以相远者，特善恶之习而已。如是，则恶人舍其习而之善，不害为善人；善人忘其习而之恶，未免为恶人也。譬之犹水，其出同源，及派而别流，或清焉，或浊焉，虽有清浊之异，然浊者澄之则为清，清者汩之则为浊，岂不以为水者实相近耶。性譬则水，习譬则清浊之流，是性常相近而习则相远也。”

又曰“惟上智与下愚不移，何也?”曰：“上智下愚，性之相近，固自若也。所谓不移，非不可移也。上智知恶之为恶，介然不移而之恶。下愚不知善之为善，冥然不移而之善。故曰惟上智与下愚不移。”

或曰：“尧之圣不能化丹朱子，以为下愚可移，何耶?”曰：“可移者，丹朱之性；不移者，丹朱之愚也。愚非性也，气也。夫人之禀生，气浊则愚，气清则明。气清之纯，则为上智；气浊之纯，则为下愚。清浊之气，两受而均，则为中人；气清不纯则智，而非上智也；气浊不纯则愚，而非下愚也。愚而非下愚者，或能移之，故曰虽愚必明。下愚则冥然不移矣，故曰惟下愚不移。丹朱气浊之纯者也，虽尧其能使之移哉？故曰可移者丹朱之性，不移者丹朱之愚也。且以子路，汴之野人，性鄙而好勇力，冠雄鸡，佩猳豚，陵暴孔子。惟其愚而非下愚也，故孔子设礼稍诱之，遂儒服委质，移而之善。于其死也，结缨而不乱，非所谓虽愚必明者乎。呜呼，说者不能知性，而妄释吾夫子性习与不移之论，学者益以惑矣。”（《香溪集》卷七，第57—58页）

［按］范浚《性论》二篇，颇为学者所推崇。《焦氏笔乘续集》卷四云："宋范浚，字茂明，学者称香溪先生。考亭尝取其《心箴》载于《孟子集注》。浚有《性论》二篇，其见地超然，殆宋儒所仅见者。特为表而出之。"

胡　铨（1102- 1180）

《宋史》卷三百七十四："胡铨字邦衡，庐陵人。……有《澹庵集》一百卷行于世。"

亦乐堂铭

扬雄有言："朱丹其毂，一败则赤吾族。"孔子曰："虽在缧绁之中，非其罪也。"夫丹毂，荣也，雄以为忧；缧绁，辱也，圣乃有取。忧乐岂关于荣辱也哉！上饶方畴耕道，建炎戊申铨同季进士也，绍兴戊午又同朝。是季冬，铨以狂瞽被谴，而耕道旋亦去国。十有四年而通守武冈，平溪蛮三十年之寇，乙亥以疏直忤要臣被逮。赖上恩宽谪零陵，久之，名其堂曰"亦乐"，礼部侍郎张公子韶记之。戊寅冬庐陵胡铨感仲尼、子云之言而申以铭，铭曰：毂丹族赤，缧绁不辱。陋巷易安，鬼瞰高屋。蕨补食前，患靡覆悚。眉斧伐性，妙在独宿。熟晰兹理，至乐常足。我思古人，自反而缩。（《（光绪）湖南通志》卷二百七十三，《续修》第668册，第244页）

郑　樵（1104- 1162）

《宋史》卷四百三十六："郑樵字渔仲，兴化军莆田人。好著书，不

为文章，自负不下刘向、扬雄。居夹漈山，谢绝人事。久之，乃游名山大川，搜奇访古，遇藏书家，必借留读尽乃去。赵鼎、张浚而下皆器之。初为《经旨》，礼乐、文字、天文、地理、虫鱼、草木、方书之学，皆有论辨，绍兴十九年上之，诏藏秘府。樵归益厉所学，从者二百余人。”

扬　氏

姬姓，周宣王子尚父，幽王时封为扬侯，为晋所灭，其后为氏焉。或曰周景王之后，一云唐叔虞之后。至晋武公孙于齐生伯侨归，周天子封扬侯。然《传》言虞、虢、焦、滑、霍、扬、韩、魏，皆姬姓之国，为晋所灭，晋以为羊舌氏之邑，此其明也。扬雄自叙云伯侨，不知周何别也。又云晋武公子伯侨生文，文生突，羊舌大夫也。又云晋之公族，食邑于羊舌，凡三县，一曰铜鞮，二曰扬氏，三曰平阳。突生职，职生五子，赤、肹、鲋、虎、季夙。赤字伯华，为铜鞮大夫，生子容。肹字叔向，亦曰叔誉。鲋字叔鱼，虎字叔罴，号羊舌四族。叔向，晋太傅，食采扬氏，其地平阳扬氏县是也。叔向生伯石，字食我，以邑为氏，曰扬石，党于祁盈，盈得罪于晋，并灭羊舌氏。叔向子孙逃于华山仙谷，遂居华阴。又有扬突，后周赐姓独孤氏，隋复本姓。又有莫胡卢氏，改为扬氏。又炀帝诛扬元感，改姓为枭氏。（《通志》卷二十七《氏族略》，浙江古籍出版社 1988 年，第 457 页）

编次不明论（其一）

班固《艺文志》，出于《七略》者也。《七略》虽疏而不滥，若班氏步步趋趋，不离于《七略》，未见其失也。间有《七略》所无而班氏杂出者，则蹶矣。扬雄所作之书，刘氏盖未收，而班氏始出，若之何以《太玄》《法言》《乐箴》三书合为一总，谓之扬雄所序三十八篇，入于儒家类。按儒者旧有五十二种，固新出一种，则扬雄之三书也。且《太玄》，《易》类也，《法言》，诸子也，《乐箴》，杂家也，奈何合而为一家？是知班固胸中元无伦类。（《通志》卷七十一《校雠略》，第836页）

王之望（1104- 1171）

《宋史》卷三百七十二：“王之望字瞻叔，襄阳谷城人，后寓居台州。……之望有文艺干略，当秦桧时，落落不合，或谓其有守。绍兴末年，力附和议，与思退相表里，专以割地啖敌为得计，地割而敌势益张，之望迄以此废焉”

近世社稷之臣如何论

论社稷臣者多矣，有以主在与在、主亡与亡为社稷臣者，有以招之不来、麾之不去为社稷臣者，有以堂堂之节折而不挠为社稷臣者。然皆莫如孟子之言曰“有社稷臣者，以安社稷为悦”者也。盖豪杰非常之士，立乎人之本朝，以天下之安危自任，既有其志，又有其功，斯可以为社稷之臣。若夫扬雄之论，则责名太高而取人或滥，不容无议也。或问雄近世社稷之臣，曰：“若张子房之智，陈平之无误，绛侯勃之果，霍将军之勇，可谓社稷之臣矣。”尝试论之。

西汉之时，社稷有三变。高祖之既衰也，吕后之恩日益疏，戚姬之宠日益固，如意以爱而欲立，孝惠以仁而将废。当是时也，子房有功。高后之初没也，刘氏微弱，诸吕擅朝，内握兵柄以为强，外阿藩国以为重。当是时也，平、勃有功。孝昭方幼，上官有逆乱之谋，宣帝未立，昌邑有淫昏之行。当是时也，霍光有功。扬雄以社稷臣称四子者，盖谓是耳。观高帝创业之初，相业如萧何，战功如曹参，雄不曰社稷臣而称子房，则知以其正嫡庶之位而存惠帝也。高后、孝文之际，守节如王陵，质直如申屠，雄不曰社稷臣而称平、勃，则知以其靖吕氏之难而立

太宗也。孝宣中兴，丙、魏有声，雄不曰社稷臣而称霍光，则知以其当废兴之运，堂堂乎忠，拥昭而立宣也。方高帝欲易太子，以叔孙之极谏而不听，以周昌之强直而不回，可谓固矣。及留侯以计来四隐者于商山，高祖一见，为之慷慨悲歌，而割其肌肤之爱。向使惠帝果废，如意果立，高帝万岁后，老臣宿将北面而事孺子，则刘氏之社稷未可知也。非子房之智，其谁存之？禄、产之变，祸起腹心，计迫事穷，势不两立，吕氏不灭，刘氏不安。周勃左袒一呼，而刘、吕之雌雄遂决。向使太尉不入北军，得徐为之谋，则刘氏之社稷未可知也。非绛侯之果，其谁存之？上官之乱，根株遍于朝廷，昌邑之立，罪恶过于桀纣，安危之机，间不容发。光以寡制众，以臣放君，行之不疑，卒安天下。向使上官不戮，昌邑不废，奸臣乱主得逞其心，则刘氏之社稷未可知也。非霍将军之勇，其谁存之？稽二三子之德，虽未得如古之所谓成人，然乘时遇变，奋其智勇，神器将坠，徐起而正之，卒能措社稷于泰山之安，亦可以无訾矣。而扬雄过为高论，责之以礼乐之懿，曾不知此乃盛德之事，非所以称社稷臣也。假如太子之将废，吕氏之方盛，上官之祸未除，昌邑之君未放，虽有礼乐君子从容揖逊乎其间，亦何补于社稷哉？若夫陈平之佐高祖定天下，设六奇计，出其君于艰难险阨之中，不可谓无功。至于吕氏之乱，平实启之，得免于戮幸矣。方高后欲王诸吕，必问汉大臣，则犹有所畏焉。平若乘吕后畏逼之心，挟王陵庭争之助，而拒之以高帝盟誓之言，则诸吕必不王也。奈何怀保身之谋，开变乱之渐。既已使王陵颠沛，吕后放恣矣，乃始以定社稷刘氏而藉其口，岂真有于社稷者哉？盖平有不世之谋，有无穷之智，有应变之机，而无大节不可夺之义。向非周勃之忠朴，刘章之英锐，则艰难仓卒之际，其无误不足恃也。昔袁盎责周勃不早去吕氏，非社稷臣。夫在高后时，陈平相也，周勃将也，平则有罪，勃何咎焉？以盎之所以责勃者责平可也。高帝尝曰："陈平智有余，然难独任，安刘氏者必勃也。"然则高帝之心固以社稷寄周勃，而至于陈平不能无疑，则平之为人可知矣。夫智如子房、果如绛侯、勇如霍将军，其功大矣，特以礼乐未备，未得纯为社稷臣。陈平为身谋，以社稷假人，顾以一时之功而遽获预乎三子之列，故

曰雄责名太高而取人或滥也。

虽然，雄之言礼乐者，为其人之不若伊周也。其人虽异，其功则同，何害为社稷之臣哉？雄之取陈平者，为其功之有类周勃也。其功虽类，其志则殊，安能为社稷之臣哉！昔武帝于汲黯尝笑其戆矣，尝诮其不学矣。至论其人，必曰社稷臣，公孙弘、倪宽之徒号称儒雅，不得与焉。则知子房辈虽礼乐未备，不害为社稷臣也。武后欲立三思，群臣无不从，独狄梁公以死争，后叹其忠，亦曰社稷臣。李勣、许敬宗之徒有德于己，不闻以是称之。则知陈平之立诸吕，不得为社稷臣也。呜呼！乱于名实，儒者之大患。雄于子房、周勃、霍光则乱于名，于陈平则乱于实。名实既乱，乌足以知人哉！必欲论社稷之臣，则考四人之行事而折衷于孟子可也。(《汉滨集》卷十四，《四库》第1139册，第855—857页)

晁公武(1105- 1180)

《蜀中广记》卷四十七："晁公武，字子止，乾道间为四川安抚制置使。"按，《郡斋读书志》著录《太玄》《法言》注本颇多，相关条目可散入相应作者如王涯、司马光等名下者，则不复编录于此。本编对部分作者未立条目，则一概系于晁氏名下。

方言十三卷

右汉扬雄子云撰，晋郭璞注。雄赍油素，问上计孝廉，异语悉集之，题其首曰：《辅轩使者绝代语释别国方言》。予传本于蜀中，后用国子监刊本校之，多所是正，其疑者两存之。然监本以“鶖”为“秋侯”，以“雯”为“更”，引《传》“糊其口于四方”作“糊予口”，未必尽得也。(晁公武撰，孙猛校证：《郡斋读书志校证》卷四，上海古籍出版社

1990年版，第149页）

太玄经十卷

右汉扬雄子云撰。雄作此书，当时已诮其艰深，其后字读多异。予尝以诸家本参校，不同者疏于其上，且发策以问诸生云：扬雄准《易》作《太玄经》，其自序称《玄》盛矣，而诸儒或以为犹吴楚僭王，当诛绝之罪，或以为度越老子之书。大抵誉之者过其实，毁之者失其真，皆未可信。然譬夫听讼，曾未究其意，乌能决其曲直哉！今欲论《玄》之得失，必先窥其奥，然后可得而议也。夫《玄》虽准《易》，然托始《高辛》《太初》二历而为之，故《玄》有方、州、部、家，凡四重而为一首九赞，通七百二十九赞有奇。分主昼夜，以应三百六旬有六日之度。首准一卦，始于《中》，准《中孚》，而终于《养》，准《颐》。二十四气，七十二候，与夫二十八宿，错居其间，先后之序，盖不可得而少差也。夫《易》卦之直日，起于汉儒之学，舍四正卦，取六十卦之爻三百六十，各直一日，此《玄》之所准者也。然《易》之卦直日，其亦如《玄》之首有序乎？抑无也？若亦有之，则雄之为《玄》不亦善乎？不然，则《玄》之序亦赘矣。自《复》《姤》而为《乾》《坤》，十有二卦，皆以阴阳之消长分居十二月，谓之辟卦，则固有序矣。其余一月而四卦之序云何？且如《中孚》《颐》何以为一日之卦也？曰公卿、大夫、侯者，何谓也？其所谓《屯》正于丑间时而左行，《蒙》正于寅间时而右行者，其旨可得闻欤？又一阳一阴者，《玄》相错之法也，然《养》为阳而中不为阴，水、火、木、金、土者，《玄》相传之法也，然《疛》首为金而《羡》不为土，其自相戾类如此，岂得无说哉？（《郡斋读书志校证》卷十，第425—426页）

徐庸注太玄经解十卷

右皇朝徐庸注。庸，庆历间人也。以范望《解》指义不的，因王涯、林氏诸解，重为之注。取王涯《说玄》附于后，及自为《玄颐》，通名之为《太玄性总》。其自序云尔。又多改其文字，如以“杚”为“仡”，以“娩”为“婏”，以“壮凡”为“札乃”，以“孪”为“孿”，以“稚”为“推”之类。其所谓林氏者，瑀也。贾文元尝辟瑀之奸妄于朝。（《郡斋读书志校证》卷十，第428—429页）

太玄经疏十八卷

右皇朝郭元亨撰。元亨谓雄之作《玄》，传之侯芭，后独有张衡、桓谭、张华见而称叹，吴郡邹伯岐求本不能得。宋衷为训，陆绩为解，范叔明、王涯亦注之，皆未明白。元亨在蜀，自淳化末迄于祥符八年，仅三十年，撰成今疏。又云《太玄》润色于君平，未知何所据而言然。（《郡斋读书志校证》卷十，第431页）

［按］“仅三十年”之“仅”字意不通，《经义考》卷二百六十九改作“凡”，当是。

李氏注法言十三卷

右汉扬雄撰。晋祠部郎中李轨注。雄好古学，见诸子各以其知舛驳，不与圣人同，是非颇谬于经，故人时有问雄者，常用法应之，撰此以象《论语》，号曰《法言》。每篇复为序赞，以发其大意。然雄之学，自得者少，其言务拟圣人，靳靳然若影之守形，既鲜所发明，又往往违其本指，正古人所谓画者仅毛而失貌者也。（《郡斋读书志校证》卷十，第434页）

扬雄集三卷

右汉扬雄子云也。古无雄集，皇朝谭愈好雄文，患其散在诸篇籍，离而不属，因缀辑之，得四十余篇。（《郡斋读书志校证》卷十七，第826—827页）

喻汝砺（1110前后）

《两宋名贤小集》卷一百八十八："喻汝砺，字迪孺，蜀之仁寿人，第进士。靖康中，官祠部员外郎。金人议立伪楚，汝砺不为屈，遂归隐于邛山之阳。自号扪膝先生，有《扪膝稿》。"

子云墨池

读书岂不好？忧愤还自兹。书中见古人，隐闵恻余思。遇险理有激，寻分意多随。娟娟感姱容，戚戚念幽栖。曾是无间然，孰焉惬所宜。览之不自聊，怅焉起遥悲。不如拨置之，浊酒聊一持。先生颇多事，斯心昧前知。亦复坐奇字，惨戚亡所归。（袁说友等编：《成都文类》卷八，中华书局2011年版，第155页）

员兴宗（？－1170）

《（嘉庆）四川通志》卷一百八十四："兴宗字显道，仁寿人。未第时读书九华山，因以自号。用荐，除教授，召试擢著作郎、国史编修实录院检讨。乾道中疏劾贵幸，中谗，奉词去，侨居润州以终。所著《辨言》及《九华集》。"

圣人和同天人之际论

天下皆知神之用而不知神之所以用，虽上下之异，圣人必有以一之，一之则能贯之矣。虽物之类不可以合，至此不能不合也。故天之高也，人之卑也，圣尽己而存神和同于其间，而不能不合矣。何者？神之所以用一而能贯之效也。扬雄曰："圣人和同天人之际。"呜呼，非神之所为乎！尝论天人相合之际，甚可畏也。圣人能得于天，且不得于人乎？不得于人，且得于天乎？圣人奉天，所以治人也；治人，所以奉天也。天道虽非人之可及，然未见舍人而得天者也。人理虽非天道之所备，然未见安于天而不安于人也。世之言曰：天自天也，人自人也。是知形之所为影，而不知影之无异乎形也。形影之不异，则天人之无间也。故智者不可以告，语者虽语不信也。今指雨以为湿，日以为燥，风以为动，星辰以为盈虚，曰此无为也，天也，殊不知知天无为所以知人也，人理寓焉，天不人不因也。指礼以为极，指刑以为防，指教以为具，指名义以为本，曰此有为也，人也，殊不知知人有为所以知天也，天理寓焉，人不天不成也。故圣人和于己而后和于人，和于人而后和于天，万物莫不和矣。天人交相和，圣人处之无间，和之至也。虽然，势如此其相邈也，用如此其相绝也。一有不和、有不同，圣人如之何其可也。呜呼，圣人于此无伤也。圣人之诚，明则形，形则著，著则神，神则于天地亦有以贯之矣。他日有不期和而和，不期同而同者，自然之效也。昔者五帝之盛，帝惟尧为然，尧之圣可自用也。钦昊天，授人时，钦天而授时，故尧德动天。尧无废人，然则于变时雍者，不期和而和，不期同而同之效也。虽然，天下知其二不知其一，二则天也、人也，一则神之用也。二而能一，则吾不知人之异天耶，天之异人耶？圣不容言之妙，而雄言之，乃知雄者亦圣人之徒也。不然，存神索至，神之用者，雄何自知之。（《九华集》卷十七，《四库》第1158册，第142—143页）

送陈平甫杨嗣贤刘德修序（节录）

孟子也者，自知不能孔子而私淑诸孔子也；扬子也者，自知不能圣哲而非圣哲之书不好也，是所以为二子也。君子诚充其内而学一其外，舍二子何之乎？二三子若下三代之学而访道，无吾以也，二三子其懋之！（《九华集》卷二十，第170页）

题太玄注疏后

范望叔明解可以揲蓍，宋氏惟幹注可以知大体，陆氏《释失》可以摘瑕，虞翻之注可以辩事，然不若王涯广津出入为详也。(《九华集》卷二十，第172—133页)

扬雄曰孔子高饿显下禄隐*

辩曰：雄于义浅矣。鲍焦、接舆能往不能返也，此即雄之所谓饿显者也。然夫子未尝高之，岂所谓鸟兽不可与同群者哉。(《辩言》，《四库》第863册，第854页)

扬雄曰子胥死于吴门卒眼之*

辩曰：所谓"法言"者，吐词宜法者也。今夫概耳目手足鼻口之词，无所不见于传，皆不若雄之芜且陋也。传有曰："耳治也""目治也""手之舞之足之蹈之也""吾为子口隐也"。凡若是云者，其言耳目手足，皆度于经，其词婉而章矣。雄于子胥，乃曰"卒眼之"，卒眼之云者，《法言》之"法"，固如是乎？(《辩言》，《四库》第863册，第855页)

析理（节录）

扬子曰：学行之上，言之次，教人又其次。辩曰：圣人植诸身而为行，志其行而为言，敷其言而为教。吾见其所谓一，未见其所谓三也。《记》曰"言顾行，行顾言"，亦以其一之也。扬子乃分学与行为二端，是惑于诵数为学者也。

扬雄曰：圣人则异贤人矣，贤人则异众人矣。辩曰：人则皆人，犹物则皆物也。物之不齐，人亦如之矣。故金之异乎铁也，铁之异乎石也，非特吾知之，行道之人皆知之也。今雄之圣、贤、众人之辩，何以异于是?

伊川曰：荀卿才高，其过多；扬子才短，其过少。韩子称其大醇，非若二子者，可谓大驳矣。辩曰：二子过多过少者，非才之病也，识之病也。如孟子，非不才高，常曰我知言，邪词知其所蔽，淫词知其所陷，学至于是，才高又何过也。如卿，尝说性恶，性命我所有也，卿自不知，非识暗独何欤？扬子动则尊经，伊川既谓之过少，岂可与卿同曰大驳也？予尝著书别三子曰：荀卿氏辩焉，未法也；扬雄氏法焉，未辩也。言辩而法存焉，言法而辩存焉，孟子也，是故有精理矣。(《辩言》，《四库》第863册，第859—861页)

王十朋 (1112- 1171)

《宋史》卷三百八十七："王十朋字龟龄，温州乐清人。资颖悟，日诵数千言。及长，有文行，聚徒梅溪，受业者以百数。入太学，主司异其文。……十朋事亲孝，终丧不处内，友爱二弟，郊恩先奏其名，没而二子犹布衣。书室扁曰'不欺'，每以诸葛亮、颜真卿、寇准、范仲淹、韩琦、唐介自比，朱熹、张栻雅敬之。"

哭孟丙 (其一)

萧瑟扬雄宅一区，不堪老境失童乌。数茎须似经霜叶，为汝钟情一夜枯。(《梅溪前集》卷五，《四库》第1151册，第143页)

[按] 孟丙，十朋幼子，年七岁而卒。

策问一

问：韩愈论大道，其言有曰，“尧以是传之舜，舜以是传之禹，禹传之汤，汤传之文、武、周公，文、武、周公传之孔子，孔子传之孟轲，轲死不得其传焉。”夫道在天下，亘万世常自若也。自尧未传之前，其道如何？自轲失传之后，其道又如何？韩愈何以知其自尧而始传？至轲而失传也？荀况、扬雄，皆学仁义、皆尊孔子，今其书具存，非无补于名教，又胡为不能继轲而传道也？愈在唐号大儒，其自待良不浅，史氏亦称过况、雄，又不知能继轲而传道否？斯道也，自轲之后以失传而遂亡耶？虽曰失传，而固自存耶？诸君学以明道久矣，愿详以教。（《梅溪前集》卷十四，第 236—237 页）

策问二

问：战国之轲、况，西京之雄，隋之通，唐之愈，皆著书立言，羽翼圣道，世以大儒称之，议者不以为过。然五君子者果孔氏之徒欤？心无异传，道无二致，固宜迭相推尊，无或操戈相伐可也。今考其书，乃或不然。况非特不尊轲也，且列于十二子而非之。雄非特不尊况也，且有“同门异户”之斥。通虽以雄为振古奇人，而不许其道。愈推尊孟氏，醇疵况、雄，至河汾则无一言之及。然愈尝自比孟轲矣，后世亦不能无异同之论。夫道之所在，人所共尊，道不在焉，人所同抑。今尊之则命世大才，抑之则诸子也；尊之则轲、雄之间，抑之则异户也；尊之则圣人之徒，抑之则张衡数术之伍也；尊之则圣人之修，抑之则没而不说；尊之则泰山北斗，抑之则木强人也。尊之抑之者，其公心欤？其私意欤？岂好己同者，有相党之心，故私有以尊之欤；好己胜者，有相轻之意，故妄有以抑之欤？尊之者是，则抑之者坐蔽善之罪矣；抑之者是，则尊之者陷虚美之失矣。二者必居一于此也。愿考其实而详辩之。（《梅溪前集》卷十五，第 242—243 页）

［按］扬雄斥荀子“同门异户”，见《法言·君子篇》：“或曰：‘孙卿非数家之书，侻也；至于子思、孟轲，诡哉！’曰：‘吾于孙卿与？见同门而异户也，惟圣人为不异。’”王通论扬雄，见《中说·天地篇》：“或问扬雄、张衡，子曰：‘古之振奇人也，其思苦，其言艰。’曰：‘其道何如?’子曰：‘靖矣。’”韩愈《读荀子》云：“孟氏，醇乎醇者也；荀与杨，大醇而小疵。”

策问三

问：君子之学必先正其心术而不惑于异端邪说，然后圣人之道斯可得而入焉。苟惟心术不正，而异端邪说从而溺之，望其入圣人之道，犹航断港绝潢而欲求至海，不亦难乎。昔吾夫子既没，而杨朱、墨翟者窃仁义之一偏，而唱为我、兼爱之说以乱天下，幸而有孟子者出，辞而辟之，杨墨之害息，而人心心复归于正。孟子没，有申韩刑名之学、黄老虚无之说，簧鼓于世，其为害又甚于杨墨。而世之儒者，往往堕于其间而不悟。以贾谊之美才，犹明申韩；司马迁之博学，犹尚黄老，况其下者乎！当时不惑其说，毅然而麾之者，一扬雄氏而已。自汉室之东，而西方之教流入于中国。时君世主，尊尚其说，遂与孔、老并立，而王公卿士庶?溺滋甚。王通，隋大儒也，犹称其为圣人。白居易，唐贤人也，犹酷嗜之，晚节用其教以理性，况众人乎！当时不惑其说，毅然而力排者，一韩愈氏而已。夫异端邪说之移人也，愚者信之可也，而智者惑之，何耶？不肖者信之可也，而贤者惑之，何耶？里巷之人信之可也，而缙绅士大夫惑之，何耶？岂异端之学，亦有以过人，而其道诚可与尧、舜、周、孔抗衡于世耶？岂贾谊、司马迁、王通、白居易之徒明之、尚之、尊之者是，而孟子、扬雄、韩愈辟之、麾之、排之者非耶？夫以其说为真可信也，则与吾尧、舜、周、孔之道大不相似，以其说为妄也，则世之屈已以尊崇之者，又皆吾儒之杰然者焉。孟、扬、韩三君子不世出，无有与之辩者，愿与诸君论之。（《梅溪前集》卷十五，第246页）

读进学解（节录）

韩退之《进学解》，盖扬子云《解嘲》、班孟坚《宾戏》之流也，然文词雄伟，过班、扬远矣。(《梅溪前集》卷十九，第289页)

林之奇(1112-1176)

《宋史·儒林传》："林之奇字少颖，福州侯官人。紫微舍人吕本中入闽，之奇甫冠，从本中学。时将试礼部，行次衢州，以不得事亲而反。学益力，本中奇之，由是学者踵至。……自称拙斋。东莱吕祖谦尝受学焉。淳熙三年，卒，年六十有五。有《书春秋周礼说》《论孟扬子讲义》《道山记闻》等书行于世。"

策问之大衍太玄

问：《易》之为书，本于天地生成之数。天之生数二十有五，地之成数三十，合为五十有五，所以成变化而行鬼神。则其数，疑若不可得而增损之也。然大衍之数五十，其用四十有九，则皆不足于天地之数，学者疑焉。故诸儒各以臆见而为之说，或谓五十者，十日、十二辰、二十八宿，其一不用者，天之生数。或谓《易》有太极，是谓北辰，生两仪、日月、四时，行十二月、二十四气，而北辰居位不动，其余则运而用之。或又以为八卦各有六爻，为四十有八，加《乾》《坤》二策凡五十，初九潜龙勿用，故惟用四十有九。或又曰，虚一不用，太极也，无可名之谓太极。有以谓五行气通于万物，故减五，而大衍又减一。有以为减其六以象六画者。诚如此数说，则圣人所以为大衍揲蓍之法，其无乃犹有所附会配合，而非出于自然之数欤？抑将自有至当之义，而诸儒或未之思欤？扬子云之《太玄》，盖拟于《易》之数也，其泰积之要始于十有八策，终于天地人之数五十有四，共为七十有二。而其半为泰中之数，故三十有六策，而虚三以筮焉。此其为多寡乘除之法，又若有以异于《易》者。《易》于天地之数纔阙其五，而《玄》于终始之策数遂废其半，《易》虚其一而《玄》虚其三，其亦皆有说欤？幸悉意以陈，毋牵于诸儒已陈之说。（《拙斋文集》卷十四，《四库》第1140册，第482页）

扬子讲义序

著书立言，古人之所难也。自孔子没而微言绝，七十子丧而大义乖，百家诸子各以其所见而著书，出则汗牛马，居则充栋宇，然皆杂家者流，非吾儒之正道。得吾道之传者惟四人焉。孟轲醇乎醇，在所不必论。自孟子而下则有荀卿、扬子云、王仲淹、韩退之，此皆学者之尊敬以为仁义礼乐之主也。故荀卿之书则谓之《荀子》，扬子云之书则谓之《法言》，王仲淹之书则谓之《文中子》，而韩退之之《原道》亦学者之所推尊焉。

夫自孔、孟而后以迄于五代，数千年间，贤人君子不为不多，而得吾道之传者惟此四人，固不容轻议矣。然荀子出而讥孟子、子思，固自以为得吾道之传矣，至其以性为恶，以礼为伪，则不及孟子远矣。扬子出而讥荀卿同门异户，而自比于孟子，然其言性则为善恶混，亦不无可议论处。至韩退之则谓荀与扬大醇而小疵，然其《原道》之篇所谓道与德为虚位，仁与义为定名，亦大醇而小疵矣。大抵孔子之后，欲如孟子著书无一可议者，盖难乎其为人。则荀、扬、韩退之之徒亦不可多得，不可以求之太深也。

友人方德顺问龟山先生曰："人君有得致之位，有可致之资，其所为固甚易，何不做取尧、舜？纵尧、舜不可及，汉文、太宗亦易为之，何不做取文帝、太宗？"龟山先生曰："老兄儒者，何不做取孔、孟？纵孔、孟圣德高风，何不做取荀、扬、韩退之？"大抵学者惟知论古人之

是非，而不知在我者有所未至处也。

虽然，前贤之书固不可轻议，然以孔、孟之道而较之，则不无可疑处。若司马温公，则但说《扬子》是，十三篇中有不可解者但阙之，至谓“使扬为庄言，斯拒矣；庄为扬言，斯与之矣”，则温公不敢论扬子之非也。而东坡先生则又但讥其非，故谓扬子云好为艰深之辞，文浅易之说。然子云所谓“圣人存神索至，成天下之大顺，致天下之大利，和同天人之际，使之无间者也”，窃意东坡道不得。然则一如司马温公，则待之太重；一如东坡，则待之太轻。

之奇今为诸公论此书，于其可以为天下后世之法则者，尊之重之固多矣；至其于理未安者，则引六经、孔孟之文以辨之，不敢以私意断也。杜甫诗有曰：“庾信文章老更成，凌云健笔意纵横。后来点检流传赋，不觉前贤笑后生。”之奇今议论子云之是非，若使子云复生，当笑倒之奇也。大抵诸公于子云之精义处，当沉浸醲郁，以求其深造自得之学。若乃议论其是非，此乃之奇口过薄德也。（《拙斋文集·拾遗》，第533—535页）

程　迥（1114? - 1189）

《宋史》卷四百三十七：“程迥字可久，应天府宁陵人。家于沙随，靖康之乱，徙绍兴之余姚。……迥尝授经学于昆山王葆、嘉禾闻人茂德、严陵喻樗。所著有《古易考》《古易章句》《古占法》《易传外编》《春秋传显微例目》《论语传》《孟子章句》《文史评》《经史说诸论辨》《太玄补赞》《户口田制贡赋书》《乾道振济录》《医经正本书》《条具乾道新书》《度量权三器图义》《四声韵》《淳熙杂志》《南斋小集》。卒官。”

周易古占法（节录）

《易》与《太玄》皆以道义配祸福，故为圣贤之书。阴阳家独言祸福，而不配以道义，故为伎术。如李林甫之得君，彼则曰吉；颜鲁公以正行乎患难，彼则曰凶。故文中子曰："京房、郭璞，古之乱常人也。"（《周易章句外编》，《四库》第12册，第617页）

吴　沆（1116- 1172）

《宋史翼》卷三十六："吴沆，字德远，崇仁人。幼孤，事母孝，博通经史。政和间，与弟澥各献书于朝，不用，归隐环溪，号无莫居士。绍兴中举不求闻达者，郡以沆应诏。所著《易、论语发微》《老子解》《环溪集》《环溪诗话》。"

太玄论

《太玄》之作，以数为之本，而阳为之主也。阳数九，九九有变，故为八十一首；首不可以无名，故因六十四卦之名增而配之；卦不可以无序，故因卦气之说自一阳生而后以《中孚》为之首也。九九一变不足以成卦，故自一而推之，一变而三，再变而九，三变而二十有七，四变而八十有一。虚有其数而无其号，则不可举以晓人也，于是以三为方，九为州，二十七为部，八十一为家，凡四变而数穷，故卦止四位。因其位而为之赞，则不足以配周天昼夜之数，于是舍其四位而别作九赞。因方、州、部、家多寡之异以拟赞之辞，则理浅而无说，于是又舍方、州、部、家而别配以五行。五行之数仅当九赞之半，故周而复始，一卦之内，土数止一，而水、火、木、金之数皆至二，为夫九赞之设，所以

当期之日也。合七百二十九赞当期之日，犹少一昼一夜，故外为《踦》《嬴》二赞以足之，如是而《玄》略备矣。然而位无变动，犹未可以占也。是故即九赞之位而三分之为三表，以俟三时之占。冬取其一，一、五、七为一表，旦筮逢焉。三、四、八为一表，夕筮逢焉。二、六、九为一表，昼夜之中逢焉。三表之分，不可以无说也。于是立为经纬以别之，以一、二、五、六、七为经，三、四、八、九为纬，旦筮以经，夕筮以纬，昼夜之中经纬焉。如是而占略备矣。然犹未可以揲也，是故数始于三而生于六，因而三之为十有八，又因而配之为三十有六。乃视策虚三卦一分而为二，揲之以三而扐其余，卦扐之外，并而数之，自十而下，得七为一，得八为二，得九为三，凡四揲而卦成。如是而揲略备矣。

数有可揲，辞有可占，然后九行之说可得而详，九赞之位可得而别也。夫一与六共宗，二与七共明，三与与八成友，四与九同道，五与五相守。一、六为水，二、七为火，三、八为木，四、九为金，五、五为土，是九行之说也。天曰九天，地曰九地，人曰九人，以至体九体，属九属，事九事，序九序，年九年，是九位之说也。夫方本有四而固谓之三方者，《玄》之数始于三也。行本有五而固谓之九行者，首之赞及于九也。事序之间有为不同而固谓之九事、九序者，赞之位不过于此也。夫《太玄》之作以阳为之主，以九为之数，是故首以九变，赞以九成，首之五行，如赞之序，以五配九，而三分之为上下之等，如《禹贡》之田，于是有一水下下、二火下中之别也。自《中》首而次一二而数之，遇奇为阳，遇偶为阴，以八十一首配于三玄之下，而阴阳间列，于是有天玄阴家、地玄阳家之别也。首之奇偶为昼夜，家之奇偶为阴阳，赞之五行定于于内，家之五行运于外，水、火、木、金迭相推荡，而生、王、休、废加乎其间，而吉凶生，是《玄》之辞也。一赞之策三十有六，二赞当一昼一夜，其策七十有二。除《踦》《嬴》之外，当三百六十四日有半，凡二万六千二百四十有四为泰积，是《玄》之策也。一首之数当十有九岁，是谓一章，二十七章为一会，三会千五百三十有九年，当八十一首为一统，因而三之，以备三才之数。凡四千六百一十有七岁，六甲俱尽，为一元，是《玄》之数也。夫《玄》，上法于天，下法于地，中法于人。上法于天，故二赞而当一度；下法于地，故三方而入九州；中法于人，故方比公、州比卿、部比大夫、家比元士。天变以数，地变以形，人变以事。自数而言，则有始中终；自形而言，则有下中上；自事而言，则有思祸福。盖人之行事，必始于思，思极而后福，福极而后祸。上下之理，终始之义，自然之势也。其道则以中为贵，故有下中，有上中，有中中。所谓下中，思之中也；所谓上中，祸之中也；所谓中中，福之中也。居福之中，善之善者也。上下之中，不善之中有善焉耳。自三而下为不及，自七而上为太过。太过已矣，不及犹有望焉。是故自五而下谓之息，自五而上谓之消，不消不息，唯五而已。故九位之赞，五为极贵，是《玄》之旨也。

夫《玄》准《易》而作也，是故《易》有六画，《玄》有四位；《易》有三才，《玄》有九赞；《易》揲以四，《玄》揲以三；《易》有变，《玄》有达；《易》有《象》，《玄》有《测》；《易》有《彖》《系》《文言》《说卦》十翼之辞，《玄》有《冲》《错》《摛》《莹》《数》《文》《图》《告》《掜》拟之篇；《易》自无而之有，故观象而作器，《玄》自有而之无，故假物以明数；《易》道贵神，《玄》道贵精；《易》，圣人之事，《玄》贤人之事。《易》有六画，故有六爻，有八卦，故有六十四变，每卦之下以元、亨、利、正四者为德，故《文言》及之，本与末同，名与实称，则其道自然故也。《玄》有四位，乃作九赞，以方、州、部、家为首，乃以水、火、木、金为辞，八十一首之下未尝言罔、直、蒙、酋、冥，而《玄文》之中乃极言四者之德，本与末殊，名与实异，则其道使然故也。盖谓之准《易》则不可使一事有阙，亦雄之志而已。

《易》之道深，故人更三圣，世历三古，然后备。《玄》之道浅，故备于一人之身，然其作则不可谓之无法。所谓《冲》者，对而言之也。所谓《错》者，杂而言之也。《摛》以张之，《莹》以明之，《数》以举其略，《文》以致其祥，《图》以象天，《告》以尽人。《掜》，拟也，举万物之类以拟五行之数也。其道则以阳为贵，有尊君之象，其位则以五为美，以其当九赞之中。其辞则本于五行，其占则本于阴阳，其数则本

于《太初》，其名则本于《周易》，其序则本于卦气。盖卦气一定，则自《中》首而下，一、二、三、四举之而足矣。至于方也、州也、部也、家也，乃假虚名以纪虚数，义不在焉，有之可也，无之可也。

我朝邵先生之作《正玄》，正扬子云之《太玄》也。正者，正救之谓也，实欲以正《太玄》之所未正也。三复《正玄》，而知先生有功于《太玄》深矣。陈渐之《演玄》，所以发《太玄》之旨。吴祕之《音义》，所以发《太玄》之疑。陆绩之《释失》所以辨《太玄》之惑。夫发其旨，袪其疑，固有赖于陈渐、吴祕之功，而正救舛讹，若非陆绩以释其失，则后世之惑滋甚。吁，又孰知陆绩之后，而我朝邵先生尧夫之《正玄》乎！夫所谓正者，则正救之谓也。以扬子云之《太玄》，而邵先生正之，固非短于雄而诩己所长也，实欲以正《太玄》之所未正者也。愚尝三复《正玄》，而知邵先生有功于《太玄》也深矣。且方、州、部、家名曰四重，《玄》何义也？《正玄》则以方、州、部、家而为爻之形象，而以上下命名，真足以正《太玄》之四重，亦犹《易》卦之有上下爻也。由初至上，分为九赞，《玄》何拘也？《正玄》则自一至五而以五行次之，真足以正《太玄》之九赞，亦犹《洪范》之序五行也。《玄》有十二卷，《正玄》则以九天分为九卷；《玄》有八十一首，《正玄》则以九首各为一卷；《玄》九首仅一配土，《正玄》则以水火木金土随次序而品第之。至于象工、象几、象示、象止、象器、象亦、象坐、象光、象幽之数，无非正敕《太玄》而为子云钻皮出羽也。不然，蓍何以用三十三，首何以依八十一乎？信乎先生之有功于《太玄》也深矣哉。

《太玄》之有方、州、部、家，亦犹《易》卦之有六爻也。其研几极深，隐微奥妙，盖有非浅学所能到也，是知子云之精于数也深矣。不读《太玄》，无以知方、州、部、家之画；不究《索隐》，无以辨方、州、部、家之名。夫《太玄》之有方、州、部、家，亦犹《易》卦之有六爻也。《易》之六爻，亦下画上；《太玄》之方、州、部、家，则自上画下也。故一首各有四重，八十一首总有六百四十八画。方其未画也，策用三六，仪用二九。蓍虚三而卦一，数起三而再揲，八揲始成四重而定一首之名。及其将画也，一方分三州，一州分三部，一部分三家，故有三方、九州、二十七部、八十一家之目。迨其既画也，方取方伯之象，州取州牧之象，部取一同之象，家取一家之象，以上统下，以寡制众，而八十一首成矣。故以纵而观之，方则二十七首而一变，州则九首而一变，部则三首而一变，家则一首而一变；以横而观之，方则九变而州八十一首，州则九周而尽八十一首，部则三变而周八十一首，家则三周而尽八十一首。研几极深，隐微奥妙，盖有非浅学之所以能者，愚是以知子扬子之精于数学也深矣。（《永乐大典》卷四千九百三十九，中华书局 1986 年版，第 8324—8327 页）

傅自得（1116- 1183）

陈鸣鹤《东越文苑》卷四："傅自得，字安道，其先济源人。……自得博学能文章，以父死事，补官至漕使。所著有《至乐斋文集》三十卷。"

四诗类苑序（节录）

发于性情之真，本乎王道之正，古之诗也。自《风》《雅》变而骚，骚而赋。赋在西京为盛，而诗盖鲜，故当时文士咸以赋名，罕以诗著。然赋亦古诗之流，六义之一也。司马相如赋《上林》，雄深博大，典丽隽伟，若万间齐建，非不广袤，而上堂下庑，其有次序，信矣词赋之祖乎！扬子云学贯天人，《太玄》《法言》与六经相表里。若《甘泉》诸赋，虽步趋长卿，而雄浑之气溢出翰墨外，则子云无之。他日自悔少心，或出于是。至若王荆公谓赋拟相如为未工，朱文公又谓雄赋只能填上腔子，其以其文之不工、记之不传哉，正以追遵模拟，其气索尔。（《南城县志》卷三一，清道光六年刻本）

史尧弼（1118- 1157）

《宋诗纪事补遗》卷四十四："史尧弼，字唐英，眉州人。绍兴二十七年与弟尧夫同登第，著有《莲峰集》三十卷。"

策问（节录）

问：甚哉，文章之变，其得丧之关于天而盛衰之关于世也。孔子曰："天之将丧斯文也，后死者不得与于斯文也。天之未丧斯文也，匡人其如予何?"文之用否，其大矣哉！三代之盛，训诰誓命之文，风赋雅颂之作，道德仁义礼乐寓于其中，圣贤之心术，天下理乱之几微皆在，得非关于天者哉。至其衰季，孔子出焉，删定系述之文作，而其用被于千万世，何其甚盛也！岂亦禹、汤、文、武有以作成之欤？汉司马相如辈所作，而班固遂以为汉文章与三代同风，其果信然耶？然固之论，如贾谊、司马迁、扬雄不在其列，何也？唐文自太宗以来，犹未改六代浮靡之习。大历、贞元间，韩愈、李翱、柳宗元出，而唐文始复古。（《莲峰集》卷三，《四库》第1165册，第686页）

元结陆贽言论（节录）

扬子云，汉末大儒也，作《法言》以准《论语》，大抵商略古今人物，少有许可，至论唐虞人材，则曰"皋陶以智为帝谟"，论后世之事君，则曰"谟合皋陶谓之嘉"，夫自尧舜至于西汉之末，凡数千年，岂无一人翘然献忠，赞襄弥缝以为后世之法哉。

子云孜孜皋陶，以为臣子献言之模范者，不为无说也。愚尝反复而论之熟矣。盖太上有立德，其次有立功，其次有立言。立德之士，鲜矣。士之生于世当，佐人主兴衰拨乱，以立非常之功，苟为不然，则必铺陈利害，条别是非，明当世之得失，而补人主之缺焉。观尧舜之时，在廷之士如禹、稷，如益、契，或以治水有功，或以播种有功，或以敷教有功，独一皋陶者，碌碌诸子之间，若无能为。然舜以不得为己忧者，诚以其谟可以治天下国家也。考之于《书·皋陶谟》之所载，不过曰"在知人，在安民，惟帝其难之。知人则哲，安民则惠，黎民怀之"而已。然则扬雄孜孜取之者，岂非美其知人安民之策乎？其后如伊尹之训太甲，傅说之诲高宗，周公之戒成王，无非以此为念也。三代而下，献言之士，云集雾合，不可胜数，独李唐三百年间有可采者。何以言之？隋失其鹿，太宗举晋阳之网而罗之。当此之时，咄嗟叱咤，所向无前，人皆以为太宗能创业矣，殊不知一不从魏徵十渐之戒，唐何能兴哉。盖十渐之戒，不过讥太宗之远君子、近小人，是不能知人也；讥太宗之奢肆劳役，是不能安民也。宜乎太宗听之，贞观之治浸浸乎成康之际欤。女武为乱，明皇提戈藩邸之中，而剪除氛乱，遂即帝位。当此之时，人皆以明皇能守文矣，殊不知一不从姚崇十事之训，唐何能治哉？盖十事之训，不过陈禄、莽、阎、梁之乱汉，欲明皇之知人也；不以峻法绳下，而愿政先仁恕，欲明皇之安民也。宜乎明皇从之，开元之治巍巍乎文景之上欤。然则唐之所以创业守文者，皆由魏徵、姚崇能进知人安民之谟，而太宗、明皇倾心听之之效耳。夫以祖宗创业守文皆由于此，后世子孙欲中兴王室者岂外是哉？

自安史乱天下，肃宗幸河东。于斯时也，攻城陷阵，折馘执俘，专阃外之寄者，郭子仪、李光弼之徒是矣。元结之于肃宗，初无肺腑之托也，特以当天下扰攘之时，自揣其才智不足以立功于当世，于是三篇之时议上焉。自泾卒犯京师，而德宗狩奉天。于斯时也，陈师鞠旅，备御盗贼，以清一时之难者，李晟、浑瑊之徒是矣。陆贽初无葭莩之亲也，特以当国家艰难之际，自度其智虑不足以有为当世，于是数篇谏论上焉。然结之所陈，不过数百言；贽之所陈，无虑千余言。其文简严峻厉，汪洋大肆，为能切中当时之利病大矣哉。虽皋陶之嘉谟，魏徵之十渐，姚崇之十事，其知人安民，殆未能远过也。（《莲峰集》卷五，第718—719页）

周秦之士贵贱论

举天下而驱之以道，则天下之士必将相率而入于道；举天下而驱之以利，则天下之士亦必将相率而趋于利。士以道为务，虽欲其贱，不可得也；士以利为务，虽欲其贵，亦不可得也。夫士非能自贵也，道之所在，何往而不贵；士非能自贱也，利之所在，何往而不贱。然是二者，皆本夫上之人驱之，上之所驱，则下之所必从，是必然之理也。由是观之，非士之能自贵而自贱，亦非道能使之贵，而利能使之贱，其所以为贵贱者，其权盖在于上之人也。

扬雄曰："周之士也贵，秦之士也贱。"呜呼，是皆当时驱之使至于此欤。盖尝论之，周之君举天下而措之于不得不为道之地，秦之君举天下而措之于不得不为利之地。士之所以为贵而所以为贱者，其故盖出于此也。且周之所以驱之者，盖可见矣。昔文、武、成、康之致治，其朝思夕虑，惟以正天下之风者何其详且尽也。党有庠，遂有序，家有塾，天子有辟雍，诸侯有泮宫，天下之人，其入则有家塾，其出则有辟雍、泮宫，而小则有庠序，是无适而不学也。其朝夕之所游泳，耳目之所观听，起居饮食，未尝一刻不在于孝悌仁义礼乐之间，是无适而非正也。及其取人也，宾之乡闾，论之司马，升之天府，六德有所不正，六艺有所不备者，弗升也。其试之以射，容体有不比于礼，进退有不和于乐者，弗取也。其登之于朝，有一言之失中，有一行之未尽者，弗用也。其幽隐僻陋之中，有抱道怀德之士，天子则安车束帛以招来之，诸侯操币执贽以就见之。其所以驱之者如此，则天下之士相率而入于道者，必然之势也。若夫秦之所以驱之者则不然，使之以术，诱之以赏，贵之以法。其用人也，非使之屠戮人，则使之倾覆人也。吾欲事游说，若之口不利而辞不险者，不用也。吾欲辟土地，若之不能屠人邑而践人城者，不侯也。吾欲破军杀将，若之首虏不多者，不赏也。设为十二级之爵，苟无尺寸之功，虽有周孔之才、曾闵之术，不是选也。其驱之者如此，则天下之士相率而趋于利，则亦必然之势也。士苟入于道，必自重而不轻，故周之士，三公有所弗屑，万钟有所不就，诸侯有所不见，晋楚之富有所不居，而惟道之务。夫如是，奚而不贵？士苟趋于利，则必惟利是徇，而无所不至。故秦之士，闾阎以公乘侮其乡人，郎官以上爵傲其父兄，其甚者，至为穿窬斗筲之事而不以为愧。夫如是，奚而不贱？由此观之，非周之士能自贵也，非秦之士能自贱也，其上之人驱之，使必至于此也。及周之衰，自幽厉失道，至春秋之季，数百年间，王泽虽已衰微，当时之人，犹据礼守正，以风其上。其言纡徐婉美，乐而不流，怨而不伤，怒而不戾，悲歌忧思，而终无犯上难制之气。凡此者，皆入于道而可贵者也，是驱之以正之效也。及秦之衰，天下豪杰恣睢之士，释耒辍耕，徒手击搏，环向而攻之，秦以不祀。凡此者，皆入于利而可贱者也。是驱之以不正之效也。

抑尝历考古今之变而观之，前乎周，驱天下者，盖无不正；后乎秦，驱天下以正者则亦寡矣。曰三皇，曰五帝，曰夏，曰商，虽其时之或变，详略之或殊，而其所以为天下者，盖无以异乎周也。故其当时之士，无有不贵者也。自秦以来，西汉御臣之法重，故其士相率而为委靡之俗。东汉聘召之礼重，故其士相率而为沽激之行。魏晋之君贵庄老，故其士尚浮虚而不适于用。隋唐取人以辞章，故其士务华藻而不由于正。其弊也，西汉以乱，东汉以亡，魏晋隋唐天下何其纷纷多故也。然则为天下者，可不谨其所以驱之者哉。（《莲峰集》卷六，第734－736页）

汪应辰（1118- 1175）

《宋史》卷三百八十七：“汪应辰字圣锡，信州玉山人。幼凝重异常童，五岁知读书，属对应声语惊人，多识奇字。家贫无膏油，每拾薪苏以继晷。从人借书，一经目不忘。”

书匡谬正俗

第七卷所辨奚斯，以余考之，其失自扬子云始。子云曰："正考甫常晞尹吉甫矣，公子奚斯常晞正考甫矣。"正考甫得《商颂》于太师，非作也。奚斯作新庙，非作诗也。而与尹吉甫并言之，非其实也。班固《两都赋序》云"奚斯颂鲁"，此又承子云之失矣。至于王延寿、曹子建用之，不为无所自也。甲戌十二月望日书。(《匡谬正俗》卷八，清同治十二年粤东书局刻小学汇函本)

[按] 此条亦见《定宇集》卷十，因避讳而题为"书纠谬正俗"，今改正。又因集本文末无年月，故改从《匡谬正俗》书后所附引文。颜师古《匡谬正俗》卷七"奚斯"条云："《诗·鲁颂》云：'新庙奕奕，奚斯所作。'盖言奚斯置造此庙。而王延寿《灵光殿赋》云：'诗人之赋，感物而作，故奚斯颂僖，歌其露寝。'陈思王《承露盘铭序》云：'奚斯颂鲁。'谓此诗为奚斯所作，既无所据，与本义乖矣。"

程大昌 (1123- 1195)

《宋史·儒林传》："程大昌字泰之，徽州休宁人。十岁能属文，登绍兴二十一年进士第。……大昌笃学，于古今事靡不考究。有《禹贡论》《易原》《雍录》《易老通言》《考古编》《演繁露》《北边备对》行于世。"

舜论 (节录)

孔子曰："无为而治者，其舜也欤？夫何为哉？恭己正南面而已矣。"扬雄以其意见言之曰："或问无为。曰：奚为哉！在昔虞夏袭尧之爵，行尧之道，法度彰，礼乐著，垂拱而视天下，民之阜也，无为矣。”雄之若言，殆“重华协帝”之义疏耳，而非舜之所以无为也。（刘尚荣校证：《考古编》卷五，中华书局2008年版，第71—72页）

屈原不曾沉江

屈原《渔父》一章，自载己与渔父问答之辞。渔父劝其从俗。原答之曰：“宁赴湘流，葬于江鱼腹中。”渔父莞尔鼓枻，歌“沧浪”而去。则是自“莞尔”而下，至“去不复顾”，皆原语言也。若原实尝投湘，安得更能自书死后之言乎？贾谊、扬雄作《畔骚》《反骚》，皆言原真水死，而世亦和之。此不审也。（《续考古编》卷一，中华书局2008年版，第215页）

长杨宫射熊馆　五柞青梧

《黄图》曰：“长杨宫在盩厔县东南三十里，本秦旧宫，汉修饰之。宫有垂杨数亩，因为宫名。五柞宫之与长杨相去八里。”张晏曰：“有五柞树，故以名。”中间有青梧观，又以梧名也。若夫射熊馆者，即长杨宫门也。故《黄图》曰：“长杨宫门曰射熊馆。”秦汉游猎之所也。《汉书》曰：“武帝好自击熊，相如从至上林，上疏谏。”“元帝永光五年，幸长杨射熊馆。”《扬雄传》：“成帝大夸胡人以多禽兽，载槛车，输长杨射熊馆，令胡人手自搏之。雄从至射熊馆，还上《长杨赋》。”师古曰：“长杨宫中有射熊馆也。”合此数者言之，乃知长杨在上林苑中，而射熊馆乃在宫门之台上。《黄图》所记是也。搏兽射熊，必在此馆者，为其馆在门上，凡兽可前，人力可及也。是故言长杨宫者，必及射熊也。（《雍录》卷三，中华书局2002年版，第46—47页）

甘泉玉树

扬雄《甘泉赋》曰："翠玉木之青葱兮，璧马犀之璘瑞。"左思讥之曰"果木生非其壤，于义虚而无证"也，李善引《汉武故事》则曰："上起神屋，前庭植玉木，珊瑚为枝，碧玉为叶。"若如所言，则是木也，盖用珊瑚碧玉装饰为之，其谓翠而青葱者，皆状碧玉之色而已，非真有是木根著其地也。至《黄图》则又有异矣，曰："甘泉谷北岸有槐，今为玉木，根干盘峙，三二百年木也。"《十道志》所记亦同。杨震《关辅古语》云："耆老相传，咸以为此木即扬雄之谓'玉木青葱'者也。"详此二说，又直谓木本槐也，而名之以为玉木焉耳。予即本赋上下文求之，则雄指殆可类推也。曰"璧马犀之璘瑞"，则非有真马、真犀也，直以璧玉刻为其形焉耳，世固无璧马、璧犀也。又曰"金人屹以承虡"者，虡，钟虡也，则比木虡加珍矣，故夸之以见其盛也。于是合三者言之，则玉也、璧也、金也，实非土毛，而皆假物为之，则《汉武故事》所著大为可据也。若指其木以为槐，亦自一时所见，然槐叶望秋先零，不贯四时，其碧不长，恐非雄之所夸也。（《雍录》卷十，第216—217页）

［按］庾信《谢滕王集序启》有"甘泉宫里，玉树一丛；玄武关前，明珠六寸"之句，玉树与明珠对举，则此玉树以宝物而非树木也。

玉　树

《甘泉赋》"翠玉树之青葱"，左思讥以假称他土珍怪。按《汉武故事》"既得栾大，即甘泉宫造甲乙帐，前庭植玉树。玉树之法，葺珊瑚为枝，以玉碧为叶，花子或青或赤，悉以珠玉为之。"故颜师古注云："玉树者，武帝所作，集众宝为之，用供神也，非自然而生，左思失之，盖为是也。"《长安记》正以玉树为槐也，当是并缘"青葱"之语乎？（许逸民校证：《演繁露校证》卷十二，中华书局2018年版，第836页）

鼻祖

扬雄赋曰："或鼻祖于汾隅。"刘德释"鼻"为始，后人特信德语，和附以为始祖，不知鼻之训始何义也。《说文》释"皇"曰："皇，大也。从自，自始也。始皇者，三皇，大君也。自读若鼻，今俗以始生子为鼻子。"则鼻之为始，汉时已然也。《说文》于"辠"又曰："辠，犯法也。以辛从自，言辠人蹙鼻苦辛。秦以辠似"皇"字，改为罪。"合"皇""鼻"二字本释而言之，则鼻之训始，有以也。(《演繁露校证》卷十五，第1027页)

洪 迈(1123- 1202)

《宋史》卷三百七十三《洪迈传》："迈字景卢，皓季子也。幼读书日数千言，一过目辄不忘，博极载籍，虽稗官虞初，释老傍行，靡不涉猎。……迈兄弟皆以文章取盛名，跻贵显，迈尤以博洽受知孝宗，谓其文备众体。迈考阅典故，渔猎经史，极鬼神事物之变，手书《资治通鉴》凡三。有《容斋五笔》《夷坚志》行于世，其他著述尤多。"

七 发

枚乘作《七发》，创意造端，丽旨腴词，上薄骚些，盖文章领袖，故为可喜。其后继之者，如傅毅《七激》、张衡《七辩》、崔骃《七依》、马融《七广》、曹植《七启》、王粲《七释》、张协《七命》之类，规仿太切，了无新意。傅玄又集之以为《七林》，使人读未终篇，往往弃诸几格。柳子厚《晋问》，乃用其体，而超然别立新机杼，激越清壮，汉晋之间诸文士之弊于是一洗矣。东方朔《答客难》，自是文中杰出，扬

雄拟之为《解嘲》，尚有驰骋自得之妙。至于崔骃《达旨》、班固《宾戏》、张衡《应间》，皆屋下架屋，章摹句写，其病与七林同，及韩退之《进学解》出，于是一洗矣。《毛颖传》初成，世人多笑其怪，虽裴晋公亦不以为可，惟柳子独爱之。韩子以文为戏，本一篇耳，妄人既附以革华传，至于近时，罗文、江瑶、叶嘉、陆吉诸传，纷纭杂沓，皆托以为东坡，大可笑也。（《容斋随笔》卷七，中华书局2005年版，第90页）

晏子扬雄

齐庄公之难，晏子不死不亡，而曰："君为社稷死则死之，为社稷亡则亡之，若为己死而为己亡，非其私昵，谁敢任之!"及崔杼、庆封盟国人曰："所不与崔、庆者。"晏子叹曰："婴所不唯忠于君利社稷者是与，有如上帝!"晏子此意正与豫子所言"众人遇我"之义同，特不以身殉庄公耳。至于毅然据正以社稷为辞，非豫子可比也。扬雄仕汉，亲蹈王莽之变，退托其身于列大夫中，不与高位者同其死，抱道没齿，与晏子同科。世儒或以《剧秦美新》贬之，是不然，此雄不得已而作也。夫诵述新莽之德，止能美于暴秦，其深意固可知矣。序所言配五帝、冠三王，开辟以来未之闻，真以戏莽尔。使雄善为谀佞，撰符命，称功德，以邀爵位，当与国师公同列，岂固穷如是哉!（《容斋随笔》卷十三，第169—170页）

逐贫赋

韩文公《送穷文》，柳子厚《乞巧文》，皆拟扬子云《逐贫赋》。韩公《进学解》，拟东方朔《客难》，柳子《晋问篇》拟枚乘《七发》，《贞符》拟《剧秦美新》，黄鲁直《跛奚移文》拟王子渊《僮约》，皆极文章之妙。《逐贫》一赋，几五百言，《文选》不收，《初学记》所载才百余字，今人盖有未之见者，辄录于此，云：

"扬子遁世，离俗独处。左邻崇山，右接旷野。邻垣乞儿，终贫且窭。礼薄义弊，相与群聚。惆怅失志，呼贫与语：‘汝在六极，投弃荒遐。好为庸卒，刑戮是加。匪惟幼稚，嬉戏土沙。居非近邻，接屋连家。恩轻毛羽，义薄轻罗。进不由德，退不受诃。久为滞客，其意若何。人皆文绣，余褐不全。人皆稻粱，我独藜飧。贫无宝玩，何以接欢。宗室之宴，为乐不盘。徒行负赁，出处易衣。身服百役，手足胼胝。或耘或耔，沾体露肌。朋友道绝，进官凌迟。厥咎安在，职汝之为。舍汝远窜，昆仑之颠。尔复我随，翰飞戾天。舍尔登山，岩穴隐藏。尔复我随，陟彼高冈。舍尔入海，泛彼柏舟。尔复我随，载沉载浮。我行尔动，我静尔休。岂无他人，从我何求。今汝去矣，勿复久留。’贫曰：‘唯唯，主人见逐。多言益嗤。心有所怀，愿得尽辞。昔我乃祖，崇其明德。克佐帝尧，誓为典则。土阶茅茨，匪雕匪饰。爰及季世，纵其昏惑。饕餮之群，贫富苟得。鄙我先人，乃傲乃骄。瑶台琼室，华屋崇高。流酒为池，积肉为峭。是用鹄逝，不践其朝。三省吾身，谓予无諐。处君之家，福禄如山。忘我大德，思我小怨。堪寒能暑，少而习焉。寒暑不忒，等寿神仙。桀跖不顾，贪类不干。人皆重蔽，子独露居。人皆怵惕，子独无虞。言辞既罄，色厉目张。摄齐而兴，降级下堂。誓将去汝，适彼首阳。孤竹之子，与我连行。’余乃避席，辞谢不直：‘请不贰过，闻义则服。长与尔居，终无厌极。’贫遂不去，与我游息。”唐宣宗时有文士王振，自称紫逻山人，有《送穷辞》一篇，引韩吏部为说，其文意亦工。(《容斋续笔》卷十五，第407—408页)

忠言嘉谟

扬子《法言》：“或问忠言嘉谟。曰：言合稷、契谓之忠，谟合皋陶谓之嘉。”如子云之说，则言之与谟，忠之与嘉，分而为二，传注者皆未尝为之辞，然则稷、契不能嘉谟，皋陶不能忠言乎？三圣贤遗语可传于后世者，唯《虞书》存，五篇之中，皋陶矢谟多矣，稷与契初无一话一言可考，不知子云何以立此论乎？不若魏郑公但云“良臣稷、契、皋

陶”，乃为通论。（《容斋三笔》卷十二，第573—574页）

周礼奇字

六经用字，固亦间有奇古者，然唯《周礼》一书独多。予谓前贤以为此书出于刘歆，歆常从扬子云学作奇字，故用以入经。如……探为撢，趣为趩……皆他经鲜用，予前已书之而不详悉。若考工记之字，又不可胜载也。（《容斋三笔》卷十五，第606—607页）

别国方言

今世所传扬子云《輶轩使者绝代语释别国方言》，凡十三卷，郭璞序而解之。其末又有汉成帝时刘子骏与雄书，从取《方言》及雄答书。以予考之，殆非也。雄自序所为文，《汉史》本传但云：“经莫大于《易》，故作《太玄》；传莫大于《论语》，作《法言》；史篇莫善于《仓颉》，作《训纂》；箴莫善于《虞箴》，作《州箴》；赋莫深于《离骚》，反而广之；辞莫丽于相如，作四赋。”雄平生所为文尽于是矣，初无所谓《方言》。《汉·艺文志》小学有《训纂》一篇。儒家有雄所序三十八篇，注云：“《太玄》十九，《法言》十三，乐四，箴二。”杂赋有雄赋十二篇，亦不载《方言》。观其答刘子骏书，称“蜀人严君平”，案君平本姓庄，汉显宗讳庄，始改曰“严”。《法言》所称“蜀庄沈冥”“蜀庄之才之珍”“吾珍庄也”，皆是本字，何独至此书而曰“严”。又子骏只从之求书，而答云：“必欲胁之以威，陵之以武，则缢死以从命也。”何至是哉！既云成帝时子骏与雄书，而其中乃云孝成皇帝，反复抵牾。又书称“汝、颍之间”，先汉人无此语也，必汉、魏之际好事者为之云。（《容斋三笔》卷十五，第608页）

［按］戴震《方言疏证》曾逐一驳斥洪说，可详参。又据本编刘歆条按语所论，可知刘、扬往来书信作于王莽时期，则信中称成帝谥号，并无不妥。凡此，皆可见洪说难以成立。

陆　游（1125- 1210）

《宋史》卷三百九十五：“陆游字务观，越州山阴人。年十二能诗文，荫补登仕郎。……游才气超逸，尤长于诗。晚年再出，为韩侂胄撰《南园阅古泉记》，见讥清议。朱熹尝言：‘其能太高，迹太近，恐为有力者所牵挽，不得全其晚节。’盖有先见之明焉。嘉定二年卒，年八十五。”

二　子

两楹梦后少真儒，毁誉徒劳岂识渠。孟子无功如管仲，扬雄有赋似相如。敬王事业知谁继，准《易》工夫故不疏。孤学背时空绝叹，白头穷巷抱遗书。（《陆游集·剑南诗稿》卷二十六，中华书局1976年版，第721页）

周必大（1126- 1204）

《宋史》卷三百九十一：“周必大字子充，一字洪道，其先郑州管城人。……自号平园老叟，著书八十一种，有《平园集》二百卷。尝建三忠堂于乡，谓欧阳文忠修、杨忠襄邦乂、胡忠简铨皆庐陵人，必大平生所敬慕，为文记之，盖绝笔也。”

金陵堂试策问（其一）

问：扶衰救弊莫如忠，载道流远莫如文。周鼎将迁，斯道泯如也。固节义之大间，续《雅》《颂》之遗音，不在屈平乎？二十五篇之作，志切而词深，虽与日月争光可也。奈何学如扬雄，才如班固，或议其

忠，或抑其文？学者疑焉，愿与诸君子论之。夫《离骚》赋于怀王之世，其词固曰“依彭咸之遗则”，然则《怀沙》以感顷襄者，屈平之素志也，忠乎，非与？《反骚》作于元、成之间，断章固谓“弃由、聃之所珍”，然则挠节以从新莽者，扬雄之本心也，智也，非与？识者观之，必曰：“沉湘而逝，忠已遂矣。使投阁而莫救，智安在哉?”尚论千载，必有考于斯矣。太史公之传《离骚》也，谓其好色而不淫，怨诽而不乱，庶几兼《国风》《雅》《颂》之体。班固则不然，谓羿浇二姚，不合乎《左氏》，昆仑玄圃，不载于经义；及其陈尧舜，称汤文，讥桀纣，则置而不言。露才之诮，怨怼之诬，惟恐诋之不力也。司马相如何如人哉？固为赞曰：要其归，导之于节俭。此与《诗》之讽谏何异？呜呼，曾谓屈平不如长卿乎？恭惟仁圣在上，数子固无与乎今之世矣。虽然，判忠邪，别是非，学者所宜尽乎心也，盍索言之？己卯三月。（《文忠集》卷十二，《四库》第1147册，第115页）

题赵逦可文卷（节录）

扬雄有言：“事辞称则经。”此为屈原发也。自《国风》《雅》《颂》之后，能庶几于此者，其《离骚》乎。或推为经，虽曰太过，未为无据也。（《文忠集》卷五十一，第542页）

［按］《法言·吾子》云：“或问：‘君子尚辞乎?’曰：‘君子事之为尚。事胜辞则伉，辞胜事则赋，事、辞称则经。足言足容，德之藻矣。’”

张文靖公文集序（节录）

扬雄，汉儒之杰然者，尝赋《甘泉》，称颂人主，搜逑索偶，岂无他人？独曰皋、伊之徒冠伦魁，其深知圣人之意也欤！（《文忠集》卷五十四，第575页）

试军器监丞叶山

问：古之君子道德积于中，则英华发于外。因事而有言，譬如风行于水，云行于空，自然成文，岂假雕篆纂组之功也哉？历观缀文之士众矣，顾不必问，姑以圣贤为质。孔子称尧曰“焕乎其有文章”，考之载籍，“焕乎”者安在？子贡曰“夫子之文章可得而闻也”，求之经传，敢问“可闻”者何辞？四科之设，文学预焉，然子游、子夏曾不能赞一辞于《春秋》，则所谓以文学称者果何见欤？郑之四贤相须乃济，然居则应对宾客不容缓也，出而有事四方不偕行也，则所谓讨论润色者果何待欤？妇人犹能赋诗，何后世老师宿儒反不通其义乎？汉朝人莫不能文，何大臣少文不学犹见讥于史乎？由汉以来，学士大夫所共推尊以为著书而不失古君子之道意者，扬雄、王通而已。然艰深浅易之讥，摹仿《鲁论》之诮有不能免，盖异乎自然成文者矣。彼知其力不足而强为之欤？抑为文者固当用意而准古也？韩愈晚出于唐，独以六经之文为诸儒倡，其去取决不苟矣。然推尊扬雄，以为过于老子，老子岂易过哉？至王通乃无一语评其是非，又何意也？主上发言为经，肆笔成书，固已追迹帝尧之文思，比隆夫子之将圣，然万几之暇，犹有取乎艺文。深惟本朝述作之盛远过前代，而所谓《文海》者精粗混并，不足传远，乃诏馆阁之士刊定而缮写之，使学者有所矜式，德意厚矣。子大夫膺被特召，将接武于书林，古今文章，谅所熟复，盍极辨数者之疑，以待上问？（《文忠集》卷一百二十，《四库》第1148册，第335—336页）

孙　奕（1126-？）

按，孙奕，字季昭，号履斋，吉安县人。庆元年间，任侍郎，与周

必大交往密切。学识渊博，文学造诣深厚，著有《九经直音》《履斋示儿编》。

作经本末

圣贤之书，岂苟作云乎哉？尝观《论语》颠末，夫岂无他说？断断乎首以“学”名篇，以“学而时习之”冠于首，而必终之以“尧曰”者，谓学者必以圣王为师，而圣王则莫尧若故也。是以荀卿之书，首标以《劝学》，首发端以“学不可以已”，而以《尧问》之篇终之。扬雄之书，亦首名以《学行》，首发端以“学行之上也”，而必以“唐矣夫”一言终之，盖有望于后之君子复古云。（侯体健、况正兵点校：《履斋示儿编》卷一，中华书局 2014 年版，第 68—69 页）

其为东周乎

“子曰：‘如有用我者，吾其为东周乎？’”乎，反辞也。言公山氏如用孔子则必兴起西周之盛，而肯复为东周之衰乎？扬子云拟《论语》，直谓“如其好问仲尼，则鲁作东周矣”，释者便谓“使鲁能好问仲尼，则鲁亦可使复兴西周之盛于东周之地尔”。此特爱扬子而为之说。曾不知夫子之所谓“乎”，与扬子之所谓“矣”，二字大相辽绝，学者宜辨之。（《履斋示儿编》卷六，第 86—87 页）

拟圣作经

作经以拟圣者，其后儒之僭者乎？自非僭者，则扬雄不作《太玄经》以拟《易》，王长文亦不作《通玄经》以拟《易》；刘向不作《洪范五行传》以拟《书》，陈黯亦不作《禹诰》以拟《书》，而《虞卿春秋》《吕氏春秋》《楚汉春秋》《吴越春秋》《晋春秋》《唐春秋》之类无闻焉。《汉尚书》《隋尚书》《后汉尚书》《汉魏尚书》《续书》《续尚书》之类无有焉。扬雄不作《法言》以拟《论语》之精微，王通不作《中说》以拟《论语》之缊奥。呜呼！《孝经》，孔子所论也，孰知郭良辅又变为《武孝经》，郑氏又易为《女孝经》，以至《农孝经》《酒孝经》纷纷而出。《尔雅》，周公所记也，孔鲋又转为《小尔雅》，张楫又衍为《广雅》，以至《博雅》《埤雅》诜诜而兴。配《孝经》者，又有马融之《忠经》；准《论语》者，又有宋尚宫之《女论语》。皆其僭之尤者乎？（《履斋示儿编》卷七，第104—106页）

句法同

伊尹有“不被尧、舜之泽，若已推而纳之沟中”，张平子得之，于赋曰：“人或不得其所，若己纳之于湟。”范睢“一饭之德必偿，睚眦之怨必报”，孔融得之，于书曰：“睚眦之怨必雠，一餐之惠必报。”黄鲁直《学优斋铭》曰“学哉身哉，身哉学哉”，句法使班孟坚《典引》曰“唐哉皇哉，皇哉唐哉”，其祖出《益稷》曰“臣哉邻哉，邻哉臣哉”。杜子美《南郊赋》曰“九五之后，人人自以为遭唐、虞；四十年来，家家自以为稷契”，句法使曹子建《与杨德祖书》曰“人人自谓握灵蛇之珠，家家自谓抱荆山之玉”，其源出崔骃《达旨》曰“家家有以乐和，人人有以自优”，及扬雄《解嘲》曰“家家自以为稷契，人人自以为皋陶”。退之《进学解》曰“口不绝吟于六艺之文，手不停披于百家之篇”，句法使夏侯湛《抵疑》曰“志不辍著述之业，口不释雅颂之音”。李白《上裴长史书》曰“何王公大人之门，不可挥长剑乎”，句法用邹阳《上吴王书》曰“何王之门，不可曳长裾乎”。唐啖助曰“设教于本，其敝且末；设教于末，敝将奈何”，句法使唐太宗《帝范》曰“取法于上，仅得其中；取法于中，不免为下”，并贞观二十二年徐惠上疏曰“作法于俭，尤恐其奢；作法于奢，何以制后”，其祖出浑罕曰“作法于凉，其敝犹贪；作法于贪，敝将若之何”。（《履斋示儿编》卷七，第108—109页）

林　駉（?）

《闽书》卷一百三十载："林駉字德颂，清修苦学，虽山经地志，稗官小说，老释之书，无所不览。"

蜀中人材（节录）

昔我高宗之论蜀士也，曰当以德行为先，文章乃其余事。大哉王言，其品藻人物之龟鉴欤。愚尝登岷峨之山，望巴江之水，扪参历井，纵观四望，山川葱郁，气象宏富。其为物也有青金丹砂之良，其为人也皆光明俊杰之习。然世之论者曰，模写风物，有声词坛，是蜀士之长也。驰骋古今，持论文苑，是蜀士之盛也。噫，德行首科，文章末枝。由汉至唐，光映史牒，能文之士固不少，而硕德重望者，抑何寥寥间见耶。黄门奏赋，飘飘凌云，似也，然失节临邛，至亏终身之大节。白首草《玄》，甘心寂寞，固也，然《剧秦美新》，为名教之罪人。（《源流至论前集》卷七，《四库》第942册，第109页）

论太玄*

渊哉《太玄》之为书乎！《易》以八，《玄》以九。《易》之蓍也以七，《玄》之蓍也以六。《易》之八也，八而八之，凡六十四卦。然不易者八，反易者五十六，实以三十六卦而六十四也。《玄》之九也，九而九之，凡八十一家。然不易者九，反易者七十二，实以四十五而八十一也。蓍之七也，七而七之，凡四十九筴，其虚一也，存一而虚之也。蓍之六也，六而六之，凡三十六筴，其虚三者，取其三而虚之也。《易》以当日，《玄》亦以当日。《易》以当历，《玄》亦以当历。其阖辟变通，无一而非《易》也。至若《易》有《彖》，《玄》则有《首》。《易》有爻，《玄》则有赞。《易》之爻有《象》，《玄》之赞有《测》。以《玄文》而准《文言》，以《摛》《莹》《掜》《图》《告》而准《系辞》，此又其文之粗耳。

然亦诚有可疑者。《易》之天五配以地十，《玄》也有五而无十，非《易》也。《易》之六画加以六位，《玄》也有画而无位，非《易》也。《易》之画即《易》之爻，《玄》之重为重（《玄》首四重，方、州、部、家），赞自赞（《玄》首九赞，非以四重为赞），非《易》也。《玄》以《玄文》拟《文言》，似矣。然《玄文》不加之《晬》（《玄》以《晬》准《乾》）而加之《中》，如其有心于卦气也，则去《玄文》可也，而何必规规于圣人也？《玄》以首名准卦，似矣。然或以一首当一卦，而或以二首焉。如其有心于历法也，则自为之名可也，而何必规规于圣人也？（《经义考》卷二百六十八，《四库》第680册，第441—442页）

黄履翁（1232进士）

《（万历）福宁州志》卷十二："黄履翁，字吉父，举进士。学问该博，以《源流至论》未备，复为《别集》二十卷。"

论文公褒贬之意（节录）

扬雄本仕于汉也，而曰莽大夫扬雄，盖雄之奸心佞舌，曲笔美新，名之曰莽者，正以诛谀臣之心。（《古今源流至论别集》卷一，《四库》第942册，第510页）

太玄（太玄学易之得失）

《太玄》果有得于《易》乎？然刘歆嘲之，严尤诮之，老苏、东坡又起而讥之，是其书未足论也。《太玄》果无得于《易》乎？然桓谭称之，张衡喜之，温公、康节又从而推之，是其书未可轻也。

愚尝平心论之，以一家之书而强合诸家之数，此雄之所以失；以大《易》之理而参决一己之见，此雄之所以得。善则存之，否则去之，则雄将无辞，而诸儒亦无议矣。且《易》有《彖》，《玄》则有《首》。《易》有爻，《玄》则有赞。《易》之爻有《象》，而《玄》之赞有《测》。以《玄文》而准《文言》，以《摛》《莹》《捝》《图》《告》而准《系辞》，《玄》固求合乎《易》也。然《易》之天五配以地十，《玄》也有五而无十。《易》之六画加以六位，《玄》也有画而无位，果《易》乎？《玄》以《玄文》拟《文言》，而《玄文》不加之《睟》而加之《中》，《玄》以首名准卦，而或以一首，或以二首，果《易》乎？是《玄》亦不专合乎《易》也。赞之初二以至于上九，则有取于《洪范》九畴之数。一与六共宗，以至于五与五相宗，则有取于《洛书》生成之数。其为首八十一，则黄钟之天数寓焉。其为赞七百二十有九，则十二辰之中数寓焉。泰中之数三十六，其用三十三而虚其三，则太极函三为一之数。泰积之数始于十八，终于五十四，而合于七十二，此则商徵益一上生之数。此犹可也。六日七分之数，唐一行所深非，而子云自《中》至《养》则而效之，而未敢乱其叙。牵牛起度之数，蔡邕所力议，而子云自《中》至《养》求而合之，而欲应其度。疲精竭神于占候步推之末，噫，亦劳矣。

自今论之，夫《复》卦之所谓“七日来复”者，谓自《复》而至于《乾》，自《姤》而至于《坤》，皆六日尔，而有阴阳之辨，极其始终，则至《复》与《姤》皆七日焉。是盖天道之自然，而《复》卦之所以善言天道者也。而孟喜乃以私意附会之，其说曰：去《坎》《离》《震》《兑》以分主二十四气，而六十卦之爻乃当三百六旬之数，又自七分推之，则其为数四百二十分，每以八十分为一日，则为五日四分之一，而可以备其周天之数。以《中孚》为冬至用事之始，故六日七分而复受之。果何者而合于七日来复之义也。至《太玄》之书，始于《中》，终于《养》，凡八十一首，以一首当四日有半，而其所主者乃三百六旬与夫四日之半，又以《踦》《嬴》二赞而足其闰之数，而六日七分之说兴焉。是固有取于喜之说也。抑不思六日七分之奇数，果可合于“七日来复”之义乎？借曰《太玄》以虚三起数，而七日之数止于六日七分，则一日八十分之义果何义乎？

近代之历，冬至在斗二度，其说本于《戴记·月令》仲冬日在斗之数，此亦天道自然，而《月令》之所以为善言天道也。而洛下闳乃以浅见揣摩之，其说曰：始于十一月冬至夜半甲子，起牵午一度，验其日月如合壁，五星如连珠，而其数始定。然自太初以迄于今，朔后天三日，气后天四日，冬至之所在，差天几三十余度，果何为而合于在斗二度之说也？至《太玄》之书，始于《中》而应于冬至之日，以明阳气之萌，故《中》首入牛一度，《周》首入牛五度，至于《养》则始为斗宿二十二度，是固有取于闳之说也。抑不思差天于三十度之间，则四分之亏一者，果能免乎？借曰历久必差，而盈缩进退不能为千万世之数，则探端造始者，果能逭其责乎？

虽然，子云泥于诸家之数，固不能无牵合之谬。子云参于大《易》之学，亦不可无真实之见。夫子云当莽、贤之世，不事进取，恬于势利，独与严遵、李仲元游，则其学必有据矣。夫以汉之正统而象七百二十九赞之正数，以莽之闰位而取《踦》《嬴》二赞之余分，此其立论关于天地之常经、古今之大义，数耶？理耶？以《断》之首而得《夬》卦五阳去一阴之象，以阴阳之象而明君子小人进退之义，此其为说切于造化之妙用，治道之体，数耶？理耶？昔韩愈读《荀子》，欲合于理者存之，害于理者去之，有道之士，于《太玄》亦云。（《古今源流至论别集》卷五，第570—573页）

拟 经

束晳之《补亡》，欲继乎《诗》也，君子不之予，而老杜一集本以五言为体，山谷谓有《三百篇》之旨。《汤征》之续阙，欲续乎《书》也，君子不之取，而孔明《出师》一表本以表而自名，东坡叹其与《伊训》《说命》相表里。大抵得圣人之意则自然暗合于道，泥圣人之言则往往反戾于经，况《国风》《雅》《颂》浑厚酝藉，诵之如奏黄钟、大

吕，《商盘》《周诰》幽深简古，读之如登九折峻坂。儒生学士，无圣人万分之一，而欲效圣人之所为，噫，亦妄矣。束皙补《诗》，俳优之戏舜耳；居易续《书》，尫巫之步禹耳。此愚切叹夫后之拟经者，皆侮圣人也。

且六经何为而作哉？盖夫子接三代之后，有典、谟、训、诰之文，有礼乐法度之善，天地阴阳之蕴已露而未显，三纲五常之道几坠而未振，于是删《诗》定《书》，制《礼》作《乐》，系《周易》，作《春秋》，圣人盖为天地立心，为生民立极也。彼王通何人哉？既续《诗》矣，而又续《书》，既《元经》矣，而又《易赞》，既《礼论》矣，而《乐论》。然曹、刘、沈、谢之句，安能合《鹿鸣》《四牡》《大明》《关雎》之旨，七制、诏志、策议之文，安能合《尧典》《舜典》《禹谟》《伊训》之义？达者与几，守者存义，果《序卦》《杂卦》之蕴乎？皇始之帝，晋宋之王，果奖周室、尊中国之笔乎？礼之论，乐之论，果能推明先王政化之意乎？侈然以王氏六经自名，此特效西子之颦耳。通之意犹未也，《中说》一书，酷类《鲁论》，以董常比颜子，以公卿大夫比颜曾门弟，而其心则以夫子自尊。通之意，正如欧阳永叔自拟韩昌黎，而以梅圣俞拟孟郊也。呜呼，安得后人不以六经奴婢诮之哉？

然僭经之罪，不特一王通也。世无君子之论，则蝉噪争鸣，蛙尊自居，皆得侮圣言矣。子云之《太玄》，盖准《易》之象数也。《易》有《象》，《玄》则有《首》，《易》有爻，《玄》则有赞，《易》之爻有《象》而《玄》之赞则有《测》。然《易》以道胜，而《玄》以数胜，是雄蔽于名而作也。此后世所以有吴楚僭王之讥焉。呜呼，画前元有《易》，何俟雄之赘哉？雄且不能避君子之议，则京房之卦气，元嵩之《元包》，一行之《大衍》，皆谬也。屈平之《骚经》，盖效《诗》之比兴也，以香草比君子，以龙凤比忠正，美人以喻时君，恶鸟以况小人。然《诗》之体尚忠厚，《骚》之体类迫切，是原蔽于怨而作也，此或者所以有异经典之诮焉。呜呼，删后更无《诗》，何待原之效哉？原且不能逭后世之讥，则王褒《得贤》之颂，宗元《平淮》之雅，皆妄也。吴越之《春秋》。楚汉之《春秋》，非不求合于《春秋》也，然游、夏高弟且不能措一辞，况诸公乎？三国之《尚书》，记注之《尚书》，非不求合于《书》也，然《秦》《鲁》二篇，圣人且不得已系于帝王之后，况后世乎？世儒论后之学者僭拟圣经，正如儿曹敛容危坐以效老成，拜伏跪起以效宾主言，气象大不相类也。

虽然，圣经之名固不可拟，而所述之道独不可学乎？圣经之体固不可袭，而所寓之意独不可求乎？述性命者存乎《易》，读《易》而得性命之理，虽未必曰《易》，谓之得于《易》可也。咏性情者存乎《诗》，作《诗》而得性情之旨，虽未必曰《诗》，谓之得于《诗》可也。示直笔者在《春秋》，纪政事者在乎《书》，作史而能成实录、备故事，虽未必曰《书》曰《春秋》，谓之得于《书》《春秋》亦可也，石介之《宋颂》九篇，众谓《猗那》《清庙》之诗无以加。呜呼！刘禹锡《三阁》四章，鲁直且以《黍离》配之，《宋颂》之无愧《猗那》也宜矣。尹洙之《皇雅》十篇，人谓《尧典》《舜歌》而下所未闻。呜呼，韩退之《淮西》之碑，孙觉且叹其叙如《书》，则《皇雅》之可轧《舜歌》也亦宜矣。康节先天之学，濂溪太极之图，云虽未尝规规于方、州、部、家之休，而理数暗合于《易》。噫，孟子七篇之书不言《易》，而君子谓其深于《易》者，以其所载者性命也。王元之之《太祖实录》，其事直书；曾子固之《两朝国史》，必主仁义。虽未尝屑屑于编年之法，而褒贬实得于《春秋》。噫，子长易编年而为纪传表书，君子谓其合于《春秋》者，以其所书者实录也。世之议者且曰："司马所著《潜虚》之书，毋乃蹈《太玄》之辙乎？"曰："此未必出公之手也。吾观传公之行者，不闻一语及于《潜虚》，其意可见矣。"世之议者又曰："朱氏所补《大学》致知格物之章，毋乃效补《诗》之尤乎？"曰："此亦知先生之已说者，吾观章句之序自谓以程氏之说辑之，以俟后之君子，其意亦不敢自专矣。"噫，曾经圣人手，议论安得到，后之学者妄为僭经之举，盍以是自讼云。（《古今源流至论别集》卷六，第580—583页）

杨万里（1127- 1206）

《宋史·儒林传》：“杨万里字廷秀，吉州吉水人。中绍兴二十四年进士第，为赣州司户，调永州零陵丞。时张浚谪永，杜门谢客，万里三往不得见，以书力请始见之。浚勉以正心诚意之学，万里服其教终身，乃名读书之室曰‘诚斋’。……万里精于诗，尝著《易传》行于世。光宗尝为书‘诚斋’二字，学者称诚斋先生，赐谥文节。”

答周子充内翰书（节录）

某少也贱且贫，亦颇剽闻文墨，足以发身，骙不解事，便欲以身徇文，不遗余力以学之，竟何所成？虽成，竟何所用？自吾家子云，苦一生之心于《太玄》《法言》之二物，以待后世之子云。子云死近千载，竟未有子云，此韩子所叹也。某以为不然，韩子之叹过也，子云之虑亦过也。且何必待后世之子云也，同时亦自有子云矣。所谓酱瓿者，非同时之子云乎？不人之逢，而酱瓿之逢，未为无逢也。古今文士，每以子云为嘲。不知嘲子云之未既，而其家酱瓿复嘲之在旁矣。（《杨万里集笺校》卷六五，辛更儒笺校，中华书局2007年版，第2797页）

澉溪居士文集后序（节录）

昔扬子云作《法言》，蜀之富人载钱五十万，求书名其间，而子云不与。彼李仲元郑子真者，山林野人耳，不持一钱，不求一字，而子云与之。二子之事，后世无传焉。而其名至今与日月争光者，以子云也。东坡非吾宋之子云乎？彭贺州之启，其亦有求而不与者乎？道原不求而与之，非遇乎？（《杨万里集笺校》卷八三，第3335页）

庸言七（节录）

或问："扬雄之《剧秦美新》，有徽欤?"扬子曰："雄而有徽久矣。其获矣耄而后徽焉，情乎哉!""然则奚而作?"曰："避祸焉而已矣。""祸可避乎?"曰："祸可避则命可避。"（《杨万里集笺校》卷九二，第3587页）

庸言十三

或问："扬雄谓仲尼见所不见，敬所不敬。圣人亦有诎也，信乎?"扬子曰："信斯言也。则见董贤，敬王莽，亦仲尼矣。"（《杨万里集笺校》卷九三，第3609页）

张　缜（?）

《崇庆县志》卷八："张缜字季长，江源人，隆兴进士。……缜亦当时名人魁士也，惜行事鲜传，惟与陆游同在南郑，幕交最密，以道义相切琢。缜殁后，游赋诗以寄其悲。"

太玄索隐序

昔孔子赞《易》，谓非天下之至精，非天下之至变，非天下之至神，孰能与于此？窃尝迹是三言者，本末有序，盖自卦、爻、《彖》《象》推其极，而遂知来物至精之谓也。若夫穷则变，变则通，通则久，如《河图》之数以五，不必主于卦之八也，此变也。

然自赞《易》以来，未闻通此变者。及《太玄》作，而天下之至变

始见焉。所谓神无方而《易》无体，与夫可以佑神者，则又超乎象数之表，冥乎太极之先。此由真积力久之功，可以心悟，而不可以言得也。《易》至于是，夫何体之有！神而明之，存乎其人。呜呼！是三言之赞《易》，固范天地而揭日月哉！

汉之诸儒若董仲舒、京房之流，其于卦、繇之间，或精其事矣；独扬子云之学眇视余子，既通其变，又几于神，殆孔子所谓能与于此者也。故八卦变而九天，六爻变而九赞。致用皆九，与《易》异位。其曰："《冲》《错》《摛》《莹》云者，《象》《系》之变也；罔、直、蒙、酋、冥者，元、亨、利、贞之变也。方、州、部、家之位，则四营成《易》之体焉。策用三六，仪用二九，则十有八变，成卦之义焉。"以之推天地日月之运，事物休咎之证，妙于易准，会归有极，信乎其通于变之至者也。故泰柄云行者谓太极，元气之统于天也；时监地营者谓时运，品物之括于地也。天地事物之情，两言而该之。其文有曰："天以不见为玄，地以不形为玄，人以心腹为玄。"夫天苍然其见之著也，夫地陨然其形之大也。今乃以不见、不形言之，此岂世之识量所及哉？又曰："其上也悬天下也，沦渊纤也，入薉广也。"包畛盖玄之又玄矣，清净冲漠，潭思钩深，天人精微，融一无间，圣人以此斋戒，以神明其德者，岂非此之谓耶？著汉兴中天之年，特微见其莹尔。

夫《易》广矣大矣，形于数者《易》蕴之一也。推数至精，而后知变；然能变而止，亦非君子之所尽其力者。必也与天地相似弥纶，久大德业，以此洗心，穷神知化，然后为文王、孔子之学也。子云之《玄》，其亦以之。

古今为《玄》训释者十数家，唐王涯《五论》，颇为《玄》学所宗，然特明其事例之可言者与揲蓍之法而已，不足以尽《玄》也。余里中友胡君晋杰抱《玄》遗编，独究终始，总其数而为之图，探其赜而见于论。龙虎鸟龟，纯正阖辟，凡《玄》词之所该，必图列之。至于天日、律吕、五行、音声与《玄》应者，悉不遗也。其伦类所通广且奥，推秒法以合《太初历》，尤前人之未至者。若《玄》之首赞《踦》《嬴》，虽不一二条析，然显微阐幽，中涵至理，子云所以有待于后世者，晋杰其庶矣乎！演不知布预穷数，何能深《玄》之微，因晋杰之学，愿问津焉。是用独著孔子系《易》之言，以明《太玄》得《易》之变，且序晋杰之学为有功于《玄》者，以待后之君子。庆元元年岁在乙卯季秋既望，江原张縯序。（《永乐大典》卷四九三六，中华书局1986年版，第8276—8277页）

［按］《南雍志》卷十八《经籍考》著录："《太玄索隐》四卷，存者四十一面，不知著者姓名。《集注太玄经》十二卷，存者二百一十面，江原胡次和编。"可知明时南京太学藏书中此二书已残损。然孙能传、张萱等编《内阁藏书目录》卷二著录："《太玄索隐》二册，宋庆元间胡次和著。"又："《太玄集注》十六册，全。宋庆元间江原胡次和著，第十一卷唐宰相王涯《说玄》五篇，司马光《读、说玄》《太玄历》，第十二卷《易玄星纪谱》皆附焉。"知明万历时内阁犹有二书之全本。至朱彝尊编《经义考》，其卷二百六十九"拟经"下有胡氏次和《太玄集注》十二卷、《太玄索隐》四卷，皆注"未见"，则彼时二书已亡佚。

陈　骙（1129—1203）

《宋史》卷三百九十三："陈骙字叔进，台州临海人。绍兴二十四年，试春官第一，秦桧当国，以秦埙居其上。累官迁将作少监、守秘书少监兼太子谕德。……庆元二年，知婺州。告老，授观文殿学士、提举洞霄宫。嘉泰三年卒，年七十六。赠少傅，谥文简。"

文　体*

文有目人之体，有列氏之体。《论语》曰："德行，颜渊、闵子骞、冉伯牛、仲弓；言语，宰我、子贡；政事，冉有、季路；文学，子游、子夏。"此目人之体也，而扬雄、班固得之。（扬子《法言》曰："美行，

园公、绮里季、夏黄公、角里先生；言辞，娄敬、陆贾；执政，王陵、申屠嘉；折节，周昌、汲黯；守儒，辕固、申公；灾异，董相、夏侯胜、京房。”班固作《公孙宏传赞》曰：“儒雅则公孙宏、董仲舒、儿宽，笃行则石建、石庆，质直则汲黯、卜式，推贤则韩安国、郑当时。”云云）《左氏传》曰：“殷民六族，条氏、徐氏、萧氏、索氏、长勺氏、尾勺氏。”此列氏之体也，而庄周、司马迁得之。（《庄子》曰：“子不见至德之世乎，容成氏、大庭氏、柏皇氏、中央氏、栗陆氏、骊畜氏。”云云。司马迁作《夏本纪赞》曰：“其后分封，用国为姓，故有夏后氏，有扈氏，有男氏，斟寻氏，彤城氏，褒氏。”云云）（《文则》卷上，《四库》第1480册，第694页）

朱　熹（1130- 1200）

《宋史》卷四百二十九：“朱熹字符晦，一字仲晦，徽州婺源人。……其为学，大抵穷理以致其知，反躬以践其实，而以居敬为主。尝谓圣贤道统之传散在方册，圣经之旨不明，而道统之传始晦。于是竭其精力，以研穷圣贤之经训。所著书有：《易本义》《启蒙》《蓍卦考误》《诗集传》《大学中庸章句》《或问》《论语》《孟子集注》《太极图》《通书》《西铭解》，《楚辞集注》《辨证》，《韩文考异》；所编次有：《论孟集议》《孟子指要》《中庸辑略》《孝经刊误》《小学书》《通鉴纲目》《宋名臣言行录》《家礼》《近思录》《河南程氏遗书》《伊洛渊源录》，皆行于世。熹没，朝廷以其《大学》《语》《孟》《中庸》训说立于学官。又有《仪礼经传通解》未脱稿，亦在学官。平生为文凡一百卷，《生徒问答》凡八十卷，《别录》十卷。”

读唐志（节录）

孟轲氏没，圣学失传，天下之士背本趋末，不求知道养德以充其内，而汲汲乎徒以文章为事业。然在战国之时，若申、商、孙、吴之术，苏、张、范、蔡之辩，列御寇、庄周、荀况之言，屈平之赋，以至秦汉之间韩非、李斯、陆生、贾傅、董相、史迁、刘向、班固，下至严安、徐乐之流，犹皆先有其实而后托之于言。唯其无本而不能一出于道，是以君子犹或羞之。及至宋玉、相如、王褒、扬雄之徒，则一以浮华为尚，而无实之可言矣。雄之《太玄》《法言》，盖亦《长杨》《校猎》之流而粗变其音节，初非实为明道讲学而作也。（《晦庵集》卷第七十，《四部丛刊》景明嘉靖本）

楚辞后语序（节录）

至于扬雄，则未有议其罪者，而余独以为是其失节，亦蔡琰之俦耳。然琰犹知愧而自讼，若雄则反讪前哲以自文，宜又不得与琰比矣。今皆取之，岂不以夫琰之母子无绝道，而于雄则欲因《反骚》而著苏氏、洪氏之贬词，以明天下之大戒也。（《楚辞后语》卷首，岳麓书社2013年版，第172页）

［按］苏氏、洪氏指苏轼、洪兴祖，洪氏贬词见下篇《反离骚注》中。

反离骚解题及跋语

《反离骚》者，汉给事黄门郎新莽诸吏中散大夫扬雄之所作也。雄少好词赋，慕司马相如之作以为式。又怪屈原文过相如，至不容，作《离骚》自投江而死。悲其文，读之未尝不流涕也。以为君子得时则大行，不得则龙蛇。遇不遇命也，何必湛沈身哉。乃作书，往往摭《离骚》文而反之，自峄山投诸江流以吊原云。始雄好学博览，恬于势利，仕汉三世不徙官。然王莽为安汉公时，雄作《法言》，已称其美比于伊尹周公。及莽篡汉，窃帝号，雄遂臣之，以耆老久次转为大夫。又仿相如《封禅文》献《剧秦美新》以媚莽意，得校书天禄阁上。会刘、寻等以作符命为莽所诛，辞连及雄。使者来，欲收之，雄恐，惧从阁上自投

下，几死。先是，雄作《解嘲》，有“爰清爰静，游神之廷；惟寂惟寞，守德之宅”之语，至是京师为之语曰：“爰清静，作符命；唯寂寞，自投阁。”雄因病免，既复召为大夫，竟死莽朝。其出处大致本末如此，岂其所谓龙蛇者邪？然则雄固为屈原之罪人，而此文乃《离骚》之谗贼矣。他尚何说哉。（按，以上为解题，以下为跋语）

丹阳洪兴祖曰：扬雄所以议屈原者如此，而班固亦讥其露才扬已，颜之推又病其显暴君过。愚尝折衷而论之曰：

或问：“古人有言，杀其身有益于君则为之，屈原虽死，何益于怀、襄？”曰：“忠臣之用心，自尽其爱君之诚耳，死生毁誉所不顾也。故比干以谏见戮，屈原以放自沉。比干，纣诸父也。屈原，楚同姓也。为人臣者，三谏不从则去之。同姓无可去之义，有死而已。《离骚》曰：‘阽余身而危死兮，览余初其犹未悔。’则原之自处审矣。”

或又曰：“宁武子邦无道则愚，而仲山甫明哲以保其身。今原乃用智于无道之邦，以亏明哲保身之义，亦何足为贤乎？”曰：“愚如武子，全身远害可也。有官守言责，斯用智矣。山甫明哲，固保身之道。然不曰‘夙夜匪解，以事一人’乎？士见危致命，况同姓兼恩与义，而可以不死乎？且比干之死，微子之去，皆是也。屈原其不可去乎？有比干以任责，微子去之可也。楚无人焉，原去则国从而亡。故虽身被放逐，犹徘徊而不忍去。生不得力争而强谏，死犹冀其感发以改行。使百世之下闻其风者，虽流放废斥，犹知爱其君，眷眷而不忘臣子之义尽矣。非死为难，处死为难。屈原虽死，犹不死也。后之读其文，知其人如贾生者，亦鲜矣。然为赋以吊之，不过哀其不遇而已。余观自古忠臣义士，慨然发愤，不顾其死，特立独行，自信而不回者，其英烈之气，岂与身俱忘哉。‘仍羽人于丹丘，留不死之旧乡。’‘超无为以至清，与太初而为邻。’此《远游》之所作，而难为浅见寡闻者道也。仲尼曰‘乐天知命故不忧’，又曰‘乐天知命有忧之大者’。屈原之忧，忧国也。其乐，乐天也。《离骚》二十五篇，多忧世之语，独《远游》曰：‘道可受兮不可传，其小无内兮其大无垠。无滑而魂兮彼将自然，壹气孔神兮于中夜。存虚以待之兮，无为之先。’此老、庄、孟子所以大过人者，而原独知之。司马相如作《大人赋》，宏放高妙，读者有凌云之意。然其语多出于此，至其妙处，相如莫能识也。太史公作传，以为：‘其文约，其词微，其志洁，其行廉，其称文小而其指极大，举类迩而见义远。其志洁，故其称物芳，其行廉，故死而不容。自疏濯淖污泥之中，以浮游尘埃之外。推此志也，虽与日月争光可也。’斯可谓深知己者。扬子云作《反离骚》，以为‘君子得时则大行，不得时则龙蛇。遇不遇命也，何必沉身哉’。屈子之事，盖圣贤之变者。使遇孔子，当与三仁同称。雄未足以与此，班孟坚、颜之推所云，无异妾妇儿童之见，余故具论之。”

呜呼，余观洪氏之论，其所以发屈原之心者至矣。然屈原之心，其为忠清洁白，固无待于辩而自显。若其为行之不能无过，则亦非区区辩说所能全也。故君子之于人也，取其大节之纯全，而略其细行之不能无弊。则虽三人同行，犹必有可师者。况如屈子，乃千载而一人哉。孔子曰：“人之过也，各于其党，观过斯知仁矣。”此观人之法也。夫屈原之忠，忠而过者也。屈原之过，过于忠者也。故论原者，论其大节，则其他可以一切置之而不问。论其细行，而必其合乎圣贤之榘度，则吾固已言其不能皆合于中庸矣。尚何说哉？且凡洪氏所以为辩者三，其一以为忠臣之行，发其心之所不得已者，而不暇顾世俗之毁誉，则几矣。其一引仲山甫、宁武子事，而不论其所遭之时，所处之位有不同者，则疏矣。其一欲以原比于三仁，则夫父师少师者，皆以谏而见杀、见囚耳，非故捐生以赴死，如原之所为也。盖原之所为虽过，而其忠终非世间偷生幸死者所可及。洪之所言，虽有未至，而其正终非雄、固、之推之徒所可比。余是以取而附之《反骚》之篇。（《楚辞后语》卷二，第194—201页）

胡笳解题

《胡笳》者，蔡琰之所作也。东汉文士有意于骚者多矣，不录而独取此者，以为虽不规规于楚语，而其哀怨发中，不能自已之言，要为贤

于不病而呻吟者也。范史乃弃不录，而独载其《悲愤》二诗。二诗词意浅促，非此词比，眉山苏公已辩其妄矣。蔚宗文下固有不察。归来子祖屈而宗苏，亦未闻此，何邪？琰失身胡虏，不能死义，固无可言，然犹能知其可耻，则与扬雄《反骚》之意又有间矣。今录此词，非恕琰也，亦以甚雄之恶云尔。（《楚辞后语》卷三，第 210 页）

楚辞后语提要（节录）

又刊定晁补之《续楚辞》《变离骚》二书，录荀卿至吕大临凡五十二篇，为《楚辞后语》，亦自为之序。《楚辞》旧本有东方朔《七谏》、王褒《九怀》、刘向《九叹》、王逸《九思》。晁本删《九思》一篇。是编并削《七谏》《九怀》《九叹》三篇，益以贾谊二赋。陈振孙《书录解题》谓以《七谏》以下词意平缓，意不深切，如无病而呻吟者也。晁氏《续离骚》凡二十卷，《变楚辞》亦二十卷。《后语》删为六卷，去取特严。而扬雄《反骚》为旧录所不取者，乃反收入。自序谓欲因《反骚》而著苏氏、洪氏之贬词，以明天下之大戒也。（《总目》卷一百四十八，中华书局 1965 年版，第 1268 页）

朱子语类（节录）

孟子言性，只说得本然底，论才亦然。荀子只见得不好底，扬子又见得半上半下底，韩子所言却是说得稍近。盖荀、扬说既不是，韩子看来端的见有如此不同，故有三品之说。然惜其言之不尽，少得一个“气”字耳。程子曰：“论性不论气，不备；论气不论性，不明。”盖谓此也。（《朱子语类》卷四，中华书局 1986 年版，第 70 页）

孟子只论性，不论气，便不全备。论性不论气，这性说不尽；论气不论性，性之本领处又不透彻。荀、扬、韩诸人虽是论性，其实只说得气。荀子只见得不好人底性，便说做恶。扬子见半善半恶底人，便说善恶混。韩子见天下有许多般人，所以立为三品之说。就三子中，韩子说

又较近。他以仁义礼智为性，以喜怒哀乐为情，只是中间过接处少个“气”字。（卷四，第 78 页）

圣人只是识得性。百家纷纷，只是不识“性”字。扬子鹘鹘突突，荀子又所谓隔靴爬痒。（卷五，第 84 页）

以仁属阳，以义属阴。仁主发动而言，义主收敛而言。若扬子云：“于仁也柔，于义也刚。”又自是一义。便是这物事不可一定名之，看他用处如何。（卷六，第 121 页）

凡读书，须看上下文意是如何，不可泥著一字。如《扬子》：“于仁也柔，于义也刚。”到《易》中，又将刚来配仁，柔来配义。如《论语》：“学不厌，智也；教不倦，仁也。”到《中庸》又谓：“成己，仁也；成物，智也。”此等须是各随本文意看，便自不相碍。（卷十一，第 192—193 页）

问：“《克己铭》只说得公底意思？”曰：“《克己铭》不曾说著本意。扬子云曰：‘胜己之私之谓克。’‘克’字本虚，如何专以‘胜己之私’为训？‘郑伯克段于鄢’，岂亦胜己之私耶！”（卷四十一，第 1068 页）

亚夫问：“扬子云谓孔子于阳货，‘敬所不敬’，为‘诎身以信道’，不知渠何以见圣人为诎身处？”曰：“阳货是恶人，本不可见，孔子乃见之，亦近于诎身。却不知圣人是理合去见他，不为诎矣。到与他说话时，只把一两字答他，辞气温厚而不自失，非圣人断不能如此也。”（卷四十七，第 1177 页）

横渠曰：“形而后有气质之性，善反之，则天地之性存焉。”如禀得气清明者，这道理只在里面；禀得气昏浊者，这道理亦只在里面，只被这昏浊遮蔽了。譬之水，清底，里面纤微皆可见；浑底，里面便见不得。孟子说性善，只见得大本处，未说到气质之性细碎处。程子谓：“论性不论气，不备；论气不论性，不明，二之则不是。”孟子只论性，不知论气，便不全备。若三子虽论性，却不论得性，都只论得气，性之本领处又不透彻。荀子只见得不好人底性，便说做恶；扬子只见得半善半恶人底性，便说做善恶混；韩子见得天下有许多般人，故立为三品，说得较近。其言曰：“仁义礼智信，性也；喜怒哀乐爱恶欲，情也。”似

又知得性善。荀扬皆不及，只是过接处少一个“气”字。（卷五十九，第1389页）

问：“明道曰：‘道即性也。若道外寻性，性外寻道，便不是。’如此，即性是自然之理，不容加工。扬雄言：‘学者，所以修性。’故伊川谓扬雄为不识性。《中庸》却言‘修道之谓教’，如何?”曰：“性不容修，修是揠苗。道亦是自然之理，圣人于中为之品节以教人耳，谁能便于道上行!”（卷六十二，第1495页）

数只有二，只有《易》是。老氏言三，亦是二共生三，三其子也。三生万物，则自此无穷矣。后人破之者非。扬子云是三数，邵康节是四数，皆不及《易》也。（卷六十五，第1610页）

扬雄《太玄》全模放《易》。他底用三数，《易》却用四数。他本是模《易》，故就他模底句上看《易》，也可略见得《易》意思。温公《集注》中可见也。”（卷六十五，第1617页）

《大传》说“上下无常，刚柔相易，不可为典要，惟变所适”，便见得《易》人人可用，不是死法。虽道是二五是中，却其间有位二五而不吉者；有当位而吉，亦有当位而不吉者。若扬雄《太玄》，皆排定了第几爻便吉，第几爻便凶。然其规模甚散，其辞又涩，学者骤去理会他文义，已自难晓。又且不曾尽经历许多事意，都去揍他意不着。（卷六十七，第1657页）

仲默问：“《太玄》如何?”曰：“圣人说‘天一地二，天三地四，天五地六，天七地八，天九地十’，甚简易。今《太玄》说得却支离。《太玄》如它立八十一首，却是分阴阳。中间一首，半是阴，半是阳。若看了《易》后，去看那《玄》，不成物事。”又问：“或云：‘《易》是阴阳不用五。’”曰：“它说‘天一地二，天三地四’时，便也是五了。”又言：“扬雄也是学焦延寿推卦气。”曰：“焦延寿《易》也不成物事。”又问：“关子明二十七象如何?”曰：“某尝说，二十七象最乱道。若是关子明有见识，必不做这个。若是它做时，便是无见识。今人说焦延寿卦气不好，是取《太玄》，不知《太玄》却是学他。”

问《太玄》。曰：“天地间只有阴阳二者而已，便会有消长。今《太玄》有三个了：如冬至是天元，到三月便是地元，十月便是人元。夏至却在地元之中，都不成物事！"

《太玄》甚拙。岁是方底物，他以三数乘之，皆算不著。

《太玄》纪日而不纪月，无弦望晦朔。

《太玄》中高处只是黄老，故其言曰："老子之言道德，吾有取焉。"

《太玄》之说，只是老庄。康节深取之者，以其书亦挨旁阴阳消长来说道理。必大。

《太玄》亦自庄老来，"惟寂惟寞"可见。

问："《太玄·中首》：'阳气潜藏于黄宫，性无不在于中。'《养首》：'藏心于渊，美厥灵根。'程先生云云。"曰："所谓'藏心于渊'，但是指心之虚静言之也。如此，乃是无用之心，与孟子言仁义之心异。"（以上卷六十七，第1674页）

《易》"不可为典要"。《易》不是确定硬本子。扬雄《太玄》却是可为典要。他排定三百五十四赞当昼，三百五十四赞当夜，昼底吉，夜底凶，吉之中又自分轻重，凶之中又自分轻重。《易》却不然。有阳居阳爻而吉底，又有凶底；有阴居阴爻而吉底，又有凶底；有有应而吉底，有有应而凶底，是"不可为典要"之书也。是有那许多变，所以如此。（卷七十六，第1956页）

徐孟宝问："扬子云言：'《酒诰》之篇俄空焉。'"曰："孔书以巫蛊事不曾传，汉儒不曾见者多，如郑康成、晋杜预皆然。想扬子云亦不曾见。"（卷七十九，第2056页）

问："'必有《关雎》《麟趾》之意，然后可以行《周官》之法度'，只是要得诚意素孚否?"曰："须是自闺门衽席之微，积累到熏蒸洋溢，天下无一民一物不被其化，然后可以行《周官》之法度。不然，则为王莽矣！扬雄不曾说到此。后世论治，皆欠此一意。"（卷九十六，第2473页）

"《遗书》第一卷言韩愈近世豪杰，扬子云岂得如愈？第六卷则曰：'扬子之学实，韩子之学华，华则涉道浅。'二说取予，似相抵牾。"曰："只以言性论之，则扬子'善恶混'之说，所见仅足以比告子。若退之

见得到处，却甚峻绝。性分三品，正是说气质之性。至程门说破‘气’字，方有去著。此退之所以不易及，而第二说未得其实也。”（卷九十六，第2476页）

问：“‘尧夫之学似扬雄’，如何?”曰：“以数言。”

某看康节《易》了，都看别人底不得。他说“太极生两仪，两仪生四象”，又都无玄妙，只是从来更无人识。扬子《太玄》一玄、三方、九州、二十七部、八十一家，亦只是这个。他却识，只是他以三为数，皆无用了。他也只是见得一个粗底道理，后来便都无人识。老氏“道生一，一生二，二生三”，亦剩说了一个道。便如太极生阳，阳生阴，至二生三，又更都无道理。后来五峰又说一个云云，便是“太极函三为一”意思。

康节之学似扬子云。《太玄》拟《易》，方、州、部、家，皆自三数推之。玄为之首，一以生三为三方，三生九为九州，九生二十七为二十七部，九九乘之，斯为八十一家。首之以八十一，所以准六十四卦；赞之以七百二十有九，所以准三百八十四爻，无非以三数推之。康节之数，则是加倍之法。（以上卷一百《邵子之书一》，第2545—2546页）

“诸子百家书，亦有说得好处。如荀子曰：‘君子大心则天而道，小心则畏义而节。’此二句说得好。”曰：“看得荀子资质，也是个刚明底人。”曰：“只是粗。他那物事皆未成个模样，便将来说。”曰：“扬子工夫比之荀子，恐却细腻。”曰：“扬子说到深处，止是走入老庄窠窟里去，如清静寂寞之说皆是也。又如《玄》中所说‘灵根’之说。云云，亦只是庄、老意思，止是说那养生底工夫尔。至于佛徒，其初亦只是以老庄之言驾说尔。如远法师文字与肇论之类，皆成片用老庄之意。然他只是说，都不行。至达磨来，方始教人自去做，所以后来有禅，其传亦如是远。”问：“晋宋时人多说庄老，然恐其亦未足以尽庄老之实说。”曰：“当时诸公只是借他言语来，盖覆那灭弃礼法之行尔。据其心下污浊纷扰如此，如何理会得庄老底意思!”

《荀子》尽有好处，胜似《扬子》，然亦难看。

不要看扬子，他说话无好处，议论亦无的实处。荀子虽然是有错，

到说得处也自实，不如他说得恁地虚胖。（卷一百三十七，第 3253—3254 页）

问："荀、扬、王、韩四子。"曰："凡人著书，须自有个规模，自有个作用处。或流于申韩，或归于黄老，或有体而无用，或有用而无体，不可一律观。且如王通这人，于世务变故、人情物态，施为作用处，极见得分晓，只是于这作用晓得处却有病。韩退之则于大体处见得，而于作用施为处却不晓。如《原道》一篇，自孟子后无人，似它见得。'郊焉而天神格，庙焉而人鬼享。以之为人，则爱而公；以之为心，则和而平；以之为天下国家，无所处而不当'，说得极无疵。只是空见得个本原如此，下面工夫都空疏，更无物事撑住衬簟，所以于用处不甚可人意。缘他费工夫去作文，所以读书者，只为作文用。自朝至暮，自少至老，只是火急去弄文章；而于经纶实务不曾究心，所以作用不得。每日只是招引得几个诗酒秀才和尚度日。有些工夫，只了得去磨炼文章，所以无工夫来做这边事。兼他说，我这个便是圣贤事业了，自不知其非。如论文章云：'自屈原、荀卿、孟轲、司马迁、相如、扬雄之徒'，却把孟轲与数子同论，可见无见识，都不成议论。荀卿则全是申韩，观《成相》一篇可见。他见当时庸君暗主战斗不息，愤闷恻怛，深欲提耳而诲之，故作此篇。然其要，卒归于明法制，执赏罚而已。他那做处粗，如何望得王通！扬雄则全是黄老。某尝说，扬雄最无用，真是一腐儒。他到急处，只是投黄老。如《反离骚》并'老子道德'之言，可见这人更无说，自身命也奈何不下，如何理会得别事？如《法言》一卷，议论不明快，不了决，如其为人。他见识全低，语言极呆，甚好笑！荀、扬二人自不可与王、韩二人同日语。"

问："王通病痛如何？"曰："这人于作用都晓得，急欲见之于用，故便要做周公底事业，便去上书要兴太平。及知时势之不可为，做周公事业不得，则急退而续《诗》《书》，续《玄经》，又要做孔子底事业。殊不知孔子之时接乎三代，有许多典谟训诰之文，有许多礼乐法度，名物度数，数圣人之典章皆在于是，取而缵述，方做得这个家具成。王通之时，有甚么典谟训诰？有甚么礼乐法度？乃欲取汉魏以下者为之，

《书》则欲以七制命议之属为续书（“七制”之说亦起于通。有高文武宣光武明章制，盖以比二典也。），《诗》则欲取曹、刘、沈、谢者为续诗。续得这般诗书，发明得个甚么道理？自汉以来，诏令之稍可观者，不过数个。如高帝《求贤诏》虽好，又自不纯。文帝《劝农》，武帝《荐贤》《制策》《轮台》之悔，只有此数诏略好，此外尽无那壹篇比得典谟训诰。便求一篇如《君牙》《冏命》《秦誓》也无。曹刘沈谢之诗，又那得一篇如《鹿鸣》《四牡》《大明》《文王》《关雎》《鹊巢》？亦有学为四句古诗者，但多称颂之词，言皆过实，不足取信。乐如何有《云英》《咸》《韶》《濩》《武》之乐？礼又如何有伯夷周公制作之礼，它只是急要做个孔子，又无左证，故装点几个人来做尧舜汤武，皆经我删述，便显得我是圣人。如《中说》一书，都是要学孔子。《论语》说泰伯‘三以天下让’，它便说陈思王善让；《论语》说‘殷有三仁’，它便说荀氏有二仁。又提几个公卿大夫来相答问，便比当时门人弟子。正如梅圣俞说：‘欧阳永叔它自要做韩退之，却将我来比孟郊！’王通便是如此。它自要做孔夫子，便胡乱捉别人来为圣为贤。殊不知秦汉以下君臣人物，斤两已定，你如何能加重！《中说》一书，固是后人假托，非王通自著。然毕竟是王通平生好自夸大，续《诗》续《书》，纷纷述作，所以起后人假托之故。后世子孙见它学周公孔子学不成，都冷淡了，故又取一时公卿大夫之显者，缵缉附会以成之。毕竟是王通有这样意思在。虽非它之过，亦它有以启之也。如世人说坑焚之祸起于荀卿。荀卿著书立言，何尝教人焚书坑儒？只是观它无所顾藉，敢为异论，则其末流便有坑焚之理。

然王通比荀、扬又夐别。王通极开爽，说得广阔。缘它于事上讲究得精，故于世变兴亡，人情物态，更革沿袭，施为作用，先后次第，都晓得；识得个仁义礼乐都有用处。若用于世，必有可观。只可惜不曾向上透一著，于大体处有所欠阙，所以如此！若更晓得高处一著，那里得来！只细看它书，便见他极有好处，非特荀、扬道不到，虽韩退之也道不到。韩退之只晓得个大纲，下面工夫都空虚，要做更无下手处，其作用处全疏，如何敢望王通！然王通所以如此者，其病亦只在于不曾子细读书。他只见圣人有个六经，便欲别做一本六经，将圣人腔子填满里面。若是子细读书，知圣人所说义理之无穷，自然无工夫闲做。他死时极后生，只得三十余岁。它却火急要做许多事。”

或云：“若少假之年，必有可观。”曰：“不然，它气象局促，只如此了。他做许多书时，方只二十余岁。孔子七十岁方系《易》，作《春秋》，而王通未三十皆做了，圣人许多事业气象去不得了，宜其死也。”又曰：“《中说》书，如子弟记它言行，也煞有好处。虽云其书是后人假托，不会假得许多，须真有个人坯模如此，方装点得成。假使悬空白撰得一人如此，则能撰之人亦自大有见识，非凡人矣。”（以上卷一百三十七，第3255—3257页）

三代之书诰诏令，皆是根源学问，发明义理，所以灿然可为后世法。如秦汉以下诏令济得甚事？缘他都不曾将心子细去读圣人之书，只是要依他个模子。见圣人作六经，我也学他作六经。只是将前人腔子，自做言语填放他腔中，便说我这个可以比并圣人。圣人做个《论语》，我便做《中说》。如扬雄《太玄》《法言》亦然，不知怎生比并！某尝说，自孔孟灭后，诸儒不子细读得圣人之书，晓得圣人之旨，只是自说他一副当道理。说得却也好看，只是非圣人之意，硬将圣人经旨说从他道理上来。（卷一百三十七，第3258页）

问扬雄。曰：“雄之学似出于老子。如《太玄》曰：‘潜心于渊，美厥灵根。’测曰：‘潜心于渊，神不昧也。’乃老氏说话。”问：“《太玄》分赞于三百六十六日下，不足者乃益以《踦》《嬴》，固不是。如《易》中卦气如何？”曰：“此出于京房，亦难晓。如《太玄》中推之，盖有气而无朔矣。”问：“伊川亦取雄《太玄》《中说》，如何？”曰：“不是取他言，他地位至此耳。”（卷一百三十七，第3259页）

先生令学者评董仲舒、扬子云、王仲淹、韩退之四子优劣。或取仲舒，或取退之。曰：“董仲舒自是好人，扬子云不足道，这两人不须说。只有文中子韩退之这两人疑似，试更评看。”学者亦多主退之。（卷一百三十七，第3260页）

立之问：“扬子与韩文公优劣如何？”曰：“各自有长处。文公见得

大意已分明，但不曾去子细理会。如原道之类，不易得也。扬子云为人深沈，会去思索。如阴阳消长之妙，他直是去推求。然而如《太玄》之类，亦是拙底工夫，道理不是如此。盖天地间只有个奇偶，奇是阳，偶是阴。春是少阳，夏是太阳，秋是少阴，冬是太阴。自二而四，自四而八，只恁推去，都走不得。而扬子却添两作三，谓之天地人，事事要分作三截。又且有气而无朔，有日星而无月，恐不是道理。亦如孟子既说'性善'，荀子既说'性恶'，他无可得说，只得说个'善恶混'。若有个三底道理，圣人想自说了，不待后人说矣。看他里面推得辛苦，却就上面说些道理，亦不透彻。看来其学似本于老氏。如'惟清惟静，惟渊惟默'之语，皆是老子意思。韩文公于仁义道德上看得分明，其刚领已正，却无他这个近于老子底说话。"

又问："文中子如何?"曰："文中子之书，恐多是后人添入，真伪难见，然好处甚多。但一一似圣人，恐不应恰限有许多事相凑得好。如见甚荷蒉隐者之类，不知如何得恰限有这人。若道他都是妆点来，又恐妆点不得许多。然就其中惟是论世变因革处，说得极好。"又问："程子谓'扬子之学实，韩子之学华'，是如何?"曰："只缘韩子做闲杂言语多，故谓之华。若扬子虽亦有之，不如韩子之多。"

扬子云、韩退之二人也难说优劣。但子云所见处，多得之老氏，在汉末年难得人似它。亦如荀子言语亦多病，但就彼时亦难得一人如此。子云所见多老氏者。往往蜀人有严君平源流。且如《太玄》就三数起，便不是。《易》中只有阴阳奇偶，便有四象：如春为少阳，夏为老阳，秋为少阴，冬为老阴。扬子云见一二四都被圣人说了，却杜撰，就三上起数。

𣆶问："温公最喜《太玄》。"曰："温公全无见处。若作《太玄》，何似作历？老泉尝非《太玄》之数，亦说得是。"又问："与康节如何?"曰："子云何敢望康节！康节见得高，又超然自得。退之却见得大纲，有七八分见识。如原道中说得仁义道德煞好，但是他不去践履玩味，故见得不精微细密。伊川谓其学华者，只谓爱作文章。如作诗说许多闲言语，皆是华也。看得来退之胜似子云。"（以上卷一百三十七，第3260—

3262 页）

扬子云出处非是。当时善去，亦何不可？

问：“扬子‘避碍通诸理’之说是否?”曰：“大概也似，只是言语有病。”问：“莫不是‘避’字有病否?”曰：“然。少间处事不看道理当如何，便先有个依违闪避之心矣。”（以上卷一百三十七，第 3264 页）

扬子云谓南北为经，东西为纬，故南北为纵，东西为横。六国之势，南北相连则合纵；秦据东西，以横破纵也。盖南北长，东西短，南北直，东西横，错综于其间也。（卷一百三十七，第 3624 页）

问《离骚》《卜居》篇内字。曰：“字义从来晓不得，但以意看可见。如‘突梯滑稽’，只是软熟迎逢，随人倒，随人起底意思。如这般文字，更无些小窒碍。想只是信口恁地说，皆自成文。林艾轩尝云：‘班固扬雄以下，皆是做文字。已前如司马迁司马相如等，只是恁地说出。’今看来是如此。古人有取于‘登高能赋’，这也须是敏，须是会说得通畅。如古者或以言扬，说得也是一件事，后世只就纸上做。如就纸上做，则班扬便不如已前文字。（卷一百三十九，第 3297—3298 页）

林艾轩云：“司马相如赋之圣者。扬子云班孟坚只填得他腔子，佐录作“腔子满”。如何得似他自在流出！左太冲张平子竭尽气力又更不及。”（卷一百三十九，第 3300 页）

《宾戏》《解嘲》《剧秦》《贞符》诸文字，皆祖宋玉之文，《进学解》亦此类。阳春白雪云云者，不记其名，皆非佳文。（卷一百三十九，第 3300 页）

论扬子事莽之罪（答尤延之）

此段谓扬雄畏死贪生，而其迹不免于诛绝之罪。

垂论扬雄事，足见君子以恕待物之心。区区鄙意，正以其与王舜之徒所以事莽者虽异，而其为事莽则同，故窃取赵盾许止之例，而概以莽臣书之，所以著万世臣子之戒，明虽无臣贼之心，但畏死贪生而有其迹，则亦不免于诛绝之罪。此正《春秋》谨严之法，若温公之变例，则

不知何所据依。眊学愚昧，实有所不敢从也。（朱熹撰，滕珙编《经济文衡》后集卷十二，《四库》第704册，第214页）

论纲目书扬雄荀彧之法 （答尤延之）

此段专论扬雄、荀彧二事。

蒙教，扬雄、荀彧二事，按温公旧例，凡莽臣皆书死，如太师王舜之类，独于扬雄匿其所受莽朝官称，而以卒书，似涉曲笔，不免却按本例书之曰“莽大夫扬雄死”，以为足以警夫畏死失节之流，而初亦未改温公直笔之正例也。荀彧是汉侍中光禄大夫，而参丞相军事，其死乃是自杀，故但据实书之曰某官某人自杀，而系于曹操击孙权至濡须之下，非故以彧为汉臣也。然悉书其官，亦见其实汉天子近臣，而附贼不忠之罪，非与其为汉臣也。此等处，当时极费区处，不审竟得免于后世之公论否。胡氏论彧为操谋臣，而劫迁九锡二事，皆为董昭先发，故欲少缓九锡之议，以俟他日徐自发之。其不遂而自杀，乃刘穆之之类。而宋齐丘于南唐事亦相似，此论窃谓得彧之情，不审尊意以为如何。（《经济文衡》后集卷二十三，第293页）

［按］袁枚《随缘随笔》卷三有“《纲目》非朱子所作”云：“《纲目》非朱子所作，乃门人赵师渊所为，朱子文集中已言及之。盖朱子方责文中子作《元经》拟《春秋》之妄，岂肯躬自蹈之。”若如其说，则所谓“莽大夫”之称，未必是朱子本意。

韩彦直（1131- 1194）

《宋史》卷三百六十四：“彦直字子温。生期年，以父任补右承奉郎，寻直秘阁。……尝摭宋朝事，分为类目，名《水心镜》，为书百六十七卷。”

吕氏春秋序（节录）

士之传于天下后世者，非徒以其书。夫子之圣，则书宜传；孟子亚圣，则书宜传。过是而以书传者，老聃以虚无传，庄周以假寓传，屈原以骚传，荀卿以刑名传，司马迁以史传，扬雄以《法言》传，班孟坚以续史迁传，然概之孔、孟，宜无传而皆得并传者，其人足与也。（黄震《黄氏日钞》卷五十六，《四库》第708册，第421页）

陈　造（1133- 1203）

《宋史翼》卷二十九："陈造字唐卿，高邮人。年二十五始知为儒，贫不能自振，妻张氏，富室也，捐所有以左右所无。年三十四登乙未科，调繁昌尉，改平江府教授。……晚年自号江湖长翁，有集四十卷。其诗文居今笃古，一洗南宋纤巧俚俗之病，卓然自立于颓波之外。"

答宝应赵秀才书（节录）

兄所言敬悉，其凡始而自信，已而自疑，继而自悔，悔而改其图，似矣。前辈之用力也，独惜其未善既悔之后也，既悔之后，进道之机也，可不审乎？夫学之进也以疑，业之建也以悔，可信也而不疑也、不悔也，夫何议？不然，害道深矣。告子之不动心，先乎孟子，而义外之惑不能自克。《太玄》《法言》，扬子云得之深者，乃在不为雕篆之后。使告子而自致其疑，当不愧孟子。使子云安于童子之技，是枚乘、相如而止耳。兄能舍其旧而图新，其必有所得矣。前辈之所用力，恐亦如是。（《江湖长翁集》卷二十六，《四库》第1166册，第330页）

题荀子

理以文为显晦，而其浑厚之气，严密之法，至西汉始衰。西汉似未衰也，校之先秦书有间矣，虽谓之衰可也。书出乎秦之前，六经之外，惟孟、荀理之寓乎文，浑厚严密，与经表里。其他书，言非不工，然不自儒出，故舛驳杂乱，过目之具尔，习之则疵吾学。荀子之书，违道百一，孟氏之流欤。扬雄固多愧，况王通氏乎。予穷经攻文也久，知玩是书。而此本字大少差，甚快老境。姑齐其句读，藏示子孙，有未善未能以意断者甚多，此则有待焉。（《江湖长翁集》卷三十一，第393－394页）

吴门芹宫策问（节录）

问：曹沫之劫盟，程杵之立赵孤，古传之，而左氏史官也，为《春秋》立传，不闻笔此。扬子云投阁之事，汉史书之甚著而可信，先儒乃疑其无有。夫信所可信，置其所不当信，学者急务，则左氏不书三子于传，先儒疑投阁之说，学者孰从？

问：书荡于秦，汉四百年文物浸盛，而君子之论文章，取西汉而已，至东京不论也。夫自秦而汉，学者伸于久郁，宜其文之盛。文之浸盛，宜见于积久。东京继西汉而治，宜其愈盛而遽衰，何欤？西汉之文信盛矣，韩退之以孟、荀之学去取千古，其于二百余年之文，又特取司马迁、长卿、刘向、扬雄而不及其他。西汉文士未可一二数，载于传可考也，其文似非后世所及，而退之去彼取此，其意安在？退之之文，其视四子果能伯仲否耶？较之西京多士，其果足傲睨而陵踔乎？班固为西京之书，其继史迁似不甚多愧，退之犹不比数，其意非例以东京待之耶？诸君读班史熟矣，其不及四子者安在？使退之秉西京之笔，将不止如固乎？试商榷之。

问：仲尼化工六经，日月也，古今莫加损焉。去仲尼既远，孟子乃著书明道，孟子非得已者，使其为颜子，则书不必作可也。有圣人为之依归，有六经为之讲贯，于是焉又为之书，非赘且僭欤？或劝退之著书，退之辞焉，曰："俟五六十为之。"然卒不著书也。自今观之，何害为退之？扬子《法言》、文中子《中说》，皆拟《论语》而作，议者讥之。然雄既死而《法言》盛传，通虽死《中说》终不甚显。世犹以家教嗤之，二子之书传否显晦，其优劣竟安在？雄之书，爱者惟侯芭、桓谭，二子非能轻重世者，而王氏之门人皆唐初卿相大臣，其传否显晦似不应如今所见也。如何三子之著书与否，得失优劣又如何？并陈之。（《江湖长翁集》卷三十三，第420—423页）

沈作喆（1135进士）

《（光绪）归安县志》卷三十六："沈作喆，字明远，丞相该之侄，归安人，绍兴五年进士。……屏居山中，每闭阁焚香，凝神著书。或引接名流，剧谈名理；或觞咏自娱，一斗径醉。撰《己意》若干卷，《寓简》十卷，《寓山集》三十卷。"

子云自欺*

《易》曰："知几其神。"此盖圣人不言之妙。而扬雄言"先知其几于神"，或问"先知"，曰"不知"。是真不知也，子云之自欺如此。（《寓简》卷一，《丛书集成》初编本，中华书局1985年版，第8页）

扬雄之姓*

杨修《笺》云："修家子云，老不晓事，强作一书，悔其少作。"予按，杨震，弘农华阴人，震子秉，秉子赐，赐子彪，皆为汉三公，彪实

生修。而扬子云自序云："五世传一子雄，无它扬于蜀。"而雄又无子，盖子云乡里姓氏，为蜀之扬，非华阴之杨也。修乃谓其家子云，何哉？高祖曰："娄者，刘也。"殆类是夫？（雄之扬从才，修之杨从木。）（《寓简》卷三，第18页）

贤者无后*

扬雄无子明白，而王逸少《问蜀都帖》云："闻谯周有孙，不知严君平、司马相如、扬子云皆有后否？"似误问也。意者好贤之心，欲其有后耶？君平、相如，其后亦不复见，可为之叹息也。（《寓简》卷四，第29页）

扬雄作符命*

扬子云作符命，显是隳丧大节，夫复何言？而后之儒者，巧为曲说，欲以拉拭解免其恶，是教人臣为不忠也。时人为之说曰："爰寂寞，自投阁；爰清净，作符命。"盖取其语而反之，言寂寞顾投阁，清净顾为符命耶？讥其反道败德，身为乱阶，而盗寂净之虚名耳。（《寓简》卷四，第29页）

王安石尊扬*

王介甫不以刘子政爱君忧国深切为忠，而以扬雄《剧秦美新》为善，是欲使刘氏以天下予莽，而雄之事叛逆为无罪也。可行乎哉！（《寓简》卷八，第61页）

蔡元定（1135- 1198）

蔡元定字季通，建州建阳人。生而颖悟，八岁能诗，日记数千言。父发，博览群书，号牧堂老人，以程氏《语录》、邵氏《经世》、张氏《正蒙》授元定，曰："此孔、孟正脉也。"元定深涵其义。既长，辨析益精。登西山绝顶，忍饥啖荠读书。……元定于书无所不读，于事无所不究。义理洞见大原，下至图书、礼乐、制度，无不精妙。古书奇辞奥义，人所不能晓者，一过目辄解。熹尝曰："人读易书难，季通读难书易。"……

其平生问学，多寓于熹书集中。所著书有《大衍详说》《律吕新书》《燕乐》《原辩》《皇极经世》《太玄潜虚指要》《洪范解》《八阵图说》，熹为之序。（《宋史》卷四百三十四《儒林传》，第12876—12876页）

李孟传（1136- 1219）

《宋史》四百一："李孟传字文授，资政殿学士光季子也。光谪岭海，孟传才六岁，奉母居乡，刻志于学。……进直宝谟阁，致仕，卒，年八十四。常诫其子孙曰：'安身莫若无竞，修己莫若自保。守道则福至，求禄则辱来。'有《盘溪集》《宏词类稿》《左氏说》《读史》《杂志》《记善》《记异》等书行世。"

刻方言后序

西汉氏古书之全者，如《盐铁论》、扬子云《方言》，其存盖无几。《盐铁论》，前辈每恨其文章不称汉氏，唯《方言》之书最奇古。孟传顷闻之，曾文清公尝以三诗答吕治先，有云："伤心昨夜杯中物，不对王郎对影斟。"紫微吕居仁次韵云："书来肯际铜鱼使，记我今年病不斟。"

自注云："出子云《方言》。"今所在锓板，辄误作"病不禁"。此书世所有而无与是正，知好之者少也。山谷诗云"追随富贵劳牵尾"，乃用《太玄经》语。绍兴初，胡少汲、洪玉父、李文若诸人校黄诗刊本，乃误作"荣牵尾"，自此他本遂承误。"郁苍苍"三字文人多爱之，亦或鲜记其出于《太玄》。大抵子云精于小学，且多见先秦古书，故《方言》多识奇字，《太玄》多有奇语，然其用之亦各有宜。子云诸赋多古字，至《法言》《剧秦》所用则无几，古人文章盖莫不然。西汉一书唯相如、子云等诸赋，韩退之文唯《曹成王碑》，柳子厚自《骚词》《晋问》等，他皆不用古字。本朝欧文忠、王荆公、苏长公、曾南丰诸宗工文章，照映今古，亦不多用古字。得非以谓古文奇字声形之学，虽在所当讲，而文律之妙则不专在是，若有意用之，或反累正气也邪？学者要知所以用之，当其可则尽善耳。

今《方言》自闽本外不多见，每惜其未广。予来官寻阳，有以大字本见示者，因刊置郡斋而附以所闻一二，盖惜前辈之言久或不传也。庆元庚申仲春甲子，会稽李孟传书。（《方言》卷末，《四库》第 221 册，第 380 页）

［按］庆元庚申即南宋宁宗庆元六年，公元 1200 年。

陈　善（？－1185）

《潮溪先生小传》："陈善，字子兼，福州罗源县人……时秦桧当国，子兼慷慨言论，慕何蕃、陈东之为人，尝力诋和议议为非，是不徇俗俯仰浮湛。有司心雅惜子兼，畏权臣卒不敢取，以故不屑效一官。子兼亦不以得丧喜戚动其心，拂衣竟归，杜门读书，自孔孟氏至子史百家，佛老阴阳，卜筮农圃之说，无不精诣。"按，此陈善自传。

司马迁浅陋

《论语》本无异义，然前世颇有因其言而失之者。司马迁书《伯夷传》，载伯夷叩马而谏父死不葬之语，是因孔子有饿于首阳之事而增益之也。《宰我传》载宰我与田常作乱事，是因孔子有予也无三年爱于父母之说而妄意之也。迁于著述勤矣，然其为人浅陋不学，疏略而轻信，多爱而不能择，故其失如此。予独喜孟子于伊尹不信割烹，于百里奚不信食牛，于孔子不信侍人瘠环之事，辨证甚明，过迁远甚。然于《论语》亦不能无失。孔子曰“管仲之器小哉”，孟子因之，故曰“管仲、曾西所不为”，而不谓孔子以仁许之也。孔子曰“子产惠人也”，孟子因之，故曰“惠而不知为政”，而不谓其有君子之道四也。孔子曰“言必信，行必果，硁硁然小人哉”，意谓必立然诺以为信，必犯患难以为果者，乃所谓小人也。孟子因之，故曰“大人者，言不必信，行不必果”，此则非孔子去食、去兵之意矣。凡此皆因孔子之言而失之者也。孟子犹然，况太史公乎。《论语》曰“为命裨谌草创之草，当与天造草昧之草同”，而《左氏》因之，遂谓“裨谌谋于野则获”。其后扬子云作《法言》以拟《论语》，孔子曰“君子不器”，而扬子便曰“君子不械”，是何等语。此又在史迁下矣，可以发千载一笑。（《扪虱新话》卷二，上海书店出版社 1990 年版）

［按］卷二《左氏傅会论语》，亦言及《左传》误解《论语》事，可参看。

庄子寓言无实

尧让天下于许由，由不受。此《庄子》寓言也，而后世信之。东坡居士曰：“巢由不受尧禅，尧舜不害为至德。夷齐不食周粟，汤武不害为至仁。故孔子不废是说，曰武：‘尽美矣，未尽善也。’扬雄者，独何人，乃敢废此。曰：‘允哲尧禅舜之重，则不轻于由矣’。陋哉斯言，使

夷齐不经孔子，雄亦且废之矣。”予以为不然。

雄之言盖出于《史记》。太史公曰：“尧将逊位，让于虞舜。舜禹之间，岳牧咸荐，乃试之于位。典职数十年，功用既兴，然后授政，示天下重器，王者大统，传天下若斯之难也。而说者曰：尧让天下于许由，由不受，耻之而遁。及夏之时，有卞随务光者，此何足以称焉。”太史公好奇多爱，而不取许由之说，何哉？予观《庄子》言尧舜，又以天下让子州支伯，善卷石户之农，又言尧之师曰许由，由之师曰啮缺，缺之师曰王倪，倪之师曰被衣，此其人名字，与子虚、亡是、乌有无异。故凡庄子所言，若孔子见老子犹龙之语，皆无其实，不可信。（《扪虱新话》卷三）

扬雄不知性与心

扬雄不独不知性，亦自不知心。谁谓心“潜天而天，潜地而地，天地，神明而不测者也。心之潜也，犹将测”？却不似庄子之言曰：“圣人之心，静乎天地之鉴也，万物之镜也。”则是此心大于天地，天地万物固不逃于鉴照者也。又岂待潜天地而后测天地乎？雄惟不知心，故亦不知天地。以心为二于天地，此雄之陋也。《楞严经》曰：一人发真归源，十方虚空悉皆销殒。当知虚空生汝心内，观诸世界在虚空耶。周之言正与此语合。（《扪虱新话》卷三）

扬子《法言》《太玄经》

扬子云《法言》多致意于真伪之际，曰：“观人者审其作辍，为政者核其真伪。”象龙之难于致雨也，尸鹓之不可传翩也。学仲尼者，比之羊质虎皮；行仪秦者，比之凤鸣鸷翰。巫步多禹，而医多卢，则以为托也。此其志在于讥王莽，然吾恐雄亦未免于托。雄作《太玄》以拟《周易》，或者比之吴楚僭王，顾非伪乎？此目睫之论也。（《扪虱新话》卷三）

韩退之谓荀扬未纯

韩退之谓荀扬为未纯，以予观之，愈亦恐未纯，盖有流入异端而不自知者。愈之《原性》，以为喜怒哀乐皆出乎情而非性，则流入于佛老矣。《原人》曰一视而同仁，笃近而举远，则流入于墨氏矣。《原道》非庄周之剖斗折衡，而著论排三器，则与庄周何异？此则愈之未纯也可知。愈辟佛老而事大颠，不信方士而服硫黄，未足多怪。（《扪虱新话》卷三）

［按］《扪虱新话》卷十一有《韩文公参大颠》《韩退之辟佛老》《韩退之服硫黄》等文，可参看。

古人读书灭裂

古人读书，时有灭裂。范武子，士会也，而《古今人表》置士会于中上，列武子于上中。名且未识，能定其高下乎？刘琨诗曰："西狩泣孔丘，仲尼悲获麟。"盖一事而迭用之，是又不知宣圣名字耶？《法言》曰："昔者颜回尝睎夫子矣，正考父尝睎尹吉甫矣，公子奚斯尝睎正考父矣。"此亦子云之误据。正考父本非作颂之人，而公子奚斯者，又但作寝庙而已，何所睎之有？王文考《鲁灵光殿赋》便云"奚斯颂僖，歌其路寝"，此又可笑。然其误已自子云始。（《扪虱新话》卷四）

［按］陈说非是，扬雄多用《鲁诗》，故《法言》有是说也。

唐仲友（1136- 1188）

《两宋名贤小集》卷一百五十八："唐仲友，字与政，金华人。登绍兴进士，复中宏词科。累官知台州府，政声烨然，为同官高文虎所忌，

谮于提举刑狱，劾罢主管武夷冲道观。所著有《六经解》《九经发题》《经史难答》《孝经解愚》《诸史精义》《帝王经世图谱》《乾道秘府群书新录》《天文地理详辨》《故事备要》《词料杂录》《宣公奏议解》《悦斋文集》。”

读十二月卦（节录）

《临》，刚长矣，然犹二阳也；《遁》，阴长矣，然犹二阴也。于二阳之卦，已著“八月有凶”之戒，知《临》之必有《遁》也。于二阴之卦，已著“君子远小人”之象，知《遁》之必至于《剥》也。戒遁尾之厉于初，明肥遁之利于上，言远小人者不可不速且远如此。阳奇而阴偶，君子少而小人多，故君子常难进而易退，小人常易进而难退。是以圣人切于戒君子而急于远小人，于二卦见之。扬雄覃思《太玄》，而自蹈遁尾之厉，投阁符命，危身取辱。其《法言》称蜀庄沈冥、郑子真名震、范蠡肥遁者，皆悔辞也。然“肥遁”君子之事，蠡未足与此。（《悦斋文钞》卷九，《续修》第1318册，第249页）

扬雄最知大衍数*

扬雄最知大衍数者，故《玄·数》曰：“三八为木，四九为金，二七为火，一六为水，五五为土。”《玄·图》曰：“一与六共宗，二与七为朋，三与八成友，四与九同道，五与五相守。”不言五十为土，五与十相守者，知藏五之为大衍也。然则《图》显其十，《书》隐其五，岂圣人之凿吾之私言哉。（《帝王经世图谱》卷一，《四库》第922册，第390页）

［按］朱彝尊《经义考》卷二百六十八《拟经》引唐氏之言，“知藏五之为大衍”作“知藏十之为大衍”，《悦斋文钞》亦据《经义考》作“十”。

吕祖谦（1137- 1181）

《宋史》卷四百三十四："吕祖谦字伯恭，尚书右丞好问之孙也。自其祖始居婺州。祖谦之学本之家庭，有中原文献之传。长从林之奇、汪应辰、胡宪游，既又友张栻、朱熹，讲索益精。"

孟子说（节录）

大抵惟是识圣人者，方始说得圣人分明。若不识圣人者，皆不敢于平常处看圣人。惟孟子识圣人破，故敢指日用平常事言圣人。且如扬子不见圣人，故臆度圣人，乃曰圣人聪明渊懿，冠乎群伦，却把大言语包罗意要，说得圣人著。今若要识圣人，须是把识圣人的人，圣人自说的言语看。如孔子曰"出则事公卿，入则事父兄，丧事不敢不勉，不为酒困"，若把而今人看，止是常事。孔子为孔子，只是如此。大凡常人于习俗之中有味，圣人于冷淡之中有味。圣愚只是倒转过，所以恶旨酒、好善言，然非止此二事，大率当以此推之。（《丽译论说集录》卷七，《四库》第703册，第405—406页）

吴仁杰（1137- 1200?）

《宋元学案》卷六十九："吴仁杰字斗南，一字南英，自号蠡隐。其先洛阳人，居昆山。博洽经史，讲学于朱子之门。登淳熙进士第，历罗田令、国子学录。有《古周易》《洪范辨图》《汉书刊误补遗》等书。"

反　骚

《扬雄传》"摭《离骚》而反之"，颜注："自图累以下言讯屈原者

五。”似以子云为真讥三闾。仁杰按，晁无咎有言，《离骚》得反而始明，摭其文而反之，非反其纯洁不改此度也，反其不足以死而死也。又《法言》有玉莹丹青之答，说者亦谓不予之之辞。按，《逸论语》“如玉之莹”，子云盖用其意。则如莹之如当训为而，爰，易也。丹青，非绘事之谓，盖言丹沙空青。《周官》入玉石丹青于守藏之府是也。子云以为三闾不肯喔咿嚅唲从俗富贵偷安，宁杀身以全其洁如莹，而莹其可变易而为丹青也哉？故玉可碎，莹不可夺。子云之予原，亦孔子予管仲之意欤？《反骚》之作，不以辞害意，则无咎之言为尽之，颜注非是。（《两汉刊误补遗》卷八，《四库》第253册，第881页）

銧　一

《扬雄传》："锐铤瘢耆。"师古曰："锐，箭括也。"张佖云："按字书无锐字，合作銧。"《说文》銧字注云："《周书》冕执銧，今《尚书》冕执锐，疑孔安国时是銧字，后传作锐耳。"仁杰曰："銧、锐、锐三写之误良然，非《说文》存古，则此误不可复正。《文选》亦载此作吮铤，五臣音辞兖切，云稍也。"按，稍与槊同，字书"吮，嗍也"，岂误以嗍为槊耶？颜谓锐为箭括，虽无所据，犹并缘下句金镞之意。至以吮为稍，则愈益无据矣。颜注视五臣之说，固可以五十步笑之。（《两汉刊误补遗》卷八，第881—882页）

太玄仿易图

（图略）

右《太玄》以方洲部家为首，仿《易》六画而成卦也。以初一至上九为赞，仿《易》六位而成章也。首之数綦少而四，綦多而十二，而定为九位焉。老苏先生所谓二者并行而其用各异者也。今之言《易》者，往往合六位与六画为一，闻卦外七爻之说，则为之旷然，观《太玄》而可以知《易》矣。（《易图说》卷二，《四库》第15册，第759—760页）

陈傅良（1137- 1203）

《宋史》卷四百三十四："陈傅良字君举，温州瑞安人。初患科举程文之弊，思出其说为文章，自成一家，人争传诵，从者云合，由是其文擅当世。……著述有《诗解诂》《周礼说》《春秋后传》《左氏章指》行于世。

题张之望文卷后（节录）

温公尝言洛中士大夫渊薮，谈空说性多矣，惟史事无所启口，盖有讥云耳。然公言性，独与扬子云合。自今观扬，孰与孟子？子云博极群书，顾不见已，何哉？（《止斋文集》卷四十一，《四库》第1150册，第823页）

王　炎（1137- 1218）

《宋史翼》卷二十四："王炎字晦叔，婺源人，登乾道五年进士。调明州司法参军，丁母忧，再调鄂州崇阳簿。时南轩张栻帅江陵，闻而器之，檄于幕府，议论相得。……嘉定十一年卒于家，年八十一。所居有双溪，筑亭寄兴，以白乐天自比。所著书有《读易笔记》，《尚书传》，《礼记》《论语》《孝经》《老子》解，《春秋衍义》，《象数稽疑》，《禹贡辨》，《考工记》，《乡饮酒仪》，《诸经考疑》，《编年通纪》，《纪年提要》，《天对解》，《韩柳辨证》，《伤寒论》，总曰《双溪类稿》。"

见张南轩

炎尝闻：学圣人之道，若颜子、曾子，则见而知之；若孟子，则闻

而知之。孟子之后，道之正统绝而不传。由汉以来，士非不学，而所以学者，不以章句而以言语文章。章句之学，胶于陈言而不知古。古人之用心，其以言语文章为重者，亦未能入圣人之门而窥见其奥也。今世论道学，所传学者往往曰：自孟子之后，汉有扬氏，唐有韩氏。然扬子以言语求道，韩子以文章求道。惟以言语求道，故为《法言》，曰吾以拟《论语》也。为《太玄》，曰吾以准《易》也。无西子之美而效其颦，亦增其丑而已矣。惟以文章求道，故为之说曰：《易》奇而《诗》葩，《盘诰》聱牙，而《春秋》谨严，与《庄》《骚》《太史》一概而论之，而六经之旨晦矣。且言语非不可以求道，而道则非言；文章非不可以求道，而道则非文。何者，不落其华，不探其实也。炎之所谓学者，不过举子事业云尔。言语之辨也，文章之工也，而其技极矣，道则未之有见也。（《双溪类稿》卷十九，《四库》第1155册，第641页）

松窗丑镜序（节录）

先秦古书不论，西汉以文名世者，自贾谊始，《政事》一疏、《过秦》一论、《鹏鸟》一赋，笔力顿挫卓诡，此天下杰作也。谊之后文章支而为三，晁错之文出于杂学，主父偃、徐乐、严安似之而广博不及。董仲舒之文出于经术，公孙弘、刘向似之而纯正不及。枚乘、司马相如之文出于楚骚，王褒、扬雄似之而妙丽不及。是三者如淄渑合流而异味，非易牙莫能辨也。（《双溪类稿》卷二十五，第721页）

李如篪（绍兴中人）

《四库全书总目》卷一百二十一《东园丛说提要》云："篪始末未详。据卷首绍兴壬子自序，则括苍人，时为桐乡丞。《正德崇德县志》载宋李如篪，字季牖，崇德人，少游上庠，博学能文，著有《东园丛说》《乐书》行世，晚以特科官桐乡丞。人名、书名、仕履并合，当即其人也。”

生　蓍

《系辞》云：“幽赞于神明而生蓍。”盖能以吉凶得失预晓于人者，神明也。神明不能与人相接，故圣人生揲蓍之法，探神明所为吉凶得失者，以示于人，使人知有避就，故曰“幽赞于神明而生蓍”也。扬雄认错此意，以为圣人有以幽赞于神明而生出蓍草也，故《太玄》云“混浑天地而产蓍”，误矣。（《东园丛说》卷上，《四库》第864册，第189页）

论太玄踦嬴二赞

《易》六十卦三百六十爻，不可增减。《太玄》八十一家七百二十九赞，亦不可增减。《易》以一爻直一日，三百六十爻当期之日。究期之日数，则《易》爻少五日四分日之一，故分一日为八十分，五日四分日之一为四百二十分。六十卦，每卦直六日七分，而周一期矣。《太玄》以两赞直一昼一夜，而验期之日数，则《玄》赞亦少四分日之三。当如《易》，不于卦外增爻。计所少之数，分一日为几分，均该于七百二十九赞之中足矣。乃于首外增《踦》《嬴》二赞。夫不增二赞，则所少者四分日之三；今增二赞，则多于期之日四分日之一。此苏先生所谓四岁而加一日，千岁之后，恐大冬之为大夏者也。蒋永叔《韶音集》进卷中却云：扬雄立两赞，多于期数四分日之一者。日行迟缓，常至后天，故雄多此分数以足周天之度。历数家固有此法，然岂有四岁加一日之理。按，历法至七十五年始加一日也。苏先生云“恐大冬之为大夏”，却又不然。历法七十五年，日退一度而加一日。积至二万余年，亦将大冬之为大夏矣。然自上古至今日之行度，久而必差。故尧时中星，至秦已差半次。自太古至今，其差岂胜计哉。四时不至变乱者，日行自有黄道，

其度虽有差，须至加日，四时初不易也。苏先生是据冬至日在斗度，夏至日在井度，差至于井，则大冬为大夏矣。不知自有黄道之运故也。（《东园丛说》卷上，第192—193页）

诸子言性

先儒尝谓："孔子之言性相近也习相远也，虽有相近之说，而不言其善恶。自孟子始有性善之说，孟子既以为善，故荀卿以为恶。善恶，孟、荀已言之矣，故扬雄以为善恶混。善恶混，扬雄既言之矣，故韩愈以为有上中下三等。起诸子纷纷之论者，盖自孟轲启之。"是说何其浅也！君子之语道，惟其是而已，岂宜求异而自立其说哉？殊不知孟子性善之说，盖本于《易》"继之者善，成之者性"之说，其言当于理，真不易之论也。荀卿之所谓恶者，是以情为性也。扬雄之所谓善恶混者，是以习为性也。韩愈之所谓上中下三等，是以才为性也。皆不明其本。明其本者，惟孟子性善之说为至当。（《东园丛说》卷中，第213页）

陆九渊（1139- 1193）

《宋史》卷四百三十四："陆九渊字子静。生三四岁，问其父天地何所穷际，父笑而不答。遂深思，至忘寝食。……初，九渊尝与朱熹会鹅湖，论辩所学多不合。及熹守南康，九渊访之，熹与至白鹿洞，九渊为讲'君子小人喻义利'一章，听者至有泣下。熹以为切中学者隐微深痼之病。至于无极而太极之辨，则贻书往来论难不置焉。门人杨简、袁燮、舒璘、沈焕能传其学云。"

与符舜功（节录）

见谕新工，足见嗜学。吾尝谓扬子云、韩退之虽未知道，而识度非常人所及，其言时有所到而不可易者。扬子云谓："务学不如务求师。师者，人之模范也，模不模，范不范，为不少矣。"韩退之谓："古之学者必有师，师者所以传道授业解惑也，人非生而知之，孰能无惑？惑而不求师，其为惑也，终不解矣。"近世诸儒，皆不及此，然后知二公之识不易及也。吾亦谓论学不如论师，侍师而不能虚心委己，则又不可以罪师。乘便遽甚，遗此不他及。（《陆九渊集》卷四，中华书局1980年版，第59页）

与彭子寿（节录）

垂示所疑，尤见撝谦之德。圣贤教人，固句句实头，但不可专指操存之说。"操则存"，只是孔子一句，孟子引在"牛山之木常美矣"一章后。试取《孟子》全章读之，旨意自明白，血脉自流通。古人实头处，今人盖未必知也。扬子云再下注脚，便说得不是，此无足怪，子云亦未得为知道者也。（《陆九渊集》卷七，第91页）

与吴斗南（节录）

今世所传揲蓍之法，皆袭扬子云之谬，而千有余年莫有一人能知之者。子云之《太玄》，错乱蓍卦，乖逆阴阳，所谓君不君，臣不臣，父不父，子不子。由汉以来，胡虏强盛，以至于今，尚未反正。而世之儒者犹依《玄》以言《易》，重可叹也。何时合并，以究此理。（《陆九渊集》卷十五，第201—202页）

语录（节录）

扬子云好论中，实不知中。（《陆九渊集》卷三十五，第434页）

龚颐正（1140- 1201）

《建炎以来朝野杂记》卷十二：“龚颐正，字养正，和州历阳人。……颐正本名敦颐，少举进士不第，用洪丞相门客恩，为不理选限登仕郎。尝著《符祐本末》三十卷，又撰《元祐党籍三百九人列传》，所佚者六人而已。”

古人作文皆有依仿

古人作文皆有依仿，司马长卿《大人赋》全用屈平《远游》中语，退之《送穷文》学《逐贫赋》，老杜《杜鹃诗》模写鲍照，荆公作《虎图行》全仿老杜，老杜用元自见来，东坡所以用之。（《芥隐笔记》，《丛书集成》初编本，中华书局 1985 年版，第 23 页）

崔骃宗扬雄

崔骃《达旨》，譬犹衡阳之林，岱阴之麓，伐寻抱不为之稀，蓺拱把不为之数。盖宗扬雄《解嘲》，譬江湖之崖，勃解之岛，乘雁集不为之多，双凫飞不为之少。（《芥隐笔记》，第 24 页）

赵彦卫（1140- 1210）

《直斋书录解题》卷十一：“通判徽州赵彦卫景安，绍熙间宰乌程，有能名。”

六十卦准气候并天度图序（节录）

《易纬》有六日七分之说，巫史附会之学，非圣人之意也，而学者惑之。其说以六十卦为候卦，《坎》《离》《震》《兑》为四至，居中分四时：《震》主春、《离》主夏、《兑》主秋、《坎》主冬；六十卦分四方，主五日一候。卦有六爻，每月分五卦，主六候；五卦之中三十爻，故主一月之日；而候则每候五日，一月六候，故五卦分主六爻。说者以为扬子云之作《太玄》，本《易》者如此。是何窥圣人之浅也！

子云首为卦气，已非夫子之意；且卦气起于《中孚》，为冬至，又当《坎》之初，此说已无理，子云又配之以《中》；卦气以《屯》直小寒，又当《坎》之九二，而《太玄》配以《閑》；卦气以《升》直大寒，又当《坎》之九三，而《太玄》配以《乾》；卦气以《小过》直立春，《玄》亦配以《差》；卦气以《渐》当惊蛰，而《玄》亦配以《锐》。其它仿此，皆强为之说，非理之自然。使直以小寒之卦而直大寒，以大寒之卦而直立春，更相移易，有何不可。殊不知《易》之为义，岂可专以卦气求？其间盖有直可配时、月，确然不可迁易者，如一阳生为《复》，二阳为《临》，三阳为《泰》，四阳《大壮》，五阳为《夬》，六阳为《乾》；一阴为《姤》，二阴为《遁》，三阴为《否》，四阴为《观》，五阴为《剥》，六阴为《坤》。以此配十二月，是岂可更互移易哉！若因此为例，而欲以六十四卦每一爻直一日，则非大《易》之旨矣，不可不辨也。今图于后，以见卦气之谬。（《云麓漫钞》卷一，中华书局1996年版，第3页）

玄 画*

扬子云《太玄》，其卦有作[illegible]者，今观商卦象卣所刻器作[illegible]，盖作[illegible]。一象天，一象地，一象人，其说已见于商。子云多识先秦古书，《太玄》之学，必有自来。（《云麓漫钞》卷三，第51页）

陈　亮（1143- 1194）

《宋史》卷四百三十六："陈亮字同父，婺州永康人。生而目光有芒，为人才气超迈，喜谈兵，论议风生，下笔数千言立就。尝考古人用兵成败之迹，著《酌古论》，郡守周葵得之，相与论难，奇之，曰：'他日国士也。'请为上客。及葵为执政，朝士白事，必指令揖亮，因得交一时豪俊，尽其议论。因授以《中庸》《大学》，曰：'读此可精性命之说。'遂受而尽心焉。"

扬雄度越诸子

天下不知其几人也，古今不知其几书也。人物有细大高下，书有浅深醇疵，所未暇论也。要之，天下不可以无此人，亦不可以无此书，而后足以当君子之论。

伏羲氏始画八卦，假象以明理。更数圣人，设爻立象，推义陈词，以发挥《易》象，使之光明盛大而不可掩，而后天下之开物成务者宗焉，著术数者宗焉，著书立言者宗焉。孔孟盖发挥之大者也。扬雄氏犹惧天下之人不足以通知其变，故因天地自然之数，覃思幽眇，著为《太玄》，以阐物理无穷之妙，天道人事之极。天下之人知其为数而已，而乌知其穷理之精一至于此哉！《法言》特其衍尔，宜乎世人之莫知也。桓谭称其度越诸子，班固取以赞之，则亦不可不极论其故。

自昔圣贤之生于世也，岂以一身之故而求以自见于斯世哉！适会其时，而人道之不可少者待吾而后具，则其责不可得而辞。进而经世，退而著书，亦惟所遇而已矣。六经，待孔子而具者也；七篇之书，待孟子而具者也；荀卿子之书出，而后儒者之事业始发挥于世。彼其时之不可以无此人也，亦不可以无此书也，岂若诸子之譊譊然诵其所闻而求以自见哉！贾生之一书，仲舒之三策，司马子长之记历代，刘更生之传五行，其切于世用而不悖于圣人，固已或异于诸子矣。盖晚而后扬雄出焉。

雄之书，非拟圣而作也。《玄》之似《易》也，《法言》之似《论语》也，是其迹之病也，而非其用心之本然也。不病其迹而推其用心，则《玄》有功于《易》者也，非《易》之赘也。有太极而后有阴阳，故《易》以阴阳而明理；有阴阳而后有五行，故《洪范》以五行而明治道。阴阳五行之变，可穷而不可尽也，而学者犹有遗思焉。则雄之因数明理也，是其时之不可已，而事之不得不然者也。起于冬至而环一岁，以应事物之方来而未已，是其时之可见者也；始于一而终于八十一，以错综无穷之算，是其数之可知者也；从三方之算而九之，并昼于夜，为二百四十有三日，三分其方而以一为三州，三分其州而以一为三部，三分其部而以一为三家，以该括天地之变，是其事之可究者也。其时之可见者如此，其数之可知者如此，其事之可究者又如此，而雄为首、为表、为赞、为测，深入黄泉，高出苍天，大含元气，纤入无伦，文义繁衍，枝叶扶疏。虽一时、一日、一分、一算之间，莫不有至赜之理，无穷之用，开启思虑，发挥事业，通此心于天地万物，而错综阖辟无不自我，性命道德之理乃于时日分数而尽得之，此岂为《太初历》者之所能知哉。此其为书必待雄而后具者也。

天下而未明乎《玄》也，则时日分数之理无往而能得其用，将何以应事物之变而通天地之心？是雄之书虽人道之所不可少，而犹有待于后之君子也。当时之不知可也，后世之不知亦可也。桓谭知之可也，班固知之亦可也。天下而可以无此书，则雄实病之；天下果不可以无此书，则千载之下，雄之心犹一日也。《法言》之书，所以讲论古今，掇拾人物，以旁通其义者也。《玄》尚不知，虽知《法言》，犹不知也。因数以明理，是雄之所以自通于圣人者也，安得而不度越诸子哉！世无皇极之君以大其用，又无道德之望以发越其旨，则桓谭之言亦姑以致其意而已，岂敢自谓有补于雄哉！

呜呼，天地万物之理未尝不昭然也。更圣越贤，苟可以互明其理者无所不用其极，而天下之人犹未尽赖其用，则诸子之譊譊真可谓候虫之自鸣自止者也。故曰：天下不可以无此人，亦不可以无此书，而后足以当君子之论。（《陈亮集》卷九，中华书局1987年版，第98—100页）

[按] 王应麟《困学纪闻》卷十七云："'天下不可以无此人，亦不可以无此书，而后足以当君子之论。'又曰：'天下大势之所趋，天地鬼神不能易，而易之者人也。'此龙川科举之文，列于古之作者而无愧。"按，陈亮于绍熙四年（1193）殿试对策，宋光宗亲擢其为第一，然此次策问重在礼乐刑政之要，陈亮则以君道师道答之，故《扬雄度越诸子论》，或是陈亮早年科举之文。

袁 燮（1144- 1224）

《宋史》卷四百："袁燮字和叔，庆元府鄞县人。生而端粹专静，乳媪置盘水其前，玩视终日，夜卧常醒然。少长，读《东都党锢传》，慨然以名节自期。入太学，登进士第，调江阴尉。……燮初入太学，陆九龄为学录，同里沈焕、杨简、舒璘亦皆在学，以道义相切磨。后见九龄之弟九渊发明本心之指，乃师事焉。每言人心与天地一本，精思以得之，兢业以守之，则与天地相似。学者称之曰洁斋先生。"

太 玄

问：昔扬雄氏覃思《易经》，作《太玄》以准之，分三方、九州、二十七部、八十一首，而系之以七百二十九赞，亦可谓精微矣。其为首也，始于《中》，准《易》之《中孚》。次以《周》，准《易》之《复》也。冬至之日，阳气方萌，历七日而得《周》之次四，盖"七日来复"之义。然《易》所谓七日者，犹《豳诗》"一之日"云尔，谓月也，非日也。《玄》以一首当四日有半，则所谓七日者，讵可以为月乎？日而非月，亦甚戾于《易》之"七日来复"矣，安在其为准耶？

孟喜六日七分之说，去《坎》《离》《震》《兑》，止六十卦，以当三百六旬之数。复以七分推之，而始得与周天之度合。雄之《太玄》增六十四卦为八十一首，首当四日有半，凡三百六十四日有半。而八十一首已周，加《踦》《嬴》二赞，而始得与六日七分之说合。所谓得《易》之道，备历之数者，盖如此。夫其数即孟氏之六日七分，而其为首多于《易》卦者凡十有七，何其若是之不同欤？孟氏之《易》，虽自名家，然赵宾以箕子为万物荄滋，诡诞不经。自云受诸孟喜，其诬若是。而六日七分之说，《玄》实用焉，何欤？眉山苏氏亦有疑于《踦》《嬴》二赞，且云四岁而加一分，千岁之后，吾恐大冬之为大夏也。此其言果足以箴《玄》之失欤？《玄》之九赞，拟《易》之六爻也。爻合金、木、水、火为一，而土为二，赞分金、木、水、火为二，而土为一，胡为而不类？《玄》之揲，发于阳家，则一三五七九为昼，二四六八为夜。于阴家，则一三五七九为夜，二四六八为昼，胡为而有别？《易》之蓍策，本于大衍而虚其一。《玄》之蓍策，本于天地而虚其三，其不同若是，而谓之准《易》，可乎？六日七分之说，一行非之。牵牛起度之说，刘洪辈又訾之。岂其果有所未尽欤？

司马温公之《潜虚》，盖拟《太玄》也。冬至之气始于元，犹《太玄》之七日来复也。转而周三百六十四变，变直一日，乃授于余而终之，犹《太玄》之《踦》《嬴》也。然空虚之学，六经所无有，儒者所不道。今曰皆祖于虚，其信然欤？既自虚而为气、为体、为质、为名、为行、为命，又自虚而为形、为性、为动、为情、为事、为德、为家、为国、为政、为功、为业，何其多端也？余曷为而无变，齐曷为而无位？性之十纯，曷为复以配而列于其间？自裒至散，何以为先后之序？自王至庶人，何以为尊卑之象？扬与司马，皆一世大儒，立言垂训，宜其坦然易见。今难知若此，其究言之。（《挈斋集》卷六，《四库》第1157册，第67—68页）

叶　适（1150- 1223）

《宋史》卷四百三十四："叶适字正则，温州永嘉人。为文藻思英发。擢淳熙五年进士第二人，授平江节度推官。……至宝文阁学士、通议大夫。嘉定十六年，卒，年七十四，赠光禄大夫，谥文定。"

扬雄太玄

《易》曰："复其见天地之心乎！"又曰："圣人之情见乎辞。"《易》之为道也，有以见天地之心；后世之为《易》也，有以见圣人之情。天地之间，杂剥解散，更逝迭移，孰能测之哉？其所以相维而不去，不相待而相为使者，圣人有以见其心也。故圣人之所以得其心也，皆见乎书；后世之人，徒私以其情求之，而不能见圣人之情。夫不见圣人之情，而天地之心尚奚得焉！故其书仅存而道不明。夫模阴阳，测宇宙，绵络内外，出入万物，此几足以求圣人之情与天地之心矣。虽然，未也。

扬雄为《太玄》以准《易》，世多讥之。《易》准天地而得天地，《玄》准《易》也，几得《易》也。得《易》而得天地矣，夫何伤，而又奚讥焉？天下患《易》之难知也，庶乎因《玄》而通之。今考其书，以求圣人之意而不得者三焉。非以病《玄》也，求通乎《易》而已矣。

数起乎一，转入于万物，其往无穷，分而为二十四节以应寒暑，其候杂而无差焉。是星官历师能之，而非圣人之所以为《易》也。分之，挂之，揲之，扐之，有祸有福，有从有违，是有《易》者之事，而非圣人之所以为《易》也。《玄》曾足以准之乎？天地之与人也，杂糅众大，惚然而不相及也。幽而不明，微而不章，浑沦而不能知，是其初也。圣人以为何以治之，夫是以见其要而执其纪，而名之为《易》。夫其杂揉众大、幽微浑沦者，皆《易》也，而后天地之道粲然矣。于是立之卦以告之，重之画以明之，以为其所以《易》者如是也。探鬼神之赜而出之，钩阴阳之动以陈之，以为是卓然而不可惑也。聚九州四海之珍，藏于一人之耳目而使得兼焉，将以明己也，非以炫己也。然则圣人之所以为《易》者，明天下而已矣。其义明，其辞微。天下见其辞之微而真以为不可识也，而不知其所以明之也。今夫《玄》之书，起冬至之首而终于《养》，备一岁之辞，循而索之，若贯珠焉，是未始不明也。而其名曰《玄》何也？其言曰："天以不见为玄，地以不形为玄，人以腹心为玄。"又曰："晦其位而冥其畛，深其阜而渺其根，攘其功而幽其所以然。"呜呼！得之矣。彼固以为圣人之《易》者，期于天下之不能明也；则吾之所谓《玄》者，亦期乎天下之不能明而已矣。是以出乎罔，入乎冥，其思莹莹，莫见其情。且《易》之明也而天下晦之，《易》之显也而天下隐之，此圣人之所痛也。今顾而得《玄》焉，是其准《易》也，而微若是乎！噫乎！《易》其愈微乎！然则《易》之不明，《玄》佐之也，是其不得者一也。

卦之有八也，是文字所以从生也，时也，义也，德也。其为六十四卦也，犹其为八也。《彖》以实之，《象》以形之，《爻》以备之，所以明其义之必然也。圣人之与愚夫愚妇，上古之与后世，皆用之而不能违者也。六十四合而《易》可见，《易》见而天地可准也。以正以反，以冬以夏，错出而致其顺焉而已耳。今夫《玄》之有八十一也，其所以明名是首者何也？岂将以助天下后世之用，使之若用《易》之六十四者也？抑徒以自记其阴阳之候而已者也？为历则无以其义，为义则无以其历。且其名也，杂取于文字之余而非其要，则天下之人有不能用也。其道顺，其词逆，其使天下之人由于其中以至于其养者也。《易》以逆为顺，故天下能从之；《玄》以顺而求其不敢逆也，则惧夫天下之不能也；是其不得者二也。

名之为《易》者，上古之圣人也，道也；卦，伏羲也；重文王也；彖，孔子也。盖圣人之始作也，自以为名；而后世犹患其微，是以圣人更起而名之。至于孔子，以为足矣，然而不终于《既济》，而终于《未济》，所以见《易》之无穷也。后有作者，庸讵知焉！今夫雄之为《玄》也而已名之，参摹四分而已首之，及表，及赞，及《测》《冲》《错》《莹》《摛》《文》《告》，凡《易》之词无所不具。以一人之思而备群圣

人之力，是其所以为准《易》者耶？虽然，此既济之《易》耶？此未济之《易》耶？言既济者，使之愈明而不愈微；言未济者，其略可也，而何若是之详焉！是其不得者三也。

噫！雄之为书劳矣。（《叶适集》卷六，中华书局 2010 年版，第 713—715 页）

论荆轲*

荆轲，论者多异。扬雄言“轲者谓孟轲，若荆轲，君子盗诸”！二轲名偶同，奚因是进孟以黜荆，雄陋甚矣！孟子曰：“残贼之人，谓之一夫。闻诛一夫纣矣，未闻弑君也。”孟子特为战国之君立此义，盖恶夫贼仁义者尔。始皇为封豕长蛇，荐食天下，天下之人得同起而诛之，轲功虽不成，其志壮矣。（《习学记言序目》卷十八，中华书局 1997 年版，第 259 页）

扬雄传*

扬雄《自序》：“默而好深沉之思。”庸人之思，病乎浮浅，故雄有此论。然古人论理，至思而止，理之所不至者，非思也，更不计浅深。今于思上更有沈深工用，即是思之所不止者而后为理。如《太玄》乃理之过，学者所不当法也。

又言“不修廉隅以徼名当世”。雄清静恬淡，不汩没于欲利，则世俗淫夸垢污之贱，岂复有之，固不待修饰矣。然士之厉志操，明好恶，言必信，行必果，皦然以自号于世而为户庭者，此其所谓廉隅而可以取名者也。虽然，止于是而已矣，故子贡曰：“譬之宫墙，赐之墙也及肩。”雄自以为不止于是，故其言如此。然学者或不解，因雄之言，而以为小廉小行皆不足修，淫夸垢污无害于道也，则其误大矣。

文词之变，始于屈原，衍于相如，文士之所慕效也。至扬雄辟而广之，将一变至道，故为《反离骚》。然原之本指，雄或未达也，余既数言之矣。自立于浅而不足以知人之深，固学者之大患；自处于深而不知人之未易以浅量也，则其患盖有甚矣。

王莽以文章制作成篡，雄居其间，既不为用，复不见忌，优游散职，终老其身，著书立言，名垂于后。然世之论雄者多异说，孔子不作，而贤不肖莫知所定，此岂足为雄重轻哉！如其浮云富贵，敝屣废兴，以莽贤为虚舟，视尤歆如土梗，伯夷之不降志，柳下惠之不去，蘧伯玉之愚，颜渊之乐，兼有之矣。（《习学记言序目》卷第二十三，第329—330页）

太 玄

《太玄》虽名幽深，然既称“枝叶扶疏，独说十余万言”，侯芭又受其辞，则是雄所以作之意，固尝晓然号于人，使皆可识，不为甚难明也。至宋衷、陆绩、范望，乃皆创立注释，若昔未尝闻知者。如首名以节气起止，赞义以五行胜克，最为此书要会。不知自雄及芭亲相传授已如此耶？或旧语果零落，而衷、绩等方以意自为参测也？以位当卦，以卦当日，出于汉人；若夫节候晷刻，推其五行所寄，而吉凶祸福死生至《玄》而益详，盖农工小人所教以避就趋舍者。雄为孔氏之学，其书将经纬大道，奈何俯首效之？且未有求其小而能得其大也，惜乎其未讲矣！

《连山》《归藏》，雄时固应有完书，然《左氏》已不道，《八索》，《左氏》所记，孔安国亦言之，则汉世犹存也。安国又言“孔子赞《易》道以黜《八索》”，则《八索》义当与孔氏绝异。所谓《十翼》者，独《彖》《象》为孔子之文，其他或先或后皆非也，然皆自附于孔氏。司马迁固不能辨，而刘向父子与雄尤笃信之；及班固取《七略》以志《艺文》，百世之后，虽有豪杰特出之士，心不能思，智不能虑，涤胶以漆，妄为清明，而孔氏之学榛棘蔽路矣。嗟夫！雄虽误后世，而自误亦岂少哉！古人有作无述，孔氏有述无作；《彖》《象》，述也，非作也。雄不能知，以为《彖》《象》者作而已，故既首之，复自赞之，又自测之，

述作杂而纪法乱，自误一也；言一而已，有精者无粗也，有深者无浅也，《十翼》非一人之言也，浅深精粗，宜其不同，雄既以为皆孔氏之书矣，故或《冲》或《错》，或《摛》或《莹》，一书而异其言者十数，自误二也；《易》之始，有义而已，义立而后数从之，今之所谓数者，非《易》之初也，雄见其已成，而谓为《易》者必先数而后义，故研精殚智于历而后《玄》始成，不知数既立则义岂复有哉！自误三也。

《十翼》言大衍“分而为二以象两，挂一以象三”，至可与酬酢佑神，盖赞筮占有此功用，虽已卑浅，然乃筮人所为，不言《易》当自为也。雄不悟，遂为假《太玄》自著揲法。近世司马氏拟《玄》为《虚》，专以五行起数，而亦先以揲法示人，其词义乃类连珠，比《玄》尤狭劣矣。按《易》之始，其义有阳而未有阴，其物有天而未有地；及其阳而阴之，初虚取诸风，中虚取诸火，终虚取诸泽；阴而阳之，初实取诸雷，雷有形。中实取诸水，终实取诸山；画起于一，物莫先于天，故象天，天尊，阳也；二之则象地，地卑，阴也。及自阳为阴，自阴为阳，始有虚实之辨。取物以配义，义立而物隐。《连山》《归藏》既不存，不知其为义为物。今《易》卦及彖象，皆不以物而以义，盖其简直易知如此。《十翼》所谓“帝出于《震》，齐于《巽》，相见于《离》”，“天地定位，山泽通气，雷风相薄”，其词前后差重蔓衍，皆说《易》者为之，非《易》之书本然也。况于五行、四时、二十四节，癸甲而计之，晷刻而察之，又远在《十翼》之下数十等，安得为义理所归哉！（《习学记言序目》卷四十四，第654—656页）

法　言

吾子

因雄论“吾子少而好赋”，见自屈原，尧舜三代之文始变。数百年间，惟章句经生不能工，而通人俊士未有不由此者。至雄方知以上更有事，故谓“孔氏之门用赋，贾谊升堂，相如入室，如其不用何”！其语甚大，乃雄回转关捩处，怀襄浩浩，障止东趋，所以于道有功也。如董仲舒、萧望之、夏侯胜，非不专守经术，然力微势弱，不过仅自立而已。苏氏谓“《离骚》六经之变者，虽与日月争光可也”；又言“贾谊见孔子，升堂有余，不当以赋贬之”。雄正以屈原变六经，而谊未免于用赋，致大道分裂不合，岂苏氏犹未知雄意耶？

“事辞称则经。”按雄所见史，襞积故实，又组绘浮语，使事辞偏重，故《法言》《太玄》欲离此二过，辞必称事，事必称辞，虽然，浅矣。自有文字以来，圣人迭起唐虞夏商间，观其百年数世之远，才只垂数十简，若以为道，则固有非言语所能载；若以为事，则何止胜辞而已！至周乃稍详于前，不独文武成康变故殷烦，周召经营之劳未必倍于伊傅，时近故耳。孔子当坏乱之后，惜其无所统纪，又将随事灭散，是以由唐沿周，极力收补，虽鲁人区区记录，以其犹有系于当世大义亦复为之讨论；而《左氏》又偏采诸国，旁加翼赞。然则孔子之业已成，譬如权衡度量，不可有二，虽更有孔子，其书亦不得为经也，而况《太玄》《法言》乎！

“多闻则守之以约，多见则守之以卓；寡闻则无约也，寡见则无卓也。”按孟子称“博学而详说之，将以反说约”，又言“曾子守约”；荀卿多言博约；颜渊“既竭吾才，如有所立卓尔”；雄酌于颜、孟，故定约卓之论也。义理随世讲习而为准的，诚无后先，然必质于孔子而后不失其正。按孔子“博学于文，约之以礼，亦可以弗畔矣夫”；颜渊自言“博我以文，约我以礼”；则所谓博而约者，礼也。子曰“惜乎吾见其进也，未见其止也”；又曰“譬如为山，未成一篑，止吾止也，譬如平地，虽覆一篑，进吾往也”。古人自修不惰，以山明之，故曰“为山九仞，功亏一篑”；而颜子自言“欲罢不能，既竭吾才，如有所立卓尔”，则所谓卓者，进而不止也。今于多闻多见中欲守以约、卓，而不知约为何实，卓为何形，意择而妄执，则前言满胸而固吝不除，往事溢目而骄肆逾长，是误其所由之途而趋于愚暗尔。子曰：“赐，汝以予为多学而识之者欤？”子贡曰：“然，非与？”曰：“非也，予一以贯之。”一以为学，古圣人未之及也，而独见于孔子。曾子徒唯而子贡疑之；孟子自以为无所不悟，然渐失孔子之意，故博学虽实而反约为虚。至雄析见为卓，而

失之愈甚矣。夫苟得其一，无精粗，无本末，终身由之，安有约、卓之异！不然，则见闻无据而立说以为主，未见其能至道也。

问道

“或问道，曰：‘道也者通也，无不通也。’或曰：‘可以适他欤?’曰：‘适尧舜文王者为正道，非尧舜文王者为他道，君子正而不他。’”“或问道，曰：‘道若涂若川，车航混混，不舍昼夜。’或曰：‘焉得直道而由诸?’曰：‘涂虽曲而通诸夏则由诸，川虽曲而通诸海则由诸。’或曰：‘事虽曲而通诸圣则由诸乎?’”古之言道也，以道为止；后之言道也，以道为始。以道为止者，周公孔子也；以道为始者，子思孟轲也。至雄，则又失其所以始而以无不通为道。夫行者以不得乎道也，故陷于迷；学者以不得乎道也，故趋于谬；是则道者限也，非有不通而非无不通也。道一而已，无正也，无他也，自行而言，车航混混，不舍昼夜，虽不得其道犹至也；自学而言，车航混混，不舍昼夜，苟不得其道皆迷也。奈何并诸子百家之纷纷举以为道，而姑教其惟尧舜文王之适？彼不知其所以适，虽尧舜文王，而不知道犹是也。徐行先长者，曹交乌得而为？性善称尧舜，滕世子何取于信？以其始之易于言也，是以误后世之无所始也。至韩愈则又曰“道有君子，有小人；德有凶，有吉”，岂惟无所始，几于攘臂而诟矣。已则然，而曰吾辟异说以明夫道也，可乎？盖周公孔子之道，而学者喜为异以离之，其初不毫忽，而其流有越南、燕北之远矣。

问神

“或曰：‘经可损益欤?’曰：‘《易》始八卦而文王六十四，其益可知也。’”按“伏羲氏始画八卦，造书契以代结绳之政”，孔安国言之，则汉儒相传固如此，不知何所授也。岂《周官》晚出，雄犹未通习，或虽通习犹未信据而然耶？雄因此遂以经或为可益，故作《太玄》《法言》矣。

问明

“盛哉！成汤丕承也，文王渊懿也。”或问丕承，曰：“由小致大，不亦丕乎！革夏以天，不亦承乎！”渊懿，曰：“重《易》六爻，不亦渊乎！浸以光大，不亦懿乎！”此语全勿交涉，与汤“执中立贤无方”，文王“视民如伤，望道而未之见”，相去远矣。

寡见

雄谓“遐言周于天地，赞于神明，幽弘横度绝乎迩言”；故曰“吾寡见人之好遐者也。迩文之视，迩言之听，遐则偭焉”，意皆为《太玄》发也。孟子曰：“言近而指远者善言也，守约而施博者善道也，君子之言也，不下带而道存焉。”观孟子此言，雄不待辨而知其非矣。然以言为学，孔子没后事，在时固无之。

重黎　渊骞

“仲尼以来，国君将相卿士名臣”，“仲尼之后，迄于汉道，德行颜闵，股肱萧曹，爰及名将”，两篇皆详看。统纪之学，论述今古。孔氏之后，《春秋》绝书，修其业者：司马迁、刘向、扬雄、班固而已。董仲舒局狭，孔安国拘浅，郑玄浮肆；李膺郭泰之流，言议不存，殆无以考见也；若郑子真、庄君平、李仲元，则固赖雄而传矣。苏氏称“子胥种蠡皆人杰，而扬雄曲士也”，余尝论孔子言“后进于礼乐君子也”，而子胥、种蠡皆无礼乐而得为君子，此苏氏所谓人杰欤？盖自春秋而管仲始贤，孔子稍抑损之。晚至战国，则子胥、种蠡既显于世，独董仲舒言“越无一人”，而雄亦莫之与也。若文字由屈宋变流，荆轲聂政，人以为壮烈者，雄皆论正，于大义有补矣。

君子

论“圣人固多变，子游子夏，得其书未得其所以书，宰我子贡，得其言未得其所以言，颜渊闵子骞，得其行未得其所以行”，其于言孔子固甚浅，欲大而反小之，然犹未失际畔也。至谓“‘圣人自恣欤？何言之多端也？’曰：‘子未睹禹之行水欤？一东一北，行之无碍也，君子之行独无碍乎，如何直往也？水避碍则通于海，君子避碍则通于理。’”按孔子之言皆在，未有多端而避碍者，不知雄何所指也。未初使难知，已而易识，先设疑难，后乃诚言，始为限碍，终也通达，此文人辩士玩弄笔舌之病也。春秋以前诸书犹不若是，有问则答，有蕴则陈而已。至战国秦汉，然后争为放恣，如雄所云；而雄虽振拔于常流，卒违眩于故

习。且人有碍而我通之，未尝自碍而又自通也，孔子之《论语》是也；雄之《太玄》，自碍而又自通者也。理有海而学至之，未尝自为海而又自为水也，孔子之赞《易》是也；雄之《太玄》，自为海而又自为水者也。

孝至

雄称“周公以来，未有汉公之懿也，勤劳则过于阿衡，汉兴二百一十载而中天，其庶矣乎！辟雍以本之，校学以教之，礼乐以容之，舆服以表之，复其井刑，免人役，唐矣夫”！详此，《法言》之成在莽未篡以前，篡后为《剧秦美新》，亦言“和鸾肆夏，黼黻衮冕，钦修百祀，明堂雍台，复五爵，度三壤，经井田，免人役，方甫刑，匡马法”，与《法言》不异，则雄虽巽而不谄明矣。又按司马相如而下，歌颂之文，遂为故实，文士无能免者；故虽易世，而班固谓“相如《封禅》，靡而不典，扬雄《美新》，典而不实，皆游扬后世，垂为旧式”；则是当时议论相承，未有以为不当作者。夫孔父仇牧死，晏婴不死；龚胜死，扬雄不死；古人各贤其贤，不以相厉也；而千载之后，方追数雄罪，为汉举法，惜哉！惜哉！（《习学记言序目》卷四十四，第657—662页）